2010年江苏省学校党建研究会重点课题（基金项目）

江苏大学专著出版基金资助

思想道德修养
与法律基础实践导航

李战军　魏志祥等　编著

SIXIANG DAODE XIUYANG YU FALV JICHU SHIJIAN DAOHANG

江苏大学出版社
JIANGSU UNIVERSITY PRESS

镇江

图书在版编目(CIP)数据

思想道德修养与法律基础实践导航/李战军等编著
. —镇江:江苏大学出版社,2013.1
ISBN 978-7-81130-443-5

Ⅰ.①思… Ⅱ.①李… Ⅲ.①思想修养-高等学校-
教学参考资料 ②法律-中国-高等学校-教学参考资料
Ⅳ.①G641.6 ②D920.4

中国版本图书馆 CIP 数据核字(2013)第 028491 号

思想道德修养与法律基础实践导航

编　　著/李战军　魏志祥等
责任编辑/吴小娟　张　璐
出版发行/江苏大学出版社
地　　址/江苏省镇江市梦溪园巷 30 号(邮编:212003)
电　　话/0511-84446464(传真)
网　　址/http://press.ujs.edu.cn
排　　版/镇江文苑制版印刷有限责任公司
印　　刷/丹阳市兴华印刷厂
经　　销/江苏省新华书店
开　　本/718 mm×1 000 mm　1/16
印　　张/23.75
字　　数/442 千字
版　　次/2013 年 1 月第 1 版　2013 年 1 月第 1 次印刷
书　　号/ISBN 978-7-81130-443-5
定　　价/46.00 元

如有印装质量问题请与本社营销部联系(电话:0511-84440882)

目　录

第一章　追求远大理想　坚定崇高信念

第二章　继承爱国主义传统　弘扬民族精神

第三章　领悟人生真谛　创造人生价值

第四章　加强道德修养　锤炼道德品质

第五章 遵守社会公德 维护社会秩序

第六章　培育职业精神　树立家庭美德

第七章　增强法律意识　弘扬法治精神

第八章　了解法律制度　自觉遵守法律

实践课堂

参考案例

延伸阅读

前　言

　　《思想道德修养与法律基础》是高等学校思想政治理论课的主干课程之一，承担着对大学生进行马列主义、毛泽东思想、邓小平理论、"三个代表"重要思想、科学发展观理论教育的重要任务。这门课程的开设是引导大学生坚定理想信念，正确认识国情，树立正确的世界观、人生观、价值观，努力成为德、智、体、美全面发展的中国特色社会主义事业的建设者和接班人的重要渠道之一。

　　党的"十六大"以来，党中央高度重视大学生的思想政治教育工作。2004 年，中共中央国务院颁发《关于进一步加强和改进大学生思想政治教育的意见》。2005 年，中央召开全国加强和改进大学生思想政治教育工作会议。同年，中宣部、教育部颁发《关于进一步加强和改进高等学校思想政治理论课的意见》及其实施方案。新的实施方案是将思想政治理论四门课程的内在体系与马克思主义理论学科相联系，同时要求《思想道德修养与法律基础》这门课程在对大学生进行社会主义道德与法制教育、帮助大学生增强社会主义法制观念、提高思想道德素质、解决成长中遇到的实际问题等方面发挥作用。

　　为加强这门课的实践教学，2008 年，中宣部、教育部颁发了《关于进一步加强高等学校思想理论课教师队伍建设的意见》，强调要"完善实践教学制度，要探索实践育人长效机制，提供制度、条件和环境保障"。在此基础上，2012 年，教育部等部门在《关于进一步加强高校实践育人工作的若干意见》中对实践教学又提出了明确的要求，指出："实践教学是学校教学工作的重要组成部分，是深化课堂教学的重要环节，是学生获取、掌握知识的重要途径。各高校要结合专业特点和人才培养要求，分类制定实践教学标准，增加实践教学比重，确保人文社会科学类本科专业不少于总学分（学时）的 15%。"同时要求："实践教学方法改革是推动实践教学改革和人才培养模式改革的关键。各高校要把加强实践教学方法改革作为专业建设的重要内容，重点推行基于问题、基于项目、基于案例的教学方法和学习方法，加强综合性实践科目的设计和应用。要加强大学生创新、创业教育,支持学生开展研究性学习、创新性实验、创业计划和创业模拟活动。"

我们认为:实践教学是提高大学生思想素质的重要途径。把实践教学与课堂教学紧密结合起来,让广大学生在实践活动中经受锻炼、砥砺品格、增长才干,是党和国家对青年学生一贯的殷切希望,我们只有不断丰富大学生的理论知识,提高其实践能力,才能调动广大学生勤于学习、善于创造、探索新知、寻求真理的积极性,实现理论学习与实践锻炼的统一。

实践教学是提升大学生综合能力、深化课堂教学的重要环节,是学生获取、掌握知识的重要途径。通过实践活动,能加深学生对理论知识的理解,使理论知识和实践锻炼实现双向互动,全面提高学生的综合能力。大学生的实践教学应立足基于问题、基于项目、基于案例的学习方式和活动方法,加强综合性实践科目的设计和应用,以不断提高大学生的综合实践水平。

实践教学是全面提高人才质量的重要保证。实践锻炼是实践育人的重要载体,坚持教育必须与生产劳动相结合,坚持理论学习、创新思维与社会实践相统一,坚持向实践学习、向人民群众学习,并将其贯穿于人才培养的全过程,增强大学生服务国家、服务人民的社会责任感以及勇于探索的创新精神和善于解决问题的实践能力。

根据教育部新修订的《思想道德修养与法律基础》的教学内容和要求,各高校结合大学生思想生活实际,积极开展了大学生思想政治理论课程的教学改革,努力将思想政治理论课教育与大学生的思想实际更加紧密地联系起来,把传授知识与思想教育结合起来,把理论武装与实践育人结合起来,使大学生在实践锻炼中不断提高自身的思想政治素质。

多年来,江苏大学党委认真贯彻中央关于加强和改进大学生思想政治课建设的一系列指示精神,扎实抓好大学生思想政治理论课建设。从事思想政治理论课教学的教师在搞好课堂理论教学的同时,以高度的责任感和严谨的治学态度,积极探索实践教学的改革,并将积累的教学经验和实践成果精心编写了这部实践指导书,为高校开展好这门课的实践教学提供借鉴。

本书的编写以教育部新修订的《思想道德修养与法律基础》教材内容体系为基础,按照实践教育教学规律,借鉴国内外实践教学经验,在内容上坚持"三个原则",在方法上立足"三个创新",力求使本书既可以作为高校教师思想政治理论课实践教学的指导书,也可以为大学生培养自己的认知能力、实践能力,提高思想政治素质提供指导和帮助。

本书在内容安排上努力体现三个原则：

一是方向性原则。本书坚持将中央 16 号文件精神贯穿始终,重点突出四个方面的内容。一是以社会主义核心价值体系为重点,加强大学生理想信念教育,引导学生正确认识社会发展规律,关注国家的前途和命运,明确自己所承担的社会责任,坚定走中国特色社会主义道路的信心和决心。二是对大学生进行以爱国主义为重点的民族精神和以改革创新为核心的时代精神教育,引导广大学生在中国特色社会主义的伟大实践中,始终保持昂扬向上的精神状态,进一步增强责任感和使命感。三是对大学生进行以基本道德规范为基础的公民道德教育,以为人民服务为核心,以集体主义为原则,以诚实守信为重点,引导大学生自觉遵守社会公德、职业道德和家庭美德。四是开展以大学生全面发展为目标的素质教育,加强民主法制教育,增强遵纪守法观念,加强人文素质和科学精神教育,促进学生全面发展。

二是差别性原则。针对新时期大学生的思维方式、行为方式和学习方式呈现出的多元化特点,本书结合大学生思想实际,充分考虑大学生在时间、空间和物质条件等方面的差异性,坚持在内容设计上体现时代性和多样化,采取集中与分散相结合、一般与个别相结合等多种实践教育方式,吸引广大学生自愿参与其中,立足于持之以恒,不搞一劳永逸;坚持耐心细致,不搞拔苗助长,努力实现大学生思想政治教育由量的积累到质的飞跃的目标。

三是务实性原则。本书以提高大学生思想政治素质和促进大学生全面成才为目标,以教育人、引导人、帮助人为出发点和落脚点,以务实的态度科学地设计实践活动。首先,在实践内容上力求务实,遵循大学生思想政治教育的基本规律,认真研究他们的思想特点和心理特征,设计贴近学生现实生活,体现社会要求、思想观念、道德规范与大学生日常生活紧密联系的实践内容。其次,在指导环节上体现务实,对实践活动的内容、方法及组织形式进行整体设计,对教师组织实践教学进行具体指导,提高实践教学的科学化和规范化水平。

本书在方法上力图立足于三个创新：

一是创新实践方法。课堂教学是实践教学的基础,实践教学是课堂教学的完善与提高。本书按照统一要求与自愿选择相结合、内容知识性与广泛性相结合、方法实践性与趣味性相结合的要求,充分挖掘校内外教育资源,力求把思想政治理论课实践教学与学校党政工学团教育活动有机结合起来,与学校所在地区的社会教育资源有机结合起来,构建"统一领导、资源共享、分工协作、齐抓共管"的"大实践"体系。

二是创新实践载体。本书各章节的内容与教育部新修订的《思想道德修养与法律基础》各章节内容对应设置,每章均由理论讲堂、实践课堂、参考案例、延伸阅读、推荐书目等部分组成,努力做到结构新颖、内容严密、层次分明、切合实际。理论讲堂是对各章重点内容进行经典解读,进一步加深学生对课堂讲授内容的理解;实践课堂是依据实践主题的重点内容设计的,是通过课内实践、校内实践、社会实践,使理论学习既内化为学生思想,又外化为学生的实际行动,从而促进他们自我教育、自我提升、自我发展;参考案例是根据各章重点内容,为学生提供相关知识、背景资料和优秀案例,使学生在学习借鉴中巩固理论学习、实践教育的成效。

三是创新实践形式。本书在实践形式的设计上主要分为三个类型。一是课内实践活动形式,主要是通过报告会、座谈会、辩论赛等把社会生活的实际问题作为案例引入课堂,引导学生运用所学知识进行讨论、分析和思考。二是校内实践活动形式,高校党的建设、思想政治工作、团学工作、校园文化活动等都是为学生成长服务的,学生在接受教育中是参与者。本书力求将学校针对学生开展的各类教育活动与学生的实践活动相结合,让学生在德、智、体、美等教育中接受锻炼和考验。三是社会实践活动形式,组织学生到当地爱国主义教育基地和社会经济发展成效显著的地方参观学习,围绕社会热点问题进行调查研究,促进学生更好地了解国情、民情,增强社会责任感和历史使命感。同时,学校搭建公益劳动、勤工助学、志愿者服务等平台,让学生在活动中体验生活、锻炼毅力、提高素质。

本书具有以下三个特色:

一是超前性。在深入学习领会中央对加强和改进高校学生思想政治理论课建设要求的基础上,紧密联系高校学生思想实际,认真总结、广泛汲取多年来高校在加强学生思想政治理论课建设上取得的成果,努力将本门课最新的教学成果、优秀案例和教学方法推介给广大教师和学生,使本书成为易学、易懂、会用的好教材。

二是创新性。力求突破同类教材单纯从理论到理论、案例套案例的局限,将社会主义核心价值体系与大学生思想道德、法律实践融为一体,让大学生在各种形式的实践课堂中接受教育,磨砺意志,坚定理想信念。

三是适用性。本书按照新修订的《思想道德修养与法律基础》内容体系,立足于从实践的角度设计教学内容,为教师提供一部较为全面的思想政治课实践教育教材,实践活动具有较强的针对性、教育性和示范性。

加强大学生的思想政治教育,事关国家长治久安,事关中华民族前途命运,是一项重大而紧迫的任务。我们将认真学习贯彻执行党的十八大精神,进一步推动中国特色社会主义理论体系进教材、进课堂、进大学生头脑,引导大学生坚定走中国特色社会主义道路的理想信念,为培养中国特色社会主义合格建设者和可靠接班人作出新的努力。

2012 年 11 月 20 日于江苏大学

绪 论
珍惜大学生活 开拓新的境界

大学生是国家宝贵的人才资源，是民族的希望、祖国的未来，担负着祖国赋予的神圣使命，是中国特色社会主义事业的合格建设者和可靠接班人。今天的大学生就是明天的生产力。加强大学生的思想道德建设，是提高党的执政能力、巩固党的执政地位的一项重要工作，是我国社会主义教育事业发展中必须解决好的根本问题，是强国战略，是百年大计。

理论讲堂

【教学目的】

大学生是一个特殊的群体，他们有活力、有朝气、有个性，但需要正确的引导，需要到实践中去不断磨炼，才能够成长、成才。大学阶段是人生的重要阶段，是大学生的人生观、世界观、价值观形成的关键时期，他们所接受的大学教育，将会对他们的一生产生重要的影响。在刚刚进入大学之际，他们需要得到正确的引导，从而明确自己的奋斗目标，从现在做起，在实践中不断学习、成长、成才。

【教学重点】

为全面落实《国家中长期教育改革和发展规划纲要（2010—2020 年）》，深入贯彻党和国家领导同志的一系列重要指示精神，教育部等部门就进一步加强新形势下高校实践育人工作提出了若干意见。其中指出，实践教学是学校教学工作的重要组成部分，是深化课堂教学的重要环节，是学生获取、掌握知识的重要途径。本书按照文件要求，重点是要加强实践教学环节，让大学生尽快适应大学生活；进一步认清自己的历史使命，明确成才的目标，确立奋斗的志向；深刻领会社会主义核心价值体系的科学内涵在大学生成长、成才过程中的重要意义及其在本课程中的主线作用,自觉践行社会主义核心价值体系;全面掌握实践课程的特点和作用以及学习本课程的意义。

【要点导读】

导读一　适应人生新阶段

一位诗人曾说过:人生的道路虽然漫长,但紧要处只有几步。对于刚刚踏进大学校园的莘莘学子来说,他们在人生道路上已跨出了十分重要的一步,怎样走好大学期间的每一步,是摆在每个学子面前的重要课题。从"黑色六月"到"金色九月",从中学到大学,环境的改变是一个不争的事实,但这并不意味着每一个大学新生的认识和心态都能迅速、自然地跟上并适应这种改变;大学毕竟与中学有很大区别,学习、生活的新变化既是对大学生的严峻考验,也为大学生系统知识的学习、能力的培养、人格的塑造等提供了有利的条件。因此,尽快认识大学及大学阶段各方面的变化及新的特点,及早了解客观环境、尽自己所能调整好个体与环境的关系,以便在人生的新起点上迈出坚实的第一步。

一、大学是人生发展的新阶段

大学是人生发展的关键阶段。在这个阶段里,每个大学生都应当认真把握每一个"第一次",让它们成为未来人生道路的基石。在大学四年里,大家应该努力为自己编织生活梦想,明确奋斗方向,为将来走上社会打下良好的基础。

（一）大学是人生科学定向的关键时期

首先,大学是人生观形成的决定性阶段。进入大学,由于知识的积累、阅历的丰富、交往的拓展,大学生对人生的思考和探索会更加深入。特别是从现实出发,联系社会实际去思考社会和人生,确立自己人生目标的探索也会更加积极。其次,正确的人生观是大学生成才的重要保证。通过马克思主义基本理论的学习,大学生学会运用马克思主义的立场、观点、方法去观察和思考人生,从中得到有价值的启示并学会分析和处理人生问题。大学生在成长的过程中,会遇到许多意想不到的困难和挫折。如果不树立正确的人生观,就不能坦然地面对人生,就可能畏缩不前乃至消极沉沦。大学生只有树立正确的人生观,学会从实际出发、从现实出发思考社会与人生,才能做到在顺境中趁势扬帆、在逆境中奋斗崛起。

（二）大学是人才健康成长的最佳时期

首先，大学阶段是人生发展的黄金阶段。发展心理学研究表明，受过常规教育的人，19～29岁通常是学习能力最旺盛的时期。这一时期，记忆力、动作和反应速度都达到最佳状态，思维理解力、比较判断力、创造力都正在积极向上发展，而这个年龄与正常入学的大学生年龄相吻合。大学期间，大学生无论是心理方面还是生理方面都逐步进入成熟期。智力迅速发展，抽象思维和逻辑思维日益成熟，创造性思维显著发展，这些都为大学生掌握现代科学技术奠定了良好的基础。

其次，大学为人才的成长提供了优越的环境和条件。一方面，在大学里可以尽快接近当代的学科前沿。大学里集中了众多的专家学者，他们精通本专业的基础理论，了解最新的科学技术成果，具有丰富的科研和教学经验；另一方面，大学里一般具备现代化的图书馆和实验设备。大学生在教师的指导下，通过系统的教学活动和严格的科学训练，可以尽早地实践，在短时间内系统而准确地掌握前人的知识，使学生的能力尤其是创造能力得到显著提高。

再次，以社会实践活动、课外科研活动、科学兴趣小组、科学系列讲座等为主要形式的第二课堂已经成为大学生掌握知识和培养能力的主要环节。学校利用寒暑假组织学生社会实践，短学期安排实习，让部分学生参加教师科研并完成一定的具体研究工作，完成相关工矿企业的生产研究项目，参加城乡经济等社会调查及其他业务实践活动，写出论文或专题调查报告，以达到学习知识和培养能力的辩证统一。第二课堂是第一课堂的延伸、补充和拓宽，并非是"课外活动"的代名词。

（三）大学是人才走向成功的重要基础时期

大学是奠定学科基础的关键时期。科学调查表明，进行科学创造的最佳年龄是25～45岁。所以，在大学阶段大学生必须把主要精力放在学习上，打好学科基础。未来学家曾预测，知识经济的迅速发展使得21世纪每个人一生中至少要更换三次职业。因此，在校学习期间，虽然大部分学生初步选定了专业方向，但这并不是终身专业的框定。应充分利用学校的有利条件，多掌握一些基础知识，为今后走向社会拓展自己的学科知识打下良好的基础。理工科类的学生可参加复合班的学习，把自己培养成复合型人才；文科类的学生可多选修一些自然科学的选修课，文理渗透，扩大自己的知识面，以便更好地胜任自己的工作。希望人生有所建树的大学生，要珍惜在校的学习机会，坚持用马克思列宁主义、毛泽东思想、邓小平理论、"三个代表"重要思想和科学发展观武装自己的头脑，奋发成才，树立正确的世界观、人生观和价值观，自觉刻苦学习,培养优良学风与高尚的道德情操,优化知识结构,强化创新意识,为承担我国在新世纪、新阶段的历史任务打下坚实的思想道德基础和科学文化基础,为完成历史重任立志成才。

二、大学生活的特点

和中学相比,虽然都是学生的身份,但是在学习和生活等方面,大学都具有自己的特点。

(一)学习上的自主性

中学的学习是基础性的学习,而大学的学习具有鲜明的专业性,如:各类院校都有不同的专业,每一个专业都有特定的专业环境,都有不同的专业特点和具体要求,如语言表达方式、思维方式、生活方式等,这些都对大学生的发展具有定向、规范和指导作用。大学生的学习不仅要专,而且要达到一定的广度,要处理好基础课与专业课、专业知识与专业技能、理论学习与实践学习、课程学习与组织管理能力学习的关系。学会在学习理论知识和运用知识进行实践的过程中,发现新问题并探索解决问题的办法,在学习的时间和空间上更具有延伸性,需要不断增强学习的自主性、互动性、实践性和创新性。英国著名的哲学家怀特海说:"在中学阶段,学生伏案学习;在大学里,他需要站起来,四面观望。"只有站起来,向社会、向历史、向未来、向生活的各个方面放眼展望,才能把握住远大的目标,促进自己全面发展。

(二)生活上的独立性

进入大学以后,大学生的第一堂课就是要学会安排衣食住行。饮食的营养结构需要自己安排;寝室和个人卫生需要自己料理;生活用品的添置需要自己安排;每个月生活费的使用需要自己规划;出行计划需要自己制定。与高中阶段相比,大学生活个性化更加明显,家庭经济条件的差异也会在同学集体生活中表现出来。上大学以前,人际交往对象主要是老师、同学、父母和亲戚,更多的是被动式的交往,虽然同龄人之间的交往是主动性交往,但这种主动是建立在选择基础上的;在大学里,大学生成了交往的独立主体,交往的对象是老师、同学和社会公民,主要是根据个人需要进行交往。

(三)管理上的灵活性

从高中生到大学生,接受学校管理的方式由"封闭型"转变成了"松散型"。在大学里,不再有固定的教室,个人自由支配度增大,这对学生的自制力是一个考验。从中学进入大学的学生,脱离了老师全方位的跟踪管理,一下子显得特别"自由",可以支配自己的时间,做自己想做的事,大学期间的学习、生活完全靠自己安排。因此,学生自治是大学精神的重要内容,党组织、团组织、学生会、社团、班委会和社会实践活动是大学生开展自我教育、自我管理和自我服务的有效载体,大学生有许多施展自己才华的平台,大学生可以通过这些平台,锻炼自己的组织和管理能力、社会交往能力和关爱他人的能力等。在对学生进行德智体能综合素质考评时,课程学习成绩占一定的比重,能力方面也占一定比重,学校更加重视学生综合素质的培养。

因此,与中学生活相比,大学的生活有许多自己独特的特点,这对大学新生提出了较高的要求。对于新生来说,进入大学后,应该尽快了解大学的环境和要求,以积极的态度融入大学生活之中。

三、尽快适应大学生活

大学是人生中一个重要的里程,今天做事的态度决定了你对未来的选择,因此,同学们应尽快适应大学生活,学会独立、学会学习、学会交往、学会心理调适。

(一) 提高独立生活能力

(1) 大学生成才需要独立。大学生应该努力培养自己独立安排生活、学习、交往,以及思考和分析解决问题的能力。爱因斯坦说:"要是没有独立思考和独立判断的有创造能力的个人,社会的向上发展就不可想象。"

(2) 大学生要自信、自律、自立和自强。培养独立的生活能力,大学生要克服依赖、等待和犹豫的心理,培养自信、自律、自立和自强的精神。"自信"是每个人生命中最宝贵的财富,是成功的基础,是一种战胜困难的力量。相信自己,就是对自己的充分肯定,对自己能力的赞同。"自律"是指人们行为的约束力和驱动力,依靠理性信念、道德良心和内心自觉而不是靠外力强制;"自立"就是靠自己奋斗,不依赖他人;"自强"是指不安于现状,勤奋、进取、独立、自主、负责任、敢担当的精神状态,是一种强烈的向上驱动力,一种永不言弃、改变自我境况的踏实奋斗。

(二) 转变中学时的学习方式

大学的学习与中学的学习有着明显的不同:大学的学习内容相对深奥,由"学什么"转变为"怎么学",由"要我学"转变为"我要学",因此需要努力培养自己的自学能力。大学生不仅要学会学习,而且要善于学习;不仅要掌握科学知识,还要掌握学习的方法和能力;不仅要在学习上取得好成绩,还要在其他各个方面不断提升自己的综合素质。具体来说,要做到以下几点:第一,学会自学,制订学业规划。大学课堂学习的信息量非常大,大学生要养成自学的好习惯,提高学习的自觉性和主动性。同时,要进行科学的学业规划,把每学年、每学期、每个月、每周、每天的计划都制订出来,科学安排自己的时间;第二,善于记笔记,及时复习。上课时要集中精力,排除一切干扰,认真仔细地做好笔记,把老师讲课的重点逐一记录并做好标记,利用课余时间及时进行复习,巩固课堂知识;第三,多向他人请教,勤学多练。在学习过程中遇到不会的问题要及时求教于老师,或者向同学请教,同时要能静下心来多做练习、多看书,不断拓宽自己的知识面;第四,总结方法,抓住重点。每个人的学习方法都不一样,关键是要找到一个最适合自己的、科学的学习方法,不断提高学习效率。面对众多的学习内容,要抓住主要矛盾,攻克自己的薄弱环节,虚心向同学学习,不断总结经验,努力提高学习能力。

(三) 树立自立意识,实现思想上的转变

新生进入大学以后,由于刚刚离开父母,会遇到许多新的问题,会在思想上和心理上产生一些困惑。因此,要尽快适应大学生活,必须要转变思想观念。在交往上要实现由"一元化"向"多元化"的转变。"一元化"是指大学生在中学阶段的交往是在学业上互帮互助,互相讨教;而大学阶段的交往主要是人的交往,诸如师生交往、同学交往、老乡交往、课外团体活动交往等,这些都为大学生素质的全面提高提供了平台。"多元化"是指大学生要借助于大学平台,以敏锐的观察力观察人、事、物,以提高自己独立分析问题和处理问题的能力。比如:当感到人际交往困难的时候,要思考产生这种情况的原因。进入大学以前,中学老师和家人在与你们交流的过程中,往往处于主动地位,而且能够在了解你们个性特征和内心需求的基础上,以长者的姿态尊重你们的合理需要,巧妙地转化不合理的需要。进入大学以后,大学生在与老师的交往中,要具有更强的主动性,与同学的交往中,则需要具有更强的包容性,因为每个大学生的个性特征不同、需要不同,而且彼此都需要获得理解、尊重和关爱。

(四) 大胆实践,积累经验

刚进入大学的新生都会遇到许多新的问题、矛盾和困惑,这些大都是往届学生经历过、老师们指导过的。因此,主动向老师、学长及同学求教,能避免自己走弯路。爱迪生说:"任何问题都有解决的办法,无法可想的事是没有的。"俗话说"万事开头难"。面对生活上的不适应、学习上的困难、人际交往的困惑、经济上的拮据,我们无法回避,只能勇敢面对,努力克服。马克思曾说:"假如没有小偷,锁能达到今天这样的完善吗? 假如没有假钞票,钞票的制作会有这样精美吗?"我们应从中得到启示,勇于迎接挑战。

四、树立新的学习理念

(一)树立自主学习的理念

自主学习一般是指个体自觉确定学习目标、制订学习计划、选择学习内容、运用学习策略、把控学习过程、评价学习结果、利用学习环境的一种能力。"自主学习"源自20世纪60年代以"学生为中心"的教学观点的确立。这一时期,教学研究的重点从"教师如何教"转移到了"学生如何学"。自主学习能力是学习者在学习活动中表现出来的一种综合能力,具备这种能力的人具有强烈的求知欲,能够合理地安排自己的学习活动,具有刻苦钻研的精神,并且能够对自己的学习效果进行科学评价。培养学生的自主学习能力符合高等教育的本质理念,可以促进学生能力的全面发展,符合时代对人才发展的需要。第一,培养学生自主学习的能力,需要大学生以积极的态度构建以信任、关怀、尊重、理解为基础的师生关系;第二,树立自主学习的信心,培养自学意识。每个人都有自主学习的能力,都要发展自主学习的能力,知道从哪里学、为什么学、向谁学、怎样学、学什么;第三,充分利用课堂上的选择权和参与权,抓住锻炼自己的每一个机会;第四,树立学习目标,改变学习中的盲目性。

(二)树立全面学习的理念

全面学习是相对于片面学习而言的。全面学习既重视自然科学的学习,又重视人文科学的学习;既重视知识的学习,又重视能力的学习;既向书本学习,又向实践学习;既重视知识传承的学习,又重视知识创新的学习。长期以来,一些学生在学习的过程中不能理性地对待知识、对待学习,常常为狭隘的功利主义所困扰。在学习中,重理工轻人文、重技能轻素质。一部分学生认为,上大学就是为了将来找一份好工作,在这样的学习理念下,要么学习动力不足,缺乏学习的积极性和自觉性,要么仅仅在个人功利主义的意义上学习,缺乏社会责任感,这与大学生的社会角色和历史使命是不相称的。四年的大学学习学制紧、专业课程门类繁多,大学生可以通过第一课堂与第二课堂相结合、有形课堂与无形课堂相结合、理论学习与社会实践相结合、教师课堂传授与学生自身的选择及消化吸收相结合,达到全面学习的目标。校园文化是一种氛围、一种精神,是无形的课堂;校园文化活动以一种鲜活的形式为大学生提供彰显个性、锻炼才干的广阔舞台;社会调研、专业实习有利于深化专业知识和技能,也有利于将人文知识转化为人文精神。大学生应实现全面学习的目标,通过专业必修课、选修课、讲座、读书、调研、实习等,构建合理的知识结构。

（三）树立创新学习的理念

创新学习是一种以求真务实为基础、采取创造性方法、积极追求创造性成果的学习。比尔·盖茨是哈佛大学一名二年级的肄业生，他不仅没有计算机专业的博士学位，甚至连本科文凭也没有获得。但是，他却成了"计算机革命的点火人、软件的天才与皇帝，他是第一个靠观念、智能、思维成为世界首富的人"。比尔·盖茨的成功一是靠他自己的学习和钻研，从中学到创办微软公司，他简直是个"计算机狂"；二是因为他独具创造性的品质。

美国哈佛大学校长普西认为："一个人是否具有创造力，是一流人才和三流人才的分水岭。"创造的实质就是发现与发明，即创新。创新建立在掌握了一定知识的基础上，是解放思想、独立思考、大胆设想、勇于实践的结果。就学习而言，如果没有创造性的学习，只是被动地接受与继承，是不会有所发现、有所发明、有所创造的。学习离不开创造，学习必须与创造相结合，只有这样才能真正实现学习的目标。

创新学习能力是在多种知识和能力发展的基础上发展起来的，是各种能力的综合反映。第一，质疑是创新学习的起点。南宋著名哲学家、教育家朱熹说："读书无疑需教有疑。有疑者却要无疑，到这里方是长进。"他认为学生要勇于批判，不人云亦云，如果因循守旧则一事无成。第二，要善于继承。创新能力需要在大学生深厚的基础知识、宽广的知识面、良好的学习能力及科学的思维能力基础上厚积薄发而成。源远流长的中华五千年文化及世界文明中的瑰宝是大学生培育创新能力的重要资源；第三，要精于发展。一个不能自我发展的学生是失败的学生。发展和创新紧密联系，不可分割，邓小平同志指出"发展才是硬道理"，这里的发展已经蕴含了创新的思想。

（四）树立终身学习的理念

实现全面建设小康社会的奋斗目标，需要建设全民学习、终身学习的学习型社会，促进人的全面发展。学习型社会是一个以终身教育体系为基础、以学习者为中心、人人均能终身学习的社会。终身学习观念不是现代人的发明，古代已有这种观念的萌芽，庄子所言"吾生有涯，学也无涯"正是此意。"终身学习"作为一种成熟的学习理念形成于20世纪30年代，其标志是1965年鲍罗·郎格朗《论终生教育》的研究报告的发表。

据联合国教科文组织专家分析，在农业经济时代，一般读6~7年书就足以应付日后40年工作生涯之所需；在工业经济时代，求学的时间延伸到14~15年；在信息技术高度发达的知识经济时代，人类必须把9~12年制的学校义务教育延长为"80年制"的终身学习，否则，就谈不上很好的发展，甚至连生存也会成问题。因此,在某种意义上说学习是人的第一需要,谁掌握了学习的先机和主动权,谁就抢占了生存和发展的制高点。

微软公司曾做过一个统计:在每一名微软员工所掌握的知识内容里,只有大约10%是员工在过去的学习和工作中积累得到的,其他知识都是在加入微软公司后重新学习的。这一数据充分表明,工作即学习。大学生必须认识到,任何一所大学都不可能教会学生今后工作中所需要的全部技术和知识,大学期间,老师只会充当引路人的角色,"师傅领进门,修行在个人",学生只有学会学习、探索和实践,才能适应社会,适应未来不同工作岗位的需要。

导读二　肩负历史新使命

21世纪是中国走向世界的世纪,更是中华民族实现伟大复兴的世纪。时代为当今大学生的成长与发展展现了广阔的前景,也对大学生的素质提出了更高的要求。当代大学生作为继往开来的一代,伴随着建设有中国特色社会主义事业的历史进行,肩负着光荣而艰巨的神圣使命。正确认识当今世界的时代特征与变化趋势、充分了解中国的现实国情与发展目标、努力使自己成为新世纪的合格人才,是每一个大学生义不容辞的职责。

一、认识当代大学生的历史使命

大学生是中国特色社会主义建设事业的中坚力量,是承上启下的一代新人,党和国家把希望寄托在青年一代的身上,大学生要主动承担起实现中华民族伟大复兴的历史使命,不辜负党和人民的希望;当代大学生作为国家的栋梁之才,要把握时代的脉搏,坚定不移地去适应时代潮流,主动承担起时代赋予的历史使命。

（一）在新的起点上继往开来

在全面建设小康社会的过程中,大学生是未来各行各业的骨干力量。大学生的综合素质直接关系着我国经济、政治、文化的发展。大学是人才的摇篮,大学时期是青年成长的重要时期。作为新世纪的大学生应当紧紧把握时代脉搏,明确历史赋予的使命,把自己的命运和前途同祖国紧密结合起来,牢固树立共产主义远大理想和中国特色社会主义坚定信念,勤奋学习,立志成才,为全面建设小康社会贡献自己的力量。

（二）在现实的基础上迎接挑战

1. 世界科技文化发展的挑战

当今世界科学技术突飞猛进，知识经济已见端倪，国力竞争日趋激烈。科技发展水平在相当程度上决定着各国在全球舞台上的定位。在当代科学技术的发展中，信息技术、生物技术和新材料技术的发展最为迅速，每年都有新的突破。因特网的发展再度腾飞，现在全球已有 12 亿用户，跨越 240 多个国家和地区。因特网正在更新换代，下一代因特网的速度要比目前快 1000 倍。电子商务正在成为世界经济发展的新引擎，成为网络经济最重要的组成部分。这将给人类的生活方式以及现有经济运行机制和管理体制带来根本性的变化。由于科技竞争力决定了一个国家或地区在未来世界竞争中的地位和前途，因而成为维护国家安全、增进民族凝聚力的关键，各国政府都十分重视本国科技事业的发展，各国纷纷制订新的对策，提升决策层次，加强宏观调控，强化科技投入，实施积极有效的科技人才战略等。

改革开放以来，我国科技事业焕发出新的活力，进入了快速发展阶段，对推进现代化建设、实现人民生活水平总体上由温饱到小康的历史性跨越作出了重大贡献。但是，我们也应清醒地认识到，与我国现代化建设需要相比，与发达国家的发展水平相比，我国科技发展的水平还相对落后。作为中国特色社会主义的建设者和接班人，大学生必须有高度的责任感，勤奋学习，努力锻炼能力，提高综合素质，为全面建设小康社会贡献自己应有的力量。

2. 复杂多变的国际环境的挑战

当代国际政治局势风云变幻，国际关系正经历着深刻的变化。世界多极化趋势快速发展，和平与发展是当今世界的两大主题，经济全球化将使世界主要国家和地区的产业结构进一步调整。国际局势保持总体和平、缓和与稳定的态势，但局部性的战争、动荡与紧张有所加剧，地区性的战争和暴力冲突此起彼伏，世界和平与发展面临的问题愈加紧迫，我国的经济发展和安全面临着新的挑战。因此，当代大学生应当具有高度的历史责任感、强烈的忧患意识和宽广的世界眼光，保持冷静的头脑，培养大无畏的胆略和气概，坚定社会主义信念，推进中国的现代化建设，使社会主义中国屹立于世界民族之林，这是当代中国大学生庄严的使命。

3. 新世纪新阶段我国发展任务的挑战

改革开放以来，在共产党的领导下，在全国人民的共同努力下，虽然中国在许多方面都取得了令人瞩目的成绩，但是中国仍然处在社会主义初级阶段，仍然面临着发展的挑战。当今时代发展的总趋势是机遇与挑战并存。俗语说:思想决定行动,行动决定习惯,习惯决定品德,品德决定命运。大学生要养成良好的习惯,增强获得知识的能力,提高自己的综合素质;要有危机感和紧迫感,脚踏实地地思考和实践,按照21世纪对人才的要求努力抓住机遇,迎接挑战。真正做到"会做人、会求知、会合作、会审美、会健体、会生活",以进取的姿态承担起历史赋予的使命。

二、明确当代大学生的成才目标

要承担起实现中华民族伟大复兴的历史使命。大学生成才需要具备多方面的素质:良好的思想道德素质、高层次的科学文化素质和健康的身心素质。大学生的全面发展就是德、智、体、美的全面发展,当代大学生应努力成为主动发展、健康发展、和谐发展的一代新人。

(一)"德"是人才素质的灵魂

做人是实现大学理想的基础,美国品德教育联合会主席麦克唐纳认为,光有品行没有知识是脆弱的,但没有品行光有知识是危险的,是对社会的潜在威胁。联合国教科文组织提出:"面对未来社会的发展,教育必须围绕四种基本要求——学会认知、学会做事、学会共同生活、学会做人。"由此可见,"四学"成为人类在知识经济背景下广泛认同和接受的新理念,其核心是学会做人。学会做人是大学生的立身之本。所谓立身,是指培养高尚的思想道德品质,学习和践行社会主义核心价值体系,牢固树立社会主义荣辱观,树立正确的人生观,确定做人的价值标准,进而具备一种人文精神,这种人文精神能够将人类特别是本民族积累的智慧精神、价值理想、品格情操等精神财富内化于身心,能够洞察人生、完善心智、净化灵魂,担负起时代赋予的责任和义务。

(二)"智"是人才素质的基本内容

北京师范大学校长钟秉林指出:"技术应用型人才的总体质量要求应有以下几个方面:第一,具有形成技术应用能力必需的基础理论知识和专业知识;第二,具有较强的综合运用各种知识和技能解决现场实际问题的能力;第三,具有良好的职业道德及爱岗敬业、艰苦奋斗、踏实肯干、与人合作的精神,安心在生产、建设、管理、服务第一线工作;第四,具有健全的心理品质和健康的体魄。"

(三)"体"是人才素质的基础

健康的身体和心理是人才必备的条件。没有健康的体魄和良好的心理素质,就不可能承担起历史所赋予的重任。2007年5月,中共中央、国务院下发了《关于加强青少年体育增强青少年体质的意见》,全国各级各类学校广泛开展全国亿万学生阳光体育运动。大学生应该积极参加体育锻炼,培养终身体育锻炼的意识,养成自觉进行体育锻炼的习惯。时代要求大学生要有健康成熟的心态,积极向上、热情地做事是健康的心态,自信、永不言弃的信念是健康的心态,包容一切的宽广胸怀也是健康的心态。健康的心态,是取得大学学业和以后事业成功的基础。

（四）"美"是人才素质的综合体现

德国古典美学家席勒在《美育书简》中曾断言:"从感觉的受动状态到思维和一致的能动状态的转变中,只有通过审美自由的中间状态才能完成。……要使感性的人成为理性的人,除了首先使他成为审美的人,没有其他途径。"蔡元培先生说:"人人都有感情,而并非都有伟大而高尚的行为,这由于感情推动力的薄弱。要转弱而为强,转薄而为厚,有待于陶养。陶养的工具,为美的对象;陶养的作用叫美育。"在人的"知"、"情"、"意"三重心理结构中,情感是知觉和意志之间的桥梁,是完成完美人格的动力环节。康德说:"美是情感知识与道德的桥梁。"美国诗人惠特曼说:"智慧是从灵魂中引发出来的。智慧是知识、修养、经验与情感的有机结合,已成为人的一种素质。"在现代社会中,一个大学生,如果不懂得美学和审美,就不可能有爱心,就不可能成为高层次的人才。

三、实现大学生成才的目标

大学生成才目标的实现是不断深化对自我和社会两方面的认识的过程,也是大学生自身在教育环境中通过刻苦学习不断提高自身素质的过程。要使这一过程进展顺利,关键要对自己的思想和行为进行严格的自我管理。要整体规划,确定目标,认识我国社会发展对人才素质的要求,认识自己的长处和短处,确立自己的奋斗方向;在确立了目标以后,必须以高标准严格要求自己,逐步实现各个层次的目标,最终达到自己的总体目标;在成长过程中,随着主客观条件的变化,需要不断修正和完善目标,及时进行调整,以更加符合社会的需要;在目标确立以后,要锲而不舍地为实现自己的目标努力奋斗。

导读三　学习和践行社会主义核心价值体系

大学生是中国特色社会主义事业的建设者和接班人,是社会文明的重要体现者和传承者。当代大学生要提高思想道德素质和法律素质,必须深刻领会社会主义核心价值体系的科学内涵,自觉践行社会主义核心价值体系。

一、什么是社会主义核心价值体系

党的十六届六中全会首次提出社会主义核心价值体系的概念,这次会议通过的《中共中央关于构建社会主义和谐社会若干重大问题的决定》强调:"建设和谐文化,是构建社会主义和谐社会的重要任务。社会主义核心价值体系是建设和谐文化的根本。""建设社会主义核心价值体系,形成全民族奋发向上的精神力量和团结和睦的精神纽带。""坚持以社会主义核心价值体系引领社会思潮,尊重差异,包容多样,最大限度地形成社会思想共识。"党的"十七大"政治报告系统论述了社会主义核心价值体系:"建设社会主义核心价值体系,增强社会主义意识形态的吸引力和凝聚力。""社会主义核心价值体系是社会主义意识形态的本质体现。"社会主义核心价值体系的基本内容可概括为四个方面:马克思主义指导思想、中国特色社会主义共同理想、以爱国主义为核心的民族精神和以改革创新为核心的时代精神、社会主义荣辱观。这四个方面相互联系、相互贯通、相互促进,形成了有机统一的整体。"十八大"政治报告对之又作了进一步科学而又深入的阐析。其鲜明亮点之一就是吸收全国各方面意见,在广泛共识的基础上,用24个字对社会主义核心价值观进行了概括。这个概括是分别从国家、社会、个人三个层面进行的。从国家层面看,是富强、民主、文明、和谐;从社会层面看,是自由、平等、公正、法治;从公民个人层面看,是爱国、敬业、诚信、友善。社会主义核心价值观的提出和概括,深化了我们党对社会主义的认识,对于推进社会主义核心价值体系建设具有十分重要的意义。

二、把握社会主义核心价值体系的科学内涵

核心价值体系是一个包含丰富内容的多层次体系,要把握什么是社会主义核心价值体系,就要理解好三个关键词。一是"社会主义"。"社会主义"是对价值体系的性质的限定。价值观念具有鲜明的社会形态属性,社会主义核心价值体系,就是要从人民这个社会主义的价值主体出发,以消灭剥削、实现社会公正、共同富裕和人的全面发展等社会主义的目标为价值取向。二是"核心"。社会主义社会中价值观念体系是多样的,而社会核心价值体系是指在社会生活中居于统治和引导地位的社会价值体系,是社会价值体系的灵魂。它在整个社会的所有价值目标中处于统摄和支配的地位,并引领和主导同一个社会的各种不同的价值观念、价值评价和价值取向沿着一定的方向发展。三是"体系"。社会主义核心价值体系,不仅仅是单个的价值目标,而是

由思想理论、理想信念、道德准则、精神风尚等多种因素构成的体系。

三、学习和践行社会主义核心价值体系的重要意义

我党提出的建设社会主义核心价值体系,对于巩固马克思主义在意识形态领域的指导地位,引领全体社会成员在思想上、道德上共同进步具有重大意义。社会主义核心价值体系也是大学生理想信念的教育指针,引领着大学生中国特色社会主义共同理想和共产主义理想信念的形成、实现和升华,对大学生具有重要的教育意义。

社会主义核心价值体系是高等学校思想政治教育的重要内容,是大学生思想品德教育的根本要求,是贯穿《思想道德修养与法律基础实践导航》课程的主线。践行社会主义核心价值体系的过程,是大学生加强道德修养、完善自我的过程。大学生要按照社会主义核心价值体系的要求加强个人思想品德修养,树立坚定的理想信念,陶冶高尚的道德情操,保持昂扬的精神状态,自觉担负起时代赋予的历史使命。

导读四 "实践导航"学习方法

一、"思想道德修养与法律基础实践导航"课程的性质和内容

"思想道德修养与法律基础实践导航"(以下简称"实践导航")是一门适应大学生成长成才的需要,帮助大学生树立正确的人生观、价值观、道德观和法制观的重要课程。其内容可以概括为"一条主线、两种素质、三项内容、五个重点"。

"一条主线"就是社会主义核心价值体系。整本教材各章节内容都围绕社会主义核心价值体系展开,并在结束语中再次强调:当代大学生要以"社会主义核心价值体系"为指导,自觉学习和践行社会主义核心价值体系,培养良好的思想道德素质与法律素质,努力成长为德智体美全面发展的社会主义合格建设者和可靠接班人。

"两种素质"是指思想道德素质和法律素质。思想道德素质包括思想政治素质和道德素质。思想政治素质,是人们在为实现本阶级利益而进行的各种社会实践活动中表现出来的特定品质;道德素质,是人们的道德认识和道德行为水平的综合反映,包含着一个人的道德修养和道德情操,体现着一个人的道德水平和道德风貌。法律素质,是指人们知法、守法、用法、护法的素

养和能力。

"三项内容"是指思想教育内容、道德教育内容和法制教育内容。其中第一章至第三章,属于思想教育内容,包括大学生的人生观和价值观教育,是其后两部分的前提和基础;第四章及第五章、第六章的部分内容,主要是道德教育的内容;第五章、第六章的部分内容和第七章、第八章,主要是法制教育内容。

"五个重点"是指突出世界观、人生观、价值观、道德观和法制观教育重点。

"实践导航"课程综合运用马克思主义基本立场、观点和方法,在理论和实际相结合的基础上,对当代大学生面临和关心的实际问题予以科学的回答,引导大学生学习和践行社会主义核心价值体系,培养良好的思想道德素质和法律素质,使其成为有理想、有道德、有文化、有纪律的社会主义新人。

二、"实践导航"课程的意义和学习方法

（一）"实践导航"课程的意义

首先,"实践导航"课程有助于大学生增强社会责任感。社会责任感是指在特定社会里,个人感觉对他人的伦理关怀和义务。无论是对个人还是对整个社会而言,美好生活本质上就是一种生活的道德,而这种道德离不开社会责任感。社会责任感是指大学生正确看待自身成长所面临的机遇和挑战,肩负起历史使命,明确自身的发展方向并选择正确的成长成才的途径和方法。"实践导航"课程的实质是培育大学生的社会责任感,使大学生把远大的志向与培育良好的思想道德和法律素质有机结合,把自己培养成为有理想、有文化、有道德、有纪律的社会主义建设者和接班人。

其次,"实践导航"课程有助于大学生在实践中学习思想道德和法律知识,为提高思想道德修养和法律素养打下基础,其教学内容有利于提高大学生以理性的、智慧的、体现文化内涵的方法解决学习和生活中所遇到的困难的能力。

再次,"实践导航"课程有助于大学生正确处理德与才的关系,使其做到德才兼备、全面发展。同时,该门课程还突出了对大学生进行人文素质教育,通过学习,进一步帮助大学生正确认识自己的责任,刻苦学习,勤于实践,以实际行动报答党和人民对自己的培养。

（二）学习"实践导航"课程的方法

1. 学习科学理论

学习科学理论,是指学会运用马克思主义的原理、立场和方法,坚持以邓小平理论、"三个代表"重要思想和科学发展观为指导,不断提高运用马克思

主义的原理、立场和方法观察问题、分析问题和解决问题的能力。

2. 加强道德修养

"实践导航"课程是融思想性、政治性、知识性和实践性于一体的课程,涉及内容广泛,教育针对性强。道德认知对于道德情感、道德意志、道德信念、道德行为和道德习惯的形成具有重要的意义。学好这门课程,有利于大学生在实践活动中加强道德修养,提升道德水准。

3. 提高实践能力

理论来源于实践,服务于实践,并在实践中得到完善和发展。大学生只有勤于实践,才能掌握"实践导航"课程的实质,按照课程要求,科学地制订人生规划,不断提高自己的认知水平。

4. 做到知行统一

知行统一、言行一致,是学好"实践导航"课程的落脚点。只有用所学到的知识指导行动,才能把外在的要求变成自己进取的动力。大学生要在"学中做、做中学"中陶冶思想情操,不断提高自己的思想道德素质。

实践课堂

【实践主题】

大学新生带着美好的憧憬走进了校园,面对的是新的环境、新的生活、新的起点。在这里,他们不仅要接受书本知识的教育,还要接受道德义务、历史使命、社会责任的实践锻炼。

从盲目到自觉、从被动到主动、从不适应到适应,需要一个过程。面对生活环境变化、学习方法调整、人际关系相处等新情况,大学生要尽快了解大学生活的特点和大学人才培养的目标,正确认识前进道路上可能遇到的各种矛盾和问题。从一点一滴做起,加强实践锻炼,尽快实现从高中生到大学生的角色转变。

全面建成小康社会需要青年一代的积极参与,大学生是实现中华民族伟大复兴的主力军,大学生只有把自己的人生融入国家和民族的伟大事业中,才能肩负起历史使命,明确成才目标,成长为一个对祖国和人民有贡献的人。

提高大学生思想道德素质与法律素质,要深入学习领会社会主义核心价值体系的科学内涵,通过学习实践,努力把大学生培养成为自觉践行社会主义核心价值体系最积极、最活跃的群体。

通过本章的实践教学,新生可以明确本课程的性质与目的,认识到学习这门课与个人成长成才之间的密切关系,进一步激发他们学习的热情和兴趣。

【设计思路】

"思想道德修养与法律基础"这门课程是大学生进校后接触的第一门思想政治理论课,它具有鲜明的思想性、较强的理论性、突出的综合性和鲜明的实践性,是一门充满活力的课程。在本书绪论部分的学习中,要让学生充分地了解这门课的性质,面对自己在生活、学习、成才道路上出现的各种新问题,让学生学会更新观念、积极思考、科学规划,不断完善道德修养,明辨是非,学会做人,获得真、善、美的心灵启迪,从而净化灵魂,升华境界。

如何"珍惜大学生活,开拓新的境界",要让学生明白,能够走进高等学府进行深造,是人生发展的一个新阶段,而且是非常关键的阶段。大学不仅是学习知识的场所,更是陶冶性情、健全人格、完善心理的精神家园。通过设计"感受大学新生活"和"适应人生新阶段——完成大学生活拼图"这两个实践环节,让学生增强责任感和团队协作意识,主动去认识和接触他人,展示自我。通过学长们的现身说法,分享他们成功的喜悦,吸取他们遗憾的教训,尽快认识大学新环境,开始自己新的学习生活。通过设计"撰写大学生学业规划书"、"在志愿服务中践行社会主义核心价值体系"这两个实践环节,让大学生明确目标对人生有重大的导向作用,确立目标是学业规划的关键;通过开展调查,了解分析国家培养一个大学生的教育成本,进一步激发大学生的学习动力,珍惜大学美好时光。

【实践项目】

一、感受大学生活

◎**实践类型**:互动。

◎**实践形式**:沟通、交流。

◎**实践目标**:通过课堂上的分组,能够结识新同学,扩大交往的范围,认识大学生活的特点,了解如何尽快适应大学生活,提高独立生活的能力,树立新的学习理念,能够认识到大学生活中人际交往的重要性,不断健全心理和人格。在团队活动中学会竞争与合作,树立团队意识、增强责任感。通过活动,主动去认识他人,展示自我,发现周围人的优点,迈出大学生活的第一步。

◎**实践方案(6 课时):**

1. 组建团队,打造特色

(1) 任课教师按照学号的顺序,每班建立 3 个团队,每个团队 12 人左右,每队推荐一名队长。以后上课就要求学生按照团队相对集中坐在一起,方便交流与合作。同时所有的实践项目都是以团队为基础进行的。

(2) 给每个团队发一张大的白纸和几支彩色水笔,每队由队长组织,用 8 分钟时间商定自己团队的队名和口号,设计自己团队的特色,形成团队协作意识,并把队名和口号写在白纸上,可以进行修饰和美化。

(3) 每个团队选派一名代表上台介绍自己的团队,包括为什么确定这个队名、口号的含义是什么等,并和其他团队进行分享。

(4) 确定一名同学作为课程负责人,准备一本记录本,专门负责记录每堂课的具体情况,包括学生的出勤情况、每个团队参与活动的情况,作为确定这门实践课程最终考评的平时成绩的依据。

2. 相互认识,学会欣赏

(1) 播放背景音乐《我和你》或者《相亲相爱的一家人》(8 分钟)

每位同学分别和团队的陌生成员(或者周边团队成员)握手,面带微笑,目光注视着对方,说一声"你好",同时介绍自己的姓名、家乡、兴趣爱好等。可以以这样的句式开始:"你好,很高兴认识你,我来自×××,我是一个×××的人,我的优点是×××,我最大的爱好是×××。"

(2) 为了能更好地达到预期的效果,在这个过程中,老师要引导学生注意思考几个问题。① 通过什么样的方式可以更好地认识新同学? ② 首次与陌生人交流,如何才能取得比较好的效果? ③ 交流过程中,如何寻找两人的共同话题? ④ 在整个认识的过程中,有没有什么新的发现?

(3) 老师进行总结。大学生进入一个新的环境,面对的是陌生的交往人群,要尽快融入新的环境,结交新的朋友,要有意识地做一个有心人,不要放过任何一个可以展示自己的机会。在展示自己的过程中,要让别人进一步认识你,这样可以交到更多的志同道合的朋友。

3. 鼓励自己,欣赏别人

(1) 每位同学准备好纸和笔,按要求完成 5 个句子。

① 我最欣赏自己的一个优点是＿＿＿＿＿＿＿＿＿＿＿＿＿＿＿。

② 上大学之前我最有成就感的一件事是＿＿＿＿＿＿＿＿＿＿＿。

③ 进入大学以来我最欣赏的老师是×××,因为＿＿＿＿＿＿＿＿。

④ 我感谢宿舍里(或者班上的)×××同学,因为＿＿＿＿＿＿＿。

⑤ 进入大学以来我感觉做得最得意的一件事是＿＿＿＿＿＿＿＿＿＿。

（2）每个团队推选一名学生代表上台交流自己填写的内容（老师可以挑选首先推荐的团队，根据时间安排，确定 2～3 个代表发言即可），并分享自己的感受和体会。

（3）每个团队围坐一圈，每个同学轮流坐在团队的中间位置，其他同学根据自己了解的情况，轮流说出这个同学的优点（可以是长相、衣着、性格、为人处世的风格等）。要求是作评价的同学态度一定要真诚，面带微笑，发自内心地进行赞美，不能没有根据地吹捧，给人受伤的感觉。

（4）所有同学都担任了称赞别人和被别人称赞的角色，每个人内心的感慨是不一样的，老师可以引导学生思考以下几个问题：① 如何发现别人身上的长处？ ② 如何做一个善于欣赏别人的人？ ③ 如何做一个很好的倾听者？可以邀请几个学生上台分享自己的感受，如：当自己坐在中间接受别人称赞时的感受是什么？ 哪些优点是自己之前就意识到的，哪些优点是自己之前没有觉察到的？ 你在夸奖别人时，是从哪个角度切入的？ 你说出来的这个优点别人也发现了吗？

（5）老师进行总结性发言。每个人都要善于发现自己的优点并加以欣赏，不断强化自我的接纳，同时要学会倾听，了解他人所讲的事实、所要抒发的情感和所持有的态度，学会发现别人身上的优点和亮点，学会尊重和接纳他人。在这个过程中，不断培养自己的人际交往能力，努力让自己成为一个懂得鼓励自己和欣赏别人的人。

◎**实践成果：**大学新生活感受（标题自拟）。

◎**活动评价：**

走进大学校园，对每个新生来说，都是新生活的开始，接触到的是新的环境、新的老师、新的同学，不再生活在父母的身边，要自己照顾自己，与来自五湖四海的同学一起过集体生活，学习方式和高中也完全不一样，什么都是崭新的。

优秀（90～100 分）：能够自己确定要写的主题，围绕进入大学后自己的所见所闻、所思所感，从自己接触的新事物写起，最后谈到自己的内心感受，对未来大学生活的向往，主体应该是积极向上、充满阳光和激情的。能点面结合，在整体概述后能突出撰写 1～2 个亲身经历的事件，描写细致，感受清晰。

良好（80～89 分）：能够确定自己撰写的主题，结合自己亲身经历的或者亲眼目睹的校园生活的各个部分，畅谈自己对大学新生活的内心感受，积极乐观，能结合至少一个亲身经历来具体畅谈，突出对内心世界的描写，特别是和上大学之前有鲜明的对比。

合格(60~79分):能够从宏观上进行撰写主题的描述,感受大学生活方方面面的不同,挑选学习、生活、人际交往、社团活动等其中的一两个方面来谈,态度比较认真。

不及格(60分以下):态度不端正,主题不明确,字迹潦草,仅有几句对大学生活的抽象描述,没有总结出自己内心的感受和感悟。

二、适应人生新阶段——完成大学生活拼图

◎**实践类型**:互动。

◎**实践形式**:思考、交流。

◎**实践目标**:通过有代表性的老生的现身说法,让大一新生更加熟悉和了解大学生活应该如何度过,进一步明确他们各方面的奋斗目标,从一种懵懂状态转向有较清晰目标的状态,在与老生零距离接触的过程中,解决新生入学后的困惑。老生既介绍自己的大学经历,分享自己的成功经验,也可以诉说自己的遗憾,同时现场解答新生的问题和困惑,帮助指点迷津。新生通过这次交流活动,可以拓展他们进大学后的人脉关系,结合各自的实际情况,进行深入思考,寻找前进的动力,不让自己的大学生活留下遗憾。

◎**实践方案(6课时)**:

1. 准备阶段

(1)任课教师安排学生搜集自己进入大学后面临的困惑,可以是学习上的、情感上的,也可以是人际交往、职业规划等方面的。

(2)任课教师物色参与交流的老生代表,这个代表一定要具有代表性和典型性,并且具有较强的语言表达能力和沟通能力。比较理想的是:选择一位学习优秀(比如英语学习成绩特别棒的、在全国英语大赛上获奖的同学)的典型介绍自己的学习经验、学习方法,以及如何有计划地、锲而不舍地按计划进行学习的情况;选择一位能力突出、工作出色的学生干部介绍自己担任学生干部的经历,和大家分享其中的酸甜苦辣;选择一位积极参加志愿者活动、实践活动,并在活动中表现突出的学生代表介绍自己如何自立自强、勇于挑战自我的经历,和大家分享自己曾经的付出和收获;选择一位考研成功的学生代表分享自己执着追求不断奋斗的复习过程以及成功后的喜悦;选择一位以高分考上国家公务员的学生代表,和大家分享自己考公务员时如何进行自我强化训练的经历,或者选择一位曾经为了实现一个目标锲而不舍地努力,

克服来自方方面面的困难和阻力,最终取得成功的典型介绍自己的努力过程并和大家分享心得。

（3）安排学生代表做好发言前的准备,有条件的,可以配合课件展示,增加生动性,要求提前做好沟通工作。

2. 实施阶段

（1）教师安排学生提前在教室黑板上写上"新老生交流面对面"几个大字或者用 PPT 展示,并安排一个学生进行摄像。

（2）课堂上,由任课教师进行现场组织,按照之前设定的顺序,请学生代表轮流上台进行交流,每人 12 分钟左右的讲解时间。

（3）每个学生代表讲完,直接进入 5 分钟的面对面回答问题阶段,新生就老生代表所讲的内容,结合自己的困惑提问,由老生进行解答。

3. 总结阶段

（1）任课教师结合老生提供给大家分享的内容进行阶段性点评,并对新生提出的一些问题在老生回答的基础上进一步澄清,加以总结,对有些问题说明自己的感受和体会,引导学生进行深入的思考,特别是结合自身的具体情况进行具体分析。

（2）每个小组进行 3 分钟的讨论,推选一名学生上台分享听后的感受和体会。

（3）任课教师进行总结:大学四年的时间是短暂又漫长的,需要做的事情很多,要想在毕业时能够有所收获,需要每个学生在入学之初就进行科学的规划,从各个方面有意识打造自己,在实践中磨炼,从而能从容走出校园,走向社会,努力使自己成为社会所需要的有核心竞争力的优秀大学毕业生。

（4）在借鉴老生精彩大学生活的基础上,每个学生根据自身的情况从课程学习、专业发展、人际关系、个人情感、身心健康、休闲生活、自我成长、社团工作、兼职工作等方面制订出自己的大学四年生活拼图。

4. 分享阶段

各个团队内部交流,看看自己的大学生活拼图和其他同学的拼图有什么不一样,别人的拼图是否有可以借鉴的地方;再看看自己的拼图是不是需要进行一些修订,有哪些不合理的地方,哪些是不具有操作性的,自己有哪些不足会影响到大学生活的规划;等等。

◎**实践成果:** 大学生活拼图(包括课程学习、专业发展、人际关系、个人情感、身心健康、休闲生活、自我成长、社团工作、兼职工作等方面)。

◎**活动评价**：

这个实践活动是聆听了学长们的现身说法后对自己大学生活的具体设想。当自己在特别迷茫、无助的时候，倾听学长们的亲切介绍，应该对自己有深刻的内心触动。谁都是带着美好的愿望来到大学的，谁都不希望虚度自己的四年大学时间，因此，这个实践成果必须是结合自身的实际情况进行的自我分析，并不是每个人都适合去考研，也并不是每个人都要去考公务员，你的性格特点是什么？你的兴趣在哪里？你的价值观是什么？你的家庭情况怎样？这些问题都是值得静下心来思考的。

优秀(90～100分)：能够首先畅谈自己在听了学长们的经验介绍之后的感受，能够对自己及所处的环境进行多方面的剖析，然后分别从学习、生活、工作、人际交往、身心健康、娱乐休闲等多方面进行规划。完成拼图，要求细化到具体的时间段，规划科学，并具有操作性。表格美观大方，一目了然。

良好(80～89分)：目标比较清晰，态度端正，能较好完成拼图的内容，每个版块用4～5句话论述，规划比较合理，具有一定的可操作性；表格比较美观，字迹比较清楚。

合格(60～79分)：有目标、有规划、能基本完成拼图的内容，每个版块能用2～3句话描述，态度比较端正，字迹比较清楚。

不及格(60分以下)：没有明确的目标，没有具体的规划，态度不够端正，字迹潦草，敷衍了事，每个拼图上只有简单的几个字，表格不够清晰。

三、撰写大学生学业规划书

◎**实践类型**：体验。

◎**实践形式**：学生制订，教师指导。

◎**实践目标**：大学是学习的天堂，大学生的天职是学习。大学生要根据社会需要以及个人的兴趣、特长和所学专业等确立自己大学期间的奋斗目标，根据确立的目标，做好切实可行的学业规划。因此大学生学业规划在青年学生的成长成才中具有非常重要的意义。学校坚持"以人为本，个性发展"的理念，要求大一新生每人撰写一份学业规划书，科学制订适合自己的学业规划书，明确自己的行动方向，不断激发自己的前进动力。学业规划可以帮助大学生正确定位自我，增强自我约束和自我管理的能力，使大学生能认清使命、明确目标，提高学习的主动性、自觉性，激发青年学生成长成才的热情与动力。

◎**实践方案(9课时):**

1. 任课教师说明大学新生撰写学业规划书的重要性

大一上学期,每个学生要完成一年级的学业规划,以其指导大学生认识自我、分析自我。学业规划书包括"自我分析"和"环境分析"两方面。自我分析是指通过学校、家庭、同学、朋友的评价,并借助一定的测评工具,全面、客观地评估自己的性格、爱好、特长、价值观、能力及优缺点;环境分析是指对学业规划可能产生影响的各种内外因素进行的分析判断。进行成功大学生和成功社会人士的访谈,做好访谈记录,思考、探讨实现自我目标的途径。

2. 目标定位与分解

主要包括"时间维度"和"内容维度"两个方面。从时间维度来看,规划者应在人生长远发展目标的指引下,确立大学整体目标(四年)、中期目标(一年)、短期目标(一学期)。从内容维度来看,学业规划不应局限于专业学习,还应涉及思想政治素质、个人技能素质、综合素质拓展等其他方面。要针对不同时间段的不同目标,进行具体的细化、分解,甚至应具体到为了实现目标每周、每天应完成的具体目标。

3. 分步实施,评估调整

大学生学业规划要通过短期目标的逐个实现来支撑中、长期目标的完成。学业规划中,一般以一个学期为一个周期,进行规划的具体执行与效果评估。学期初,大学生根据学业规划的短期目标,结合自身的学业进程,详细制订每一天的学习安排和成长计划,并在日常学习生活中对照这一计划去严格执行,贯彻落实。学期末,大学生要评估本学期的学业规划执行情况,并接受指导教师有针对性的个别指导。同时,拟订下一阶段的目标或对现有目标进行调整。如此往复,直到四年大学生涯结束。最后,对整个大学阶段的学业规划进行总结,并对下一个人生发展目标进行规划。

4. 指导过程和办法

(1)任课教师要在课堂上宣讲学业规划的重要意义、要求、方案制订的思路及具体实施办法。

(2)按照普遍教育与个别指导相结合的原则,指导广大学生认识自己所学专业的过去、现状和未来,提高学生对专业知识的学习兴趣。

(3)根据专业设置情况拟订相关专业的学业规划基础模板,并拟订学业规划初稿。

(4)进行个别谈心,倾听学生想法,帮助学生分析个人情况,提出指导意见并撰写规划书。同时增强学生的认同感,定期检查落实,督促学生执行。

（5）在各个团队中进行撰写学业规划书的交流，学生间可以取长补短。

（6）督促学生按规划书的要求定期调整相关内容，认真进行小结，以达到提高的目的。

◎**实践成果**：完成大一学业规划书。

◎**活动评价**：

优秀（90～100分）：态度端正，字迹工整，整个规划书目标清晰，结构合理，主次分明，对每一部分的内容都有详尽的描述，所制订计划能落实到具体的时间点上，特色鲜明，具有很强的可操作性。

良好（80～89分）：态度比较端正，字迹比较工整，整个规划书目标较清晰，结构较合理，主次较分明，对短期目标和长期目标都有较详细的描述，对每一个步骤计划都有较详细的方案，具有自己的特色，具有一定的可操作性。

合格（60～79分）：态度比较端正，字迹比较工整，规划书中有较明确的短期目标和长期目标，通过短期目标的逐个实现能基本支撑中、长期目标的完成；结合自身的学业进程，能制订出比较详细的每一天的学习安排和成长计划。

不及格（60分以下）：态度不端正，字迹潦草，规划书过于简单，没有细化方案，每个部分仅是一两句话带过，没有进行深入的思考和分析，敷衍了事，或者有明显的抄袭痕迹，前后矛盾。

四、在志愿服务中践行社会主义核心价值体系

◎**实践类型**：体验。

◎**实践形式**：志愿活动。

◎**实践目标**：党的十八大强调，要建设社会主义核心价值体系，增强社会主义意识形态的吸引力和凝聚力。努力践行社会主义核心价值体系，对当代大学生的思想政治教育具有重大的现实意义。社会主义核心价值体系贵在践行，也就是要通过社会实践，把社会主义核心价值体系的价值由"文本价值"向"实践价值"转化。大学生志愿服务是践行社会主义核心价值体系的有效载体，广大大学生志愿者在为社会提供服务的同时，也向社会昭示了一种精神，这就是"奉献、友爱、互助、进步"的志愿服务精神。这种精神是社会主义核心价值体系在志愿服务领域的具体体现。

通过参加志愿者活动，继承和发扬中华民族团结友爱、助人为乐、见义勇为等传统美德，进一步深刻领会社会主义核心价值体系的深刻内涵，弘扬社

会主义的时代精神。

◎**实践方案(9课时)**:

1. 任课教师在课堂上进行动员,要求每位学生在本学期至少参加一次志愿服务活动,并具体说明志愿活动的要求。

2. 制订出志愿服务活动的书面计划。可以是以团队的名义,共同制订一个实践活动计划,团队成员共同参与,但是每个人在活动中的具体角色要写清楚;也可以是单个学生自己制订服务计划。在具体实施活动计划时,每个计划方案都要在小组中进行交流,特别是要强调活动的可行性和必要性,对于有问题的方案,要提出修改意见,最终由整个团队成员共同确定最终的计划方案。

3. 按照最终确定的活动计划安排落实时间,要求在14周之前完成实践活动,可以是形成长期服务的志愿活动,也可以是短期参加的。在活动过程中要注意留下活动的图片、文字、视频等资料,如果活动的新闻性较强,还可以联系报社记者或相关媒体进行报道,以扩大活动的社会影响。

4. 活动结束后,每位学生都要撰写志愿服务活动的心得,包括参加活动的过程以及活动结束以后自己的感受和体会等。

5. 在时间允许的情况下,组织一个实践活动后的交流会,请相关同学畅谈参加实践活动的感受,谈谈大学生对践行社会主义核心价值体系的认识,以及自己今后如何更好地在实践中不断践行社会主义核心价值体系。

◎**实践成果**:实践报告:志愿者活动经历和体会。

◎**活动评价**:

优秀(90~100分):态度特别认真,有详细的书面志愿活动计划书(个人或者团队都可以),配有一定量的活动的照片(或者视频资料),并有服务对象提供的文字证明材料。活动心得能真实描述活动的整个过程,并能提高到思想层面,进一步加深对社会主义核心价值体系的认识。态度端正、字迹工整。如果活动具有一定的社会影响力,并能提供相关媒体的活动报道,可给予满分。

良好(80~89分):态度端正,有比较详细的志愿活动计划书,有活动图片或者文字资料,撰写的心得体会过程比较详细,有自己的真实感受,也能提高到一定的思想层面来谈大学生如何践行社会主义核心价值体系。

合格(60~79分):有活动计划书,能按照要求制定志愿活动计划书,真实参加志愿活动,有一定的过程记录,并能撰写心得体会。

不及格(60分以下):态度不端正,没有制订计划,没有形成计划书,没有认真参加志愿服务活动,活动心得马马虎虎,没有活动的感想与体会。

参考案例

大学生活从学业规划开始

大学生学业规划,就是大学生根据自身情况,结合现有的条件和制约因素,为自己确立整个大学期间的学业目标,并为实现学业目标而确定的行动方向、行动时间和行动方案。简单地说,就是大学生通过解决学什么、怎么学、什么时候学等问题,来确保自己顺利完成大学学业,为实现自己今后的职业目标奠定坚实的基础。对于刚刚进校的大学生来说,只有尽快明确自己的学业目标,及早科学设计自己的学业规划,不断提高自己的各方面素质,培养自己的核心竞争力,才能为将来激烈的社会竞争增加砝码,在竞争中把握机会,争取成功!

1. 做好学业规划能增强自我约束力和自我管理能力

如果没有学业规划,我们的时间、精力就容易处于荒废和散乱之中,就会生活漫不经心,心态消极怠慢,容易陷入跟学业无关的琐事中,虚度大学光阴、浪费青春。而学业规划能让我们明白现在做的每一点都是实现未来目标的一部分,从而重视现在、把握现在,集中时间、精力和资源选定学业。

2. 做好学业规划能增强大学生生活与学习的主动性

一份有效的学业规划能够引导大学生认识自身的个性特质以及现有的和潜在的资源优势,从而对自己的综合优势与劣势进行对比分析,树立明确的学业发展目标与未来职业理想,评估个人目标与现状之间的距离,学会运用科学、有效的方法,采取切实可行的步骤和措施,不断增强自己的学业竞争力,实现学业目标与职业理想。从大一开始,大学生就应该认清自己的学习发展方向,并在大学期间为实现自己的目标而努力,改变以往的被动局面,由"要我学"变为"我要学"。

3. 做好学业规划能促使大学生积极向上和自我完善

学业规划是大学生努力的依据,也是对自己的鞭策。随着学业规划的每一个具体目标的实现,大学生会越来越有成就感,思想方式及心态也会向着更积极向上的方向转变。好的学业规划为大学生提供了完成学业的清晰图画,使其对学业的实现过程有了清晰透彻的认识,进而更有信心、勇气,达到自我完善。

4. 做好学业规划有助于大学生自我定位

大学生要不断地了解和发掘自己的特点,进而不断地调整与修正,找出自己感兴趣的领域,明确自己的优势所在和切入社会的起点,其中最重要的是明确人生目标,即自我定位。而学业规划确立的过程是一个有弹性的动态的规划过程,是一个认识自身优势与弱势、机会与挑战的过程,是一个自我定位、规划人生的过程,就是一个明确自己"能干什么"、"社会可以提供给我什么机会"、"我选择干什么"等问题的过程,进而使理想具有可操作性,为进入社会提供明确方向。

【点评】　我们常说,机会只垂青有准备的头脑。大学生一定要认清进行学业规划的重要性:只有有了规划,自己的学习才会有明确的目标,自己所做的每一件事才会觉得有意义、有动力,才能为走向社会奠定坚实的基础。在进行规划的过程中,大学生要结合自身特点,认清自己的优势和劣势,不断加强自我认知、明确理想,为走向社会做好充分的准备。

大学学业规划五步骤

1. 学业规划选定

首先,分析自己的兴趣爱好,认定自己想干什么。兴趣是理想产生的基础,兴趣与成功几率有着明显的正相关性。要择己所爱,选择自己喜欢的专业方向和研究领域进行钻研和学习。其次,分析自己的能力、特长,确定自己能干什么。能力是人的综合素质在现实行动中的表现,是正确驾驭某种活动的实际本领、能量和熟练水平。能力是实现人的价值的一种有效方式,也是支配人生命运的一种起主导作用的积极力量。因为任何一种职业都要求从业者掌握一定的技能、具备一定的条件,所以结合自己的兴趣爱好,在认定自己想干什么的基础上确定已经具备的能力和应该培养的能力。再次,分析未来,确定社会要求干什么。着眼将来、预测趋势,立足于社会不断发展变化的需求。避免盲目跟风,因为最热门的并非是最好的。选择社会需要又最适合发挥自身优势的专业方向和研究领域才是最好的。要把自己的兴趣爱好、能力特长同社会需要结合起来,把想干什么、能干什么、社会要求干什么有机地结合起来。几方面的结合点和链接处正是大学生进行学业规划的关键所在。

2. 强化学业规划

在选定学业规划以后,很多大学生会将其束之高阁或者虎头蛇尾,结果导致有了学业规划却不能实施或不能持久实施,最终无法实现既定的学业目标。这些现象的出现是因为大学生在制定学业规划时缺少一个重要环节,即对学业规划的强化。强化学业规划就是规划执行者在执行之前充分运用想象,详细地罗列出达成学业规划的好处,从而培养积极的心态,进而增强动力,产生更大的执行力,确保学业规划的顺利完成。

3. 学业规划分解

学业总目标确定以后,要能自上而下地分解,即制订学习计划。以本科四年为例,可以按照以下的思路进行:四年的总学习目标→一年的学习目标→一学期的学习目标→一月的学习目标→一周的学习目标→一日的学习目标。使得学业规划落实到学习生活的每一天,确保学业规划的严格执行。

4. 学业规划评估与反馈

在实施过程中,要及时地对环境与条件做出评价和估计,对自己的执行情况做出评估。由于现实生活中种种不确定因素的存在,学业规划的设计必须具有一定的弹性,因此评估结果出来以后应进行反馈,以便自己及时修正学业目标,变更计划与实施措施。同时应做到定期评估与反馈:每年、每学期、每月、每日进行检查评估与反馈,进而分析原因与障碍,找出改进的方法与措施。

5. 激励与惩罚

激励措施能将人的潜能和积极性激发出来,惩罚可以防止惰性的产生。应针对完成阶段目标情况制定出奖励和惩罚措施。

【点评】 大学生的学业规划做得好不好,直接关系到大学生大学四年的成长,也直接关系到大学生毕业后若干年的发展。因此,在校大学生一定要高度重视学业规划,按照学业规划的五个步骤,在辅导员老师或者学业导师(有的学校有专门的学业导师)指导下,一步一个脚印地做好规划,不仅落实在文字上,更要落实到行动中去,每个学期结束后进行自我盘点,哪些规划已经顺利完成,哪些做得还不够,并且做好下一学期的学业规划。要根据自己的情况以及周围的环境变化,及时进行规划的微调,以便适应新的发展需要。只要认真地做好规划,在大学毕业时就一定能够胸有成竹地走向社会。

延伸阅读

到西部去——中国大学生的支教故事[①]

"家里的床舒服,却不习惯了。"刚从四川省宜宾市李庄镇支教归来的李

---

① http://news.timedg.com/2012-07/10/content_11052543.htm。

柳醒发出这样的感叹。

李柳醒是上海同济大学 2011 届的毕业生。2012 年 6 月,她与其他四位同济大学的毕业生来到四川宜宾的李庄镇,进行为期一年的支教。

第一次上课,她就遇到了从未料到的困难:老旧的多媒体设备坏了,多媒体教室没办法使用,准备的资料没有办法展示。

上课铃响了之后,教室里还没有安静下来。学生们在议论,在嬉笑,在发问,没有人注意到这位从城市里来的老师有点生气。

"我做完自我介绍后,学生们开始争先恐后用四川话读着我的名字,超级可爱,好想笑出来,但硬是要保持着老师的严肃,他们也渐渐安静,开始听我讲课。"李柳醒回忆道。

与李柳醒一起去李庄中学支教的还有唐任驰、严俊、徐沁、李崇凯四个人,他们分别来自同济大学设计创意学院、土木工程学院和法学院,担任初中部和高中部非毕业班的信息、美术、地理等课程的教学工作。

2012 年,全国共有 1000 多所高校的 61516 名应届高校毕业生报名参加"大学生志愿服务西部计划"。2012 年西部计划整体实施规模保持在 17000 人左右,继续实施基础教育、农业科技、医疗卫生、基层青年工作、基层社会管理、服务新疆、服务西藏等 7 个服务专项,逐步扩大中国青年志愿者研究生支教团实施规模。

因地区发展的不均衡,"大学生志愿服务西部计划"从 2003 年起按照公开招募、自愿报名、组织选拔、集中派遣的方式,招募高校应届毕业生到西部贫困县的乡镇从事为期 1~2 年的教育、卫生、农技、扶贫以及青年中心建设和管理等方面的志愿服务工作。

大学生志愿者唐任驰对家访的印象很深刻。他说:"家访可以聆听不同的家庭故事,慢慢地就对孩子有了深入的了解,这对我们来说很重要。其实家家有本难念的经,有一次给两个初三的学生做家访,我看到两户人家都过着非常清贫的日子,却都有足够的决心和毅力支持孩子的教育,不容易。"

李柳醒要教初二六个班约 300 个孩子。她说:"西部的孩子,一点不比大城市的差,虽然他们没有条件学钢琴,报各种各样的才艺补习班,但他们会唱歌,唱歌不用钱,只要好嗓子。"

李柳醒对一个孩子印象深刻,"有一次我上课的时候班里总也安静不下来,我特别生气,有一个学生跑来跟我说:'老师我们都很喜欢你,但是不知道怎么表达,你不要生气'"。

李柳醒在李庄中学度过了人生中第一个教师节。那场景至今还历历在目:木制的桌椅,少先队员戴着红领巾,穿着校服,唱着献给老师的歌,手里捧着一朵朵送给老师的大红花。

李柳醒说,"大红花是用最简单的布料,最普通的折法制作的,可是在每一个支教老师的眼中却是宝贝"。

离别时候是期末,学生们准备考试本来就已经很忙了,可是突然有一天李柳醒被通知去开班会。她一进教室门,全班同学就齐声唱起《朋友》。有的同学问:"老师,我可以抱抱你吗?"

说到离别的时候,李柳醒很动情。"去支教的每个人都用了真心,走的时候大家都不舍得,一起去支教的男孩子,平时好像什么事都没有红过眼眶,也是不停地流泪。"

李柳醒说:"我们的力量是平凡而弱小的,能给一个地方带来翻天覆地的变化不太可能,可是支教给我们自己的改变是非常巨大的。"这段经历不仅让她懂得了在艰苦的环境下如何拥有坚定的意志,更让她认识到自己这一代需要为国家的发展做出怎样的奉献和付出。

"我从黄浦江边来到长江边,看着在河水里玩泥巴游泳的孩子,偶尔还有孩子鞠躬恭敬地问声老师好,让我非常知足。"李柳醒说。

如今李柳醒马上就要开始研究生课程的学习了。和所有下个学期准备入学的普通研究生一样,她正在联系导师,并专心预习专业科目。她表示,研究生毕业会做老师,因为这是一个幸福的职业。

名人格言

人才是"三个面向"的"四有新人",人才是有创造贡献的德智体全面发展的社会主义新人。

——邓小平

才者,德之资也;德者,才之帅也。

——司马光

正确的道路是这样:吸取你的前辈所做的一切,然后再往前走。

——列夫·托尔斯泰

我们有力的道德就是通过奋斗取得物质上的成功;这种道德既适用于国家,也适用于个人。

——罗素

把认识自己作为自己的任务,这是世界上最困难的课程。

——塞万提斯

智慧的本质就是适应。

——皮亚杰

推荐书目

1. 李开复:《做最好的自己》,人民出版社,2005 年。

书中用了近百个真实案例来阐述如何运用"成功同心圆"法则选择自己的价值观,阐述如何运用自己的智慧,"做一个融会中西的国际化人才",最终说明"成功就是做最好的自己"。这些案例当中,有李开复自己的成败得失经历,也有如比尔·盖茨等显赫人物的故事。

李开复,祖籍四川,1961 年 12 月 3 日出生于台湾,1988 年获美国卡内基梅隆大学计算机系博士学位。1998 年进入微软公司,历任微软中国研究院院长、微软公司自然交互式软件及服务部门全球副总裁,负责开发的技术和产品包括语音、自然语言、全新的搜索和在线服务等技术,并且在语音识别、人工智能、三维图形及网络多媒体等领域享有很高的声誉。

2. 林语堂:《生活的艺术》,华艺出版社,2001 年。

林语堂在该书中谈了庄子的淡泊,赞了陶渊明的闲适,诵了《归去来兮辞》,讲了《圣经》的故事,以及中国人如何品茗,如何行酒令,如何观山,如何玩水,如何看云,如何鉴石,如何养花、蓄鸟、赏雪、听雨、吟风、弄月……

林语堂将中国人旷怀达观、陶情遣兴的生活方式和浪漫高雅的东方情调皆诉诸笔下,向西方人娓娓道出了一个可供仿效的"完美生活的范本,快意人生的典型",展现出诗样人生、才情人生、幽默人生,智慧人生的别样风情。

3. [美]理查德·尼尔森·鲍利斯:《你的降落伞是什么颜色》,刘宁译,中信出版社,2010 年。

这是一本关于人、人的未来和人的梦想的书。在追逐梦想的过程中,降落伞就是人的技能、兴趣和愿望。追求梦想的过程就像侦探寻找线索一样,线索收集得越多,人生目标和梦想就会越清晰。在这本书中,影响了全世界数百万人的"职场导师"鲍利斯将用他的"魔法棒"引领人们发现自己的兴趣与技能,选择喜欢的大学专业,确立理想的职业目标,最重要的是找到属于自己人生梦想和未来。

理查德·尼尔森·鲍利斯,是近 40 年来全球最知名的职业导师之一,是能够帮助人们找到降落伞的"职场福尔摩斯"。他曾在麻省理工学院学习化学工程,在哈佛大学学习物理专业并以优异的成绩毕业。他曾被授予两项荣誉博士学位,他还是门萨学会的成员,并荣登"美国名人录"和"世界名人录"。

4. 曾子墨:《墨迹》,长江文艺出版社,2007年。

一个初谙世事的中国女孩远涉重洋,陌生、包容的美国文化接纳了她、改变了她,而她也在世界顶级的投资银行中改变了美国人对中国女孩的看法。就当她的事业似乎已在世界顶峰时,她却做出了一个让人匪夷所思的决定,"我不想用自己的生命,去点亮别人罩在我头上的光环"。曾子墨是一个对新闻工作有热情、有干劲,对财经世界有触角、有判断的女孩子。

曾子墨,生于北京,1991年进入中国人民大学学习国际金融。一年后赴美留学,就读于达特茅斯大学,并于1996年获学士学位。同年加入摩根斯坦利纽约总部,担任分析师,从事美国及跨国的企业收购兼并工作。1998年回到香港,加入摩根斯坦利亚洲分公司,一年后升任经理。参与完成约700亿美元的并购和融资项目,其中包括新浪上市。2000年加盟凤凰卫视,担任节目主持人,先后主持过《股市直播室》《财经点对点》《财经今日谈》和《凤凰正点播报》等节目。现担任《社会能见度》及《世纪大讲堂》节目主持人。

5. 刘余莉:《心态即命运》,世界知识出版社,2010年。

该书是刘余莉教授数百场演讲的整理结集,通过古今中外的美德故事,企业、家庭的经典案例,娓娓讲述传统人生智慧的真知灼见,让读者自然地学会反观自省并实现自己的幸福人生。

刘余莉,1973年生。中国人民大学哲学学士、硕士,英国赫尔大学哲学博士,新加坡国立大学哲学系博士后,中共中央党校哲学部教授。刘余莉教授对中国传统文化及当代价值,尤其对先秦儒家伦理与当代西方美德伦理有着深入研究,并把中西伦理学和当代心理学结合起来,主讲"中国传统伦理思想"、"领导心理调适"、"中国传统文化中的成功之道"、"传统文化与幸福人生"、"传统文化与和谐社会"、"传统文化与中国式管理"、"企业家心理失衡与心理调适"、"女性健康与家庭幸福"等课程,长期为党、政、军、企业干部和学生授课,她的课程质朴平实,风格儒雅平和,内容温暖感人,深受好评。

6. 魏徵:《群书治要360》,中国华侨出版社,2012年。

唐朝贞观初年,唐太宗李世民曾令谏官魏徵及虞世南等整理历代帝王治国资政史料,撷取六经、四史、诸子百家中有关修身、齐家、治国、平天下之精要,汇编成书。上始五帝,下迄晋代,自一万四千多部、八万九千多卷古籍中,"采撷群书,剪截淫放",于贞观五年(631)编辑成书,计65部约50余万言,取名为《群书治要》,"治要",即治国必须遵循的纲要、理论与方法。该书不仅是魏徵向唐太宗进谏的重要理论依据,也是唐太宗开创"贞观之治"的思想源泉和施政参考。《群书治要360》将《群书治要》的嘉言整理为六个大纲:君道、臣术、贵德、为政、敬慎、明辨,每个大纲中,又归纳了若干条目,对现代人的德行、修养、工作、学习、生活等都有着重要的指导和借鉴意义。

魏徵(580—643年),字玄成,唐初杰出的政治家、思想家、史学家。河北巨鹿人。贞观元年(627),升任尚书左丞。贞观二年(628),魏徵被授秘书监,并参掌朝政,在此期间,受命编撰《群书治要》,于贞观五年(631)编辑成书。贞观七年(633),魏徵代王珪为侍中。贞观十年(636),魏徵奉命主持编写《隋书》《梁书》《陈书》《齐书》等,历时七年。贞观十二年(638),魏徵看到唐太宗逐渐怠惰,懒于政事,追求奢靡,便奏上著名的《十渐不克终疏》,列举了唐太宗执政初到当前为政态度的十个变化。贞观十六年(643),魏徵病逝家中。太宗亲临吊唁,痛哭失声,并说:"夫以铜为镜,可以正衣冠;以古为镜,可以知兴替;以人为镜,可以明得失。我常保此三镜,以防己过。今魏徵殂逝,遂亡一镜矣。"

7. 李毓秀:《弟子规》,重庆出版社,2011年。

《弟子规》原名《训蒙文》,为清朝康熙年间秀才李毓秀所作,其内容采用《论语》"学而篇"第六条的文义,列述弟子在家、出外、待人、接物与学习上应该恪守的守则规范。《弟子规》共有360句、1080个字,三字一句,两句或四句连意,合辙押韵,朗朗上口;全篇先为"总叙",然后分为"入则孝、出则悌、谨、信、泛爱众、亲仁、余力学文"7个部分。《弟子规》根据《论语》等经典编写而成,它集孔孟、老子等圣贤的道德教育之大成,提传统道德教育著作之纲领,是接受伦理道德教育、养成有德有才之人的最佳读物。

李毓秀(1647—1729),字子潜,号采三,清初著名学者、教育家。从师党冰壑游历近20年。精研《大学》《中庸》,创办敦复斋讲学,来听课的人很多。太平县御史王奂曾多次向他请教,十分佩服他的才学。李毓秀平生只考中了秀才,主要活动是教书。根据传统对童蒙的要求,也结合他自己的教书实践,写成了《训蒙文》,后来经过贾存仁修订,改名《弟子规》。

8. 教育部思想政治工作司组编:《全国大学生先进事迹选编》,中国人民大学出版社,2009年。

大学生是民族的希望,祖国的未来。该书收录了全国百余位优秀大学生的先进事迹,旨在引导大学生以先进模范为榜样,认清历史使命,勇担时代重任,树立正确的世界观、人生观、价值观和荣辱观,自觉成长为德智体美全面发展的中国特色社会主义合格建设者和可靠接班人,为中华民族的伟大复兴贡献智慧和力量。

9. 郝宁:《阳光人生指南》,北京大学出版社,2009年。

该书以简洁朴实的行文风格对当前积极心理学的主要理论进行论述,同时辅以例证、量表、图片、故事等,启发读者理解理论的精髓并在日常生活中运用这些理论,帮助读者发掘自身的积极力量,积极面对人生的挑战,获得属于自己的幸福。

郝宁,心理学博士,现任教于华东师范大学心理与认知科学学院。主要从事专长心理学、积极心理学方面的研究。先后在《心理科学》《应用心理学》《华东师范大学学报》《首都师范大学学报》《上海教育科研》等期刊发表论文20篇。参与多部心理学图书的编著和译著工作。

10. [美]丹尼尔·吉尔伯特:《哈佛幸福课》,张岩,时宏译,中信出版社,2011年。

作者关于幸福最鲜明的观点是:人类与其他动物的根本区别在于人类可以预见未来,因此,人类也就有了区别于其他所有动物的幸福感;但是,人类对于未来自己的情感预期,往往和实际有着很大的"预测偏差"。书中列举了大量怪诞的实验,引用了大量的心理学和行为科学方面的研究成果,证明了这样一个事实:你以为中大奖可以让你幸福无比,被解雇会让你一蹶不振,但事实上,中奖的幸福感远没有你预期的那样强烈持久,被解雇的失落感也远没有你想象的那么痛苦。我们都有一个与生俱来的"幸福基础值",生活中的成就与挫折,往往只是短暂地改变我们的幸福水平。很快地,我们就会回归自己的"幸福基础值"。那么,如何才能撞上幸福呢? 吉尔伯特认为,现代社会的人们拥有自主的选择权,有史以来第一次,我们的幸福掌握在自己手中,所以人们应当"智慧地购买"幸福,提升自己的"幸福基础值"。

丹尼尔·吉尔伯特,社会心理学家,在哈佛大学他被大家亲切地称为"幸福教授",这是因为他领导着一个研究人类幸福本质的"社会认知与情感实验室"。他提出了"预测偏差理论",被认为是世界上幸福研究领域的最具影响力和最权威的学者之一,他的教研工作曾为他赢得了众多奖项,其中包括由美国心理协会颁发的"青年心理学家杰出贡献奖"。2002年,他被《个性与心理学杂志》评为"当代50位最具影响力的社会心理学家"之一;2003年,他的研究论文被《心理学探究》杂志评为"社会心理学领域的4部现代经典著作"之一。他的研究成果经常被刊登在《纽约时报》《福布斯》《理财》《纽约客》《华尔街日报》《今日心理学》等媒体上。

第一章
追求远大理想　坚定崇高信念

理想是人们在实践中形成的、有可能实现的、对未来社会和自身发展的向往和追求，是人们的世界观、人生观和价值观在奋斗目标上的集中体现。理想信念是人的心灵世界的核心。有无理想信念，有什么样的理想信念，将决定一个人的人生轨迹与发展方向，决定着人生的高度、深度与广度。大学生追求远大理想，坚定崇高信念，是其健康成长、成就事业与开创未来的精神支柱与前进动力。

理论讲堂

【教学目的】

引导大学生正确认识和把握理想信念的科学含义，理解中国特色社会主义共同理想和马克思主义信念的深刻内涵，鼓励大学生追求远大理想，坚定马克思主义科学信仰，在为实现中国特色社会主义共同理想而奋斗的过程中实现个人理想，自觉践行社会主义核心价值体系，为实现中华民族的伟大复兴而不懈奋斗。

【教学重点】

1. 理想信念的含义与特征；
2. 理想信念与大学生成长成才的关系与意义；
3. 共同理想和崇高信念与现实、与实践的关系；
4. 实现理想信念所应具备的基本条件；
5. 理想实现的长期性、艰巨性和曲折性。

【要点导读】

导读一　大学生树立理想信念的意义

一、理想的含义和特征

（一）理想的含义

"理想"一词,最初来源于希腊语"ideal",意思是人生的奋斗目标。在中国古代,理想叫做"志",即志向。孔子曰:"三军可夺率也,匹夫不可夺志也。"理想作为一种精神现象,是人类社会实践的产物。人们在改造客观世界和主观世界的实践活动中,既追求眼前的生产、生活目标,渴望满足眼前的物质和精神需求,又憧憬长远的生产生活目标,期盼满足更高的物质和精神需求。对现状永不满足、对未来不懈追求,是理想形成的动力源泉。因此,所谓理想是指人们在实践中形成的、有可能实现的、对未来社会和自身发展的向往与追求,是人们的世界观、人生观和价值观在奋斗目标上的集中体现。

（二）理想的特征

理想具有超越性、可能性、差异性、实践性的特征。

（1）超越性。理想是对现实的超越,它高于现实。理想是关于未来"应怎样"的设想,而现实是现在实际"是怎样"。"事实"与"应当"、"是怎样"与"应怎样"之间总是有一定的差距。理想是指向未来的价值目标,是现实生活中尚未存在的东西。人不仅生活在现在,而且生活在对未来的追求之中;人们根据自己对未来的设计蓝图不断地推动着现在的变化,改造着现实。理想以预见的方式反映未来、把握未来:"将来如何如何……"因而,理想具有超前性,它高于现实,超越现实。这正是人高于其他动物之处。马克思曾指出,蜘蛛织网与工人纺织相似,蜜蜂建造蜂房的本领甚至使建筑工程师感到惭愧;但最蹩脚的建筑师也比最灵巧的蜜蜂高明,因为建筑师在动手建造一个建筑物之前,已经先在自己的头脑中把它建成了。同时,与现实相比,理想是更为美好的。人们对理想的向往和追求,体现了人们对美好的向往和追求。而与理想相比,现实则显露出其缺陷。正因如此,理想对人们具有巨大的感召力,它吸引着人们通过自己的奋斗,不断地改造现实,推动历史进步。

（2）可能性。真正的理想具有变成现实的可能性。理想是立足于现实基础之上的、经过努力可能实现的志向和抱负。这是理想和空想、幻想的根本区别。空想也是人们对未来的一种想象,反映了人们所追求的一定目标。但它脱离实际,违背客观事实,因而是一种永远也不可能实现的主观臆想。幻想也是人们对未来的一种想象。有些幻想是不切实际的空想,有些则是符合现实发展要求的想象,如科学幻想,只是目前还没有足够的根据和实现的条件,一旦条件具备,就有实现的可能。所以,理想不是脱离实际、违背客观的空想,也不是还没有足够条件和根据的幻想,而是立足于现实基础上、经过努力可能实现的志向和抱负。从这个意义上来说,理想又是以现实为基础的。著名哲学家贺麟先生说过:"离开现实而言理想,理想就会成为幻想和梦想,离开理想而言现实,现实就会成盲目的命运和冷酷无情的力量⋯⋯事实上有许多人埋没在现实之中,为现实所束缚,作现实的奴隶,更有许多人,沉溺于幻想中,不认识现实,极力逃避现实。"因此,理想的形成,不仅体现了人们向往美好的情感,而且需要人们理性地认识现实的客观条件及其发展的规律和趋势,从而把自己的理想建立在现实的基础之上,使之具有实现的可能性。

（3）差异性。理想的差异性,或者说理想的多样性,首先是指在不同的社会生活中,在不同的历史阶段,人们会产生不同的理想。人的理想会随着社会历史的发展而发生变化。比如,中国古代儒家的社会理想是建立一个君仁臣忠、父慈子孝、夫义妇听、长惠幼顺、亲亲尊尊、依礼而行的差序社会。封建士大夫向往的是升官发财、光宗耀祖;而劳动人民向往的是没有剥削、没有压迫的生活,追求的是"三亩地一头牛,老婆孩子热炕头"的小农生活。而近代启蒙思想家的社会理想则是一个自由、民主、平等、博爱的社会。其次,一个人在其人生的不同阶段,会产生不同的理想,或者对自己的理想进行各种调整。一个人童年时期的个人理想也许是做一个歌唱家,到了青年时期,其理想则可能变成要做一个文学家,成年以后,其理想又可能会变成要做一个成功的商人。不同的人会有不同的理想,同一个人在不同的阶段也会有不同的理想,这些都是正常的。理想存在差异性,这是一种客观存在。

（4）实践性。真正的理想不只是对未来目标的主观想象,它要变为现实还要人们在实践中付出自己的主观努力。一切理想唯有通过行动才能变成现实。理想是人类特有的精神现象。对人以外的其他动物来说,它都生活在"当前"和"现实"中,它既不能去设想未来,也不能去规划未来,更不能去改变现实。而人则不同。人不仅可以去想象和规划未来,而且还用"理想"去指导和推动实践,通过实践把理想变为现实,把"观念"变为实在。不论是理想的"想象"过程,还是理想的"实践"过程,都蕴藏了人类无限丰富和十分巨大的能量与创造性。追求理想的过程,就是一个实践创造的过程。理想是人类创造性的源泉。

幻想是一种与生活愿望相结合、并指向未来的想象,它是创造性想象的特殊形式。幻想有积极的幻想和消极的幻想之分。积极的幻想通常叫"理想",它是在正确的世界观的指导下产生的。这种幻想能激励人的斗志,鼓舞人的信心,推动人去努力学习和工作。消极的幻想通常叫"空想"或"梦想",它的特征是脱离实际,以愿望代替行动,俗话叫"想入非非"。耽于空想的人,只能白白地浪费青春和生命。

（三）理想的类型

理想的类型是多方面、多层次的。

（1）从性质上,理想可分为科学理想和非科学理想、崇高理想和庸俗理想。凡是符合客观事物发展规律、反映人民根本利益的理想都是科学理想,否则就是非科学的理想;对祖国的繁荣、人民的幸福及人类的彻底解放的希望和向往,是崇高的理想,对个人的狭隘私利、贪图享受的钻营和追逐,是庸俗的理想。

（2）从时序上,理想可分为长远理想和近期理想。长远理想是指经过很长时间的艰苦努力和不懈奋斗才能实现的理想,如共产主义理想;近期理想是指较短时期内经过努力能够实现的理想,如党中央提出的21世纪初人民生活达到小康水平,就是我国人民的近期理想。

（3）从主体上,理想可分为个人理想和社会理想。个人理想是指处于一定历史条件和社会关系中的个体对于自己未来的物质生活、精神生活所产生的种种向往和设想。社会理想是指社会集体主体乃至社会全体成员的共同理想,指在全社会占主导地位的共同奋斗目标。本质上说,理想的核心内容是社会理想。

（4）从内容上,理想可分为社会理想、道德理想、职业理想和生活理想。

第一,社会理想。社会理想是指人们对未来社会制度的向往、追求和设想。社会理想是时代的产物,它总是这样或那样地反映着一定时代的特征,随着社会关系的变革而发生变化,没有也不可能有任何时代都适用的永恒的社会理想。

第二,道德理想。道德理想是指人们所向往和追求的理想人格,是人们道德追求的最高标准和境界。树立崇高的道德理想就是树立做人的准则和目标,树立正确的世界观、人生观。追求高尚的理想人格,使自己富有人格魅力,成为一个为社会所需要、为他人所喜欢的人,这既是事业成功的关键,又是生活幸福的根本。

第三,职业理想。职业理想就是人们对未来自己所要从事职业的向往和追求。职业理想是关于工作、职业方面的理想。职业理想包括两个方面:一是人们希望自己能选择一种理想的职业、找到一个理想的工作;二是希望自己在工作和职业活动中达到理想的境界、取得理想的成绩。第二个方面其实就是事业理想,它是职业理想的核心内容。

第四,生活理想。人的生活包括物质生活、精神生活、家庭生活等。生活理想是指人们对丰富的物质生活、高雅的精神生活及美满的家庭生活的向往和追求。

二、信念的含义和特征

(一) 信念的含义

什么是信念呢? 心理学家的解释极其简单,那就是"坚定的信心"。然而,心理学家又进一步对此作了解释。大量的科学实验表明,信念是一个人生命中的一种执着,是一个人灵魂深处的一种不可战胜的力量,这种力量,看似微乎其微,但它确实左右着一个人一生的命运。心理科学家断言:在这个世界上只存在两种人,谁不相信自己会成功,他必定就是相信自己会失败;相信自己,对自己的能力和事业充满信心的人,他必定也是一个相信自己是肩负特殊使命的人,在未来的岁月里,他必将一往无前,百折不挠,不取得自己梦想中的成功就绝不会罢休!

信念是认知、情感和意志的有机统一体,是人们在一定认识基础上确立的对某种思想或事物坚信不疑并身体力行的心理态度和精神状态。理想是信念的目标和方向,拥有了一定的理想,人们的信念才能有所指向,才能以坚定的"信"的态度投入到理想的追求中。信念是理想的动力,理想的实现离不开信念的支持,信念可以使人们在追求理想的过程中获得强大而持久的精神力量,没有信念,理想就可能动摇甚至丧失。理想信念作为思想观念,不但意义接近,而且功能相通。用理想引导信念,用信念支撑理想,把理想和信念紧密结合,才能产生强大的实践动力,才能把理想转化为现实,从而更加坚定信念。

(二) 信念的主要特征

(1) 稳定性。人的信念一旦形成,就会具有相当的稳定性,不会轻易改变。因为,人的信念的形成本身,就不是一件轻易的事情,而是在人的长期生活实践过程中逐步形成的,其中积淀了一个人多年的人生经验,包含了社会环境对他的长期影响。而且,如前所述,一个人的信念不仅基于他长期的认识和经验因素,而且受制于其稳定的情感认同,并与他的生命意志和人格特点有着密切的关系。所以,一个人的信念在形成以后,不会因为某个个别事件就发生改变。斯大林曾说过,手帕都不是轻易更换的,更何况人的信念呢!当然,信念的稳定性只是相对的,而不是绝对的。一般来说,经过时间和现实变迁的考验,一个人的信念会变得更为合理和坚定。

(2)执着性。信念的稳定往往带来情感上的执着。人们的认识既可能是正确的,也可能是错误的,但从个人来说,谁都认为自己的信念是正确的,都持坚决相信的态度,这使信念带有极大的执着性。

有位诗人说得好:"信心是半个生命,淡漠是半个死亡。"在生命的旅途中,我们常常会遭遇各种挫折和失败,会身陷某些意料之外的困境。这时,不要轻易地说自己什么都没了,其实只要心里有一个不熄灭的坚定的信念,努力地去找,就没有穿不过的风雨、涉不过的险途。

无数的革命先烈坚信,只有社会主义、共产主义才能够救中国,才能使中国人民摆脱剥削和压迫,过上幸福的生活。于是社会主义、共产主义就成了他们的信仰,他们为此坚定不移、前仆后继,哪怕为此献出生命也在所不惜。

革命烈士夏明翰的《就义诗》:"砍头不要紧,只要主义真,杀了夏明翰,还有后来人。"正是反映了这一代革命者对共产主义的信仰的坚贞不移。

大发明家爱迪生就是一个有着坚定信念的人,在他发明电灯的过程中试验了 9000 种物质还没有成功的时候,便有人断定他不会成功,他却笑着说:"我只是发现了 9000 种物质不能做灯丝。"接着继续实验,终于在实验了 1 万余次之后获得了成功。支持他能够如此顽强地实验下去的力量是什么? 就是他认为自己必能找到一种物质可做灯丝的坚定信念。如果他也像其他人一样怀疑这种物质根本就不可能存在的话,那么他还会继续实验下去吗? 恐怕早就放弃了。

(3)多样性。不同的社会环境、思想观念、利益需求都会形成不同乃至截然相反的信念,不同的人由于不同的原因,会形成各不相同的信念,这是客观存在的。一个班级的学生,其信念也并不完全相同。

(4)亲和性。亲和性是信念在感情上的表现。一个人对和自己信念相近或相同的人会产生极大的兴趣和热情,志同道合就是信念亲和性的表现,相互之间有共同语言,感情上比较接近。人的理想与信念需要互相支持,有美好崇高的理想追求的信念才是有价值的信念,而有坚定信念支撑的理想才能产生巨大的能量。

三、理想信念对大学生成长成才的重要意义

如果说社会是大海,人生是小舟,那么理想就是引航的灯塔,信念就是风

帆。没有理想信念的人生,就像失去了方向和动力的小船,在生活的波浪中随处漂泊,甚至会沉没于急流险滩。大学时代正是人生风华正茂之际,远大的理想和崇高的信念将帮助一代有为青年扬起生命的风帆。

（一）理想信念的作用

（1）理想信念能指引人生的奋斗目标。理想信念对人生历程起着导向作用,是人的思想和行为的定向器。理想信念一旦确立,就可以使人方向明确、精神振奋,不论前进的道路如何曲折、人生的境界如何复杂,都可以使人透过乌云看到未来的希望,永不迷失前进的方向。人的生命是有限的,要使有限的人生过得有意义,就必须具有明确的人生奋斗目标,并且在这一目标的指引下沿着正确的道路前进。所以,人生的目标问题解决得如何,对人的一生具有决定性的意义。古往今来,凡是有所作为的人无不注重人生理想的确立。如果缺乏崇高理想或者没有理想,就会像失去航标的无舵小船,在生活的海洋里随波逐流,不是被大浪撞毁在礁石,便是被潮水搁浅在沙滩。

1910 年,毛泽东的父亲毛顺生要他去做生意,毛泽东却立志走出韶山冲继续求学。经过自己的力争和亲友、老师们的一致劝说,父亲才答应他的要求。在离家赴湘乡县立东山高等小学求学前夕,毛泽东提笔写了一首《赠父诗》,夹在父亲每天必看的账簿里。这就是:"孩儿立志出乡关,学不成名誓不还。埋骨何须桑梓地,人生无处不青山。"这首诗是少年毛泽东走出乡关、奔向外面世界的宣言书,表明了他胸怀天下、志在四方的远大抱负。

俄国作家列夫·托尔斯泰说:"理想是指路明灯,没有理想,就没有坚定的方向,没有方向,就没有真正的生活。"理想是一个人的灵魂,是人生大厦的支柱。科学崇高的理想,在大学生成长成才过程中起着重要作用。

（2）理想信念能提供人生的前进动力。理想信念是人生力量的源泉,是激励人们向着既定目标奋斗前进的动力。一个人有了坚定正确的理想信念,就会以惊人的毅力和不懈的努力成就事业、创造奇迹。

伟大的人生源于伟大的目标,伟大的目标产生伟大的动力。有位心理学家曾提出过一个著名的公式,即:动力 = 目标价值 × 期望概率。这个公式形象地揭示了个人拼搏的动力与理想之间的正比例关系。当一个人为了具有巨大目标价值的理想而奋斗时,就会产生强大的内在动力。反之,如果目标价值不大或期望概率较低,就会因丧失信心而缺乏动力。历史上,凡是为人类进步事业作出贡献的人,无一不是胸中燃烧着崇高的理想,受崇高理想所鼓舞和激励。李时珍踏遍青山,尝遍百草,写成《本草纲目》;马克思呕心沥血40 年,阅读 1500 种书籍,写出《资本论》。正如高尔基所说,一个人追求的目标越高,他的才力就发展得越快,对社会就越有益。

（3）理想信念能提高人生的精神境界。人不仅有自然属性,还有精神属性和社会属性,因此,人不仅需要物质享受,而且还要有充实的精神生活。如果没有充实的精神生活,纵然有丰裕的物质生活,也不会感受到人生的真正意义。而精神生活充实的重要表现就是有理想。理想是人生的精神支柱,是人区别于动物的重要标志。如果一些人仅从自然的生理需要出发,沉湎于物质享受,饱食终日,无所用心,那就把人降低到了一般动物的水平。可见,人是要有点精神的。有没有精神、有没有理想,人的思想境界、精神面貌、情操志趣、生活态度和生活质量就会大不相同。人如果有崇高的理想作为自己的精神支柱,就不会被生活中的一些消极现象所迷惑,就不会被前进中的一些暂时的困难、挫折所压倒,就能始终以坚定的信念、高昂的热情和旺盛的斗志奋勇向前;就能在道德发展的阶梯上不断攀登,成为一个道德高尚的人。

（二）理想信念与大学生

当代大学生肩负着祖国和民族的希望,承载着家庭和亲人的嘱托,满怀着对未来美好生活的向往。大学生在大学期间,不仅要提高知识水平,增强实践才干,更要坚定科学、崇高的理想信念,明确做人的根本,这对于大学生成长成才具有重要的意义。

（1）引导大学生做什么人。人的理想信念,反映的是对社会和人自身发展的期望。因此,有什么样的理想信念,就意味着以什么样的期望和方式去改造自然和社会、塑造和成就自身。在有理想、有道德、有文化、有纪律的"四有"新人的目标中,"有理想"具有更加突出的位置,这表明理想信念与做什么人关系重大。在大学阶段,"做什么人"是学生在学习生活中会时时面对的人生课题,只有树立起高尚的理想信念,才能够很好地解答这一重要的人生课题。

"壮士饥餐胡虏肉,笑谈渴饮匈奴血。"民族英雄岳飞带领岳家军抗击敌人时,对战后胜利的畅想何止远大,要吃了敌人的肉,喝了匈奴的血,即使仗还没打,他的理想抱负就极大地感染了一代又一代的人。他对人生的规划就是要精忠报国!作为一名大学生,我们要像他那样树立远大理想,并尽自己最大的努力去完成。

"乘风破浪会有时,直挂云帆济沧海。"当李白吟出这两句诗时,心中对未来会有怎样的向往?一直无法受到重用的他却不因外界的谣言中伤放弃自己报答国家的理想,他的乐观豁达成就了诗仙潇洒的人生之路。大学生要做什么样的人?要做乐观的人。

"生当作人杰,死亦为鬼雄。"当婉约派的李清照也写出这样豪放的词来,作为学生就应该知道没有能不能,只有你想不想。在国家遭受危难时选择挺身而出,为国家助威呐喊,一名女子尚且有这样的勇气,而当代大学生在面对大是大非时更要坚定自己最初的理想和信念,勇气是我们的助燃剂。

"人生自古谁无死,留取丹心照汗青。"文天祥作为一名文官却把军队管理得井井有条,甚至到了让敌人闻风丧胆的地步。受尽屈辱的他那时想的不是自己的利益而是国家的安全,这种高风亮节、傲人风骨更是大学生成长路上必不可少的,正直是我们的武器。

有无理想信念、有什么样的理想信念决定了大学生的人生是否高尚,是否充实。大学生要有正确的价值观、人生观、世界观,要有积极的理想与坚定的信念,这一点是非常重要的。这将决定我们以后的路该怎么走,往哪走,如何做人,做什么样的人。作为新时代的大学生,应该拥有远大的理想和坚定的信念。

(2)指引大学生走什么样的路。大学时期,同学们都普遍面临着一系列人生课题,需要有一个总的原则和目标,这就是要确立科学、崇高的理想信念。大学时期确立的理想信念,对今后的人生之路将产生重大影响,甚至会影响终身。因此,我们应当高度重视对理想信念的选择和确立,努力树立科学、崇高的理想信念,使将来的人生道路越走越宽广,使宝贵的一生富有价值。

理想就是前进的目标。只有自信没有理想,就像只有动力的汽车,在行走中没有目标,结果可能会南辕北辙,离我们的美好人生越来越远。有了理想,大学生每走一步,就会离目标更近一步,直至成功。

著名探险家约翰·戈达德15岁那年,在一张白纸上一口气列举了自己的127项宏伟愿望,如到尼罗河、亚马逊河和刚果河探险;登上珠穆朗玛峰、乞力马扎罗山和麦特荷恩山;驾驭大象、骆驼和野马;探访马可·波罗和亚历山大一世走过的道路;主演一部像《人猿泰山》那样的电影;驾驶飞行器起飞降落;读完莎士比亚、柏拉图和亚里士多德的著作;谱一部乐曲;写一本书;游览全世界的每一个国家;参观月球,等等。他将这些愿望命名为"一生的志愿"。44年后,他终于实现了其中的106个愿望。有人问他是凭什么将许多"不可能"踩在脚下的,戈达德笑着说了一句话:"凡是我能够做的,我都想尝试。"大学生正处于人生的黄金时代,在现在这个年龄,如果没有理想,如果觉得自己好多事情都不能够做的话,那这辈子就可能什么也做不成了。只有确立了自己的理想信念,人生之路才能走得更稳健、更成功。

(3)激励大学生为什么学。对当代大学生而言,为什么学的问题是与走什么路、做什么人的问题紧密联系在一起的。大学生只有树立崇高的理想信念,才能明确学习的目的和意义,才能激发起为国家富强、民族振兴和自身成才而发愤学习的强烈责任感与使命感,奋发学习,成为栋梁之才。不论我们今后从事什么职业,都要把个人的奋斗志向同国家和民族的前途命运紧紧联系在一起,把个人今天的学习进步同祖国明天的繁荣昌盛紧紧联系在一起。

导读二　大学生如何树立理想信念

理想信念是人们心灵世界的深层核心。理想信念就像一道分水岭,既把人与动物区别开来,又把高尚充实的人生与庸俗空虚的人生区别开来。树立科学的理想信念,首先要坚定马克思主义的信念,还应正确认识个人理想与社会理想、立长志与常立志之间的关系。人生需要树立科学的理想信念,首先要坚定马克思主义的信念,还应正确认识个人理想与社会理想、共同理想与远大理想的统一关系。树立科学的理想信念就要从社会和个人两个角度出发,结合社会实际,适应社会发展确立坚定的社会理想,结合自身状况,提升人生境界,确立正确的人生信念。

一、确立马克思主义的科学信仰

马克思主义是我们党和国家的根本指导思想,为什么选择这一理论作为我们的指导思想呢? 这主要是由马克思主义严密的科学体系、鲜明的阶级立场和巨大的实践指导作用决定的,是中国近代以来历史发展的必然结果,是中国人民长期探索的历史选择。中国共产党人坚持把马克思主义的基本原理与中国革命建设和改革的具体实践相结合,不断推进马克思主义中国化、时代化、大众化,形成了毛泽东思想和中国特色社会主义理论体系两大成果,生动而具体地坚持和发展了马克思主义,并不断赋予马克思主义新的鲜活力量。

(一) 马克思主义是科学而崇高的

马克思主义是一种科学的理论,它反映了人类社会发展的必然趋势。自古以来人们就对未来的"美好社会"心存向往,并作过种种描绘和设想(如孔子、陶渊明、康有为、柏拉图、莫尔、康帕内拉等)。随着资本主义社会的进一步发展,19 世纪初在欧洲出现了圣西门、傅立叶、欧文三大空想社会主义者。他们尖锐地批判了资本主义社会的不合理性,同时对未来的"理想社会"作了种种美好的设想。但是他们既找不到实现这种社会的途径,又找不到实现这种社会的方向。

马克思和恩格斯的共产主义学说是在深入研究人类社会发展规律、剖析资本主义社会基本矛盾的基础上创立的。马克思一生有两大发现：一个是历史唯物主义，另一个是剩余价值学说。历史唯物主义揭示了人类社会的发展规律，指出人类社会发展的根本动力在于社会内部生产力和生产关系、经济基础和上层建筑的矛盾运动。这一矛盾在阶级社会中表现为阶级斗争，所以，阶级斗争是阶级社会发展的直接动力。剩余价值学说揭露了资本家剥削工人的秘密，揭示了无产阶级和资产阶级之间的矛盾冲突，指出无产阶级是资本主义社会的掘墓人。这就不仅找到了实现未来理想社会的途径，而且找到了实现未来理想社会的力量，使社会主义从空想变成了科学。马克思主义诞生以来，国际社会主义运动的发展尽管出现过种种曲折，但它所显示的巨大生命力是不容置疑的。历史已经证明并将继续证明马克思主义理论的科学性。

（二）马克思主义具有持久的生命力

马克思主义虽然诞生于 19 世纪，但并没有停留在 19 世纪，而是不断地发展着。列宁、斯大林、毛泽东、邓小平等人都根据革命和建设的现实情况，继承和发展了马克思主义。150 多年来，马克思主义不断在创新中前进，始终与时代同行，与实践共进，因而具有持久的生命力。

自 20 世纪 90 年代末以来，西方有两次影响重大的有关马克思的民意测验，在英国广播公司（BBC）进行的一次"千年最伟大的思想家"网络评选活动中，马克思得票率高居首位，而排名第二、三、四位的分别是爱因斯坦、牛顿和达尔文。2005 年，英国广播公司又进行了一次"谁是现今英国人心目中最伟大哲学家"的调查，马克思又以 28％的得票率高居榜首，就连大卫·休谟等重要哲学家也排在其后，这是一个意味深长的结果。为马克思立传的英国作者弗朗斯·惠恩在一篇有关《资本论》的文章中总结道："马克思并未被埋葬在柏林墙的瓦砾之下，他真正的重要性也许现在才刚开始显现。他可能会成为 21 世纪最具影响力的思想家。"

马克思主义回归的原因究竟是什么？这是不是一个必然的历史过程？答案显然是肯定的。有以下三方面的原因：

第一，因为马克思主义本身就是一种社会理论、一种科学价值和人类文明的成果，所以不论怎样，后人在认识世界、改造世界的过程中都应分享和继承这一成果。

第二，因为马克思主义所产生、发展的历史因素依然存在，所以马克思主义也不会消失。新一轮经济全球化与资本主义矛盾的发展恰恰成为马克思主义复兴的原因。新一轮经济全球化虽然在一定程度上适应了生产力发展的要求,但却因其固有的局限性而产生了更多新的矛盾和问题。比如,新自由主义在西方政策实施中的结果最终导致了大量"不稳定因素"和"虚假泡沫",不仅使经济长期不能走出"萧条",反而引起国内进一步的"两极分化"。它还导致了资本主义矛盾的全球化并引发了各种危机,如2008年以来的全球性金融危机。这都表明了资本全球化的局限,体现了资本主义矛盾的发展,标志着马克思主义存在的价值和意义。

第三,马克思主义复兴的必然性还在于它是千百万人的实践成果,还在经历着不断的发展过程。马克思主义在本质上是一种科学的、发展的理论,是建立在"现实基础之上"并随着时代的发展而发展的理论,发展着的理论永远不会过时。正如法国著名哲学家萨特所说,马克思主义的生命力没有枯竭,它依然"年轻"。

（三）马克思主义以改造世界为己任

在马克思的墓碑上,镌刻着马克思的一句名言:"哲学家们只是用不同的方式解释世界,而问题在于改变世界。"这鲜明地表明了马克思主义的基本特征。一个半世纪以来,正是在马克思主义的指导下,社会主义由空想变成科学、由科学理论转变为社会实践,社会主义国家的出现和社会主义制度的建立,深刻改变着人类历史的走向。虽然社会主义阵营特别是前苏联的剧变使世界社会主义遭受了严重挫折,但是历史发展的总趋势并没有改变。特别是中国共产党人在马克思主义的指导下所探索的中国特色社会主义道路的成功实践,用无可辩驳的事实证明社会主义具有光明的未来;同时也证明马克思主义仍然是认识世界和改造世界的强大思想武器。

二、树立中国特色社会主义的共同理想

中国特色社会主义共同理想是社会主义核心价值体系的主题。这个共同社会理想,就是在中国共产党的领导下,走中国特色社会主义道路,实现中华民族的伟大复兴。这个共同理想,把党在社会主义初级阶段的目标、国家的发展、民族的振兴与个人的幸福紧密联系在一起,把各个阶层、各个群体的共同愿望有机结合在一起,有着广泛的社会共识,具有令人信服的必然性、广泛性和包容性,具有强大的感召力、亲和力和凝聚力。

（一）坚定对中国共产党的信任

纵观中国近代历史,无数事实一再证明,中国共产党是伟大、光荣、正确的党,中国共产党的领导是中国历史发展的必然选择,也是中国人民的必然选择。没有中国共产党就没有新中国,没有中国共产党执政,中国这个 56 个民族和十几亿人口的大国就将成为一盘散沙。只有中国共产党才能维护中国的团结和统一,推进中国的改革和发展。

在当代中国,只有中国共产党,才能领导中国人民建设中国特色社会主义;只有中国共产党,才能担当起率领中国人民实现中华民族伟大复兴的重任。没有共产党,就没有伟大的社会主义中国;没有共产党,就没有中国人民今天的幸福生活。新时代的大学生,要铭记党的功绩,拥护党的领导,自觉向党组织靠近。要认识到加入党组织的庄严性、神圣性,把对党的拥护和爱戴升华为坚定忠诚的共产主义信仰,做一代有历史使命感和社会责任心的先进青年。

(二) 坚定走中国特色社会主义道路的信念

中国特色社会主义道路就是在中国共产党的领导下,立足基本国情,以经济建设为中心,坚持四项基本原则,坚持改革开放,解放和发展社会生产力,巩固和完善社会主义制度,建设社会主义市场经济、社会主义民主政治、社会主义先进文化、社会主义和谐社会,建设富强、民主、文明、和谐的社会主义现代化国家。社会主义建设事业是前无古人的人类创举,建设社会主义,需要在坚持社会主义基本制度的前提下不断探索创新。正如邓小平同志所指出的:"社会主义是一个很好的名词,但是如果搞不好,就不能正确理解,不能采取正确的政策,那就体现不出社会主义的本质。"邓小平把马克思主义的社会主义建设理论与中国社会主义建设的实践相结合,指出了社会主义建设的基本任务在于"解放生产力,发展生产力、消灭贫困,消灭两极分化",并以此为基础提出了具有中国特色的社会主义建设道路。中国特色社会主义建设道路是马克思主义的社会主义理论在中国的创造性运用和发展,改革开放 30 多年来中国社会主义建设的伟大成就,充分证实了这一道路的伟大性、正确性、优越性和必然性。

当代大学生要坚定中国特色社会主义的共同理想信念,这样就有了立身之本,就能够自觉地按照党和人民的要求做人、学习、做事,健康成长成才。

(三) 坚定实现中华民族伟大复兴的信心

中华民族是一个历史悠久的伟大民族,在数千年的历史长河中,创造了辉煌的文明,为人类发展和进步作出了举世公认的重大贡献。虽然,近百年来由于内忧外患,我们从一个泱泱大国沦为落后的国家,但是正是由于这种不屈服、不放弃的民族精神,先辈们不断探索救国之路、强国之路。无数优秀的中华儿女,为了中华民族的伟大复兴贡献智慧、青春与生命,前仆后继,无怨无悔。中华民族代代相传的英勇不屈、坚韧不拔的民族精神,勇于创造、奋发图强的民族精神,是最可宝贵的精神财富。

新中国成立以来特别是改革开放 30 多年来我国社会主义建设取得了举世瞩目的巨大成就,民族伟大复兴展现出灿烂辉煌的美好前景。作为大学生,我们要坚定民族自尊心、自信心和自豪感,掌握建设社会主义的本领,自觉地与社会主义现代化事业同呼吸、共命运,树立为祖国繁荣富强贡献青春力量的远大志向,在为实现中华民族伟大复兴的奋斗中谱写壮美的青春之歌。

导读三　大学生要坚定理想信念

理想信念是一个思想认识问题,更是一个实践问题。理想的实现离不开实践,"千里之行,始于足下。"理想的实现需要我们立足当下,善于在实践中树立理想,勇于在实践中实现理想。理想不等于现实,理想的实现往往要通过一条充满艰难险阻的曲折之路,有赖于脚踏实地、持之以恒地奋斗。因此,只有实践才是通往理想彼岸的桥梁。

一、立志高远与始于足下

《吕氏春秋》曰:"凡举人之本,太上以志,其次以事,其次以功。"漫漫人生,志立,始有方向,是为指引。立志何其重要!法国微生物学奠基人巴斯德曾说:"立志是一件很重要的事情。工作随着志向走,成功随着工作来,这是一定的规律。立志、工作、成功是人类活动的三大要素。立志是事业的大门,工作是登堂入室的旅程。这旅程的尽头就有个成功在等着,来庆祝你的努力的结果。"

(一)立志当高远

唐太宗李世民的《帝范》中说:"汝当更求古之哲王以为师,如吾,不足法也。夫取法于上,仅得其中;取法于中,不免为下。"远大的志向如太阳,唯其大,才能有永不枯竭的热能;有大志者,人生事业才能辉煌。有了远大的志向,未必能取得巨大的成功。而没有远大的志向,要取得巨大的成功,几乎没有可能。大量的事实告诉我们,那些在事业上取得伟大成就、对人类作出卓越贡献的人,都是在青年时期就立下远大志向并为之长期坚持、不懈奋斗。树雄心、立壮志是关系大学生一生前途和命运的重大课题。生活的悲剧,不在于没有达到目标,而在于没有目标,在于没有崇高的理想和信念。对于每一个不甘平庸的大学生来说,在奋斗伊始,首先面临的就是立志这一重大人生课题。立志是叩开事业的大门,是走向成功的第一步。

(二) 立志做大事

新时代的大学生在确立理想时,不能局限于对个人的前途命运的关心,应把个人放之于社会历史发展的大背景下考虑,正确处理个人理想与社会理想的关系。

个人理想与社会理想的关系是辩证统一的。社会理想决定、制约着个人理想。个人理想虽然是由自己来确立,但它所反映的内容是客观的,是时代所赋予的。个人的理想只有具备了社会的意义,才是真实美好的。因此,个人理想的建立要有社会理想作指导,个人理想只有与国家的前途和民族的命运相结合、同社会的需要和人民的利益相一致,才可能变为现实。如果仅仅从个人出发去设计和追求个人理想,这种"理想"必定是苍白的、渺小的,往往会在现实中碰壁,甚至出现损害国家利益、集体利益和他人利益的后果。努力为实现现阶段我国人民的共同理想而奋斗是时代对大学生的要求。大学生们应当不断学习,像历史上有作为的人们那样,珍惜青春年华,立下符合社会需要、适合自身情况的远大志向和崇高理想。

事实上,理想的形成总是从具体到一般,从低层次向高层次发展的。个人理想是社会理想的起点与基础,而社会理想则是个人理想的升华。社会理想决定、制约着个人理想,个人理想要体现社会理想,只有升华为社会理想,才更深刻,更富有意义,真正做到"以服务人民为荣,以背离人民为耻",在为实现社会理想而奋斗的过程中实现个人理想。

(三) 立志须躬行

千里之行,始于足下。实现崇高的理想,要从我做起,从现在做起,从平凡的工作做起。

古人说得好:"道虽迩,不行不至;事虽小,不为不成。"理想之所以美好,不仅在于它的最终实现,而且体现在其实现过程中,体现在实现理想的平凡劳动中。列宁说:"要成就一件大事业,必须从一点一滴做起。""少说些漂亮话,多做些日常平凡的事情。"伟大来自平凡,任何伟大成就,都是由无数具体、平凡的工作积累、发展起来的。实现理想目标如同登台阶,要经过许多中间步骤才能最后到达。而每一步、每一个小目标的完成都会给人一种踏实感、满足感,同时也增强了实现理想目标的信心。因此,在实现人生理想的过程中,必须脚踏实地、一步一个脚印地从身边的小事做起。对于大学生来说,要从学好每一门功课、培养各方面能力、提高基本素质做起,抓住大好时光,刻苦攻读,全面发展。为今后实现自己的理想做好准备、打好基础。

二、认清实现理想的长期性、艰巨性和曲折性

在追求理想的过程中,需要有正确的认识和态度。在理想、信念方面认识上的误区和态度上的偏颇,会左右人们追求理想的行动,从而影响到理想的实现。因此,充分认识理想实现的艰巨性和曲折性、以正确的认识和态度来追求理想是非常必要的。

(一)理想的实现是一个过程

理想变为现实不是一蹴而就、一帆风顺的,往往会遭遇波澜和坎坷。在现实生活中,人们对于理想的美好有着充分的想象,而对于理想实现的艰难则往往估计不足。渴望早日实现理想,希望顺利实现理想,这是人之常情,但是如果把实现理想设想得过分容易,对前进道路上的困难缺乏思想准备,那就会影响理想的实现,甚至会导致人们在困难面前对实现理想失去信心。一般来说,理想越是高远,它的实现过程就越复杂,需要的时间就越长;理想目标越小越低,它实现需要的时间就越短。人们对实现理想所需要时间的估计往往偏少,而事实上理想的实现通常比所预料的时间要长,特别是比较高远的理想,总是需要长期奋斗。数学家陈景润在初中阶段就想在数学方面为祖国作贡献。这个志向鼓舞他奋斗几十年,最终取得了在哥德巴赫猜想研究中世界领先的成就。

我们在大学时代确立了远大的理想,要充分认识到实现理想是一个漫长而艰难的过程。屈原说:"路漫漫其修远兮,吾将上下而求索。"孙中山说:"革命尚未成功,同志仍须努力。"要实现崇高的理想、远大的理想,必须经过长期的不懈奋斗。在五千年的中华文明史中,多少先贤哲人坚守着自己的理想,历经了无数的磨难、奋斗,方才见到理想的曙光,有时甚至需要几代人才能实现。大学生必须勇于面对实现理想的困难与挑战,才能走过实现理想的漫漫征途。

(二)正确对待实现理想过程中的顺境与逆境

人们在实现理想的过程中,总是伴随着顺境和逆境。如何正确认识顺境与逆境的关系、端正自己的心态,对于理想能否最终实现至关重要。首先,顺境对于实现理想的有利因素和不利因素:在顺境中前进,如同顺水行舟,天时、地利、人和等有利因素使人们更易于接近和实现目标;但是顺境中的气氛、优越条件,又容易使人产生骄气和娇气,自满自足,意志衰退。其次,逆境对于实现理想的不利因素和有利因素:在逆境中奋斗,犹如逆水行舟,需要付

出更大的努力和更多的艰辛,才能成功。但逆境可以磨炼意志、陶冶品格、积累战胜困难的经验,丰富人生阅历。只要树立必胜的信念,坚持科学的态度,逆境不但不会把人打倒和压垮,反而能使人的潜能最大限度地迸发出来,创造出乎意料的奇迹。迎高潮而快上,乘顺风而勇进,这是身处顺境的学问,是善于抓住机遇不断丰富和完善自己的方式;处低谷而力争,受磨难而奋进,是将压力变为动力,这是身处逆境的学问。

无论顺境还是逆境,对于人生的作用都是双重的,关键是怎样去认识和对待它们。只要善于利用顺境、勇于正视逆境和战胜逆境,远大的理想就一定能够实现。

周恩来说过:"逆境是最好的老师。"为何逆境对成才有这么大的作用呢?这是因为,人有其自然性、惰性的一面,一旦饱食暖衣,一帆风顺,就会怡然自得,安于现状,不思进取。相反,当人处于逆境厄运、面临生存威胁时,人的生存欲望就会激发他的全部潜能去拼搏进取,从而走出逆境,创造辉煌。

英国诗人拜伦说:"逆境是达到真理的一条通路和桥梁。"因此,挫折和逆境并不可怕,可怕的是对挫折和逆境没有正确的认识,缺乏进取精神。如果人们对挫折和逆境能正确认识,并能顽强拼搏,就一定能战胜挫折,走出逆境,创造人生的辉煌。人生道路坎坷曲折,如果一遇挫折就心灰意冷,一遇困难就畏难退缩,就不可能激发自己奋进的动力,去实现理想。"自古雄才多磨难","艰难困苦,玉汝于成"。当代大学生要把理想作为人生奋斗的引路明灯,迎难而上,遇挫更坚,百折不挠,这样才能创造辉煌的人生。

三、在实践中化理想为现实

(一) 正确认识理想与现实的关系是实现理想的思想基础

理想与现实常常发生矛盾,这使很多同学常常会对理想与现实的关系产生困惑。在这个问题上,容易出现两种认识上的误区:一是用理想来否定现实。当发现现实并不符合理想的时候,就对现实大失所望,甚至对社会现实采取全盘否定的态度。有的同学进大学前把大学生活想象得过于美好、浪漫,把大学当作"理想的乐园",接触实际后发现并非如此,便一下子跌进了深渊,迷茫、厌倦甚至一蹶不振。二是用现实否认理想。有的人认为现实才是实实在在的,理想只是一种设想,是将来的东西,变幻莫测,难于捉摸,因而摒弃一切理想,做一天和尚撞一天钟,今朝有酒今朝醉,变得盲目、庸俗,无所追求。之所以会出现这些认识上的误区,从思想方法上讲,是由于不能辩证地看待和处理理想与现实的矛盾。

大学时代,同学们要学会理性、客观、冷静地分析现实世界。它不会像你想象的那样无限美好,也不会像你抱怨的那样一无是处。现实中充满了机遇与挑战,生活充满了起伏与坎坷,困难、挫折会不期而至,我们要勇敢面对,变不利为有利,始终以健康、阳光、无畏的心态去对待现实给我们的一切,我们就会离理想越来越近。

（二）坚定的信念是实现理想的重要条件

信念是认识、情感和意志的统一体,是人们在一定认识基础上确立的对某种思想或事物坚信不疑并身体力行的心理态度和精神状态。信念以认识为基础,以情感为关键,以意志为保证。信念源于理想,又是实现理想的强大精神力量。

唐代名臣魏徵说:"求木之长者,必固其根本,欲流之远者,必浚其泉源。"没有坚定的信念,就像树木没有了根,河流没有了源泉,人也就没有了安身立命之依附。大学生不能只关心眼前的一切,要把眼光放远,才能使自己人生的境界变得开阔,才能牢牢树立自己的坚定的信念。有了信念,才能真正成为中华民族伟大复兴事业之栋梁,成为国家与人民的柱石。只有千千万万的年轻人都拥有坚定的信念,我们的民族和国家才有希望,才有未来,才能在复杂的国际格局中占据应有的位置。大学生树立坚定的信念,并长期坚持下去,于己于国,都是极其重要的。坚定的信念将成就自己,并进而报效祖国与人民。只有树立正确的信念,才能为理想护航,使自己走向成功的彼岸。

（三）勇于实践、艰苦奋斗是实现理想的根本途径

再好的理想,如果不付诸行动,就没有实际意义。个人理想的实现,要靠每个人的实际行动。然而,在大学校园中,有的同学却只有美好未来的蓝图,而没有具体的实际行动;期望成为专家、能人,但在学习上却不肯下苦功夫;喜欢谈论理想、前途,却没有脚踏实地地付诸努力,总是幻想付出最小的代价,而获得最大的效果。这样的人,往往一天一个理想,始终徘徊在现实的此岸,永远到不了理想的彼岸。毫无疑问,以实践为桥梁,用自己辛勤的双手,开辟到达理想境界的通途,应当成为当代大学生的重要品格。大学生只有在实践中踏踏实实地从小事做起,一个一个地实现近期目标,逐渐积累,才有可能实现远大理想。

社会实践是大学生理想信念教育的重要环节,对于促进大学生了解社会、了解国情、增长才干、奉献社会、锻炼毅力、培养品格、增强社会责任感具有不可替代的作用。大学生要积极地投入社会实践,通过参与社会实践接触社会,认识国情,用自己所学的知识服务于社会、服务于人民,体验人生价值。

比如,组织大学生参观伟人故居、历史博物馆、烈士纪念馆、革命展览馆,瞻仰伟人遗迹,到革命圣地考察以及调查收集日军侵华史料等活动,进行爱国主义和革命优良传统教育,使大学生深刻认识到中国革命的胜利来之不易,坚定只有社会主义才能救中国,只有社会主义才能发展中国的信念,从而使大学生在社会实践活动中受教育、长才干、作贡献,增强社会责任感。

长期以来,高校的暑期社会实践是大学生在校期间开展实践活动的重要抓手。各类学生组织是锻炼大学生的重要依托。大学生积极参与在校期间丰富多彩的实践活动,根据学校各类实践活动的总体部署,结合自己的专业特点、身心特点、兴趣爱好等,选择适合自己的实践活动,有计划、有步骤地参与其中,将会极好地助力自己的成长、成才。

实践课堂

【实践主题】

刚入大学校园的大学生从高考的压力中解脱出来后,短期的目标已经实现,大学时代的理想、未来的理想究竟应该如何去建构? 如何通过理想的确立获得奋斗的动力、明确人生的目标? 这些是摆在大学生面前的重大课题。通过理论与实践结合的实践活动,引导大学生追求远大理想,坚定崇高信念,正确认识科学的理想信念的内涵与实质。既要教育大学生树立远大理想,也要"以人为本",把为实现中国特色社会主义的共同理想与实现自我价值的个人理想相结合,与时代需要相结合。认清实现理想的长期性、艰巨性和曲折性。认识信念的不同内涵与层次,正确把握信念的多样性。

通过实践,帮助大学生在理论学习的基础上更深入地了解和把握理想信念的科学内涵,把理论的认识落实到实践过程之中。

实践主题主要分两个层面:一是坚定社会理想。社会理想分为共同理想和最高理想两个层次。让大学生自觉了解和掌握共同理想与最高理想的科学内涵,进而坚定社会理想。二是匡正个人理想。个人理想包括道德理想、职业理想和生活理想。帮助大学生在实践中体悟并建构高尚的道德品质,追求崇高的道德境界,做至真至善至美之人。帮助大学生了解科学、崇高、有责任、有担当的职业理想,使之自觉通过奋斗成就事业,推动社会进步。帮助大学生树立正确的生活理想,追求物质与精神和谐的生活,注重心灵的充实,体验奉献的快乐。

【设计思路】

通过实践,将理想信念"化虚为实",通过具象的理想信念感知、分析、触摸理想信念之内核;通过有效探索,精心设计科学的、个性的理想模型,引导大学生追求远大理想,坚定崇高信念;通过思辨、评价、完善,探索实现理想信念的有效路径。

活动的设计分三个阶段:感知、设计、实践。

大学生可以通过实践活动,从一个个鲜活的案例中感受理想的具体内容,用所学的理论去验证和分析每一个理想样本。更重要的是,将理想信念从可感到可知,进而到可行,使每一位参与其中的大学生重新审视理想信念,并设计属于自己的、个性化的、可行性强的理想信念,并内化、升华为长期践行的指针。真理不辩不明,通过言语交锋、质疑与辩驳,去伪存真,使大学生在思辨中激发其对科学理想信念的坚定、坚守、坚持,直到知行合一,落实到自己的行动实践中去。

【实践项目】

一、"无志者常立志"VS"有志者立长志"

◎ **实践类型**:互动。

◎ **实践形式**:辩论赛。

◎ **实践目标**:通过辩论,大学生可以充分认识"立志"的重要意义和深刻内涵。俗话说:"无志者常立志,有志者立长志。"立志要立高远志。要树立远大的、崇高的理想,顺应历史发展的规律,弃燕雀小志,做一个志趣高远的"鸿鹄",一生奋进。有的人"立长志",树立了远大的理想,就不屈不挠地去实现它;有的人"常立志",经常说自己抱有这样或那样的理想,但不去实现它,实际上等于"无志"。

当今大学生要将远大志向与现实具体的行动结合起来,从我做起,从现在做起,从每一件小事做起,脚踏实地。同时,谨记自己的大志,不迷失方向。这样才能成才,才能成为祖国和人民的栋梁。有坚定信念和志气的人深信人生的全部意义就在于为自己的志向作出不懈的努力。有志青年在别人叹气、泄气、游荡、宴乐的时候,却在默默地耕耘。要让大学生明白立志的重要性,只有先立定志向,才有可能达到自己的理想。通过这次活动,大学生进行次自我"大检阅",确立自己的人生理想。

◎**实践方案(6 课时)：**

1. 准备阶段

（1）教师发布辩论比赛规则,选定辩论赛主持人一名、提示时间的工作人员一名。

（2）先把全班同学分为两大组,划分正方与反方。明确正方辩题为"有志者立长志",反方辩题为"无志者常立志"。

（3）正、反双方各确定领队一人,确定一辩、二辩、三辩、四辩选手。将全班同学分成 8 个队,分别对应一位辩手。

（4）正、反方领队与辩手分别讨论,明确分工,确定辩论策略。8 位辩手对自己的队员再次进行分工,准备辩论资料,开展模拟辩论,做好相关准备。

（5）教师邀请评委、点评嘉宾,组织辩论。评委可邀请本学科的博士或硕士研究生。

2. 实施阶段

（1）辩论赛程序

① 辩论赛开始;

② 宣布辩题;

③ 介绍参赛代表队及所持立场;

④ 介绍参赛队员;

⑤ 介绍评委;

⑥ 比赛进行;

⑦ 评委退席评议;

⑧ 观众自由提问时间;

⑨ 评委入席,主评评析发言;

⑩ 宣布比赛结果;

⑪ 辩论赛结束。

（2）比赛流程

① 正方一辩发言,时间为 3 分钟;

② 反方一辩发言,时间为 3 分钟;

③ 正、反方二辩发言,时间各 2 分钟;

④ 正、反方二辩进行对辩,时间各 1 分 30 秒;

⑤ 正、反方三辩盘问对方三、四辩,总时 1 分 30 秒;

⑥ 正、反方三辩须针对盘问环节进行小结,时间各 1 分 30 秒;

⑦ 自由辩论,时间各 4 分钟;

⑧ 反方四辩总结陈词,时间为 3 分钟;

⑨ 正方四辩总结陈词,时间为 3 分钟。

(3) 比赛细则

① 参赛双方每方上场 4 名队员,分别称为一辩、二辩、三辩和四辩。

② 一辩开篇立论,开篇立论无须在理论的层面上过多纠缠。立论要求逻辑清晰,言简意赅。

③ 二辩发言,针对对方立论进行有效的反驳,要求逻辑清晰。辩手可选择性继续深化本方立论。

④ 二辩对辩环节。正、反两方二辩各有 1 分钟 30 秒的时间发言。当对辩环节开始时,正、反两方二辩起立,并由正方二辩开始发言。在正方二辩结束发言后,反方二辩立即发言。双方依此程序轮流发言,一方时间用完则停止发言,另一方可继续发言,直到时间用完为止。

⑤ 三辩盘问和盘问小结。先由正方三辩盘问反方三、四辩,再由反方三辩盘问正方三、四辩。每一轮盘问用时为 1 分 30 秒,盘问方每次提问不得超过 10 秒,被盘问方每次回答不得超过 20 秒。每轮必须提出三个或以上的问题,盘问方可指定对方三或四辩回答问题,但不得只针对一位辩手发问,否则适当扣分。用时满时,以钟声终止发言,若盘问双方尚未完成提问或回答,不作扣分处理。盘问双方必须正面回答对方问题,提问和回答都要简洁、明确,重复提问和回避问题均要被扣分。每一轮盘问,盘问角色不得互换,被盘问方不得反问,盘问方也不得回答问题。两轮盘问阶段完毕,由正方三辩、反方三辩分别为本队作盘问小结,限时 1 分 30 秒。正、反双方的盘问小结要针对盘问阶段的态势及所涉及的内容,严禁脱离比赛实际状况的背稿。

⑥ 自由辩论。这一阶段,正、反方辩手自动轮流发言,共 4 分钟。由正方首先开始发言。发言辩手落座为发言结束即为另一方发言开始的计时标志,另一方辩手必须紧接着发言;若有间隙,累积时间照常进行。同一方辩手的发言次序不限。如果一方时间已经用完,另一方可以继续发言,也可向主席示意放弃发言。自由辩论提倡积极交锋,对重要问题回避交锋两次以上的一方扣分,对于对方已经明确回答的问题仍然纠缠不放的,适当扣分。

⑦ 总结陈词。先由反方四辩总结陈词,时间为 3 分钟。时间剩下 30 秒时将有一声铃响提示。然后由正方四辩总结陈词,时间为 3 分钟。双方四辩应针对辩论会整体态势进行总结陈词;脱离实际,背诵事先准备的稿件,适当扣分。

⑧ 时间提示。盘问阶段,每方提问、回答和盘问总时用时届满,计时员以

哨声终止发言,不做哨声提醒。在其他阶段(包括盘问小结),每方队员在用时尚剩30秒时,计时员以一次短促哨声提醒,用时满时,以哨声终止发言。终止哨声响时,发言辩手必须停止发言,否则作违规处理。

附:辩论赛评分标准

一、组委会将聘请评委对本次比赛进行评议。点评嘉宾不参与比赛评分。

二、评分标准

(1)个人得分(4×50分)

一辩

①陈词内容(40分):论据内容是否充实;引述资料是否恰当;表达能力的强弱;是否紧扣主题进行论述。

②语言风度(10分):辩论员的表情、动作及发言态度是否合适。

二辩

①陈词内容(20分):反驳是否恰当有利;论据内容是否充实;引述资料是否恰当;表达能力的强弱。

②对话(20分):辩论员的应变能力及反驳能力。

③语言风度(10分):辩论员的表情、动作及发言态度是否合适。

三辩

①盘问(10分):问题是否恰当、清晰和一针见血。

②被盘问(5分):是否正面回答问题。

③小结(25分):总结是否紧扣盘问的问题;辩词的组织归纳是否具有逻辑性。

④语言风度(10分):辩论员的表情、动作及发言态度是否合适。

四辩

①被盘问(5分):是否正面回答问题。

②陈词内容(35分):辩词的组织归纳是否具有逻辑性、重点是否突出。

③语言风度(10分):辩论员的表情、动作及发言态度是否合适。

(2)自由辩论(100分)

(3)团体部分(50分)

整体的组织架构、团队配合与合作精神。

三、胜负判断

评判员必须将评分表填妥,并交由计分员计算总分。当分数统计后,评判员将依据各自的评分表,将自己手中的一票投给总分最高的一方。票数最高的一方为胜方。

(1)比赛的胜负,依据评委所打团体分(去掉一个最高分和一个最低分)的总和来判断。

(2)辩手个人得分只作为个人奖项的评审依据。

◎**实践成果**:评选产生优胜辩论队和最佳辩手。

◎**活动评价**:这个实践活动的目的是使大学生通过辩论全方位地思考志向的内涵,包括如何立志、立何志、如何将志向变成现实等。通过全班大学生的积极参与和分工合作,呈现一场内容丰富、观点鲜明、论据确凿、论证有力的精彩辩论赛。通过这样一个过程,每一位同学可以有所思、有所得。

这个实践是希望每一位参与其中的大学生有深切的心灵触动与实实在在的心灵感悟,开始认真思考志向究竟为何,当立何志,如何践行。每位大学生面对自己搜集的大量古今中外的案例以及前人的成功经验与失败教训,会有很好的收获。

优秀(90~100分):能够积极参与辩论活动,根据分工,圆满完成自己承担的工作任务,在辩论中取胜,提出了令人印象深刻、耳目一新的观点;团队成员认可度极高,表现非常出色;最佳辩手、获胜队领队评价为优秀。

良好(80~89分):能较好地参与辩论活动,能根据分工较好地完成自己承担的工作任务,无论是否在辩论中取胜,只要得到了团队成员的认可、综合表现较为出色即可。

合格(60~79分):能基本完成团队分配给自己的工作任务,参与全程活动,为辩论队作出贡献。

不及格(60分以下):不能积极参与活动,不能完成分配的相关工作任务,团队成员满意度较差。

二、我的青春理想

◎**实践类型**:互动。

◎**实践形式**:演讲比赛。

◎**实践目标**:让大学生进一步明确处于人生黄金期的青年应该如何设计

自己的理想。在演讲过程中,对与错、理性与偏激、真理与谬论将通过他们自己的思想交锋,越来越明晰。在这个过程中,大学生的自我学习能力、语言表达能力、逻辑思维能力将得到很好地锻炼和提高。

本次活动给大学生提供了一个平台,大学生可以自主规划自己的人生,做自己人生的总设计师,同时选择正确的发展道路,运用自身的综合素质在未来的人生之路上拼搏。通过演讲,展示学生丰富多彩的理想,体现年青一代大学生的多元化理想,通过交流展示,彼此启发、激励、促进,以形成更为成熟、更具可行性的理想。

◎实践方案(6课时):

1. 教师介绍演讲比赛主题:我的青春理想

21世纪的大学生更应该清醒地认识到,现在正处于人生的一个关键时期,大学伊始,应当努力了解自我,审视自我,为自己未来的成长、成才选定方向。通过树立科学的理想信念,并脚踏实地地付诸行动,才能在大学四年中谱写自己旋律优美、格调高雅的青春之歌,才能在漫长的人生旅途中把握方向。年轻人的理想是丰富多彩的,充满了激情与梦想。大学时代,应当激扬青春,放飞梦想,以理想信念为帆,以理想信念为舵,奋发有为,实干苦干,开拓创新,一步一步地走向成功的彼岸。

2. 教师介绍比赛内容

(1)参赛选手结合自己的实际情况与社会需求,从专业、职业等方面进行个人理想主题演讲。

(2)演讲内容要求完整、简洁明了、创意新颖,能充分体现个性而不落俗套,能充分展现大学生朝气蓬勃的精神风貌,能充分展现大学生理性智慧的思想光芒。

(3)参赛大学生需充分认识自身条件与相关环境,并将大学人才培养目标及专业发展要求作为设计理想的基础。同时,对自己的能力结构、职业兴趣、职业价值观、行为风格、个人特质等综合素质,以及就业机会、职业选择、家庭和社会等外在环境进行全面的认识和评价。

(4)演讲需要涉及的相关内容:我喜欢做什么?我能够做什么?我适合做什么?我将如何实现自己的理想?在演讲过程中,不断优化自己的理想。

3. 教师介绍比赛要求

(1)演讲内容健康,积极向上。主题突出,见解独到,理论深刻,内容翔实,表达流畅。要求以当代大学生的良好形象赛出风格,赛出水平。

(2)采用站立式脱稿演讲,使用普通话,要求有较强的感染力,能够较好地调动现场气氛,生动感人。

(3) 着装整洁、得体。

(4) 演讲时间不得超过5分钟,并于比赛当日上交演讲稿一份。

(5) 超过1分钟扣3分,不足1分钟按1分钟计算。

4. 教师介绍评分标准

比赛采用百分制,评委现场打分,去掉一个最高分和一个最低分,最后取平均分。

(1) 仪表形象(10分)

着装整齐,大方得体(5分);

姿态自然,动作到位,手势得当(5分)。

(2) 演讲内容(50分)

主题鲜明,符合主题内容(25分);

内容充实,真实感人,贴近生活,富有鲜明的时代感(15分);

表达流畅,用词精炼,详略得当(10分)。

(3) 语言艺术(30分)

发音标准,语言流利,声音洪亮(10分);

节奏处理得当,技巧运用自如(10分);

表现力、应用能力强,能活跃现场气氛,调动观众,引起高潮(10分)。

5. 教师组织演讲比赛

安排主持人1人,计分员3人,邀请评委5人。

6. 主持人宣布比赛结果

比赛不设一、二、三等奖,公布每位演讲者的得分,作为实践活动的评价结果。

7. 汇集演讲稿

将全体学生的演讲稿上传至课程网站,供大家继续学习和交流,并通过飞信、QQ、人人网等平台予以分享。

◎**实践成果:**"我的青春理想"主题演讲稿(标题自拟)。

◎**活动评价:**分数由评委给定。

三、爱国影视播映

◎**实践类型:**体验。

◎**实践形式:**观看。

◎**实践目标**：榜样的力量是无穷的。通过辩论、演讲，大学生们正在形成自己的科学理想，并不断坚定自己的信念。《史记》载："文王拘而演《周易》，仲尼厄而作《春秋》；屈原放逐，乃赋《离骚》；左丘失明，厥有《国语》；孙子膑脚，《兵法》修列；不韦迁蜀，世传《吕览》。"古往今来，无数的仁人志士、先贤哲人，在漫长的历史长河中，秉持着自己的理想，为理想而献身，为理想而奋斗，不断推动着人类的进步与社会的发展。他们探索的足迹、光辉的历程，无不在昭示着当代大学生：理想的实现过程充满了曲折与艰辛。当代大学生要对实现理想道路上的困难与挑战做好充分的思想准备，并为之艰苦奋斗。

视频播放可以给大学生为理想而奋斗提供精神力量。通过榜样示范，引导大学生既看到理想实现的长期性和艰巨性，又要对理想的实现满怀信心，充满希望，以坚韧的毅力，不懈奋斗，走向成功。

◎**实践方案(5课时)**：

1. 教师选定爱国视频材料，向大学生推介

主要推介以下影片：

(1)《建国大业》。这是献给中华人民共和国成立60周年和中国人民政治协商会议第一届全体会议召开60周年的献礼作品，2009年9月16日首映。该片以20世纪40年代抗战胜利直至新中国成立前夕这一波澜壮阔的时代为背景，以宏大的历史视野，再现了共和国多党合作和政治协商制度从诞生到确立这一重大历史事件，反映了中国共产党和中国各民主党派在反对国民党独裁统治的斗争中和衷共济、团结奋斗，为建立多党合作和政治协商制度所经历的曲折艰辛直至取得最后胜利的光辉历程，全景式地塑造了共和国领袖和众多政坛名人的群像。这是云集华语影坛百余位明星客串(零片酬)的史诗巨片。它呈现了中华人民共和国建国之艰辛，反映了无数革命先驱为之牺牲，为之奋斗，终于实现建立独立民主共和国的伟大理想。

(2)《建党伟业》。《建党伟业》作为建党90周年献礼片于2011年6月15日正式公映。该片围绕1921年前后展开，展现了从1911年辛亥革命后到1921年中国共产党成立这段时间内的历史故事与风云人物，它以毛泽东、李大钊、陈独秀、蔡和森、张国焘、周恩来等第一批中国共产党党员为中心，讲述了他们在风雨飘摇的时代为国家赴汤蹈火的精彩故事。1917年冬，俄国"十月革命"的胜利，为中国革命指明了道路和方向。此时的中国正处于军阀割据的混战中，毛泽东、李大钊、周恩来等人虽身处不同地方，但都在内心思索着救国救亡之路。1920年3月，维经斯基来到中国，准备在远东建立共产国际支部。1921年3月，陈独秀、李大钊、蔡和森等人彼此来往交流，誓要建立

代表无产阶级的政党。1921 年 7 月 22 日,13 位来自全国各地的党员代表集结在上海博文女校宿舍,"中国共产党"在众人齐声吟唱的《国际歌》中呼之欲出。

2. 提出观看视频要求

大学生任选其中一部视频观看。观看后,结合自身实际,围绕理想信念的建构,撰写一篇观后感。

3. 教师对观后感进行评分

◎**实践成果**:观后感。

◎**活动评价**:

优秀(90~100 分):内容翔实,观点清晰,能结合自身情况深刻表达观影后所思所感;观影态度认真,观影过程仔细;能够全面把握影片传达的深刻内涵,把握影片中人物的精神世界并有所触动,对价值观和理想信念的形成产生了重要的榜样示范作用;观后感文字表达流畅,思想深刻,能联系实际。

良好 (80~89 分):内容较为翔实,观点比较清晰,能结合自身情况,较好地表达观影后所思所感;观影态度认真,观影过程仔细到位;能够较好地把握影片传达的深刻内涵和人物的精神世界;观后感文字通顺,能联系实际。

合格(60~79 分):能认真观看影片,并按照要求完成观后感;观后感完成质量一般,不能结合自身实际。

不及格(60 分以下):态度不端正,观后感存在明显抄袭现象,不知所云,明显没有认真观看影片。

四、优秀人物访谈

◎**实践类型**:互动。

◎**实践形式**:访谈。

◎**实践目标**:大学生通过寻访身边的榜样,向师生中的、优秀人物学习,使理想信念更加具体化。

◎**实践方案(6 课时)**:

1. 教师布置在校内开展优秀人物访谈的活动。具体要求如下:

(1)在校内选定访谈对象。对象范围包括:杰出校友,历年来被评为"师德标兵"、"优秀共产党员"、"十佳青年教职工"、"学生最喜爱的老师"的在校教师,在创新创业等方面荣获国家级、省部级奖励的师生员工以及其他优秀人物。

（2）向学生介绍访谈的具体准备要求：一是通过网络了解访谈对象的背景资料，包括所取得的成绩、发展轨迹、相关评价等。二是准备一份详细的访谈大纲，有序地准备好访谈的各个环节。访谈大纲的主题为"不懈奋斗，实现理想"。要求上交访谈大纲。访谈大纲分值占总评分的20%。三是与访谈对象联系，商定访谈的时间和地点。四是实施访谈过程，在征得访谈对象同意的前提下，准备好手机、照相机等设备进行录音、拍照，准备好活动后续开展的相关资料。

2. 学生开展访谈活动。根据拟定的访谈大纲，围绕理想信念的主题进行访谈。做好访谈记录、录音、摄影等相关资料的收集整理工作。

3. 利用访谈收集的相关资料制作一个5分钟的汇报PPT，要求图文并茂。

4. 全班同学开展一次先进人物访谈分享会，由班长主持。每人有5分钟的时间用PPT展示自己的访谈过程。要求故事性强，重点突出。

5. 全班同学参与评分。教师发放评分表，学生填写评分表。学生评分占80%。

◎**实践成果**：PPT课件。

◎**活动评价**：

优秀（90～100分）：人物选择得当，具有很好的代表性与说服力，具有很好的社会及校园影响力；访谈准备充分，访谈大纲详尽全面，涵盖了访谈的主要内容；PPT制作精美，图文并茂，内容丰富，具有较强的感染力；汇报主题突出，语言流畅，充满激情，具有很强的震撼力，能引起学生的强烈共鸣，并得到大家的一致认可。

良好（80～89分）：人物选择较为得当，具有一定的代表性与说服力，具有一定的社会及校园影响力；访谈准备较为充分，访谈大纲比较全面，涵盖了访谈的大部分内容；PPT制作较为美观，内容较为丰富，具有一定的感染力；汇报主题明确，语言较为流畅，有一定的说服力。

合格（60～79分）：人物选择尚可，代表性与说服力不强；访谈准备不够充分，访谈大纲比较粗糙；PPT制作一般，内容不够丰富；汇报主题不够明确，说服力欠缺。

不及格（60分以下）：人物选择不当，代表性与说服力不够；访谈准备不充分，PPT制作较为马虎，汇报不够认真；参与活动的态度较为消极。

参考案例

真理面前半步也不后退①

布鲁诺(1548—1600)是意大利16世纪著名的科学家、天文学家、无神论者。他因怀疑克教教义而长期受到迫害,被关在地牢里整整8年。他和神学家们辩论过无数次,受到无数次严刑拷打,但是他依然斗志昂扬、坚守信念。教廷用尽一切手段,始终没能使布鲁诺在真理面前后退半步。1600年2月8日,布鲁诺被教皇克莱芒八世下令处以火刑。在法庭上,布鲁诺看着心惊胆战的红衣主教们,从容地宣告:"你们对我宣告判词,比我听到判词还要感到恐惧!"下面这篇文章是其著作《论无限、宇宙和诸世界》一书中的第五篇对话的结尾。文章充满了激情,充满对思想解放的渴望,富有极强的战斗精神,深刻反映了打破思想牢笼的时代要求。文中菲罗泰奥即是布鲁诺的化身。在人类历史上,千千万万个"布鲁诺"不畏淫威,不怕牺牲,为捍卫科学真理而献出了宝贵的生命。他们永远活在人们的心中。

前进! 我亲爱的菲罗泰奥,愿任何东西也不能迫使你放弃你宣传你那美妙的学说,无论是无知之徒的粗野咒骂,无论是苟安庸碌之辈的愤慨,无论是教条主义者和达官贵人的愤怒,无论是群氓的胡闹,无论是社会舆论的令人震惊,无论是撒谎者和心怀嫉妒者的诽谤,这些都损害不了你在我心目中的崇高形象,决不会使我离开你。

顽强地坚持下去,我的菲罗泰奥,坚持到底! 不要灰心丧气,不要退却,哪怕那笨拙无知、拥有重权的高级法庭用种种阴谋来陷害你,哪怕它妄图使用一切可能的手段来抵制那美好的意图、你那种种著作的胜利。

你放心吧! 这样的一天总会到来的。那时所有的人都会明白我所明白的东西,那时所有的人都会承认:对于每一个人来说,同意你的见解并颂扬你是那么容易做到,就像要比得上你却那么难于做到那样,所有的人,凡不是从头坏到脚的人,终有一天会在良心驱使之下给予你应得的赞扬。要知道,打开理性眼睛的,归根到底是内

---

① http://www.zhlzw.com/lz/dy/781527.html。

在的教师,因为我们理解思想上的财富并不是从外部,而是从内部,从自身的精神得到。在所有人的心灵中都有健全理智的颗粒,都有天赋的良心,它耸立于庄严的理性法庭之上,对善与恶、光明与黑暗进行评判并作出公正的判决。你那良好事业的最忠诚最卓越的捍卫者之所以能从每一个人意识的深处终于点燃起起义之火,要归功于这样的判决。

而那不敢与你交朋友的人,那些胆怯而顽固地维护自己的卑鄙无知的人,那些坚持充当赤裸裸的诡辩派和真理的不共戴天的敌人的人,他们将在自己的良心中发现审判官和刽子手,发现为你复仇的人,这位复仇者将能更加无情地在他们自己的思想深处惩罚他们,使他们再也无法向自己隐藏这些观点。当敌人给予你的打击被击退的时候,让一大群奇怪而凶恶的爱夫门尼德(希腊神话中的复仇女神,专在地狱里折磨人的灵魂)把他包围起来,让其狂怒倾泻在……敌人的内心动机上,并用自己的牙齿将他折磨至死。

前进! 继续教导我们去认识关于天空、关于行星与恒星的真理,给我们讲解在无限多的天体中一个与另一个究竟有什么不同,在无限的空间中无限的原因与无限的作用为什么不仅是可能的,而且也是必然的。教导我们什么是真正的实体、物质和运动,谁是整个世界的创造者,为什么任何有感觉的事物都由同一要素和本原组成。给我们宣讲关于无限宇宙的学说。彻底推翻这些假想的天穹和天域——它们似乎应把这么多的天空和自然领域划分开来。教导我们讥笑这些有限的天域以及贴在其上的众星。让你那些所向披靡的论据万箭齐发,摧毁群氓所相信的、第一推动者的铁墙和天壳。打倒庸俗的信仰和所谓的第五本质。赐给我们关于地球规律在一切天体上的普遍性以及关于宇宙中心的学说。彻底粉碎外在的推动者和所谓各层天域的界限。给我们敞开门户,以便我们能够通过它一览广漠无垠的统一的星球世界。告诉我们其他世界是如何像我们这个世界那样在以太的海洋里疾驰的。给我们讲解所有世界的运动如何由它们自身内部灵魂的力量来支配。并教导我们,在以这些观点为指导去认识自然的道路上,坚定不移地阔步前进。

【点评】　布鲁诺,一个人类科学史上光辉而伟大的名字,他在真理面前,坚守着自己的底线,用科学的事实、坚韧的执着、了不起的勇气书写着坚守信念的传奇:追求真理,虽九死其尤为悔。真理不死,布鲁诺不死。

"小想法"成就"大作为"

刘春生,是江苏大学能动学院流体机械与动力工程专业的本科毕业生,在校短短四年时间里,他研制出16项专利,其中3项为发明专利,目前5项专利被正式授权,11项已被受理正在待批之中。获批的专利有的还被评为"中国最具有市场前景的200项专利"之一、"伯尔尼国际专利技术成果博览会金奖"……

是什么造就了这样一位"专利大户"?

心血来潮,让他初尝发明的快乐

提起自己的第一个发明专利——"能识别假币的钱包",刘春生说,"没多少科技含量,纯属心血来潮的产物"。当时刚入校才半年的他打算参加学校组织的"星光杯"课外科技作品竞赛,但对于拿什么去参赛他一度心里没谱。忽然有一天脑子里突然闪现一个念头:如果有一种钱包既能放钱,还能识别假币,那该多好啊!于是,他就将这"一闪念"写成了一个创作方案参加了比赛。没想到后来学校科协的一位指导老师找到了他,对他说:创意不错,为什么不去申请专利呢?在这位老师的指导下,刘春生对原来的设计方案修改完善后进行了申请。10个月后,刘春生顺利拿到第一个专利——"能识别假币的钱包"。

那年暑假,初尝发明快乐的他,为了让这一瘦身版的"验钞机"变成实物,可是费了不少劲。为了配一个紫光灯,他几乎跑遍老家徐州所有的电器配件店,还是没有找到适合钱夹尺寸的,最后只好"忍痛"花了60多元买了个验钞机,拆下所需零件。2003年,这项专利被评为"中国最具有市场前景的200项专利"之一,并先后获得"伯尔尼国际专利技术成果博览会金奖"和"2003香港国际专利技术博览会金奖"。

有些想法很小,但做了可能会影响很大

"有些想法虽然很小,但做了以后可能会对你的影响很大。"这是江苏大学能源与动力工程学院办公室主任单春贤老师的"名言"。刘春生说,单老师的这句话对他启发很大,单老师就是一个善于在生活中"捕捉小想法"并且努力去"实践小想法"的人。在能源与动力工程学院党总支副书记施爱平的眼

里,刘春生平时特别爱动脑子、善于钻研,老师上课时的一句话都能给他一些启发,让他萌生创新的念头。

刘春生自言,有了第一次成功的经历后,他申请专利的热情不断高涨,走路时在想,上课时也在想,想着还能再申请什么专利呢? 他就时刻留意身边的事物,总想再申请个专利,就像有些人打游戏着了迷一样。他的第三个专利"室内自动调温的热水器",就是得益于专业课老师在讲授某个装置时的启发。当时他就想如果把这一装置改造后用于热水器,不就可以自如而精确地调节水温了吗? 课后,他就与老师展开了讨论,前后三次修改了设计方案,并提交了专利申请,最后又如愿以偿。

之后,小刘的发明热情进一步高涨,而且发明物的"专业性能"、"科技含量"也越来越高。去年10月申请的用来测量流体速度的"带套管的速度探针",给常用的探针穿上特制的"衣服"后,可使测量的成本从2000元下降到200元,时间从两小时缩短为几分钟,而且对操作人员的要求大大降低。

早在大三上关于"齿轮泵"的专业课时,刘春生就对泵的构造产生了"小想法",但一直苦于没时间"整理"。今年暑假已考上研究生的他,集中精力,一举研制了两个"改进版"装置——二级啮合齿轮泵、行星轮齿轮泵,大大提高了普通泵的流量和扬程。也是在暑假里,一天晚上回宿舍的路上,看着路灯下的蒙蒙细雨,他又有了"小想法"。开学后,一种可在夜晚或烟雾环境下提高灭火效率的消防用"灯光水枪"又在刘春生的手中诞生了。

刘春生说:"我的成功是偶然的,也是必然的,因为学校和学院为我的成长营造了一个良好的创新氛围。"特别是学校针对大学生的科研立项,每年举办的"星光杯"创业计划大赛、科技作品大赛等,为他的科研工作提供了坚实的平台。同时,老师们及时指导,特别是参与老师的课题研究让他很有收获。此外,他认为搞研究和发明创造"韧性至关重要",有了想法,要努力去"尝试和实践这些想法"。

【点评】　刘春生是江苏大学的一个普通大学生,他把思考、质疑、探索、创新作为一种习惯、一种坚持。从一点一滴做起,从小处着手,日积月累,终于成就灿烂,达到了一般大学生无法企及的高度。他的成功,无它,勤思肯干而已。他行,你也行。

延伸阅读

人生面临种种抉择,王选院士的六次人生抉择不同凡响,我们从中体味到的是一种巨大而无形的人格魅力……

我的六次人生抉择①

微软的比尔·盖茨曾经讲过:"让一个60岁的老者来领导微软公司,这是一件不可设想的事情。"我现年62岁,让一个62岁的老者来领导方正也是一件不可设想的事情。因此,5年前我就逐渐脱离技术第一线。

我觉得我是"努力奋斗,曾经取得过成绩,现在高峰已过,跟不上新技术发展的一个过时的科学家"。回顾一生,我曾经历过六次重要抉择。

选择枯燥

我的第一次抉择是在大学二年级,即1954年进入北京大学数学力学系。当时北大数学系条件非常好,教我基础课的老师都非常优秀。

大学二年级的下学期开始分专业。那时候北大数学系有数学专业、力学专业,还有计算数学专业。计算数学专业是刚刚建立的一个专业,同计算机是相关联的。好的学生当时都报到数学专业去了,觉得计算数学这个专业跟计算机打交道,很枯燥,没有高深的学问,很多学生都不愿意报。我则选择了它,这是我一生中的幸运。

我为什么选择这个专业呢?就是因为我看到国家未来非常需要这个专业。在新中国12年科学规划里,周恩来总理讲了未来几个重点的领域,包括计算机技术,我看到后非常高兴,觉得把自己与国家最需要的事业的发展方向结合在一起,是选择了一条正确的道路。

跨领域研究

我毕业以后就投身到计算机硬件研究领域,在第一线跌打滚爬,探索了大约三四年之久。那个时候我忙的程度,可能是现在难以想象的。每天工作在14个小时以上,一年到头都没有休息的时候。我们希望我国计算机的发展尽快赶上外国。在第一线跌打滚爬以后我觉得自己已经懂得计算机了。令

---

① 摘自《中华英才》,2004年第14期。

我不解的是,为什么看到国外有好的材料、好的设计,我们却只能停留在欣赏的地步,不能有自己的思想、自己的创新呢?后来我发现自己还不懂得应用。而不了解计算机的应用,也就不了解程序设计。

1961年我24岁时,作出一生中最重要的决定,就是在有了几年硬件研究的基础上,投身到软件方面,即程序设计、程序自动化这样一些领域来。我当时做了一个项目,即5000行的程序设计,今天看来是小得不得了的程序。但在那时,5000行的难度相当于今天的50万行。

我投入到软件领域后,专门做硬件和软件相结合的研究项目,这项研究使我豁然开朗,一下就找到了创造的源泉,很多新观点都提出来了。这时候我才明白,懂软件的人通常不懂硬件,他们认为计算机生来就是这样的,没法动的;而懂硬件的人却常常不知道软件方面的需求。两者一结合,我就能够在硬件上做非常灵巧的设计,也可以使软件的运行效率极大地提高。有了这两种背景(跨领域的)后,我才深深体会到美国控制论专家维那的那句名言:"在已经建立的科学部门间无人的空白区上,最容易取得丰硕的成果;在两个领域交错的地方,最容易取得丰硕的成果。"

当时我对自己设计的一种新型计算机觉得非常得意,比 IBM 流行的计算机性能要高得多。因为我太年轻,不知道哪些事情在中国能够做,哪些事情在中国不能够做。当时我国工业基础太差,我做了一个与 IBM 不兼容的机器,但我不可能花几十亿美元的经费来研制自己的操作系统,更不可能花几百亿美元去做应用软件,所以我那一点点创新就变成了一种祸害。因为我们没有能力来搞不兼容的东西,也不应该这样做。实际上,我同美国人差不多同时提出某些新的思想,但在中国不能实践它,也不应该去实践它,所以我很快就放弃了这方面的工作。

选择 Radio Peking

第三次重要的抉择,是在我20多岁的时候决定锻炼自己的英语听力。因为我看英文的专业文献,有的时候觉得每个字都认识,语法也都懂,但就是看不快。我从1962年开始听 Radio Peking。后来觉得对国内的事情比较熟悉,不太过瘾,就去听外国电台,那个时候是听不到 VOA 的,只有英国的 BBC 听得清楚。我从1962年开始,听了整整4年。

"文革"期间,收听英文广播被视为"收听敌台",谁都可以揭发。我被揭发出来,因为我听英文学外语也比较公开。1965年发生过这么一件事情,加拿大总统库马到中国来访问,刚到中国的第二天,加拿大国内发生政变,把库马赶下了台。一国总统到中国来访问，各种媒体本来是有很多消息的，忽然两天之内，一点消息都没有了。我从BBC听到事件的内幕，知道加拿大已经发生改变，库马已经倒台了，我又挺爱说这些事儿，给大家印象非常深刻。所以到"文化大革命"时我吃了大苦头，当时我还在上海养病就被揪回来参加学习班。

自己动手做

第四次抉择是1975年，选择激光照排这个项目，采用了与众不同的技术途径，原因是我有数学方面的基础，又有软件和硬件两方面的实践，同时我又比较精通英语。搞照排系统研究，我是第六家，当时全国已经有五家，他们都是用模拟的办法来解决问题。我去情报所看资料的时候，单位无法报销车费，因为当时的我正在病休"吃劳保"，拿着劳保工资，只有40多块钱，所以坐公交车到情报所就少坐一站，少坐一站就能省5分钱。资料复印也无法报销，就只好抄。

我看到的那些资料，基本上我都是第一读者。美国当时流行的是第三代照排技术属数字存储型的，而中国随便哪一家都是落后的。我也看到正在研究的第四代，是用激光扫描的方法。我的英语快速阅读能力在技术检索方面起了非常重要的作用。

用激光束扫描改进汉字照排系统，碰到一个很大的难题：激光扫描的精度很高，不同的字有不同的点阵，大的一个字要由900万个点组成，这么多的字体这么多的字号，每一个字都要用点表示，信息大得惊人，需要几十亿字节的存储量。在美国这不是个问题，因为英语是26个字母，在中国来讲，2万汉字是非常突出的问题。由于我的数学背景，很容易想到采用一种信息压缩的办法，即用一种轮廓的表述来描述汉字巨大的信息量。

假如说我只有纯粹的数学背景，或者不懂硬件，也做不成这件事。当时的计算机个头很大，但速度还不及"286"，如果用这种价格很昂贵的中型计算机把压缩的信息恢复成点的话，这几万个帕节运算量很大，速度很慢。一个中型计算机一秒只能采测一两个字的轮廓信息，而我们要求一秒钟测150个字以上。如果是一个搞纯软件的人，他就会望而生畏，就此止步。由于我有软件、硬件两方面的实践背景，就会想到把这种关键性又特别费时间的操作设计成一个硬件，使它提高一百倍以上的速度，对于非关键性的操作用廉价的软件来实现。这样，用软、硬件结合的方法很容易就解决了这个问题。

可惜当时我只是一个无名小卒，别人根本不相信。我建议跳过日本流行的第二代照排系统和美国流行的第三代照排系统，研究国外还没有商品的第四代激光照排系统。专家们就觉得这难以理解。一位伟大的发明家的一句话一直鼓励着我。世界巨型计算机之父西蒙·奎因曾经说过,他在没有成名的时候,提出一个新的思想,人们常回答说:"Can not do!"("做不成的!")对"Can not do!"的最好的回答就是"Do it yourself!"("你自己动手做!")

我就从1975年开始自己动手做,一直做到1993年的春节。18年里几乎没有任何节假日,我失掉了不少常人所能享受到的乐趣,但也得到很多常人所享受不到的乐趣。当看到全国99%的报纸都采用了北京大学开创的激光照排技术,这种既感动又难以形容的心情是一种享受。

培养100个百万富翁

我的第五次选择,就是致力于照排技术产业化。

今天别人都说北大方正既有名又有利,很少有人知道从1978年到1985年这段时间的艰难。我们搞的"748"工程是非常"不得人心的",当时既无名也无利,看不见前途。那时北大许多项目都被迫下马,我们是逆潮流而上的。

1985年我们的成果投入使用,而且被评为"中国十大科技成就"。但当时我不仅没有太多的成就感,反而有一种负债感。国家这么大的投资,在没有形成产业之前,我有功有过还说不清楚。

我很赞赏北大一位博士生的话:"在学习期间,不要致力于'满口袋',而要致力于'满脑袋',满脑袋的人最终也会满口袋。"我们今天坐得住冷板凳的人以后也会物以稀为贵,所以一定不要为暂时的清贫所困惑。我在1985年以前,家里只有一个9英寸的黑白小电视机,没有任何奖金,工作非常辛苦。我几次出国,看到一些人在大型商场中买首饰,我没有羡慕过,也没有觉得低人一头。有一次,我忽然产生一种奇想,那些购买高级首饰的人,他们对人类的贡献可能并不如我王选。我一下觉得自己没有什么不平衡,我把它称为"精神胜利法"。

目前,北大、清华的毕业生到美国硅谷,一般毕业以后工作三年到四年,就有可能达到年薪10万美元。我们当然需要在中国国内体现他们的价值。所以我提出了到2010年北大方正要培养100个百万富翁,这些富翁是把我们的高科技产业提升到世界发达国家水平的民族英雄,他们理应成为百万富翁。

我觉得一个人要有正确的名利观,正确的名利观对人的成就影响非常大。我很赞赏欧美的一句话:"一心想得诺贝尔奖的,得不到诺贝尔奖。"总想去求诺贝尔奖,他怎么可能专心致志去做学术研究,取得成就呢? 一个人不要为暂时的利益所迷惑。我当时选择激光照排的时候,在计算机同行里也被看不起。当时很时髦的项目,是数据库管理系统、操作系统结构等,搞这些研究的人就说:"王选怎么去搞黑不溜秋的印刷呢?"其实印刷行业中要用到很多计算机方面的尖端技术,这么一个充满挑战、前景美好的领域,当时在计算机领域被人看不起。我觉得赶潮流往往不行,一个人最可贵的是把一个冷门的东西搞成热门,我们要预见到社会的需要。

从名人到凡人

从1992年起,我开始花大力气培养年轻人,让他们来取代我在企业中的作用。在这方面,英国的卡文迪许实验室是我们的一个榜样。这个实验室出了25个诺贝尔奖得主,它有一个很好的传统,就是扶植年轻人。它的第二任负责人瑞利是诺贝尔奖的获得者,曾经做过英国皇家学会的主席。他曾说过:"我到60岁以后,对任何新思想不发表意见。因为60岁以后很多时候我会对新思想起阻碍作用。"他的继任者,实验室的第三任负责人,上任时只有28岁。

还有一件事情对我触动很大。1993年春节和每年春节一样,我埋头在家,因为春节前的5天到大年初五这十来天最安静,没有干扰。我奋斗了两个星期搞出了一个设计。当时我的一个学生休假回来,他看了以后回答我说:"您所有的设计都没有用。"他提出了更为简便的办法,我听了以后马上明白了。我两周所有的图纸统统是毫无用处的。但是我还是很高兴,在我最熟悉的领域中,我原认为我可以干到60岁,但实际上我已不如年轻人了。

世界上有些事情是非常可笑的。我26岁到了科研最前沿,处于第一个创造高峰期,那时没有人承认我。我38岁搞激光照排,提出一种崭新的技术途径,还是不被重视。我在前沿时不被人重视,总有表面上很权威的人来干预。我到现在这个年龄,创造高峰期已经过去了,反而从1992年开始连续三年每年增加一个院士头衔。现在把我看成权威,我觉得很可笑,我已经6年脱离第一线,怎么可能是权威?世界上从来没有过60岁以上的计算机权威,60岁以上犯错误的倒是一大堆。

发明家到了晚年都容易犯一些错误,我现在正处于关键的年龄。我觉得我今后要多做好事,少犯错误,最好的做法就是扶植年轻人。这就涉及我的第六次抉择。

名人和凡人差别在什么地方呢?名人用过的东西,就是文物了,凡人用过的就是废物;名人做一点错事,写起来叫名人轶事,凡人呢,就是犯傻;名人强词夺理,叫做雄辩,凡人就是狡辩了;名人跟人握握手,叫做平易近人,凡人就是巴结别人了；名人打扮得不修边幅，叫真有艺术家的气质，凡人呢，就是流里流气；名人喝酒叫豪饮，凡人就叫贪杯；名人老了，称呼变成王老，凡人就叫老王。这样一讲，我似乎正在慢慢变成一个名人了，在我贡献越来越少的时候，名气却大了，所以我要保持一个良好的心态，认识到自己始终是一个非常普通的人。

（王选：两院院士，北大方正集团主要领导者。他是我国现代电子出版系统的奠基人，被誉为"当代毕昇"。）

名人格言

天行健，君子以自强不息。

——《易经》

世界上最快乐的事，莫过于为理想而奋斗。

——苏格拉底

在理想的最美好世界中，一切都是为最美好的目的而设。

——伏尔泰

每个人都有一定的理想，这种理想决定着他的努力和判断的方向。就在这个意义上，我从来不把安逸和快乐看作生活目的的本身——这种伦理基础，我叫它猪栏里的理想。

——爱因斯坦

吾志所向，一往无前；愈挫愈奋，再接再厉。

——孙中山

一个民族有一些关注天空的人，他们才有希望；一个民族只是关心脚下的事情，那是没有未来的。

——温家宝

推荐书目

1. 田海舰，邹卫：《社会主义核心价值观论纲》，人民出版社，2010 年。

该书以对空想社会主义价值观的历史考察和分析为起点，系统总结和分析科学社会主义价值观的基本蕴涵与本质特征，挖掘梳理苏联以及中国共产党对社会主义价值观的艰辛探索、理论贡献及经验教训，概括提炼社会主义核心价值观的科学内涵,专题论述社会主义经济的、政治的、文化的、社会的、生态的核心价值观,详细阐述社会主义核心价值观的建设原则和基本途径,展望全球化背景下中国特色社会主义核心价值观的发展前景。

2. 吴怀友:《全球化与中国共产党执政能力建设研究》,中共中央党校出版社,2007 年。

该书包括"导言","顺应经济全球化潮流,提高驾驭社会主义市场经济的能力","适应全球政治发展要求,提高发展社会主义民主政治的能力","把握文化全球化动态,提高建设社会主义先进文化的能力"等五个章节。全球化、中国共产党执政能力建设都是时代发展提出的崭新课题,作者把全球化与中国共产党执政能力建设有机结合起来进行研究,开拓了党的执政能力建设问题研究的新视域。

3. 刘仁学,李磊:《当今时代的重要课题——论共产主义理想和信念》,东北师范大学出版社,2003 年。

正当人类历史跨入 21 世纪的时候,国际国内形势发生了许多深刻变化。从国际局势看,世界多极化和经济全球化的趋势在曲折中发展,科技进步日新月异,综合国力竞争日趋激烈。从国内的情况看,随着深化改革、扩大开放和社会主义市场经济的不断发展,经济、政治、文化生活中许多深层次的矛盾日益突显出来,从党的自身状况看,经过八十多年的发展,我们党的地位、任务、队伍状况和所处环境,都发生了重大变化。在这样新的历史条件下,如何使广大党员和干部牢固树立共产主义远大理想和中国特色社会主义坚定信念是当前党的建设和思想政治工作的重要课题。刘仁学、李磊所著《当今时代的重要课题——论共产主义理想和信念》一书,对这一重要课题做了清晰阐述与深刻思考。

4. [古希腊]柏拉图:《理想国》,吴献书译,北京理工大学出版社,2010 年。

《理想国》是一部震古烁今的不朽经典,是对话式问答体裁的哲学杰作。作者柏拉图(约公元前 427 年—前 347 年),古希腊哲学家,伟大的思想家。他出生于雅典贵族,青年时师从苏格拉底。后来创办了著名的阿卡德米学园,在那里执教 40 年直至逝世。该书体现了思辨的逻辑和作者关于政治的伟大抱负,探讨了哲学、政治、伦理道德、教育、文艺等各方面的问题,建立了一个系统的理想国家方案。《理想国》在西方历史上具有重要地位,朱光潜先生说:"《理想国》是西方思想的源泉,也是我向青年推荐的唯一的西方哲学著作。"

5. [法]罗曼·罗兰:《巨人三传》,傅雷译,敦煌文艺出版社,1994 年。

《贝多芬传》《米开朗琪罗传》《托尔斯泰传》同出自罗曼·罗兰之手,坊间皆称《名人传》,唯傅译以《巨人三传》名之:因为,不是名人传,而是巨人书;不再记录成功,转而凸显受难。本书三巨皆命运多舛,遭遇不绝,从体肤之痛及至内心挣扎,历历受难史。固然才智天赋,若无灾患磨砺,如何意志跨越忧患,灵魂挣脱困顿? 受难是伟大的注解。该书形象地再现了巨人的历程和硕果。

6. [美]阿尔伯特·哈伯德:《怎样把信送给加西亚》,中国发展出版社,2003 年。

作为人类历史上最畅销的励志经典,100 多年来,《怎样把信送给加西亚》已经在全球以各种语言再版多次。从内容上来看,除了信的正文和罗文中尉的故事,该书还收录了作者哈伯德对《怎样把信送给加西亚》的评论和其他几篇在当时颇有影响力的评论,可谓一本彻底阐述忠诚、责任、自动自发精神的职场圣经。

7. [美]海伦·凯勒:《假如给我三天光明》,民主与建设出版社,2004 年。

20 世纪,一个独特的生命个体以其勇敢的方式震撼了世界,一个生活在黑暗中却又给人类带来光明的女性,被美国《时代周刊》评选为 20 世纪美国十大英雄偶像。该书由海伦·凯勒的《我的生活》《走出黑暗》《老师》三本书以及发表在美国《大西洋月刊》上的著名散文《假如给我三天光明》编译而成,完整系统地介绍了海伦·凯勒丰富、生动、真实而伟大的一生,许多文字还是第一次与中国读者见面。

8. [美]刘墉:《跨一步,就成功》,接力出版社,2009 年。

该书作者以交谈的方式深入探讨处世、使用时间、运动、写作、记忆等问题,提出了许多切实可行的方法。每一种方法我们都能做得到,具有很强的现实操作性。刘墉娓娓道来,妙语连珠。这些窍门能起到"点石成金"的效果,能使我们从平凡中发现自己的"天才点",如果加以发挥,就一定能成功。《跨一步,就成功》闪耀着爱与智慧的光辉,刘墉的这些经验,我们是可以模仿的。每一个人都可以成功,关键是你能不能跨出那一步。

9. [美]海明威:《老人与海》,上海译文出版社,1979 年。

《老人与海》写的是老渔夫桑地亚哥在海上的捕鱼经历,描写老人制伏大马林鱼后,在返航途中又同鲨鱼进行惊险的搏斗,然而作品中的形象却具有很强的象征意蕴。他用大马林鱼象征人生的理想和人类作为生命本身所不可避免的所具有的欲望,用鲨鱼象征无法摆脱的悲剧命运,用大海象征变化无常的人类社会,而狮子则是勇武健壮、仇视邪恶、能创造奇迹的象征,桑地亚哥则是人类中的勇于与强大势力搏斗的"硬汉子"代表,他那捕鱼的不幸遭遇象征人类总是与厄运不断抗争却无论如何都无法试图去改变命运。该书彰显了明知无法改变命运而不放弃抗争的勇敢而伟大的可贵的人的精神。

10.〔美〕奥里森·马登:《信念力》,重庆出版社,2011年。

该书是哈佛大学珍藏的经典图书,影响了美国几代人,该书在全球卖出2亿册。被称为"2011年中国企业员工、大学生、公务员必读书",所有读过该书的人都认为:该书能够给人带来心灵的安宁和身体的安康,这是一个流传百年的评价。这本书帮助大多数人增强了自己的信念,改变了自己的命运,可以帮助后进生学习更好,可以帮助企业员工更有激情,可以让每个人心灵平静。作者马登博士是著名激励大师卡耐基的灵魂导师,他在美国无人不知,他的演讲在美国万人空巷。他3岁丧父,7岁丧母,14岁开始改变自己,23岁考入大学,40岁前跻身社会名流。他把毕生的经验都倾注在自己的书中,他找到了打开成功和幸福大门的钥匙,他是美国成功学的奠基人和最伟大的成功励志导师,是成功学之父。

第二章
继承爱国主义传统　弘扬民族精神

本章重点对爱国主义的时代价值、弘扬中国特色社会主义爱国主义精神等进行阐述,强调爱国主义是中华民族生生不息、自立于世界民族之林的强大精神动力。引导大学生用爱国主义精神鞭策自己,将爱国热情转化为建设中国特色社会主义和实现中华民族伟大复兴的实践动力。

理论讲堂

【教学目的】

通过本章的实践教学,学生要把握爱国主义的科学内涵,认识其在不同时期的特征,进而增强对爱国主义这一概念科学、准确、系统的掌握;了解爱国主义在当前新的历史时期的要求,认识在当代中国爱国主义与社会主义在本质上的统一,把握社会主义爱国主义的特征;明确爱国主义与经济全球化、弘扬民族精神以及弘扬时代精神的关系,培育大学生科学、理性的爱国主义精神,明确大学生的历史责任,引导其将爱国之情、爱国之心、报国之志化为实现中华民族伟大复兴的报国行动,在建设中国特色社会主义的伟大事业中践行爱国主义的志向,做一个忠诚的爱国者。

【教学重点】

1. 中华民族的爱国主义传统;
2. 新时期的爱国主义;
3. 做忠诚的爱国者。

【要点导读】

民族精神是一个民族赖以生存和发展的精神支撑。中华民族在五千多年的历史进程中生生不息,不断发展壮大,创造了灿烂的中华文明。支撑、促进中华民族虽历经磨难、饱受艰辛困苦而不衰的强大动力和不竭源泉,就是中华民族五千多年来在改造客观世界和主观世界的实践活动中,形成的以爱国主义为核心的团结统一、爱好和平、勤劳勇敢、自强不息的伟大民族精神。继承爱国主义传统、弘扬民族精神,对于中华民族的伟大复兴有着十分重大的意义。

在当前经济全球化的时代背景下,发扬以爱国主义为核心的民族精神尤显重要和迫切。当前,国与国之间的交往日益频繁,各种国际组织如雨后春笋般地涌现,民族国家的观念受到挑战,"爱国主义是否已经过时"成为一些人的疑问;世界范围内多种价值观念并存,各种思想文化相互激荡,西方国家从未放弃对我国和平演变的企图;目前我国正处于改革开放的关键时期,国际国内形势要求我们必须把弘扬和培育以爱国主义为核心的民族精神作为文化和思想政治建设的重要任务,并纳入国民教育和精神文明建设全过程,使全体人民始终保持昂扬向上的精神状态。

在新的历史条件下继承和发扬爱国主义传统,需要广泛、深入地进行爱国主义教育,使爱国主义教育成为德育工作的重心和社会发展的主题。对在校大学生进行爱国主义教育,不但可以培养大学生的爱国情感,引导大学生践行报国之志,还可以进一步提升全民族的思想素质和精神境界,增强全体国民的民族自豪感、自尊心和自信心,促进中华民族的伟大复兴!

导读一　中华民族的爱国主义传统

爱国主义作为民族精神的核心,一直铭刻在炎黄子孙的灵魂深处,成为中华民族经久不衰的优良传统。科学理解"什么是爱国主义、爱国主义作为中华民族的优良传统主要表现在哪些方面、爱国主义的时代特征是什么"等问题是本节学习的重点。

一、爱国主义的科学内涵

爱国主义是人们对祖国热爱和忠诚的情感、思想与行为,是一个国家的精神支柱。

爱国主义首先是一种情感。列宁曾说过,爱国主义就是千百年来固定不变的对自己祖国的一种最深厚的感情。因此,每一个爱国主义者,都有一腔对自己祖国的热爱之情。从西汉"公而忘私,国而忘家"的主张到明清"天下兴亡,匹夫有责"的呐喊,再到邓小平的"我是中国人民的儿子,我深情地爱着我的祖国和人民",无不体现着对祖国满腔的热情与爱。爱国主义者对祖国的爱是无私的,无论祖国是贫弱还是富强,是遭受欺凌还是扬眉吐气。无论是在鸦片战争时期,还是在抗日战争时期,我们的祖国和人民都饱受外国的凌辱和蹂躏,无数爱国仁人志士献出了他们的宝贵生命。祖国贫弱,需要我们去改变;祖国富强,靠我们去创造。正如匈牙利著名诗人裴多菲所说:"纵使世界给我珍宝和荣誉,我也不愿离开我的祖国。因为纵使我的祖国在耻辱之中,我还是喜欢、热爱、祝福我的祖国。"

其次,爱国主义还是一种思想。毛泽东曾说过,世界上没有无缘无故的爱,也没有无缘无故的恨。当人们意识到为什么要爱自己的祖国、应当怎样爱自己的祖国并且用什么方式爱自己祖国的时候,他们的爱国情感也就升华到了爱国思想。我国著名的篮球运动员姚明就是一个具有爱国思想的人。姚明曾说过,"为国争光,树立一个中国职业运动员的光辉形象是我义不容辞的责任"。面对祖国,他表现出来的不仅只有炽热的情感,更重要的是一种责任感。这种责任感正体现了姚明对爱国主义更深刻、更全面的理解,爱国信念也已贯穿于他的世界观和人生观之中了。

再次,爱国主义需要通过人的行为来表达。人的情感与思想总是要通过人的行动表现出来。爱国主义不仅仅只是一种情感和思想,更是一种道德要求、政治原则和法律规范,是我们作为一个人、一个合格的公民,应该具备的道德品质和应该遵守的行为规范。拿破仑曾说:"爱国是文明人的首要美德","人类最高的道德是什么?那就是爱国之心。"毛泽东的老师徐特立先生也曾经说过:"人民不仅有权爱国,而且爱国是个义务,是一种光荣。"正因为如此,人们在评价爱国主义者时,总是与他们的业绩或事迹联系起来。因此,爱国不仅体现了个人的道德水平,更是个人应当履行的责任和义务。

因此,我们不能简单地将爱国主义理解为一种朴素的情感,也不能将爱国主义视为高不可攀,只有将情感、思想和行为三个方面结合起来,才能深刻理解爱国主义的科学内涵。

作为民族精神核心的爱国主义,其中的"国"是指祖国。现代意义上的祖国,至少包含了三个方面的要素:一是自然要素,即人们赖以生存的,一定区域内的土地、山河、矿产等自然风貌、自然资源所构成的国土;二是社会要素,即具有共同的经济生活、语言文化、社会心理和历史传统,通过纵横交织的社会关系紧密联成一体的人民或国民;三是政治要素,即为了维护社会共同体的安全、主权和稳定而建立起来的实施阶级统治的强有力政治机构——国家。可见,祖国是一个集自然、政治、经济、文化和历史于一体的综合概念。

爱国主义者所忠诚热爱的祖国是国土、国民、国家组成的社会共同体,它不是抽象的概念,而是以爱国家、爱人民为基本要求的具体行为和意志。

二、爱国主义的优良传统

在源远流长的历史长河中,中华民族有着优良的爱国主义传统,纵观中华五千年的文明史,爱国主义从来都是动员和鼓舞人民团结奋斗的一面旗帜,是各族人民共同的精神支柱,在维护祖国统一和民族团结、抵御外来侵略和推动社会进步方面发挥了重要作用。正是在爱国主义精神的激励下,我们的国家和民族自强不息,具有伟大的凝聚力和生命力。具体地说,中华民族的爱国主义优良传统体现在四个方面:

(一)热爱祖国,矢志不渝

刻骨铭心的爱国之情、矢志不渝的报国之志、生死不移的爱国之行写满了中华民族的光辉史册。为清白以死而证的屈原、誓死不降匈奴的苏武、位卑未敢忘忧国的陆游、不为高官厚禄所动而慷慨就义的文天祥、"苟利国家生死以,岂因祸福避趋之"的林则徐、"我自横刀向天笑,去留肝胆两昆仑"的谭嗣同等,还有抗日战争中面对日本帝国主义的威逼利诱毫不妥协的英雄们,他们用自己的生命诠释了"热爱祖国,矢志不渝"。

(二)天下兴亡,匹夫有责

清初大儒顾炎武在《日知录·正始》中说:"保天下者,匹夫之贱,与有责焉耳矣。"这句话后被人们简化为"天下兴亡,匹夫有责"。意思是说,国家兴衰与否,每个人都有责任。以天下为己任,无论身居何位,都要心忧天下,关心国家的前途和命运,关注民众的苦乐,自觉把个人的前途与国家的兴衰联系起来,将爱国思想付诸实际行动。

(三)维护统一,反对分裂

中华民族是一个多民族的统一体,民族团结和睦始终是各族人民的共同愿望和神圣职责,维护民族团结和祖国统一也始终是各族人民的最高利益所在。在中国历史上,涌现出了无数为维护祖国统一、反对分裂而献出自己生命的民族英雄。为民族团结作出重大贡献而被传为历史佳话的王昭君和文成公主、背上刺着"尽忠报国"的南宋抗金名将岳飞、从荷兰殖民者手中收复宝岛台湾的明末民族英雄郑成功……他们像一颗颗璀璨的珍珠闪耀在中华民族五千年的历史长河中。他们对国家的忠诚以及为维护国家主权独立和领土完整而甘愿牺牲的伟大精神,值得每一位中华儿女学习。

综观中国历史,民族统一占据了主流,虽有短暂的分裂和内乱,但促进民族团结和维护祖国统一始终是人心所向,是中国历史发展的主流。

(四)同仇敌忾,抵御外侮

中华民族自古就形成了团结、宽容的协作精神,尤其是在外敌入侵的紧要关头,能够在爱国主义旗帜的感召下,迅速形成统一的意志和力量,同仇敌忾,一致对外,有效地维护了民族独立和国家统一。国家的统一、民族的团结是国家兴旺发达和人民安居乐业的必要条件,维护国家独立和领土完整是每一个公民应尽的义务和责任。

三、爱国主义的时代价值

爱国主义是一个历史范畴,它随着历史条件和历史阶段的变化而发展变化。在当代中国社会主义建设时期,爱国主义获得了全新的内容和意义。具体来看,爱国主义的时代价值体现为四个方面:

第一,爱国主义是中华民族继往开来的精神支柱。爱国主义是一个永恒的主题,在不同时代又表现出不同的时代特点。毋庸置疑,爱国主义主要表现为中华民族不畏强敌入侵、争取民族独立与解放的英勇事迹和创造的灿烂辉煌的中华文明。正是由于爱国主义的存在,中华儿女虽历经内忧外患、饱受种种苦难,却从来没有被外敌所征服,中华民族从未间断地延续了本民族的原生文明。

今天,爱国主义依然是动员和鼓舞中国人民团结奋斗的一面旗帜,是全国各族人民共同抗争的精神支柱。它主要表现为全国人民在中国共产党的领导下,投身改革开放和现代化建设,构建社会主义和谐社会,维护祖国统一和实现中华民族伟大复兴的伟大实践。

第二,爱国主义是维护祖国统一和民族团结的纽带。我国是由 56 个民族组成的大国,维护和发展各民族的团结,关系到国家的统一和边疆的安全,关系到整个社会的稳定,关系到各民族地区自身的发展和社会主义现代化建设的成败。各民族团结和共同繁荣是各民族人民的共同愿望和迫切要求。热爱祖国,就要反对狭隘的小民族主义,反对民族分裂和国家的分裂,维护国家的统一和全国各民族的团结。

第三,爱国主义是实现中华民族伟大复兴的动力。辉煌灿烂的中华古代文明,曾经长期处于世界领先地位,但进入近代以后,长期的内忧外患,外国列强的侵略和奴役,阻碍了中国的发展,导致山河破碎,风雨飘摇的中华民族几近亡国边缘。无数爱国志士奋发图强,努力探求救国救民的民族复兴道路。中国共产党领导中国人民经过艰苦的奋斗,建立了社会主义新中国,为中华民族的伟大复兴奠定了坚实的基础。

今天,全面建设小康社会、构建社会主义和谐社会、实现中华民族的伟大复兴是我们的历史使命。要完成这一使命,需要全党和全国各族人民齐心协力进行长期的努力和奋斗。但是,当前我们面临着错综复杂的国内国际环境,国家之间的竞争也日趋激烈,国家发展和民族复兴难免要经受各种风险和考验。这需要发挥爱国主义强大号召力和凝聚力的作用,最大程度地团结全国各族人民和港澳台以及广大海外同胞,以爱我中华、强我中华的满腔热情,为中华民族伟大复兴目标的早日实现而努力奋斗。

第四,爱国主义是实现人生价值的力量源泉。一个人的人生价值可以分为两个部分:个人价值和社会价值。人的社会属性决定了只有为国家和社会作出贡献和奉献才能实现个人价值。在新的时代背景下,大学生要实现自己的人生价值,就要把个人的理想和祖国的发展联系起来,使人生理想摆脱狭隘的功利限制,把推进中华民族的伟大复兴作为崇高的人生志向。实现理想的道路是曲折的,需要精神的支撑、信念的维系和方向的引导,而爱国主义作为对祖国深厚的感情,它能为我们实现自己的人生价值提供动力,标明方向。

导读二　新时期的爱国主义

经济全球化促进了世界各国一体化的趋势,使国与国之间呈现出"你中有我,我中有你"的错综复杂的关系。受此影响,国界在人们的观念中已不像过去那么清晰了,出国留学、用外国产品、在外资公司工作等都成了常见的现象。我们也常常身处麦当劳、肯德基、阿迪达斯、耐克等外国品牌的海洋中而浑然不觉。于是,某些发达国家的政要和学者借此大肆宣扬"民族国家的时代已经过去",爱国主义也就过时了。你赞同这种观点吗? 如果不,那么在新时期,爱国主义又有什么新的内涵呢? 作为当代大学生,应该怎样去弘扬和践行新时期的爱国主义呢?

一、爱国主义与经济全球化

经济全球化是当今时代发展的重要趋势。它的发展使世界各国在经济上的联系日益紧密,同时影响到世界各国的政治和文化,经济全球化对爱国主义也提出了挑战。正确认识当今时代的爱国主义,必须联系并把握经济全球化的发展趋势及其影响。

（一）经济全球化形势下必须大力弘扬爱国主义

在经济全球化背景下,科学技术的发展和利用是跨国界的,比如,商品在全世界销售、资本跨国界流动、信息得以共享、各国经济交往中需要遵循共同规则,跨国公司本土化的程度不断提高,等等。各国的公民在世界范围内流动,一个国家的公民可能工作和生活在另一个国家,并对另一个国家产生感情。这种情况使有的人对自己的归宿感产生了困惑,甚至认为爱国主义在今天已经过时了。

为什么在经济全球化的条件下必须弘扬爱国主义? 这是当代大学生必须面对和解决的问题。

（1）经济全球化趋势与国家观念并存。经济全球化并不意味着一种"世界大同"理想的实现,我们应走出对经济全球化的过分浪漫的幻想。在经济全球化条件下,国家仍是民族存在的最高组织形式,国家作为民族整体利益权威代表者的地位并未发生改变。即使是实现了经济一体化的欧盟,其各个组成成员在国家主权问题上也不会轻易让步,除非这样做能给本民族带来更大的利益。近年来,伴随着世界经济危机的加剧,欧盟成员国之间的矛盾日益激化,这充分证实了民族利益的重要性和国家存在的必要性。

2009 年 2 月初,为了救助陷入困境的法国汽车制造业,法国总统萨科齐曾声称"要避免法国汽车企业在海外开设工厂"。他甚至扬言为了保护法国汽车工业的就业人数,可以考虑将设在捷克的工厂搬回法国。欧盟委员会负责经济和货币事务的委员阿尔穆尼亚 2009 年 2 月 26 日在接受英国《金融时报》专访时说,欧洲各国在制订应对经济危机方案时,都在各行其是,各国之间几乎没有合作。比如英国热衷于降低增值税,而其他国家却在增加政府补贴或是降低非工资劳动成本。可见,尽管经济全球化使国家的部分职能处于变革之中,但国家作为民族存在的最高组织没有改变、作为民族整体利益的最权威的代表的地位和功能没有改变。因此,只要国家继续存在,爱国主义就有其坚实的基础和丰富的意义。

（2）国家之间的利益差别和对立仍然存在并有激化的可能。在当代,国家仍然是国际社会主体间最有权威的相互制约和抗衡的力量。经济全球化是世界发展的客观趋势,但经济全球化的进程却不可避免地受大国的影响和控制。经济全球化在为各民族国家提供发展机会的同时,也为某些西方发达国家借机控制世界、他国,窃取别国的利益制造了机会和条件。如美国等发达国家凭借先进的科学技术和资金优势控制世界经济规则,形成技术壁垒、标准垄断,在信息产业,美国微软公司的电脑操作系统、英特尔公司的芯片、希捷等公司的硬盘,它们的企业标准几乎就是世界的行业标准。面对这种形势,作为发展中国家的社会主义中国,必须强调发扬爱国主义,维护民族利益。

(3)外国敌对势力妄图西化和分化我国的战略并未改变。某些西方发达国家认为,冷战结束后,中国的综合国力发展迅速,中华文明在世界上的地位和影响力上升,中国已经成为其潜在的对手,因而企图遏制、分化和西化中国。面对这一情况,我们要保持清醒头脑,大力弘扬爱国主义,维护本国、本民族利益。

(二)经济全球化下怎样弘扬爱国主义

经济全球化是世界经济发展的必然趋势,我们只有勇于和善于参与经济全球化的竞争,才能加快我国经济的发展,才能不断增强国家的经济实力和综合国力。我们在参与经济全球化的过程中,必须坚定地捍卫自己国家的利益,这就更需要爱国主义的支撑。大力弘扬爱国主义,必须以宽广的眼界观察世界,以积极而理性的姿态参与经济全球化的进程,实施互利共赢的开放战略,促进国家更快更好地发展。爱国主义不是狭隘的民族主义,也不是大国沙文主义。要正确处理热爱祖国与关爱世界、为祖国服务与尽国际义务、维护世界和平与促进共同发展的关系。

(三)经济全球化与当代大学生的爱国主义

在经济全球化背景下,作为祖国栋梁的大学生,不仅要顺应时代的潮流,而且要始终不忘以报效祖国为己任,积极应对全球化时代的机遇与挑战。

(1)人有地域和信仰的不同,但报国之心不应有差别。经济全球化为个人发展提供了广阔的空间,也为个人价值的实现提供了广阔的舞台。但是,无论你是生活在国内还是国外,无论你的政治信仰和宗教信仰属于何种类别,也无论你在何种所有制企业中工作,作为流淌着中华民族血液的华夏子孙,报国之心不应有差别。

汶川地震时许多海外留学生和华侨虽然身在海外,但是依然心系祖国和人民,他们积极为灾区人民捐资捐物。2008年,奥运圣火在伦敦传递期间,遭到"藏独"分子的阻挠和破坏,伦敦千名留学生自发组织"声援伦敦圣火"活动,保护奥运圣火的顺利传递。海外留学生和华侨们虽身在异国他乡,但爱国的热情依然浓烈,时刻关注着祖国的一切、心系祖国的发展,以各种方式展现着他们的爱国之情。

(2)科学没有国界,但科学家有国界。居里夫人说:"科学是属于全人类的,但我们自己是属于祖国母亲的。"俄国著名的生物学家巴甫洛夫也说:"科学没有国界,科学家却有国界。"科学反映的是客观世界的本质联系及其运动规律,它具有客观性、真理性和普遍性的特点,所以说科学无国界。但科学家有国界,每一个科学家都有自己的祖国,祖国培育了他们,无论他们身处何处,都应心系祖国,为祖国的繁荣富强贡献自己的一份力量。

当前,随着经济全球化的到来,出国留学已经屡见不鲜。每年我国都有数万人出国,据统计,截至 2008 年底,我国留学海外的人员已达 100 余万人,其中有近 70% 的人留学后没有回国。留在国外,无可非议,但每个人都有自己的祖国,当个人利益与祖国利益发生冲突的时候,我们应具有牺牲和奉献精神,向我们的先辈学习,舍弃外国的优厚待遇,为祖国的建设添砖加瓦。即使身处海外,也要时刻关注祖国的命运和前途,支援祖国的建设,这是每一个中国人的责任。

(3)要始终维护国家的主权和尊严。经济全球化背景下,一些西方国家的学者极力鼓吹"民族国家的时代已经过去","民族国家的传统思维方式、行为模式已经过时","民族国家的主权观念已经过时",这是别有用心的,是企图借经济全球化推行西方的政治制度和价值观念,损害别国的主权和尊严。对此,我们要保持清醒认识,要看到经济全球化不等于政治、文化一体化。大学生要树立国家安全意识,维护国家经济利益,警惕西方的政治颠覆和文化侵蚀,在任何时刻和任何场合都要维护国家的主权和尊严。

二、新时期爱国主义的丰富内涵

新时期的爱国主义既承接了历史上爱国主义的优秀传统,又吸纳了鲜活的时代精神,内涵更加丰富。建设和发展中国特色社会主义成为新时期爱国主义的主题。在现阶段,爱国主义主要表现为弘扬民族精神与时代精神,献身于建设和保卫社会主义现代化事业,献身于促进祖国统一的事业。

(一)爱国主义与社会主义的一致性

2004 年,十届全国人大二次会议通过的《中华人民共和国宪法修正案》指出:"在长期的革命和建设过程中,已经结成由中国共产党领导的,由各民主党派和各人民团体参加的,包括全体社会主义劳动者、社会主义事业的建设者,维护社会主义的爱国者和维护祖国统一的爱国者的广泛的爱国统一战线,这个统一战线将继续巩固和发展。"这一阐述明确了新时期爱国统一战线的范围,为认识和把握新时期爱国主义的丰富内涵提供了基本依据。爱国,不是抽象的,是与具体国家联系在一起的。当代中国,爱国主义首先体现在对社会主义中国的热爱上,这是中华民族每个公民必须坚持的立场和态度。爱国主义与爱社会主义的统一是中国历史发展的必然结果。

社会主义中国不是从天上掉下来的,而是中国共产党领导广大人民群众经过流血牺牲、长期艰苦奋斗建立起来的。"没有共产党就没有新中国",离开了热爱党,爱国主义就无从谈起;同时,中国共产党既是无产阶级的先锋队,也是中国人民和中华民族的先锋队,是社会主义现代化建设的领导核心,始终代表着最广大人民群众的根本利益。所以,爱国主义与爱社会主义、爱中国共产党、爱人民政府具有的内在一致性。

(二) 爱国主义与拥护祖国统一的一致性

维护统一、反对分裂是中华民族爱国主义的优良传统之一。在新的时代条件下,拥护祖国统一仍是爱国主义的重要内涵。大陆公民和港澳台同胞虽然在"爱国主义与爱社会主义的一致性"上有不同层次的要求,但"爱国主义与拥护祖国统一的一致性"应该是所有中华儿女的思想共识。

(三) 爱国主义与弘扬民族精神的一致性

民族精神与爱国主义紧密地联系在一起。爱国主义精神是中华民族最核心的价值追求,孕育了民族精神的历史动力和人文机制,而民族精神又是中华民族赖以生存和发展的精神支柱。鲁迅先生曾说过,"唯有民族魂是值得宝贵的,唯有它发扬起来,中国才有真进步"。他所说的"民族魂"就是指民族精神。因此,实现中华民族的伟大复兴和全面建设小康社会的宏伟目标,需要我们弘扬以爱国主义为核心的民族精神。民族精神是爱国主义的深厚基础,在新时期,弘扬民族精神既是爱国主义的表现,又是爱国主义的客观要求,二者具有一致性。

民族精神是一个民族在长期共同生活和社会实践中形成的,是本民族大多数成员所认同的价值取向、思维方式、道德规范、精神气质的总和。2002 年11 月8 日,江泽民同志在中国共产党第十六次全国代表大会上所做的报告《全面建设小康社会,开创中国特色社会主义事业新局面》中指出:"在五千多年的发展中,中华民族形成了以爱国主义为核心的团结统一、爱好和平、勤劳勇敢、自强不息的精神。"这一论述全面准确地概括了中华民族精神的基本内容,为新时期发扬爱国主义传统、振奋民族精神指明了方向。

培育民族精神既要正确对待传统文化、继承中华民族优秀传统,又要大力弘扬和培育近代以来中国人民在争取民族独立和人民解放、实现国家富强和人民共同富裕的历史进程中形成的伟大民族精神,如井冈山精神、长征精神、延安精神、西柏坡精神、雷锋精神、"铁人精神"、"两弹一星"精神、载人航天精神、奥运精神等,这既是中华古老民族精神的发扬光大,又不断丰富和发展着中华民族精神。

弘扬民族精神,要坚持历史性和时代性的统一,即在继承民族传统文化根基的基础上,结合时代特征,在社会主义现代化建设伟大的实践中去创新民族文化。当前,我国的文化创新反映了社会主义初级阶段的基本特征,反映了发展社会主义先进文化的前进方向。同时,我们还要坚持以"海纳百川,有容乃大"的气度和眼光,坚持古为今用、洋为中用、以我为主、为我所用的原则,不断丰富民族精神的时代内涵,使民族精神不断焕发生机,在全球化的洗礼中显现更强大的生命力。

（四）爱国主义与时代精神的一致性

时代精神是指在新的历史条件下形成和发展的,体现民族特质、顺应时代潮流的思想观念、行为方式、价值取向、精神风貌和社会风尚的总和。它是一个民族在创造性实践中激发出来的,反映社会发展方向,引领时代进步潮流的精神气质、精神风貌和社会时尚的综合体。

时代精神与民族精神紧密相连,时代精神是民族精神的时代性体现,民族精神是时代精神形成的重要基础和依托,两者有机统一。在新的时期,爱国主义与弘扬时代精神同样具有一致性。江泽民同志曾指出:"科学技术的发展,社会各项事业的进步,都要靠不断创新,而创新就要靠人才,特别要靠年轻的英才不断涌现出来。"作为 21 世纪的大学生,发扬爱国主义就必须弘扬以改革创新为核心的时代精神,不断地增强自己的创新意识,提高自己的创新能力,在自己的专业学习和科学研究中不断实现新的突破。

大学生培养创新精神与能力要从以下几方面着手:第一,培养正确的创新观念。观念是行动的先导,正确的观念才能引导正确的行动。因此,大学生要培养创新精神和能力,就需要先树立创新可以培养的观念。大学生要充分认识到创新的伟大价值和深远意义,认识到每个人都具有创新潜能,都能做出有所作为的创新。第二,培养创新的兴趣。兴趣是最好的老师,只有对所学的东西有浓厚的兴趣,才可能有创造的激情和动力,才有坚持下去的勇气和毅力。兴趣也是可以培养的。培养兴趣的一个很重要的方面是经常保持对事物的好奇心,好奇会促使我们不断提出问题和解决问题,从而推动知识的增进和观念的更新。第三,培养创新人格。创新人格就是要重点培养大学生的自信心和勇于拼搏的素质。自信是人的重要心理品质之一,坚强的自信心带来顽强的毅力,可以使人们藐视困难和失败,最大限度地发挥聪明才智。自信是形成创新精神和能力的必要条件。第四,参加社会实践。目前,我国经济社会发展中遇到的一大瓶颈就是模仿能力有余,而创新能力不足。建设创新型国家,实施科教兴国战略,弘扬改革创新精神,都在向当代大学生传递一个重要信息:在当今时代,一个人要成才、要对社会作出重大贡献,必须树立以改革创新为核心的时代精神。大学生弘扬改革创新精神,要与实现全面建设小康社会的宏伟目标紧密结合起来,要积极投身于社会实践,到更广阔的天地中、到复杂的社会生活中接受磨炼,增长才干。如大家熟知的著名社会学家费孝通先生,如果他呆在校园里,不去广大的农村进行实地的考察,能写出《江村经济》吗? 理论来源于生活,又高于生活,没有社会实践和生活的体验,创新只能成为无源之水、无本之木。

导读三　大学生要做忠诚的爱国主义者

爱国主义包括情感、思想和行为三个方面。其中,情感是基础,思想是灵魂,行为是体现。只有将这三个方面统一起来,才能成为真正的爱国者。

一、自觉维护国家利益

国家利益始终是高于个人利益和集团利益的。"有国才有家"是中国人古老而朴素的观念。经济全球化的趋势和自由民主的价值观并没有改变"国家利益至上"的观念,民族国家依然是国际交往的主体,一切行为都必须以维护国家利益为前提。

（一）要树立民族自信心和自豪感

邓小平同志曾告诫我们:"谈到人格,但不要忘记还有一个国格。特别是像我们这样第三世界的发展中国家,没有民族自尊心,不珍惜自己民族的独立,国家是立不起来的。"坚定的民族自尊心和自豪感是维护国家利益和促进民族进步的强大精神动力。真正的爱国者要把民族自尊心和自豪感体现在爱国的实际行动中。

（二）要承担起对祖国应尽的义务

我们每一个人,既是权利的主体,又是义务的主体。我们在享受国家提供的权利的同时,也要尽到自己作为一个公民的义务。邓小平同志说:"中国人民珍惜同各国人民的友谊和合作,同样珍惜来之不易的独立主权。任何外国不要指望中国做他们的附庸,不要指望中国会吞下损害我国利益的苦果。"当祖国的领土和主权受到外来侵犯时,要自觉地担负起保卫祖国的神圣责任;当国家利益受到损害时,要勇于同一切损害国家利益的行为作斗争;当个人利益与国家利益发生矛盾时,个人利益要服从于国家利益,承担起个人对国家应尽的义务。

（三）要维护改革、发展、稳定的大局

当前,和平稳定的大局符合我国和世界人民的根本利益,是我们顺利进行社会主义现代化建设事业的保障。因此,任何爱国情感的表达都要服从改革、发展、稳定的大局,倡导理性爱国,避免过激言行。无论是在国内还是国外,爱国行为都要维护国家利益,要充分体现中国公民的文明形象和风范。极端言论和过激行为不仅不利于伸张爱国正义,反而会损害祖国和人民的形象,甚至给别有用心的敌对势力攻击中国留下口实。所以,爱国要保持理性的头脑,正确认识和对待对外交往中出现的国家间的分歧与冲突,正确认识和对待国内改革发展中出现的问题和矛盾,使爱国行为成为一种理性的行为,以爱国行为推动国家发展,维护国家荣誉。

二、促进民族团结和祖国统一

民族问题直接关系到国家的统一和领土完整,是关乎国家生死存亡的大问题。维护统一、反对分裂是中华民族的爱国主义传统,也是新时期爱国主义的丰富内涵之一。因此,要做一个忠诚的爱国者,就必须尽自己所能,自觉维护民族团结,努力促进祖国统一,为民族团结和祖国统一作出自己应有的贡献。这是中华民族的最高利益所在,也是我们每一个人应尽的责任和义务。

近年来,西方敌对势力西化、分化中国的形式日趋多样,涉及经济、政治、文化、科技等多个领域。他们利用"人权"问题干扰破坏;支持少数民族分裂分子进行分裂活动;利用"台独"势力破坏祖国统一;挑起周边国家与我们的领土纷争……这一切都告诉我们,国内国际环境错综复杂,我们必须认清形势,识破国内外各种企图分裂中国的险恶用心,坚决同民族分裂势力和国外敌对势力作斗争,坚决捍卫国家尊严和维护民族团结。

三、增强国防观念

也许有学生会问:和平与发展已经成为时代的主题,我们还有必要加强国防建设和增强国防观念吗? 回答是肯定的。让我们一起来看看我们面临的形势。

（一）增强国防观念的必要性

从国际形势看,进入 21 世纪以后,世界形势总体趋于缓和,但是不稳定、不安全的因素也在增加。"稳而不定"是新时期国际安全形势的基本特征。尤其是"9·11"事件后,美国以反恐为名,在中国周边地区增设军事基地,中国军事安全形势仍十分严峻。同时,亚太地区安全形势中的复杂因素也在增加。一方面,日本加紧推动修宪进程,调整军事安全政策,发展并决定部署导弹防御系统,对外军事活动明显增加。另一方面,美国重组和加强在亚太地区的军事存在,强化军事同盟关系,加速部署导弹防御系统。近年来,周边国家安全环境新变数和"新乱子"增加,不稳定与不确定性有所上升,如,中日钓鱼岛之争、中印边界领土争端、中菲黄岩岛对峙事件等,这些事件凸显了中国周边局势不容乐观、中国领土主权遭到严重威胁的事实。作为一名大学生,应该时刻关注国际局势,时刻关注国家国防安全。

从国内形势看,国内社会一直呈现健康、稳定的发展态势,但不稳定因素依然存在。"台独""藏独""东突"等分裂势力破坏活动一直没有停止。2008年西藏发生的"3·14打砸抢事件"、2009年7月5日新疆发生的恶劣"打砸抢烧事件"等,都说明国内仍存在着影响国家安全的不稳定因素。

从我国军事实力看,随着经济增长和科技进步,我国在军队人数、陆军、空军和海军武器装备数量、军费规模等方面的实力不断增强,与世界其他军事强国相比,我军在军队人数、陆军方面有一定优势,但在空军和海军方面则较为薄弱,尤其是与军事强国美国的差距十分明显。当前,世界各主要国家正逐步把建设信息化军队、打赢信息化战争作为军事斗争准备的主攻方向。我国需要顺应新军事变革不断深化的趋势,切实提高我国军事信息化战争实力,只有这样,才能维护国家安全与稳定。

可见,当今增强国防观念迫切而重要,只有提高全民的国防观念,提高国家军事实力,才能增强民族的凝聚力和向心力,确保国家长治久安。

(二)增强国防观念的重要意义

对于当代大学生来说,增强国防观念具有重要的现实意义。第一,增强国防观念是大学生报效祖国、弘扬爱国主义精神的重要体现。爱国主义是我国社会主义国防观念的重要思想基础。爱国就要热爱祖国、建设祖国、保卫祖国。我国《宪法》明确规定,保卫祖国、抵抗侵略是中华人民共和国每一个公民的神圣职责。"天下虽安,忘战必危",大学生作为社会主义事业的建设者和接班人,需要增强国防观念,心系国家的安危,在祖国和人民需要的时候能够挺身而出,肩负起保家卫国的重任。第二,增强国防观念是大学生履行国防义务、关心支持国防和军队建设的必然要求。我国当前所处的国际国内环境并不太平,传统安全威胁与非传统安全威胁相互交织,恐怖主义危害上升,霸权主义和强权政治有新的表现,西方敌对势力从没有放弃"西化"、"分化"我国的企图。加强国防和军队建设,是捍卫国家的主权、安全和领土完整、维护国家利益、促进经济社会发展的有力保障。大学生既是社会主义现代化建设的有用人才,也是国防建设的后备力量,必须具有强烈的国防观念和忧患意识,自觉关心国防、了解国防、热爱国防,积极履行国防义务,努力为国防和军队现代化建设贡献智慧和力量。第三,增强国防观念是大学生提高综合素质、促进自身全面发展的迫切需要。现代社会需要综合素质好的人才,而国防素质也是大学生应当具备的基本素质之一。大学生通过接受国防和军事方面的教育训练,增强国防观念,掌握基本的国防知识,不仅有助于强健体魄、磨炼意志,也有助于养成讲道德、守纪律的良好风尚,在思想、知识、技能和体质等各方面得到全面发展,从而有力地促进自身综合素质的提高,成为既能建设祖国,又能保卫祖国的栋梁之材。

(三)增强国防观念的基本途径

大学生增强国防观念,要体现在日常学习、生活和社会实践的方方面面。包括学习国防知识,提高国防意识;参加军事训练,学习国防知识和军事技能;参与国防教育活动,增进对国防的感性认识;关注国家的安全与发展,强化忧患意识。

四、以振兴中华为己任

"振兴中华,从我做起",这是改革开放初期的大学生所喊出的响亮口号。这个口号鼓舞着无数青年学子投身于祖国的现代化建设事业,在各自的工作岗位上建功立业。在新的历史时期,大学生应当继续坚持以振兴中华为己任,努力做到立报国之志、增建国之才、践爱国之行。

在不同历史条件下,人们报效祖国的方式往往是不同的。吉鸿昌以慷慨赴死表明自己的爱国决心,陈嘉庚以倾囊兴办教育的方式体现自己的爱国情感,焦裕禄以一心为民的实际行动表达自己的报国之心,邓稼先以默默献身于国防建设来实现自己的报国志愿。当代大学生不论以何种方式来报效祖国,都应自觉弘扬以爱国主义为核心的民族精神和以改革创新为核心的时代精神,努力学习,掌握报效祖国的本领。只有把真才实学同报效国家的志向结合起来,始终如一地身体力行,才能为国家和民族作出应有的贡献,实现做一个忠诚的爱国者的人生追求。

实践课堂

【实践主题】 做一名坚定的爱国者。

历史上任何一个民族都有其独特的民族精神,中华民族也不例外。中华民族在其五千年的历史进程中,历经磨难、饱尝艰辛困苦,但始终保持着强大生命力,就是因为我们这个优秀民族在改造客观世界和主观世界的伟大实践中形成了以爱国主义为核心的民族精神。

爱国主义对国家和民族的存在和发展具有不可估量的作用。爱国主义的巨大作用具有普遍性,同时,它还是一个历史范畴,不同国家、民族和阶级在不同时期所体现的爱国主义特征和要求也不相同。了解爱国主义的历史作用,把握不同历史时期爱国主义的特征和要求,明确新时期爱国主义的丰富内涵,有助于形成学生的历史认同感和归属感,激发爱国热情,提高爱国觉悟,进而增强他们对国家和民族的使命感和责任感。

爱国主义包含三个层次,即爱国情感、爱国思想和爱国行为。三者逻辑关系鲜明:爱国情感是基础,爱国思想是爱国情感的升华,爱国行为是思想的外在体现。因此,要培养大学生的爱国主义精神,首先得激发学生的爱国情感。爱国情感是爱国主义的最低层次,也是最基本的要求。爱国思想是爱国情感的理性升华,主要是对祖国历史、现状和未来,个人与祖国关系的理性认知以及个人责任和使命的自觉承担。它是大学生正确践行爱国行为、履行使命与责任的前提和保障。而科学、理性、务实的爱国行为是树立爱国主义精神的关键,也是最高层次的爱国形式,是爱国主义的落脚点和归宿。只有将爱国情感、爱国思想、爱国行为三者统一起来,言行一致,才是一名真正的爱国者。

【设计思路】

本章内容涉及的层面较多,有历史的、现实的、理论的、实践的、感性的、理性的等。其中一条主线就是从爱国情感的培养到新时期爱国主义的理性认识再到落实爱国主义于实际行动。可以看出,"做一名坚定的爱国者"是本章内容的落脚点。如何培养学生爱国情感、激发学生爱国热情、引起学生对爱国主义的重视和共鸣,进而引导学生形成科学、理性的爱国主义思想,并将其内化在身体力行、报效祖国的实际行动中是本章实践教学的重点。

本章立足于贴近学生生活实际、激发学生爱国情感、增强学生使命感和责任感等方面,设计了三个实践项目。"变迁的爱国情"呈现了不同时期人们的爱国情感和行为,凸现爱国主义的时代特征以及其随着时代发展而不断丰富的内涵;"我爱我的家乡"主要是让学生展示自己的家乡美,使学生在家乡风土人情的展示中激发"爱家乡、爱祖国"的情感;"我的中国心"主题演讲则要求学生通过演讲的形式,结合自身实际情况,阐述如何以实际行动来爱国,做一名言行一致的爱国者。

三个实践项目在逻辑关系上由远到近、由知到行、由表及里,层层递进,构成一个具有内在联系的有机整体。

【实践项目】

一、变迁的爱国情

◎**实践类型**:互动。

◎**实践形式**:社会调查。

◎**实践目标**:引导学生通过调查20世纪50年代、60年代、70年代、80年代、90年代各时期的爱国主义观点以及爱国方式,通过分析身边不同年龄层次的教师和学生的爱国思想特点,突出爱国主义的历史范畴的特征。爱国主义在不同时期有不同特点和具体的内容,作为当代大学生应该根据当前国内国际的时代背景,结合自身实际情况,培养更加客观、更加务实的爱国主义思想,引导自己在今后学习、工作中不断为祖国的繁荣昌盛贡献力量。

◎**实践方案(6课时)**:

1. 宣传发动。任课教师充分说明本次实践活动的目的和意义,同时对活动提出具体要求,包括分组情况、策划、参与率等。

2. 资料搜集。任课教师指导学生做好两件事,一是指导学生通过书籍、网络、报纸等途径收集了解问卷调查的设计、调研技巧等知识,做好前期准备工作。二是指导学生合理筛选调查对象,制订翔实可行的调查计划。

3. 布置设计调查问卷。要求学生根据调查问卷的格式,围绕不同时期的调查对象对爱国主义含义的理解、爱国主义的传统、爱国主义的历史价值以及时代价值、个人如何践行爱国主义等问题,合理设计调查问卷。教师需对问卷进行指导、修正。

4. 分组调查。将所有学生分成小组进行问卷调查。每小组10~12人,每小组至少完成问卷100份,同时需要考虑不同年龄层次调查对象的比例,确保问卷调查的准确性和科学性。

5. 安全教育与提示。任课教师提醒学生调查过程中的安全问题,要求学生结伴调查,调查时尽量选择调查对象的空闲时间。

6. 问卷调查结果分析。教师指导学生针对问卷调查结果进行统计和分析,比较不同年龄层次的调查对象对爱国主义以及爱国行为有何区别,并形成书面报告。这一过程既能使学生在调查过程中感受不同年龄的人对爱国主义的理解的不同,凸显爱国主义的历史范畴特征,也能培养学生收集信息、处理信息的能力。

7. 活动总结。要求根据问卷调查结果,每小组开展讨论。每个团队选派一名代表进行本次活动的小结,分享活动过程中的得与失。教师对实践活动进行简要的总结和点评,对整个活动的组织以及同学的表现进行总结,注意表扬在实践活动中表现积极、调研感受深刻的学生,引导学生理解爱国主义的历史性特点,理解其丰富内涵,进而引导学生形成科学的爱国思想。实践活动结束后,要求学生完成一篇实践报告,报告的主要内容应该包括实践过程中的参与情况、实践活动的收获、体会或感想。

◎**实践成果**:实践报告。对于特别优秀的调查报告可以选择合适时机在班级内予以宣读。

◎**活动评价**:

优秀(90~100分):积极参与调研活动、事先能够认真准备,在活动中表现积极,为本小组调研活动出谋划策;在调研报告分析中有想法,对本小组调查报告顺利完成起重要作用;实践报告完整详细,有细节,有条理,感受深刻,有代表性和典型性。

良好 (80~89分):参与实践活动比较积极,在实践活动中认真投入,保质保量完成调查问卷;参与本小组调查报告撰写和分析;实践报告比较完整,内容比较充实,比较有条理,有一些细节,能写出自己的感悟。

合格(60~79分):参与活动不够积极,显得被动,马虎完成团队分配的工作,几乎不参与调查报告分析与统计;实践报告内容简单,记流水账,没有感悟。

不及格(60分以下):消极抵制或不参与实践活动;实践报告空如无物。

二、我爱我的家乡

◎**实践类型**:互动。

◎**实践形式**:PPT 制作、展示。

◎**实践目标**:让学生在对家乡风土人情、历史文化、名人事迹等全面了解的过程中,进一步培养其爱家乡、爱国家、爱祖国大好河山的情感。

◎**实践方案(6 课时)**:

1. 宣传发动。任课教师介绍开展本次实践活动的目的和意义,提高学生参与的积极性,使学生更好地在展示家乡美的自豪感中激发爱家、爱国意识。

2. 资料搜集准备。根据活动要求,学生需要结合家乡特色准备一份PPT,展示家乡之美,突出家乡美中让自己感动或自豪的历史或现实资源。由于各地风土人情各不相同,有些地方特色较多,需要学生在展示时突出重点和典型。为生动体现家乡美,可以在 PPT 展示中插入图片、歌曲等资料。

3. 活动展示。学生展示事先准备好的 PPT,由于有些学生来自同一地方,活动可以以个人展示或团队展示的方式呈现。团队展示要体现所有成员的参与意识,展示时需所有成员参与,主讲者展示时其他成员可以通过表演、扮演道具等形式参与到活动中来。

4. 成绩核算。组织包括任课教师在内的考核小组,对所有参与展示的同学打分。打分的依据包括 PPT 内容的完整性、展示效果、参与者口才和情感等方面。评委组根据评选标准,推选优秀 PPT,设置一、二、三等奖各 1 名,优秀奖 5 名,给予一定物质或精神奖励。

5. 交流发言。教师鼓励有想法的学生发表活动感想,通过学生自己的智慧,引导学生们爱国、爱家乡的情感。

6. 活动总结。任课教师对同学们的表现予以评价,表扬那些能激发参与者与评委们的认同和共鸣的,具有强烈爱家乡、爱国情感的作品,从而引导学生们感受爱家乡与爱国的一致性,培养爱国情感。教师总结时,可以让学生欣赏歌曲《国家》。

◎**实践成果**:PPT 课件。学生通过展示家乡美的 PPT 抒发感情,教师选择一些有代表性的课件在课堂上进行交流。

◎**活动评价**:

优秀(90~100 分):能积极参与展示活动,态度认真负责,在展示环节中,语言连贯,表达到位,情感丰富,能引起评委共鸣;PPT 课件能够充分展示实践活动的过程,内容充实,做工精细,图案搭配和谐、美观。

良好 (80~89 分):能积极参与展示活动,态度认真负责,在展示环节中,语言连贯,表达到位;PPT 课件能够展示实践活动的过程,内容较充实,图案搭配较和谐、美观。

合格(60~79 分):能完成 PPT 制作,勉强参与展示,态度不够端正,表达不连贯,没有逻辑性;PPT 课件思路比较混乱。

不及格(60 分以下):没有参与实践活动,或者没有认真完成交办的任务。PPT 课件没有完成。

三、我的中国心

◎**实践类型**：感悟。

◎**实践形式**：演讲、交流。

◎**实践目标**：爱国行为是爱国主义的最高层次，是爱国主义的具体体现。大学生应该将爱国之情、爱国之志化为报国之行；应该结合自身实际情况，通过理性、务实的爱国行为体现自己的爱国精神。主题演讲"我的中国心"正是要求大学生结合理论学习和自身实际情况，深入思考自己如何在学习和生活中做一个真正的爱国者。

◎**实践方案（6 课时）**：

1. 前期宣传发动。任课教师要在课堂上强调爱国主义教育的核心和归宿是爱国行为。大学生作为祖国的栋梁和未来建设事业的接班人，需要理性、科学的爱国思想，应该正确抒发爱国情感，表达爱国行为。这需要大学生对爱国主义有科学认识，对自身特点有正确认识和评价。教师引导大学生根据课堂所学，从实际出发，从自身做起，践行爱国行为，将爱国之志化成为祖国建设添砖加瓦的实际行动。需要注意的是，教师要向学生强调：为国贡献需要量力而行、尽力而为。

2. 布置学生撰写演讲稿。演讲稿要求脱离传统大话、套话的演讲稿形式，主体分为两部分，第一部分是感想或者收获，主要是学生根据本章理论学习的内容，谈谈自己学习的感想和收获，可以包括对爱国主义精神的理解、爱国主义的重要性等，是"为什么"的问题。第二部分主要是学生结合自己的特点，尤其是对自己的正确认识和评价，阐述自己在今后学习、生活中怎样体现自己的爱国思想和行为，主要是"如何做"的问题。

3. 具体任务分配。演讲分为初赛和复赛两场。要求所有成员都参加初赛，并将全班学生分成 10 ~ 12 人的小组。每名小组成员都要参加演讲初赛，要求每一成员演讲时，其余成员作为评委，评委的平均分是该成员的演讲成绩。演讲结束后，每小组推选一名表现优秀的成员参加复赛。复赛评委由任课教师、各小组推荐的组长组成，评委的平均分为选手得分。

4. 组织演讲。演讲时，评委打分要点包括以下几方面：一是选手的演讲口才；二是演讲内容，要求演讲者的演讲稿必须贴近自己实际情况；三是演讲技巧等。确保演讲公平公正，既激发学生参与的积极性，同时也能在演讲中抒发爱国情感，激发爱国热情，引导学生正确进行爱国行为。按照之前设定的评选要求，评选出一、二、三等奖，给予一定的物质或者精神奖励。

5. 总结表彰。任课教师对整个演讲活动给予总结评价,特别是针对爱国思想比较务实、典型的演讲予以肯定,引导学生正确认识爱国精神和爱国行为。同时给予表现突出的同学以鼓励和表扬,可以予以一定物质奖励,也可以是对其考核成绩给予加分的表彰。

6. 资料汇编。选择主要负责人就本次演讲稿中的优秀稿件予以编辑,特别优秀的可以推荐投稿至校报等刊物,扩大活动影响力。

◎**实践成果**:演讲稿。抒发学生爱国情感和爱国志向,引导开展理性、科学、务实的爱国行为。

◎**活动评价**:

优秀(90~100分):积极参与实践环节,投入很多精力进行准备,在演讲中表现突出,给人留下深刻的印象,或者获得复赛资格的同学;演讲稿内容完整,结构清晰,条理分明,内容有一定典型性和宣传性。

良好(80~89分):参与比较积极,能较好地完成布置的任务,投入精力一般,实践活动中表现良好;演讲稿内容比较完整,字迹较清楚,有一定的条理,能给人留下较好的印象。

合格(60~79分):能够顺利完成布置给自己的任务,参与并能完成演讲活动;演讲稿能如期上交,内容比较完整。

不及格(60分以下):消极抵制或不参与实践活动,对于布置给自己的任务置若罔闻,没有上交实践报告。

参考案例

两个中国人的"爱国心"①

案例1:2001年8月13日,小泉纯一郎以日本首相身份正式参拜供奉日军战犯亡灵的"靖国神社",激起周边国家的强烈谴责。8月14日,旅日华人冯锦华携带9瓶油漆,只身前往"靖国神社"。趁警察巡逻的间隙,他在大门前的石狮前座上喷涂了"该死"的字样,一瓶尚未喷完就被警方逮捕,拘留21天后获得释放。12月10日,东京地方法院以"损坏器物罪"判处其有期徒刑10个月,缓刑3年,后被成功保释。"冯锦华事件"一时轰动海内外,"中国威

---

① http://zfxy.hrbu.edu.cn。

论"、"中国崩溃论"再度沉渣泛起,甚嚣尘上。有些海外媒体认为他是"极端民族主义分子",是民族主义在中国蔓延的又一标志,也有观察家据此认为:中国的年青一代正陷入浓重的民族主义情结之中。而在《南方周末》、新浪网举办的"2001年度人物"网络评选投票中,冯锦华以47.5%的得票率高居榜首,众多网民称赞他是"民族英雄""中国的脊梁"。

案例2:1995年,首届侵华日军细菌战研讨会在黑龙江省召开,3名来自浙江义乌的受害人,代表全村要求日本政府赔偿。这条消息激活了王选童年的记忆,结束了她在日本读书、工作的平静日子。日本是第二次世界大战中唯一使用生化、细菌武器的参战国。从1931年到1945年,侵华日军曾对我国除新疆、西藏和青海外的20多个省区发动大规模的细菌战至少36次,给中国人民造成巨大灾难,王选的故乡义乌崇山村有396人死于鼠疫,她的家族里有8人罹难。1996年,王选自告奋勇担任中国受害者诉讼原告团团长,控告日本政府的漫长诉讼开始了,她放弃在日本的高薪工作,耗尽百万家产,奔波于中日两国各地寻找证人,搜集证据……"我明白了揭露是为了记忆,而记忆并不是为了恨。站在法庭上,王选这个名字已经没有意义,我不仅仅是一名原告,我代表的是无数屈死的灵魂。"这个弱女子同日本政府进行了8年"舌战",她的背后是一群七八十岁高龄的日本细菌战受害者。她试图让人们明白:日本细菌战的真相不大白于天下,人类文明史将蒙辱。"只要有两个王选这样的中国女人,就可以让日本沉没。"美国历史学家谢尔顿如是说。2002年末,王选以最高票当选由《南方周末》读者评选的"2002年度人物",并入选中央电视台"感动中国2002年度十大人物"。2003年5月20日,王选第28次走上法庭,慷慨陈词:"在二审之际,就是要伸张原告作为人的权利和尊严,从而维护全人类的尊严;致力于揭露日本军国主义的罪恶,从而维护全人类的正义;致力于揭露侵略战争和细菌战的残酷,从而维护全人类的和平。"

【点评】 爱国主义包括爱国情感、爱国思想、爱国行为三个层次。爱国情感是人们对祖国深厚的感情,爱国情感需要上升到对祖国和个人关系理性认识的爱国思想阶段,否则,盲目、非理性的情感宣泄不仅不利于伸张爱国正义,反而有损国家形象和民族利益。爱国情感和爱国思想最终的归宿是爱国主义精神的具体实践,即爱国行为。只有当一个人的爱国之情、爱国之志化为效国之行时,这个人才是一个真正的爱国主义者。也只有用实际行动来抒发和表达自己的爱国情感、实践爱国思想,完成爱国志向才具有实际意义,最终实现升华,找到归宿。

对于冯锦华的行为,我们不能否认他也是出自爱国之心,可以说,他对祖国的爱热情炽烈、情真意切。可是,他过于偏激的做法不但没能取得好的效果,反而让中国的形象受到损害,是一种不成熟、不理性的爱国方式,属于一种低层次的情绪型爱国。而王选,为了一段中华民族的血泪历史能得到应有的尊重,她毅然放弃个人优越的生活,耗尽巨资,走上法庭激昂陈词,据理力争,迫使日本东京法院承认第二次世界大战期间日军的不人道行为。王选以自己的行动为"侵华日军细菌战中国受害者"伸张了正义,彰显了民族道义,维护了人性尊严,她以自己的实际行动践行着内心浓烈的爱国情感。美国历史学家、加利福尼亚大学教授谢尔顿·H·哈里斯曾这样评价她:王选是一名真正爱国的中国人。

清华学子《乡村八记》震撼总理①

2005 年,清华大学新闻与传播学院二年级学生李强,利用寒假期间回山西太原老家的机会,8 天之内对山西东南部 2 个县、4 个乡和 3 个村的农村现状进行了调查,以札记的方式写成了 4 万字的调查报告《乡村八记》,清华大学新闻与传播学院院长范敬宜读后非常激动,将其寄给了温家宝总理。4 月28 日,温总理亲笔给范敬宜复信,工工整整的毛笔字,整整写了两页。6 月 16日《人民日报》对此进行了报道。以下为温家宝总理的回信:

敬宜同志:

　　三月卅日的信及所附李强《乡村八记》早已收到,迟复为歉。《乡村八记》是一篇有内容有建议的农村调查,记事真切、细致、生动,读后让人了解到农村的一些真实情况,给人以启示。一位二年级的大学生如此关心农村,实属难得。从事新闻事业,我以为最重要的是要有责任心,而责任心之来源在于对国家和人民深切地了解和深深地热爱。只有这样,才能真正做到用心观察、用心思考、用心讲话、用心做文章。你的几封信都给予我很多的关心和鼓励,深为感谢。专此奉复。敬颂教安。

温家宝

2005 年 4 月 28 日

---

①　案例来源:新华网、新浪新闻中心等关于"大二生《乡村八记》感动总理"、"清华学子看中国《乡村八记》震撼总理"等资料。

《乡村八记》摘要和观点

第一记　二姨家的收支明细账　全家一年的总收入 = 农业收入 + 工商业收入 = 4886.5 + 10000 = 14886.5 元。

全家一年总支出 = 税费支出 + 家庭吃用支出 + 教育医疗支出 + 农机支出 = 107.26 + 5428 + 8200 + 50 + 2000 = 15785.26 元。

2004 年收支情况为：14886.5 - 15785.26 = -898.76 元。

结果令我（李强）大吃一惊，二姨家辛劳一年，竟然入不敷出！这固然有其特殊原因，同时供养 3 人上学，对于一户农家显然压力过大。但是，据姨父讲，他们家的收入情况在村子里算比较好的，原因很明了：姨父家的工商业收入已经占到全年总收入的 2/3（一般年份为一半多），姨父说，村里大部分人家是以农业为主。二姨家的情况也反映出，相当多的农民家庭的收支状况很不乐观。尤其是教育成本之高已使一部分农家子弟望而却步，使大部分农家不堪重负。

观点：中国的现代化进程，归根结底要取决于农村现代化的进程，而教育是提高农民素质的最重要的手段。的确，办教育需要钱，但是我们也要充分考虑农民的承受能力，毕竟教育是一项有没有钱也要办的事业。

第二记　村里的明白人　几经周折，找到了退下来的村支书，了解了村民的生活状况、村里的集体公益事务、村里的教育和村领导机构的情况。

老支书说，改革开放以来，村民的生活水平确实有所提高，每天两顿白面是没问题的，家家有电视，60% 有电话，1/3 有摩托车或是农用车。虽然温饱解决了，基本生活可以保证，但仍然很穷，缺钱花。以农业为主，无矿产资源，与有煤的地方相差太远。打工的人也比较少。农民的个人实力有限，很难进行大规模的市场活动，也很难应对市场的变化。

村集体事务主要有农田水利基本建设、植树造林和修路修桥这几项。问题比较大的是水利事业。村子紧靠一条河，但村里没有任何水利灌溉设施，耕地全为旱地。以前的水利设施因为疏于管理都荒废掉了。

观点：如何充分调动村集体的力量为整个村子服务，是政府和村民需要考虑的问题。

第三记　日益衰落的美丽山村　这个村子三面环山，依山而建。当优美的景色给人以极大的愉悦之时，也凸显出一个问题：建立在崇山峻岭之间的山村，其赖以生存的农业如何发展？层峦叠嶂给人以美景，但是也表明此处几乎没有平地，那么耕地从何而来？

观点：现实的耕地状况直接导致一个严重的现实问题，即当地的农业尚处于非常落后的阶段。据说，当地玉米亩产只有三四百斤，而在过去没有使用良种的时候，仅有一二百斤！这样的农业，能够维持一家温饱已属不易，何谈增收？

第四记　走进县城　某县县中是全县唯一的省属重点中学，设施一流：花坛、假山、喷泉、两座现代化的教学楼、投影仪等电教设施、语音室、微机室、图书馆、实验楼、400 米标准田径场……这样的设施配备，在山西省尤其是县城的中学并不多见。

校园内的宣传栏张贴着考取大学的学生照片，下面的说明是：

> 根据市教育局有关规定，我校出台了对优秀学生的优惠政策：
> 中考考入我校的前 10 名，奖励 1000 ~ 10000 元；
> 平时期末考试，年级前 10 名，各奖 700 元，11 ~ 20 名，各奖 300 元；
> 高考考入名牌大学的优秀学生，学校给予重奖，考入清华、北大的，奖 2 万元。

观点：且不论这种奖励措施在思想品德教育方面合适与否，在现行的教育体制下，显然是考试成绩说了算的，对成绩好的学生给予奖学金，一方面是对他们努力学习的肯定，另一方面也的确减轻了他们的家庭负担（读书好的大都是农家子弟），最后，或许这还有鼓舞其他同学的功用。

第五记　访"青椒之乡"　在一个被称作"青椒之乡"的村子里，村委会的办公地位于村小学内，最为引人注目的是，墙上悬挂着一块块制作精美的宣传板，介绍了村党建工作、村子概况、村规村约、村委工作、精神文明、政法制度等。该村是县里树的典型，必然要接受大大小小的视察参观。这种宣传栏是上面要求做的。村支书说村委至今仍欠着上千元的制作费。

虽被称作"青椒之乡"，但村里的主要作物却是玉米，青椒种植面积只有318 亩，不及总面积的 1/5，种植青椒的农户，最多只有总户数的一半多，青椒种植还远远没有形成规模效益。问及原因，村支书说："农民太保守，意见无法统一。"

观点：中国五千年的农耕文化，历来以农为本，而视商为末业。中国人口众多，治理这个国家的首要任务就是解决千百万人的吃饭问题，而对于普通大众来说，填饱肚子是基本需求，因此，重农抑商的思想流传至今，并且仍然是乡村社会价值观的主流。不种点粮食，农民的心里不踏实。而且农户之间缺乏通过合作协商使团体利益最大化(同时也是个人利益最大化)的行为方式。而市场经济需要的恰恰是这种行为方式,如何使农民学会运用这种方式处理问题是我国现代化需要解决的核心问题之一,这是一种思想观念上的转变,其难度要远远大于物质的现代化。

第六记　乡党委书记谈乡政　距县城不远的一个乡,是县里第二大乡,编制内干部45人,另有临时聘用的干部及工作人员23人。"这几年国家大力推行行政机构改革,精简人员和机构,为什么还会有这么多干部?"乡党委书记回答:"精简乡镇人员没有去向,国家进行行政机构改革,中央的可以精简到省里,省里的可以精简到市里,市里的可以精简到县里,县里的可以精简到乡里,乡里再精简,那就精简到地里去啦。过去是吃皇粮,现在得吃自己,谈何容易?"

为解决这么多干部的吃饭问题,就出现了所谓的"引税"。通过各种关系,引来外地税源,由于要给予纳税人一定的回扣,以吸引其来此地纳税,因此又称为"买税"。

观点:这场浩浩荡荡的税费改革,抓住了现今乡村的一个关键症结,它不仅直接减轻了农民的税费负担,也间接地促使基层政府由不作为转向作为,使得乡村经济得到主动、自觉的发展,从而使农民受益。

第七记　县志上的县情　该县位于山西省东南部,历史上英才辈出;20世纪50年代后期,围绕农业办工业,兴建"万宝全"工厂,曾名扬全国。但后来发展中出现的问题值得思考。

观点:该县县志记载,该县的食品工业在计划经济时期曾经相当辉煌,但20世纪90年代后却日渐衰微,原因有四:一是"耕读传家;读书做官"习俗的影响;二是思想保守、墨守成规作风的影响;三是政府职能定位对企业发展的影响;四是缺乏品牌意识。

第八记　归途(略)

后记:写这篇调查报告时,我总是带着一种极其饱满的感情,一种不吐不快的感觉始终占据着我的大脑,而眼前也总是呈现着一幅画面:一个处于社会转型期的乡村世界的形象——它太需要人们去关注了,因为它始终是中国社会的主体,事实上、物质上的主体。没有它的现代化,我们所谓的现代化将永远是观念上的现代化,一种局部的现代化。

【点评】　从这个案例我们可以看出,大学生李强完成"乡村八记"调查报告的一个重要动力就是他强烈的社会责任感和"忧国"意识,表现了他对国家命运的关切和思考,又有爱国之情溢于言表。

　　振兴中华、报效祖国的方式是多种多样的。作为一名当代大学生,要实现自己的报国之志,只有在实际行动中锻造本领,才能为祖国的现代化建设作出自己的贡献。这不仅需要大学生们潜心学习科学文化知识,充实自己的头脑,形成独立的判断力,还需要关注社会发展,积极参加社会实践,将理论与实践相结合。所谓"纸上得来终觉浅,绝知此事要躬行",投入到广阔的社会事业中去,才能发现人生的价值和潜力。

　　当前严峻的就业形势并不意味着事实上的人才过剩和岗位稀缺,而是大学生在就业观念和人生价值理念上有所偏颇。西部地区虽然条件艰苦,但是西部的发展亟须人才,西部地区为大学生施展才华提供了广阔的舞台。国家鼓励大学生到西部去锻炼,推出了"大学生志愿服务西部计划"。这一举措反映了社会主义建设事业的需要,也为大学生建功立业、实现人生价值提供了难得的机遇。

延伸阅读

"为了国家民族,我们应当回去"

　　华罗庚(1910—1985),国际数学大师,中国科学院院士,是中国解析数论、矩阵几何学、典型群、自安函数论等多方面研究的创始人和开拓者。他为中国数学的发展作出了无与伦比的贡献。被誉为"中国现代数学之父",被列为芝加哥科学技术博物馆中当今世界88位数学伟人之一。

　　1948年,美国伊利诺大学把华罗庚聘为终身教授,并给了他相当优厚的待遇,希望他把那里建成世界级的代数研究中心。那一年,华罗庚刚刚把夫人和孩子也接到美国团聚,潦倒奔波了半生,这是他第一次过上恬静的生活。然而,一流的科研条件、终身教授的职务和优裕的物质生活条件,都不能动摇华罗庚报效祖国的决心。1949年10月2日,华罗庚听到了一个振奋人心的消息:中华人民共和国于10月1日宣告成立了!华罗庚手捧报纸,欣喜若狂,一遍遍地读着新中国开国大典的消息。新中国的成立使他振奋,他渴望及早回到祖国的怀抱。华罗庚决定回国的消息令在美的中国人惊讶,更让美国方面难以理解。美国数学界深刻认识到华罗庚的价值,他们提出了十分优厚的条件试图挽留华罗庚,诸如可以加入美国国籍、增加薪金、建立先进的研究所。伊利诺大学甚至不惜重金聘请华罗庚为终身教授。华罗庚丝毫不为所动,他的一颗心早已飞向了大洋彼岸的祖国。

1950年,华罗庚克服了来自美国政府设置的种种障碍,毅然放弃优越的生活待遇,回到祖国怀抱,投身国家数学科学的研究事业。

华罗庚不仅决心自己回国,还动员留美的其他留学生回国。归国途中,华罗庚在香港写了一封《致中国全体留美学生的公开信》,全文如下:

朋友们:

不——道别,我先诸位而回去了。我有千言万语,但愧无生花之笔来——地表达出来。但我敢说,这信中充满着真挚的感情,一字一句都是由衷心吐出来的。

坦白地说,这信中所说的是我这一年来思想战斗的结果。讲到决心归国的理由,有些是独自冷静思索的果实,有些是和朋友们谈话与通信所得的结论。朋友们,如果你们有同样的苦闷,这封信可以做你们决策的参考;如果你们还没有这种感觉,也请细读一遍,由此可以知道这种苦闷的发生不是偶然的。

让我先从大处说起。现在的世界很明显地分为两个营垒:一个是为大众谋福利的,另一个是专为少数的统治阶级打算利益的,前者是站在正义方面,有真理根据的;后者是充满着矛盾的。一面是与被压迫民族为朋友的,另一面是把所谓"文明"建筑在不幸者身上的。所以凡是世界上的公民都应当有所抉择:为人类的幸福,应当抉择在真理的光明的一面,应当选择在为多数人利益的一面。

朋友们如果细细地想一想,我们身受过移民律的限制、肤色的歧视,哪一件不是替我们规定了一个圈子。当然,有些所谓"杰出"的个人,已经跳出了这圈子,已经得到特别"恩典","准许""归化"了的,但如果扪心一想,我们的同胞们都在被人欺凌,被人歧视,如因个人的被"赏识",便沾沾自喜,这是何种心肝! 同时,很老实地说吧,现在他们正想利用这些"人杰"。

也许有人要说,他们的社会有"民主"和"自由",这是我们所应当爱好的。但我说,诸位不要被"字面"迷惑了,当然被字面迷惑也不是从今日开始。

我们细细想想资本家握有一切的工具——无线电、报纸、杂志、电影,他说一句话的力量当然不是我们一句话所可以比拟的;等于在人家锣鼓喧天的场合下,我们在古琴独奏。固然我们都有"自由"，但我敢断言，在手酸弦断之下，人家再也不会听到你古琴的妙音。在经济不平等的情况下，谈"民主"是自欺欺人；谈"自由"是自找枷锁。人类的真自由、真民主，仅可能在真平等中得之；没有平等的社会的所谓"自由"、"民主"，仅仅是统治阶级的工具。

我们再来细心分析一下：我们怎样出国的？也许以为当然靠了自己的聪明和努力，才能考试获选出国的，靠了自己的本领和技能，才可能在这儿立足的。因之，也许可以得到一结论：我们在这儿的享受，是我们自己的本领，我们在这儿的地位，是我们自己的努力。但据我看来，这是并不尽然的，何以故？谁给我们的特殊学习机会，而使得我们大学毕业？谁给我们所必需的外汇，因之可以出国学习？还不是我们胼手胝足的同胞吗？还不是我们千辛万苦的父母吗？受了同胞们的血汗栽培，成为人材之后，不为他们服务，这如何可以谓之公平？如何可以谓之合理？朋友们，我们不能过河拆桥，我们应当认清：我们既然得到了优越的权利，我们就应当尽我们应尽的义务，尤其是聪明能干的朋友们，我们应当负担起中华人民共和国空前巨大的人民的任务！

现在再让我们看看新生的祖国，怎样在伟大胜利的基础上继续迈进！今年元旦新华社的《新年献词》告诉我们说：一九四九年，是中国人民解放战争获得伟大胜利和中华人民共和国宣告诞生的一年。这一年，我们击破了中外反动派的和平攻势，扫清了中国内地的国民党匪帮……解放了全国百分之九十以上的人口，赢得了战争的基本胜利。这一年，全国民主力量的代表人物举行了人民政治协商会议，通过了国家根本大法共同纲领，成立了中央人民政府。这个政府不但受到全国人民的普遍拥护，而且受到了全世界反帝国主义阵营的普遍欢迎。苏联和各人民民主国家都迅速和我国建立平等友好的邦交关系。这一年，我们解放了和管理了全国的大城市和广大乡村，在这些地方迅速地建立了初步的革命秩序，镇压了反革命活动，并初步地发动和组织了劳动群众。在许多城市中已经召集了各界人民代表会议。在许多乡村中，已经肃清了土匪，推行了合理负担政策，展开了减租减息和反恶霸运动。这一年，我们克服了敌人的破坏封锁和严重的旱灾、水灾所加给我们的困难。在财政收支不平衡的条件下，尽可能地进行了恢复生产和交通的工作，并已得到了相当成绩……

中国是在迅速地进步着，1949年的胜利，比一年前人们所预料的要大得多，快得多。在1950年，我们有了比1949年好得多的条件，因此我们所将要得到的成绩，也会比我们现在所预料的更大些、更快些。当武装的敌人在全中国的土地上被肃清以后，当全中国人民的觉悟性和组织性普遍地提高起来以后，我们的国家就将逐步地脱离长期战争所造成的严重困难，并逐步走上幸福的境地了。

朋友们！"梁园虽好，非久居之乡"，归去来兮！

但也许有朋友说："我年纪还轻，不妨在此稍待。"但我说："这也不必。"朋友们，我们都在有为之年，如果我们迟早要回去，何不早回去，把我们的精力都用之于有用之所呢？

总之，为了抉择真理，我们应当回去；为了国家民族，我们应当回去；为了为人民服务，我们也应当回去；就是为了个人出路，也应当早日回去，建立我们工作的基础，为我们伟大祖国的建设和发展而奋斗！

朋友们！语重心长，今年在我们首都北京见面吧！

华罗庚
1950年2月归国途中

华罗庚的这封公开信，字里行间充满了深切的爱国热情，他心系祖国，与祖国同呼吸、共命运的爱国精神深深影响着海外留学生，鼓舞他们回国为新中国建设贡献力量。我国计算机事业的主要创始人之一夏培肃院士说："当时我在英国学习，读了这封信，十分感动，增强了学成回国的决心。"

名人格言

我荣幸地从中华民族一员的资格，而成为世界公民。我是中国人民的儿子。我深情地爱着我的祖国和人民。

——邓小平

爱国主义就是千百年来巩固起来的对自己祖国的一种深厚的感情。

——列宁

热爱祖国，这是一种最纯洁、最敏锐、最高尚、最强烈、最温柔、最有情、最温存、最严酷的感情。一个真正热爱祖国的人，在各个方面都是一个真正的人。

——霍姆林斯基

死后原知万事空,但悲不见九州同。王师北定中原日,家祭无忘告乃翁。

——陆游

我们为祖国服务,也不能都采用同一方式,每个人应该按照资禀,各尽所能。

——歌德

推荐书目

1. 孙其海:《铁血百年祭:八国联军侵华战争纪实》,黄河出版社,2000 年。

该书是一部记叙 1900 年八国联军侵华战争的长篇纪实文学。该书不仅以最沉重的笔墨从整体上成功地再现了这场劫难的始末,而且深刻地揭露了清政府和清军的腐败无能,声讨了八国联军的残暴和野蛮。读后,能让人再一次感受到弱国无安土、"落后就要挨打"这一历史教训的沉重。

2. 宗泽亚:《清日战争》,世界图书出版公司,2012 年。

甲午中日战争已过百年,但在中国人内心深处留下了伤痛和耻辱。从那个时代开始,外来侵略接踵而至,在中国近代史上,当西方文明和明治维新与古旧的清朝体制发生猛烈碰撞时,战争的失败也催生了中国新的历史纪元。

作者从多处馆藏历史文献中收集了大量图片,按战争经过、战争背景、战争、战时、战地等编纂出一部崭新巨著。书中对甲午战争历史的深层挖掘和剖析,力图站在中间立场分析战争的胜败得失,有助于读者更多地认识战争的背景,客观思考战争胜负的原因及对中国社会的深远影响。

3. 方知今:《1942—1945 血战滇缅印——中国远征军抗战纪实》,解放军出版社,2005 年。

在这部近 40 万字的作品中,作者以自己黄埔后裔的独特身份和便利,多次面聆远征军高级将领的回忆、采访有关人士和远征军将士的亲属及子女,作者以真挚的情感、流畅的笔墨,生动再现了抗日战火里中国军人在滇缅印战场上对日作战的感人场面。在讴歌远征军官兵英勇事迹的同时,真实反映了国民党高级将领间无情的派系倾轧。中、美、英三国巨头基于不同利益的高层角斗,生动再现了 60 年前太平洋战场中南半岛那段悲怆而激昂的历史。

4. 段培东:《剑扫风烟:腾冲抗战纪实》,云南人民出版社,1991 年。

该书是介绍 1942—1944 年腾冲抗战的长篇纪实小说。该书不仅是一段历史的纪实,更应该看成是对这一段历史的深思。它不仅是"再现",而且也有深刻的"表现"——落后就要挨打。对日本侵略者的痛恨是不能代替对自己民族历史及其落后原因、挨打原因的思考和审判的。该书的意义在于：它不仅写了我们民族挨打受欺的历史，同时还探索着我们民族落后、挨打、受欺的原因；它不仅写了我们民族奋起反击的悲壮历史，同时还思考着胜利之后的"变调的尾声"。

5. 柏万良：《创造奇迹的人们——中国"两弹一星元勋"》，湖北教育出版社，2001年。

该书生动、真实地反映了于敏、王大珩、朱光亚、吴自良、周光召、钱学森、邓稼先、钱三强等23位"两弹一星"元勋的学习、工作和生活。

6. ［美］张纯如：《蚕丝：钱学森传》，鲁伊译，中信出版社，2011年。

该书是美籍华裔女作家张纯如撰写的钱学森的传记，独家解密了钱学森在美20年的人生里程。他是否效忠于美国？是什么原因促使他在1950年突然决定返回中国？美国如何会怀疑他是间谍？钱学森归国经历了怎样的曲折历程？他对美国的真实感情是怎样的？自从钱学森1955年回到中国，就再也没有踏进美国一步。此外，书中也叙述了钱学森与蒋英的爱情。

7. 任祥：《传家：中国人的生活智慧》，新星出版社，2012年。

该书以春、夏、秋、冬四季为框架，以"气氛生活、岁时节庆、以食为天、匠心手艺、齐家心语、生活札记"六大单元为脉络，包罗万象地谈及传统的中国文化、艺术、饮食、服饰、生活常识、为人处世、保健养生以及现代人所面对的环境保护、有机种植等内容，是一部中国经济生活文化的百科全书。

任祥介绍，该书的缘起有两点："一是想给在美国读书的女儿讲清楚中国文化到底是怎么回事，让孩子们更好地认识自己、珍惜传统价值；二是想改变外国人对中国的糟糕印象，外国人看到个乱糟糟的中国城，以为这就是中国，我想告诉他们，中国有很多精致的生活。"

8. 杨叔子：《杨叔子槛外诗文选》，华中科技大学出版社，2009年。

该书分"格律诗""非格律诗"和"谈诗教"三部分，分别选录了杨叔子先生1978—2008年所写的诗词共186题200首，谈诗教论文7篇。杨叔子先生在从事教育工作的50多年里，写下诗歌600多首，该书是杨叔子先生诗作精品的自选集。书中诗词思想深邃，格调高雅，大气磅礴，同时也收录了杨叔子先生所撰谈诗教的论文。不少诗作为时事而作，如《北京奥运期间汶川地震百日祭》《为"神州七号"书怀》等。

杨叔子在书的后记中写到："我深感形势所需，形势需要加强中华精神文明建设，我有责任来尽我的一份职责和义务。"

9. 戴旭:《盛世狼烟》,新华出版社,2009 年。

该书是一部军事、政论文集,涵盖国际、国内的政治和军事,纵贯历史、现实、未来,映衬出作者宽阔的视野和内在逻辑的严密。自古不能谋全局者不足谋一域,不能谋万世者不足谋一时。研究军事理论的思路也一样:有全局的观点,才能看清局部;以历史的眼光,才能眺望未来;以政治的角度,才能透析军事。

10. 南香红:《王选的八年抗战》,十月文艺出版社,2005 年。

该书在逼近王选和逼近细菌战的交互交代中,将中华民族经受屈辱和还历史清白的抗争一点点地展示出来。最终,传达的不是事件本身,而成了如何正确面对历史的观念教育。书中说:"我们倘若失去历史,还将失去从历史的教训中得到进步的机会。"正是这样的态度,让我们知道,想法比做法更重要。王选不仅想到了,而且做到了。王选是理性的,王选因为理性而伟大。她代表的精神是现代人的精神,不是复仇,不是怨恨,而是人类进步的足音。

第三章
领悟人生真谛　创造人生价值

　　爱国主义和集体主义是中国特色社会主义的思想教育的重要组成部分，它集中体现在正确的世界观、人生观和价值观上。本章着重帮助大学生树立正确的世界观、人生观和价值观上，引导大学生树立崇高理想，确立人生目标，投身广阔实践，创造出有价值的人生。

理论讲堂

【教学目的】

　　大学时代是大学生世界观、人生观、价值观形成的重要时期。帮助大学生学会运用马克思主义人生哲学、价值哲学的理论和方法，系统地思考人是什么、人生的目的是什么、怎样的人生才有意义等，对解决成长成才过程中遇到的问题和矛盾具有重要意义。通过本章的实践活动，引导学生树立积极进取的人生态度，自觉协调自我身心各方面的矛盾，正确对待人生环境与处境，激励学生择取正确的价值取向，在实践中创造有价值的人生。

【教学重点】

1. 大学生要树立正确的人生观；
2. 大学生要创造有价值的人生；
3. 大学生要主动适应人生环境。

　　帮助大学生解决树立正确人生观、创造有价值人生的关键问题，即正确对待人生的问题，本章也是前三章的落脚点和后几章内容的理论依据，在全书中具有把人生观、价值观教育和道德观、法制观教育连为一体的承前启后的作用。

【要点导读】

导读一 大学生要树立正确的人生观

一、世界观与人生观

人的生命过程不仅仅是一个自然过程,还包含着极为丰富的社会内容,蕴藏着不可确定的生命价值。一个人自然生命的长度是有限的,但是生命的宽度和质量以及个体生命留给人类的意义可以通过主观努力获得无限的超越。马克思在人类历史上第一次科学地揭示了人的本质。他指出:"人的本质并不是单个人所固有的抽象物。在其现实性上,它是一切社会关系的总和。"一个人成就什么样的人生,除了客观历史条件和机遇等因素的影响之外,在很大程度上,将取决于个体有什么样的人生观、价值观,取决于人们追求什么样的人生目的、以怎样的态度对待人生、怎样实现人生的价值。

世界观是人们对生活在其中的世界以及人与世界的关系的总体看法和根本观点。世界观来源于人的生产和生活实践。人生观是世界观的重要组成部分,是人们在实践中形成的对于人生意义、价值、目的、理想、信念、追求等问题的根本看法,它决定着人们实践活动的目标、人生道路的方向和对待生活的态度。

世界观与人生观在研究对象、基本问题和社会作用三方面是不同的,不能把两者混为一谈,不能用世界观代替人生观。但世界观对人生观的形成及发展具有指导意义,而人生观对世界观的形成、巩固和发展也起着重要作用。

二、追求高尚的人生目的

人生观主要由人生目的、人生态度、人生价值三方面构成,三者之间既有联系又有区别。人生目的是人生实践中的根本问题,从而也构成人生观的核心;人生目的是生活实践的根本指向,决定了人以怎样的方式对待生活,也决定了选择什么样的价值取向。

人生目的决定着人生的根本方向和发展轨迹。高尚伟大的人生目的决定着奋斗奉献的一生,平淡务实的人生目的决定着踏实平凡的一生,卑鄙下流的人生目的决定着肮脏罪恶的一生。人生目的决定着人生态度。正确的人生目的可以激发顽强进取的人生态度,消极的人生目的使人以萎靡消沉的态度对待人生。人生目的决定着人生价值。由于人的价值要通过人的行为实现,而人的行为受制于人生目的,所以,人生目的是否正确、人生志向是否高远,往往决定了人生价值的大小。目的远大,人生价值相应就大;目的肮脏,则人生价值就呈负面表现。

三、确立积极进取的人生态度

人生态度是指人们通过生活实践形成的对人生问题的一种稳定的心理倾向和基本意愿。它是指导人生活动的一种心理定向和行为表现,人生认知、人生情感、人生意向之间的有机联系和综合反映形成了人生态度。人生态度是人生观的重要内容,是人生观的表现和反映。它不是先天形成的,而是在后天的社会生活中不断形成和发展的。

在现实生活中,个体的人生态度千差万别。当代中国大学生正面临着难得的人生机遇,同时也会遇到各种各样的矛盾和困难,需要大学生牢固树立认真、务实、乐观、进取的人生态度,以面对前进的挑战。大学生树立积极进取的人生态度,还需具备健康的心理素质,因此,学生只有积极参加社会实践,在实践中不断调整心态、磨炼意志,才能充分发挥自己的主观能动性,领悟美好生活的真谛,体验人生的幸福。

四、用科学高尚的人生观指引人生

人即便在现实中找到了某种惬意的人生状态,或找到了某种可以指导自己人生实践的人生观,也并不意味着它们是一成不变的,它们总是与人生存于其中的社会发展水平有着紧密的联系。随着社会的发展和人类文明的不断进步,个体自我意识也在不断觉醒和增强。当代中国大学生的生活处在变化迅速、纷繁复杂的社会环境中,加之大学生自身正处于生理、心理迅速变化的人生阶段,树立科学高尚的"为人民服务的人生观"来指引人生,在服务人民、奉献社会的实践中创造人生的价值显得尤为重要。一个树立了为人民服务人生观的人,对人生的意义就能够有真切的理解,就能够把人民群众的利益放在心上,力求为人民做好事。一个人的能力有大小,职业有不同,职位有高低,但只要有了为人民服务的人生观,就能够时时、处处为人民着想,助人为乐,造福于民,成为受人民群众欢迎的人。全心全意为人民服务的精神、毫不利己专门利人的精神,应当成为我们时代最崇高的精神。正如毛泽东同志所说的,只有具有这种崇高精神的人,才是"一个高尚的人,一个纯粹的人,一个有道德的人,一个脱离了低级趣味的人,一个有益于人民的人"。

人类的征途是漫长而曲折的,人类历史中有各种各样的人生观和人生目的。有些错误的人生目的在人类社会有着广泛而久远的影响,有的还有较为完备的理论形态。如:拜金主义人生观、享乐主义人生观、个人主义人生观,它们的共同特点都离不开求名图利,以便纵情享乐。在现实生活中,每个人都有享乐的欲望,希望得到物质和精神的享受,但这种需要应有"度"。片面地夸大人生的某方面需要,而无视人的全面性和人生的全面需要,这样的人生观显然是错误的。大学生应当顺应时代潮流,坚决摒弃错误的人生观,选择并牢固树立正确的人生观。

导读二 大学生要创造有价值的人生

一、价值观与人生价值

在哲学中,价值的一般本质是现实的人的需要与事物属性之间的一种关系。人们的认识和实践与价值判断密切相关。价值观是人们关于什么是价值、怎样评判价值、如何创造价值等问题的根本观点。思考价值问题并形成一定的价值观,是人们使自己的认识和实践活动达到自觉的重要标志。价值观集中反映一定社会的经济、政治、文化,代表了人们对生活现实的基本理念、总体认识和理想追求。一个社会在一定的历史发展阶段上,会形成与其根本制度和要求相适应的、主导全社会思想和行为的价值体系,即社会核心价值体系。它不仅作用于社会的各个领域,而且对每个社会成员价值观的形成都具有深刻影响。而在实际生活中,社会的价值观念系统非常复杂,往往呈现多元化、多样性、多层次的格局。

人生价值是一种特殊的价值,是人的生活实践对于社会和个人所具有的作用与意义,它是人们从价值角度考虑人生问题的根据,在整个人生观体系中具有重要地位,为人们的人生目的和人生态度的选择提供依据。

二、人生价值的标准与评价

人生自我价值是指个体的人生活动对自己的生存和发展所具有的价值,主要表现为对自身物质和精神需要的满足程度。人生的社会价值就是个体的人生活动对社会和他人所具有的价值,主要表现为个人通过劳动、创造对社会和他人所作的贡献。人生的社会价值和自我价值既相互区别,又密切联系、相互依存,共同构成人生价值的矛盾统一体。人总是生活在社会当中,个体无法脱离社会而存在和发展。个体的人生活动不仅具有满足自我需要的价值属性,还必然地包含着满足社会需要的价值属性。人是社会的人,这不仅意味着个体物质和精神的需要必须在社会中才能得到满足,还意味着以怎样的方式和在多大程度上得到满足也是由社会决定的。一个人的需要能不能从社会中得到满足、在多大程度上得到满足,取决于他的人生活动对他人和社会的贡献,即他的社会价值。

人生价值评价的根本尺度是看一个人的人生活动是否符合社会发展的客观规律、是否通过实践促进了历史的进步。劳动以及通过劳动对社会和他人作出的贡献是社会评价一个人的人生价值的普遍标准。除了要掌握科学的标准外,还需要掌握恰当的评价方法,做到"四个坚持",即"坚持能力有大小与贡献须尽力相统一;坚持物质贡献与精神贡献相统一;坚持完善自身与贡献社会相统一;坚持动机和效果相统一",才能比较客观、公正、准确地评价社会成员的人生价值。

三、在实践中遵从人生价值实现的条件

崇高的人生价值目标要靠通过社会实践才能成为现实。人生的实践是在一定条件下进行的,人生价值的实现要受到主客观条件的制约。经济、政治、文化和社会条件是实现人生价值的基础。因此,实现人生价值要从社会客观条件出发,要符合社会发展规律。同时,客观地认识自己是确定人生价值目标的重要前提;努力提高自身的思想道德素质、科学文化水平、生理心理素质等实现人生价值的"根本",以自强不息的精神立足于现实、坚守岗位作贡献,才能实现自我的人生价值。

社会实践是实现人生价值的必由之路。对于大学生而言,必须走与人民群众相结合的道路,在实践中向人民群众学习,在实践中吸取营养,努力把所学的知识运用于改造客观世界和主观世界的实践中,善于为实践而学,积极创造有价值的人生。

导读三　大学生要主动适应人生环境

人生环境就是社会实践活动所赖以展开的多种关系的总和。科学对待人生环境,就是要协调好自我身心的关系、个人与他人的关系、个人与社会的关系、人与自然的关系等。这四对关系主要是按从里到外、由近到远的逻辑展开的,这四对关系相互制约、互相影响,共同影响和制约着人生价值的实现。

一、促进自我身心的和谐

每个人都有身和心两个基本方面。身即生理,指人体的生理组织以及身体的机能;心即心理,指人的心理或称精神活动,通常用知、情、意来概括。身是心的物质基础,心为身的精神机能,二者相互作用,作为有机统一体对人的生活实践产生影响。身心健康,是指一个健康的人,不仅要有健康的身体,还要有良好的心理。健康包括躯体健康、心理健康、道德健康和社会适应良好。

我国普通高校大学生正处于生理发育的成熟期和心理发展的过渡期,他们的身心总体上是健康的。但大学生心理上正处于迅速走向成熟而又未真正成熟的过渡阶段,在心理发展上表现出许多过渡状态的矛盾性。处于特定的心理期会因为抽象逻辑思维迅速发展但易带主观片面性,情绪情感日益丰富但波动性较大,自我意识增强但发展还不成熟。独立性、闭锁性与依赖感、归属感同时存在等内因,以及复杂的社会环境、多种错误思想与观念、学习负担和就业竞争造成的压力、新的大学生活带来的不适应等外因,这些内外因素都会在不同程度上影响大学生的心理,在大学生走向成熟的过程中会出现这样那样的心理问题。因此,积极引导大学生树立正确的世界观、人生观、价值观,掌握应对心理问题的科学方法,及时合理地调控自身情绪,积极参加集体活动增进人际交往,积极参加体育锻炼、保持身体健康等有效途径和方法,自觉地调试心理、保持心理健康是现实的迫切需要。

二、促进个人与他人的和谐

个人与他人的关系是每个人都必须面对的,是人与社会关系的直接而具体的体现,是人际关系的主要内容。只有明确个人在与他人关系中的定位、处理好个人与他人的和谐,才能为人生价值的实现创造良好的人际环境。个人与他人的关系,在本质上是社会关系尤其是社会利益关系的表现形式。因此,处理个人与他人的关系,关键是要处理好个人与他人的利益关系。良好的人际关系将产生积极的作用,如促进人的成功,产生幸福感和满足感,促进心理健康,保障身体健康等。

在大学校园里,同学之间可能有各种不同意见,存在矛盾和竞争,但没有根本的利益冲突,在这个认识基础上要坚守做人做事的原则。大学生要坚持平等、诚信、宽容、互助的原则,与他人和谐相处;同时,还要在思想上正确地认识"竞争"及"如何做到良性竞争",正确地认识"合作"及"如何合作才能产生伟大的力量",更要在行动上正确地处理竞争与合作的关系,使公平竞争与友好协作相得益彰,这样才能获得真正的友谊,才能真正促进个人与他人的和谐。

三、促进个人与社会的和谐

人是社会的人,社会是人的社会,人与社会相互依存、相互制约,这就决定了个人与社会的关系是辩证统一的关系。只有协调好个人与社会的关系,才能为人生价值的实现创造良好的社会环境。所以要实现人与社会的和谐,关键在于把握个人在社会中的定位。爱因斯坦说过:"只要我们全面考查一下我们的生活和工作,我们就会马上看到,几乎我们全部的行动和愿望都同别人的存在密切联系在一起。"

大学生要正确认识人的个体性与社会性的辩证统一关系。人只有在社会中才能获得生命生存和延续的条件,也只有在社会关系中才能找到实现自身价值的途径和可能。所以,协调人的个体性与社会性突出地表现在集体的学习、工作或与人交往中,能够求大同、存小异,在追求共同目标的过程中以自己的个性影响和带动周围的人,而不是以个人的兴趣、爱好或信奉的"理论"强加在集体与他人身上,否则是孤独的、我行我素的人格表现。

首先,要正确认识个人需要与社会需要的统一关系。如果只是孤立地考虑个人需要,而不考虑社会需要,或不联系社会需要来考虑个人需要,将使个人需要成为无源之水、无本之木,甚至导致个人欲望、个人需要的无限膨胀,最终不仅不能使个人需要得到满足,甚至还会使个人走上危害社会、违法犯罪的道路。

其次,要正确认识个人利益与社会利益的统一关系。关于个人的正当利益的范围,比较集中地体现在我国《宪法》的规定里面,而关于社会利益,则体现在公民对他人、对国家、对民族、对全球(如国际法的相关规定)应承担的义务。所以,当个人利益与社会利益发生矛盾时,个人利益要自觉服从社会利益。

再次,要正确认识享受个人权利与承担社会责任的统一关系。权利是个人生存和发展的前提条件,同时对社会的责任和义务、为社会作贡献,又是社会存在和发展的必不可少的前提。只有人人承担起自己对社会的责任和义务、为社会多作贡献,社会的财富才能不断增加,才能为人们享有权利和自由提供雄厚的基础,人也只有在承担社会责任、履行社会义务中才能使自己的人格健全、品德高尚,个人的自我价值也才能得到充分实现。

四、促进人与自然的和谐

人类源于自然界又依存于自然界,人永远是自然界的有机组成部分。物质资料的生产和再生产以及人自身的生产和再生产,都是以自然界的存在和发展为前提条件的,没有自然界就没有人本身。正确认识人对自然的依存关系,要看到人对自然的改造的程度越深,所带来的危害性就越大。所以,我们要科学把握人对自然的改造程度,协调人与自然的关系,在促进经济发展的同时保护好人类赖以生存的自然环境是人类以及每个个体持续、健康发展的重要条件。

人与自然关系的实质实际上是人与人的关系,是社会关系。人与自然关系的协调,最终取决于人与社会关系的协调。正确认识人与自然的相互依存、相互制约关系,在我们全面建设小康社会的前进步伐中,牢固树立科学的发展观,建设生态文明,实现人与自然的可持续发展。和谐发展对于个体的身心健康,对于个人与他人、社会、自然之间的友好共生具有巨大的价值和意义。大学生应自觉培育和谐精神,将和谐发展植于内心,用和谐的思想认识人生环境,用和谐的态度对待人生实践,在构建社会主义和谐社会的实践中寻找和创造自己的人生价值。

实践课堂

【实践主题】 树立社会主义核心价值观。

人生问题是个古老的问题,也是每个人在成长中都必须面临的时时思索和追寻的现实问题。在我国现行的国家教育体制和中国式的家庭教养模式的共同培养下,当代中国大学生自身成长的过程、轨迹和目的相对简单或单一,在成长的道路上与他人和社会的接触与碰撞较少,这使得大学生缺乏对真实的人生与社会情况的掌握,无法获得对人生真谛的清晰、准确且全面的认识和反思。进入大学后,随着自身身心的日趋成熟和大学特有的自由、自主、开放式的学习生活,大学生急切地想找到"学什么"、"怎样学"、"为谁学"等问题的答案。其中"为谁学"是所有问题的核心,它涉及大学生对人生价值的判断。因此能否正确认识和践行社会主义核心价值观、形成"求学为民"的观念,对于大学生能否健康全面地成长和发展非常重要。有位哲人曾经说过,在人生征途中,最重要的不是你现在所处的位置,而是你将驶向何方。

117

在面对当前社会中存在的多种价值观,面对令人眼花缭乱的思想和思潮,一些大学生如同雾里看花水中望月,分辨不清这变幻莫测的世界;一些大学生对现实生活的否定多于肯定、抨击批判多于思辨践行,更有的大学生将自身游离于现实社会之外研判周边的人与事。如何引导学生经历一个从大学生普遍认同的核心价值观,到生成党和国家所倡导的主导价值观,进而转化为大学生普遍践行的主流价值观? 这需要"知行合一","知是行之始,行是知之成。"大学正是青年成长中从学生到社会人的一个重要桥梁,通过实践活动,在遵循大学生成长规律和教育规律的基础上,帮助大学生走进社会,了解社会、认识国情,增长才干、奉献社会、锻炼毅力、培养品格,在实践中求真知,进而加深对社会主义核心价值观的深刻理解,明确大学生自身的责任与担当,通过实践活动拥有科学对待人生环境的能力与水平,寻找和领悟人生的意义与真谛,为大学生创造有价值的人生点亮生命灯塔。

【设计思路】

当代大学生的人生认识和核心价值观,是在学习、成长、发展过程中对现实社会文化生活中各种事物、现象进行评价和取舍的基本思想观点,它深刻地影响着学生的精神世界,影响着学生生活和学习的各个方面。触及真实的人生现实,体验真实的人生具有重要的人生教育价值。生命属于我们只有一次,不能随意实验,真实的人生只能向前走,不可从头再来。因此教师在设计本章的实践教学活动时尤需精心和谨慎,要带动每个大学生积极思考和领悟属于自己的独特的人生,激发他们既能仰望星空又能脚踏实地开辟对自己有价值的人生之路;不能只是表面热闹,而没有从活动中得到心灵的震撼和一定的感悟,甚至反而得出错误的结论。

苏格拉底有句名言,即"生活得最好的人是那些最好地努力研究如何生活得更好的人"。因此,要充分发挥学生在实践育人中的主体作用。通过"生命列车上的感动"主题实践活动,让学生去寻找震撼自我心灵的人生实例,通过学生自己的讲述与交流这种更易学生接受的活动形式,让学生深入思考,树立正确的人生观;通过"一封公开的家书"主题实践活动,让学生反思自己走过的人生路,了解父母养育自己这么多年的辛勤付出,明白自己在家庭中应肩负起的责任与义务,学会感恩。年仅21岁就获得诺贝尔奖的德国物理学家海森堡就曾强调"科学扎根于讨论",通过"'人人为我,我为人人'VS'我为人人,人人为我'"主题辩论赛,让学生充分讨论,不仅有利于巩固、加深和综合运用课程内容,还有利于帮助学生形成正确的价值观,明确自身应肩负起的社会责任与义务,引导学生探索创造有价值人生的方法与途径;通过"素质拓展训练"实践环节,营造具有挑战性的学习经验,在追寻和探求中,培养和磨炼大学生创造有价值人生应有的综合素质和能力,确立新世纪新阶段应有的人生态度。

为了切实达到实践教学目的、取得显著的育人效果,根据中宣部、中央文明办、教育部、共青团中央《关于进一步加强和改进大学生社会实践的意见》的主要精神,还应积极争取学校相关党团部门和学生组织的大力支持,争取实践活动经费的支持,以便建立和完善合理的考核激励机制,加大实践活动评优表彰力度,激发学生参与实践活动的自觉性、积极性、深入性和实效性。

【实践项目】

一、生命列车上的感动

◎**实践类型**:集体观摩。

◎**实践形式**:主题交流。

◎**实践目标**:通过播放《生命列车》PPT 短片,引发大学生对真实人生进行思考,真正意识到生命这趟列车有始发站也有终点站,而一直陪伴自己、保护自己的家人或许会有提前下车的时候,很多时候需要自己独自前行;我们不能试图给生命添加时间,但能够给时间添加生命;不能给生命增加长度,但能够给生命增加宽度。让学生自己去寻找那些在自己的生命列车上曾感动自己的瞬间以及人和事。根据"巴纳姆效应"原理,通过学生讲述、交流、探讨震撼自己的事例,"以人为镜",在深入思考和比较中认识自己、勇敢面对自己,在多种人生价值观中思辨和感悟人生的真谛;同时培养学生收集信息的能力、敏锐的判断能力、流畅的表达能力和迅速的答辩能力。

◎**实践方案(6 课时)**:

1. 准备阶段

(1)组建团队:根据学生自愿原则组建团队,每个团队 12 人左右,每队公选出正、副队长各一名。在以后的实践教学中就以团队为单位开展相应的活动,为增强团队意识和团队凝聚力,每个团队可以确定自己的队名及其寓意。队长负责每次课堂教学和实践活动的点名汇报工作,协助教师教学工作的有序开展。

(2)任务要求(提前一周布置):

① 请每一位学生认真回想曾让自己最感动的瞬间以及人和事,必须是真

实的事例。② 以《生命列车上的感动》为题,写一篇议论文,必须包含三个层次:第一,事例内容;第二,自己被感动和震撼的理由;第三,自己的感悟。文章为手写稿,不可打印。活动结束后作为一次作业上交。③ 请每一位学生在此基础上准备主题演讲,要求脱稿演讲,时间 3 分钟,时间一到即停止演讲,对没讲完或时间不足的酌情扣分;回答评委的提问,时间 2 分钟。④ 每位学生做好担任评委并提问的准备。⑤ 制作写有学生名字的小纸片,折叠好,每队准备一个小盒子放入写有本队成员名字的小纸片,以便抽签。

2. 主题演讲阶段

(1) 确定角色:由队长随机抽取另一队的演讲人、评委各 1 名,大众评委 2 人。由教师随机确认演讲顺序和评委提问顺序,随机选出计时人和计分人。

(2) 情境引导:授课教师播放《生命列车》PPT,在背景音乐中配以有感情的朗诵,将学生引入对生命思考的情境中。

3. 学生演讲答辩

(1) 演讲者:脱稿演讲 3 分钟,时间一到即停止演讲;回答评委提问 2 分钟。

(2) 评委:根据演讲内容提出 1~2 个问题,请演讲者回答,以便产生思想碰撞,引发思想启迪。并从演讲内容、答辩情况、语言表达、形象风度四方面对演讲选手进行评分。满分为 100 分,对没讲完或时间不足的酌情扣分。

① 演讲内容:40 分。要求演讲内容紧扣主题,三个层次齐全,主题鲜明、深刻,格调积极向上,语言自然流畅,富有真情实感。② 答辩情况:20 分。要求正确理解评委提问,及时流畅地做出回答,回答内容准确可信。③ 语言表达:30 分。要求脱稿演讲,声音洪亮,口齿清晰,普通话标准,语速适当,表达流畅,激情昂扬。讲究演讲技巧,动作恰当。④ 形象风度:10 分。要求衣着整洁,仪态端庄、大方,举止自然、得体,体现朝气蓬勃的精神风貌;上下场时能够致意或答谢。

(3) 大众评委:根据演讲者和评委的表现,为演讲者和评委打分。

(4) 分数统计及应用:每位演讲者、评委给出的平均分为该生最后得分,每队演讲者和评委得分的总和为该队得分,根据分数高低排出各队名次。

4. 活动总结

(1) 学生自由发言,对本次主题演讲进行点评和总结,以利于推动学生群体中的自我比较、自我认识、自我提高和自我教育效果。

(2) 授课教师对整个实践活动做总结发言,给予个人和团体表扬与鼓励,并将成绩记录在案,以便在课程结束时评选出最优秀团队。学生通过演讲答辩育人育己,体验评判他人的不易,经受在团队利益面前做到公平公正的考验,引导学生能更加客观、科学地分析和对待自己、他人和社会,树立科学的人生观。

◎**实践成果**:《生命列车上的感动》。

◎**活动评价**:

优秀(90~100分):认真按照活动要求完成各个环节的任务,团队活动效果显著,个体在团队成果中有积极贡献。

良好(80~89分):认真按照活动要求完成各个环节的任务,团队活动效果良好,个体在团队成果中有积极贡献;团体成果优秀,个体在团队成果中发挥了作用;团队成果一般,但个体在活动中有特别突出的贡献。

合格(60~79分):基本按照活动要求完成各个环节的任务,团队活动效果一般。

不及格(60分以下):未参加本次活动;不能按照活动要求完成各个环节的任务。

二、一封公开的家书

◎**实践类型**:交流。

◎**实践形式**:写一封家书。

◎**实践目标**:在科技迅速发展的当今时代,很多人对手机、电脑样样精通,可提笔写信就犯愁,这样的现象在大学生中普遍存在。通过参与写"一封公开的家书"这一活动,加强大学生与父母的思想沟通和感情联络,特别是大学生通过写信可以对自己的思想、内心认真审视梳理,并将面对面时无法或不愿表达的情感传递给这世界上最爱自己的人,给他们送去爱和温暖;通过与父母共同回顾自己的成长之路,从而了解和体会父母养育自己的艰辛和对自己的倾心付出,激发感恩意识、家庭责任意识;通过公开交流自己从出生到进入大学前家庭为自己的健康成长的投入以及自我创造的人生价值,了解同龄人成长过程的不同与差异,进一步反思自身负有的责任与义务,加强社会责任意识。

◎**实践方案(9课时)**:

1. 布置任务。考虑到学生家与学校之间书信往来的时间,授课教师可以在本课程开课伊始就布置学生写《一封公开的家书》寄给父母并请父母将回信寄回学校。《一封公开的家书》的内容分为三个部分:第一部分是学生写给父母的信,内容自定;第二部分是父母看信后的留言回复;第三部分是由学生与家长共同完成"我的前 18 年的价值统计表",内容由家长填写,学生可以通过电话与家长共同回忆后进行统计(见表 3-1)。

表 3-1　我的前 18 年的价值统计表

类别	项目名称	金额(元)	合计(元)
家庭为我健康成长的投入	生活费		
	住宿费		
	学校学费		
	课外辅导费(与学校学习相关)		
	择校费(或类似费用)		
	文体艺等特长培训、活动费		
	医疗费		
	购买大件物品费(手机、电脑等电子产品、车等)		
	旅游、社交、礼物等费用		
	其他		
我创造的自我价值	(自己设定)		
我创造的社会价值	(自己设定)		

(注:教师可以根据自己的认知情况设计上表)

2. 交流研讨。由队长们协商选定校内户外交流研讨场地,在统一的时间组织开展交流研讨活动。

(1)队内研讨。由队长主持,请队员分享各自家书的内容;在分享中队员们认真倾听、反思,讲出自己的内心感悟,队长做好记录;推选出本队质量最高的家书,由家书作者代表本队参加队外交流;队长根据本队交流研讨情况做好集体汇报准备。

(2)队间交流。由各队推选出的交流代表和各队长分别发言、汇报。交流中学生可以自由提问或补充,授课教师做好进度和节奏的掌控。

(3)评比打分。根据各队交流研讨的表现,各队长充分与队员商量后给出其他队的分数,各队获得的平均分即为该队本次活动的得分,根据分数高低排出各队名次。

3. 活动总结。授课教师对整个实践活动做总结发言,给予个人和团体表扬与鼓励,并将成绩记录在案,以便在课程结束时评选出最优秀团队。学生通过分享《一封公开的家书》,真实地感受到一个生命成长的不易、父母为自己健康长大所付出的巨大艰辛和无私的爱。同时认识到自己的付出是多么的有限,不能再继续"等、靠、要"的生活,要勇敢地寻找自己生命意义和价值的坐标,勇敢地担负起自己的责任,就从现在开始。

◎**实践成果**:《一封公开的家书》和各队总结发言汇编成册。

◎**活动评价**:

优秀(90～100分):认真按照活动要求完成各个环节的任务,团队活动效果显著,个体在团队成果中有积极贡献。

良好（80～89分):认真按照活动要求完成各个环节的任务,团队活动效果良好,个体在团队成果中有积极贡献;团体成果优秀,个体在团队成果中发挥了作用;团队成果一般,但个体在活动中有特别突出的贡献。

合格(60～79分):基本按照活动要求完成各个环节的任务,团队活动效果一般。

不及格(60分以下):未参加本次活动;不能按照活动要求完成各个环节的任务。

三、"人人为我,我为人人"VS"我为人人,人人为我"

◎**实践类型**:集体交流。

◎**实践形式**:主题辩论。

◎**实践目标**:通过主题辩论,引导学生深入思考如何科学对待人生环境,怎样协调好个人与他人、社会、自然之间的关系;认识到和谐发展对于个体的身心健康,对于个人与他人、社会、自然之间的友好共生的价值和意义,从而自觉培育自我的和谐精神,将和谐发展植于内心,用和谐的思想认识人生环境,用和谐的态度对待人生实践,在构建社会主义和谐社会的实践中寻找和创造自己的人生价值。同时,通过辩论赛,提高学生思辨能力、语言表达能力、团队合作能力等综合素质。

◎**实践方案(6课时)**:

1. 赛前准备

（1）工作人员组成:全体学生推选出1人担任辩论赛主席,负责活动的主持工作;确定计时、报时、计分、现场拍照等工作人员若干。

（2）正反双方辩论成员的组成:各队队长抽签确定辩题,同为正方的各队分别推选出 1 人参加本方辩论,并自行安排好辩手次序,反方各队亦同样组队。

（3）评委及点评嘉宾的组成:各队推选 1 人担任评委,正反双方各推选 1 人为点评嘉宾。

（4）提交材料:在比赛前,双方应向评委团和授课教师提交必要的文字材料,材料内容包括本方对辩题立场的分析理解,逻辑框架设计,主要论点、论据,对对方立论的分析等有关辩论的战略、战术。

（5）要求

① 因考虑这次活动是实践教学环节,目的是让更多学生得到锻炼机会和表现,所以不宜按辩论赛常规模式开展。

② 主席要求:外形仪表端正,口齿清楚,开朗大方。

③ 辩手要求:口齿清楚,思维灵敏,赛前做好充分预备。

④ 评委要求:根据评分标准公平、公正给分,不能假公济私、偏帮本队。

⑤ 点评要求:根据比赛要求,公平、公正地对团体及个人做出全方位点评,提出自己的观点和看法。

⑥ 其他学生:在双方总结陈词前有观众提问环节、观众投票环节;作为观赛者要认真观看比赛、积极思考。表现情况将计入各队成绩。

2. 评判规则

（1）评判标准

① 团体部分

a. 审题:准确把握辩题内涵和外延,能多层次、多角度地理解所持立场,论点鲜明,对本方难点能有效处理和化解。

b. 展开:对辩题的理解和论述能在广度上展开,在深度上推进,整个辩论过程条理清楚,能给人以层层递进的美感。

c. 辩驳:提问抓住对方要害,问题简单明了;回答直面问题,有理有据。注重针对辩题正面交锋。

d. 配合:具有团体精神,队员间相互支持配合,论辩衔接流畅、方向统一,攻守兼备,自由辩论时发言错落有致,体现"流动的整体意识"。

e. 语言:普通话标准,语速适当,语言流畅,富于感染力,体现普通话的魅力。

f. 辩风:比赛中尊重对手,尊重主席、评委和观众。举止得体,显示出良好的道德修养。敢于创新,勇于表现,具有本队特有的风格,并贯穿全局。

　　g. 形象:着装整洁,仪表大方,体现出良好的风度和气质。

　　② 个人部分

　　由评委根据每位辩手在整场比赛中的表现,给出印象分,可参考以下标准:

　　a. 陈词流畅,说理透彻,用语得体。

　　b. 提问合适,回答中肯,反驳有力,反应机敏,幽默风趣中寓见解。

　　c. 台风与辩风。

　　(2) 胜败判定

　　① 评委对在场的各个代表队总体表现和辩手的个人表现做出评判,具体以分数(百分制)为准,将评委分数相加取平均值,为该队的评委得分以及辩手个人得分。

　　② 根据正反双方的实际表现,观众举手给支持方投票,一人一票,最终得票数为双方的大众得分。

　　③ 评委分数和大众分数合计后为该方的最终得分,总计得分居高的一方取胜;辩手个人得分第一、二名者获得本次比赛的"最佳辩手"和"优秀辩手"称号。

　　3. 正式比赛

　　(1) 比赛进程(由主席执行)

　　① 开场白。

　　② 介绍参赛队、队员及其所持立场。

　　③ 介绍评委及点评嘉宾。

　　④ 比赛开始。

　　⑤ 评判团递交评分表,离席评定结果。

　　⑥ 观众举手投票。

　　⑦ 嘉宾点评。

　　⑧ 公布结果,并颁奖。

　　(2) 比赛程序及时间规定

　　① 开场陈词。正、反方一辩各陈词 2 分 30 秒;正、反方二辩各陈词 2 分 30 秒,以此类推。

　　② 自由辩论。反方先开始,两方交替进行;当一方发言结束,即开始计算另一方的发言时间,直到双方时间用完为止。在此时间里,每位辩论队员的发言顺序,次数和时间都不受限制;假如一方的发言时间已经用尽,另一方还

有剩余时间,则该方的一名或多名可以继续发言,直到该方的时间用完为止。双方各用时 5 分钟,自由辩论共 10 分钟。

③ 观众提问。每位观众只能提一个问题,辩手均可回答,共 10 分钟。

④ 总结陈词。反方先开始,自由辩论共 8 分钟,正、反方各 4 分钟。

(3) 比赛要求

① 开场陈词要求:提倡即兴陈词,所持观点清楚,表述层次分明,语言自然流畅。

② 攻辩要求:提问应贴近辩题,不宜过分刁难;回答应针对问题,切忌答非所问。

③ 总结陈词要求:应针对现场辩论整体态势进行总结,并注重升华辩题内涵。

④ 比赛中,辩手不发言时不得离开座位,不得打扰对方或本方辩手发言。倡导良好的辩风,注重普及知识和展示风度,不提倡纯粹以节省时间为目的的辩论,切忌人身攻击。

4. 活动总结

授课教师对整个实践活动做总结发言和点评,给予个人和团体表扬与鼓励,并将成绩记录在案,以便在课程结束时评选出最优秀团队。通过辩论,使学生深刻领悟到新的时代、和谐社会更加呼唤为人民服务的精神。但我们需要的不是那些"作秀"口号,而是每个人都能够脚踏实地地将为人民服务的思想和精神落实到实际行动上、生活细节中,从我做起、从点滴小事做起,牢固树立"我为人人,人人为我"的价值取向,对国家、对社会、对他人充满责任感,自觉维护社会秩序、促进社会和谐。

◎**实践成果**:双方提交的各自辩题的攻略方案文稿和现场精彩瞬间的照片,照片既可以给学生留作纪念或传给家人欣赏,也可以作为活动宣传布展,展示学生朝气蓬勃的精神风貌。

◎**活动评价:**

优秀(90～100 分):认真按照活动要求完成各个环节的任务,团队活动效果显著,个体在团队成果中有积极贡献。

良好 (80～89 分):认真按照活动要求完成各个环节的任务,团队活动效果良好,个体在团队成果中有积极贡献;团体成果优秀,个体在团队成果中发挥了作用;团队成果一般,但个体在活动中有特别突出的贡献。

合格(60～79 分):基本按照活动要求完成各个环节的任务,团队活动效果一般。

不及格(60分以下):未参加本次活动;不能按照活动要求完成各个环节的任务。

四、素质拓展训练

◎**实践类型**:素质训练。

◎**实践形式**:拓展项目。

◎**实践目标**:良好的团队精神和积极进取的人生态度,是现代人应有的基本素质,也是现代人人格特质的两大核心内涵。在现代社会,人类的智慧和技能只有在这种人格力量的驾驭下,才会迸发出耀眼的光芒。素质拓展体验式训练,通过设计独特的富有思想性、挑战性和趣味性的户外活动,激发学生身体与心灵的潜能,促使学生在活动中充分交换意见和想法,寻求善意的批评,不断精益求精;学会包容彼此的差异,学会在竞争中合作;培训大学生积极进取的人生态度和团队合作精神,提升耐挫能力,共同体验成长的滋味,以达到"磨炼意志、陶冶情操、完善人格、熔炼团队"的实践目的。

◎**实践方案(9课时)**:

1. 活动准备

授课教师与各队队长共同商定素质拓展项目,根据实践场地条件设计具体活动方案,准备活动中需用的各种道具和材料。各队安排战地记者,在参加本队活动之余抓拍活动花絮和精彩瞬间。

2. 活动要求

(1)强调安全第一,提倡环境保护。

(2)学生需穿适合于户外活动的休闲服、运动鞋,切勿穿皮鞋或凉鞋;不带手机等物品;女学生不佩戴首饰,以免贵重物品在活动中损坏或使学生意外受伤。

(3)在活动过程中学生必须听从老师和队长的统一指挥,在无培训师指导的情况下,任何人不得擅自使用活动器材或做其他任何危险运动。

(4)活动结束后,每位同学写一篇心灵感悟,作为作业。文章题目自拟,要求是手写稿,不可打印。

3. 体验活动阶段

培训师或授课教师在训练前把培训的内容、目的、要求以及必要的安全注意事项向学员讲清楚;活动中一般不进行讲述,也不参与讨论,充分体现学员是主角,尊重学员的主体地位和主观能动性,保证学员的体验投入程度。

学员通过自己身体力行而悟出道理,达到自我教育的效果。

大学生素质拓展中常选项目:(根据活动时间选择几个项目进行体验)

(1)破冰游戏

项目描述:根据情况将所有人员分成若干组,并在规定的时间内完成选队长、起口号、队歌、队徽、队名、队列造型等任务,要求各队要展现各队的凝聚力、想象力和创造力。

项目目的:学员通过团队展示的方式,激发参与激情和竞争意识,使学员体会拓展培训的激情,同时熟悉拓展训练的相关程序和方法,牢记自己是团队的一分子,为自己的团队增光添彩。

(注:若本门课程教学开始时已组成团队,破冰游戏环节可以略去。)

(2)穿越电网

项目描述:从“敌人”的营地越狱后穿越第一道“敌人”的障碍“高压电网”(即素质拓展活动中的专用绳网),要求队员在安全无受伤情况下以最短的时间顺利穿越电网来逃脱敌人的营地。

项目目的:培养团队合作精神,增进队员的沟通力,体现协同工作在解决问题中的作用,学会如何分析问题并合理解决问题,提升个人的计划、分析、统筹和领导能力。

(3)无敌战车

项目描述:提供的只有报纸、剪刀、胶带。各队做成道具战车,要求队员一起进入车内前进,从起点到终点,靠大家的智慧和团队的协作走完一段艰难的路程。看哪个队伍用的方法最好、时间最短且战车无破损。

项目目的:活动中要合理配置资源,分工配合;检验组织成员工作主动性,建立团队自己的节奏,体会协调一致对组织的重要性、个人与团队的相互作用。个人的能量只有透过组织才能发挥出来,如果个人与团队目标不统一,个人能量越大,对组织的破坏性越大。个人发展必须跟上组织的节奏,要有明确的团队目标以及有效的沟通与合作。

(4)蜈蚣赛跑

项目描述:队员排成一列,前面人的右手抬后面人的右脚,后面人的左手放在前面人的肩膀上集体跳动前进。

项目目的:培养队员的团体协作能力和解决问题的能力,让队员能够自然地进行身体接触和配合,消除害羞感。

(5)有轨电车

项目描述:两块木板就是一双鞋子,全组队员双脚分别站在两块木板上,双手抓住系于木板上的绳子,从起点走到终点。

项目目的:提高队员组织、沟通和协作的能力与技巧,团队的领导艺术和技巧,使人力资源得到合理分配和运用。行动之前的讨论和计划对于事情的成败起重要作用,要在活动中培养学生处理事情的计划性和条理性,培养队员的集体荣誉感以及为团队勇于奉献的精神。

(6)鳄鱼潭

项目描述:利用三个油桶、两块木板,从起点走到终点,所有人不得落地,安全通过一个个的鳄鱼潭。

项目目的:统一沟通标准,避免因标准不统一而造成混乱,延误时间。要考虑链式沟通的利弊以及如何改善和解决。最适合团队的办法就是最好的办法,制订行动计划时注意工作的前瞻性,正确分析资源,有效利用资源,注重细节管理,即不论多完美的计划,如果在操作过程中不谨慎,一切就都要重新开始。

(7)信任背摔

项目描述:队员依次从一个高1.5米的背摔台上背对大家站立,身体保持正直,两手反交叉握拢弯曲贴紧自己胸前,两脚并拢,全身绷紧成一线;向后倒下时,头部内扣,身体不能弯曲,两手不得向外打开;参加保护的队员,两腿成弓步且相互抵紧,两手搭于对方肩上,掌心向上,上体和头部尽量后仰;当台上队员倒落时,全身协力将该队员平稳接住。

项目目的:营造信任的环境,使队员学会克服自己的心理障碍,克服恐惧,挑战个人身体的极限,增强个人自信心和胆量;加强沟通,使队员之间相互信任、相互支持和鼓励,体现团队的协作精神,体现团体对个人的支持。游戏最大限度地锻炼了队员的心理素质,强调要相信自己,挑战极限,强调队员之间的相互信任和相互支持的双项性。同时,要求队员不仅要相信自己更要相信别人,不仅要突破自己,更要支持别人,强调了双项沟通的重要性。合理的沟通不仅是安全的保障,更是队员之间心灵的碰撞。

(8)毕业墙

项目描述:团队在没有任何器材的情况下共同努力翻越4米高的墙壁。该活动需在素质拓展基地专门的活动场地进行。

项目目的:使队员学会计划、分工、沟通与合作,强调自我管理与定位,展现和领悟甘为人梯的精神,加强团队的协作与激励,共建高效团队。

(9)断桥

项目描述:参训队员绑好保险绳、安全带,戴好安全帽,爬上9米高的断桥立柱,站立于断桥桥面之上,脚下踩的是一块只有 30 厘米宽、1 米左右长的木板,两臂自然平伸,保持身体平衡,移步至桥面一侧边缘,以后脚的蹬力使身体向前跃出,跨过距离约 1.5 米左右的断桥落于桥面另一侧同样细长的木板上,并平稳地走到终点。该活动需在素质拓展基地专门的活动场地进行。

项目目的:极度考验个人胆量与身体平衡能力,要求队员克服紧张情绪、战胜恐惧心理,借助外势、感受团队激励对个人的作用,建立突破自我、挑战困难的自信心与勇气,体验成功与失败永远只差关键的一步,勇敢地跨出这一步,就会获得成功。

4. 分享交流阶段

(1)队内分享交流:由队长主持,引导队员分享各自的体验感受或观察结果,讨论在完成任务过程中个人的影响力是否得到充分发挥,对本队是否产生了积极的影响;积极进行活动反思、总结,分析评判本团队与其他团队相比存在的优与劣、得与失、成与败。根据队员综合表现,推选 1 名队员为本队优秀队员,并代表本队参加队外个人交流;队长做好本队交流研讨情况记录,准备队外分享交流汇报。

(2)队外分享交流:由各队的优秀队员和队长分别发言、汇报。交流中队员可以自由提问或补充,在全体优秀队员中评选出 1 位本次拓展训练的最佳队员。授课教师做好进度和节奏的掌控。

5. 活动总结

授课教师按整个实践活动中每队的比赛成绩排出名次,对优秀个人和团队给予表扬与奖励,并将成绩记录在案,以便在课程结束时评选出最优秀团队。帮助学员进一步消化、整理、提升训练中的体验,以实现整体培训目标,达到素质拓展活动的具体目的,引导学生将培训的收获迁移到实际生活、学习、工作中去,更好地创造有价值的人生。

◎**实践成果**:每位学生的心灵感悟和各队总结发言汇编成册,战地记者拍摄的活动花絮和精彩瞬间图片展。

◎**活动评价:**

优秀(90～100 分):认真按照活动要求完成各个环节的任务,团队活动效果显著,个体在团队成果中有积极贡献。

良好(80～89 分):认真按照活动要求完成各个环节的任务,团队活动效果良好,个体在团队成果中有积极贡献;团体成果优秀,个体在团队成果中发挥了作用;团队成果一般,但个体在活动中有特别突出的贡献。

合格(60～79 分):基本按照活动要求完成各个环节的任务,团队活动效果一般。

不及格(60分以下):未参加本次活动;不能按照活动要求完成各个环节的任务。

参考案例

贵州大学生"公益物物交换":200元戒指换到教学楼①

一对200元的戒指能"换"来一幢教学楼吗? 微博"梦想女孩"、贵州女大学生杨艾菁公益梦的实现,在引发公众瞩目的同时,也表明:微博时代的公益行动不仅需要爱心,还需要创意。在爱心汇聚下,梦有多大,行动的能量就有多大。

23天,200元变30万元,戒指换来教学楼

微博公益接力,让贵州女大学生杨艾菁实现了"用一对戒指为贵州山区孩子换一栋教学楼"的梦想。在最后一次交换中,上海某神秘网友愿出资30万元帮助建楼。

现在,这所名为"梦想小学"的教学楼已经在贵州纳雍县昆寨乡夹岩村开工。"梦想女孩"杨艾菁说,是网友的相互信任和慈善之心让"以物易物"变成"以爱换爱","共同完成了一个梦想"。

微博圆梦:戒指换来教学楼

21岁的杨艾菁是贵州民族学院大三学生。今年2月1日,在一家举办"以物易物"的咖啡馆,杨艾菁写下一个梦想,并发到微博上:"我想效仿'别针换别墅'的故事,用一对戒指为贵州山区的孩子换一栋教学楼。希望朋友们能帮忙宣传和参与交换,把它变成我们大家共同的梦想,并一起实现它!"

包括杨艾菁自己,许多人都说,这是一个童话。

这对戒指,价值仅200元。杨艾菁说,她只是个普通大学生,能做的只是以这样的方式,一步一步靠近,"也许一年,也许一辈子。不管要换多久,我都要走下去"。

---

① 新华社贵阳3月27日电,记者闫起磊、王橙澄。

131

然而,微博发出短短几个小时,就被网友转发了上千次,变成公益"接力":2月5日,第一次交换,乌鲁木齐网友"刘堂堂",拿一块价值3000元的和田玉换走了戒指。2月中旬,上海网友赵艺宁用一枚价值万余元的钻戒,换走了和田玉。同时,贵州籍影视演员周显欣联系到杨艾菁,捐赠一枚钻戒。2月23日,上海一位网友"私信"她,愿出资30万元帮建一栋教学楼。

不过,上海神秘网友提出了条件,要杨艾菁"回答"好几个问题:当地政府会不会支持?学校教师能否获得配备?施工过程中如何监督?爱心款项如何支付和管理?

这时,微博网友贵州省纳雍县昆寨乡党委书记李践主动联系到杨艾菁,邀请并全程陪着她到昆寨乡考察。在昆寨的3天,让从没离开过城市的杨艾菁印象深刻。大山里的村民居住分散,早上天还不亮,孩子们就要起床,有的要走3个多小时山路才能到学校。

"有一个叫小敏的女孩,我到她家去,她把所有的凳子都搬出来让我挑着坐。"杨艾菁说,"看到他们澄澈的眼睛,无论多难,我都要坚持。"

在所有问题得到当地教育部门承诺之后,校址定在了昆寨乡的一类贫困村夹岩村。李践告诉记者,新建的小学将作为一个中心教学点,设置1~6年级,不够的钱由乡里资金配套。

"顺利的话,9月份新学校就会落成,这将改善220名小学生的就读环境",李践说,"我们一定努力建一座经得起全国网友监督的教学楼"。

2月29日,上海神秘网友汇来第一笔款,10万元。3月8日,杨艾菁与昆寨乡政府签订建校协议。

村民得知网友要给村里的孩子们建教学楼的事情后,都很支持。李践说:"乡政府都没有出面,村里就协调征拨了4亩多土地,异常顺利。"

微时代:"公益"也需有"创意"

其实,看似顺利的背后也有辛酸,曾有网友质疑,杨艾菁是以"公益"之名炒作。

"不怕,我心里没鬼。"杨艾菁笑着说,她曾因为别人质疑"伤过心",但现在觉得,有质疑反而证明她继续行动的价值,"我没有刻意回避媒体,特别是微博,他们帮大家一起完成了梦想"。

"想到国外能'别针换别墅',我就想试一试去换一栋教学楼。"杨艾菁说,不是简单地复制,"别针换别墅"是为己,而她是为山里的孩子。

微博时代"公益"需要"创意","我们有我们的方式,微博可以'现场直播'，直到教学楼盖起来"。

现在，她的微博留言和私信里写满了鼓励："点击就是行动"，"转发就是接力"，"关注就是力量"。

在微博世界，互动超越了地域、职业等多重障碍，开启了"微时代"，而网友发起的"微公益"、"微慈善"正在彰显中国网络的公益力量。

同样在2011年，网友发起的"中国贫困山区小学生免费午餐"计划，将一场民间行动上升为国家政策；2012年新年前夕，网友发起为偏远地区募捐冬衣的"新年新衣"行动，这也成为网上网下的爱心接力。

网友赵艺宁说，她很早就有一个为贫困地区"盖一所希望小学"的梦想，很佩服杨艾菁敢想敢干，这次用钻戒换和田玉，她和家人只是"在合适的时间做了合适的事情"。

"童话"还没有完美结局。拿30万元建教学楼的上海神秘网友，一直不愿透露身份，目前只与杨艾菁保持"单线联系"。

但一个细节显示了神秘网友的爱心。昆寨乡党委书记李践说，教学楼原本打算在8月建好，9月使用，但"上海神秘网友"建议要提前两个月建好，以保证新教学楼有足够的时间风干。

现在，地质勘测、规划设计、场地平整等前期工作基本结束，挖掘机已经开进工地，李践说："我们将如诺在7月份竣工，9月新学期投入使用，建设进程已经开始在'爱心纳雍'网站直播。""这是微博创造的网络助学公益新速度，是微博托起的小学"。

而杨艾菁已经为这所小学起好了名字："这是大家共同完成的梦想，就叫'梦想小学'吧"。

【点评】　大学时代是大学生了解社会现实、走进社会的过渡阶段，更是逐步实践自身思想的实践探索的重要阶段，是最终形成系统的世界观、人生观、价值观的关键时期。这篇参考案例展现的是一个有"梦想"的大学生，敢想敢干，她了解社会需要、贡献自己的微薄之力，得到了大家的帮助，"梦想"成真了！在爱心汇聚下，梦有多大，行动的能量就有多大。而她的成功不仅是有爱心，更关键的是还需要创意。通过该案例引导大学生思考人生现实意义和价值，认识人生的价值不可能在岁月的转动里自动产生，必须靠每个人自己去创造。就像创造其他类似的价值一样，只有进行积极主动地思考、精心独特地设计，特别是要紧紧抓住社会的需求，才能创造出自己闪亮的有价值的人生；同时体会如何在平凡中成就伟大，如何在爱的奉献中获得永生。

闪亮的人生:八位高校毕业生的基层创业路①

人生,总要面对很多选择,每一次选择,都会收获不同的人生。

这里,我们呈现给大家的是 8 位大学毕业生的精彩人生画卷。他们在面对人生最重要的抉择时,有的选择了投身西部,在无私的奉献中收获充实;有的选择了走向基层,在生活的磨炼中收获成熟;有的选择了献身国防,在艰苦的训练中收获坚毅;有的选择了自主创业,在一次次努力中收获希望。

选择西部,收获充实

我总是感到村民一双双眼睛看着我,看着我的养猪场和大棚,
我不敢懈怠,因为我知道他们看着的也是他们的未来、他们的希望。

——四川省沐川县同心村党支部书记周毅

2003 年 6 月,周毅还是浙江理工大学的一名学生,即将走上工作岗位的他面临着一个重要选择——是留在美丽的西子湖畔享受生活,还是报名西部计划到四川的偏远山区经受锻炼? 独自在湖边徘徊,周毅感到周身的热血一点点沸腾:“坐而论,莫如起来行,年轻人就该去吃苦锻炼!”周毅不顾周围人的反对,毅然报名参加了西部计划。

时年 9 月,周毅来到四川省沐川县偏远的海云乡,成为一名乡长助理。在工作中,他为自己定下“五快一高”的要求:思想进步要快,传达上级精神要快,老百姓最关心的问题回复要快,走路要快,吃饭要快,办事工作效率要高。在自己的严格要求下,不到一个月,他就跑遍了海云乡的所有村组。

为加快当地经济发展,周毅主动承担起村公路建设的指挥工作,3 个月的时间里,他带领群众修建、改建了 5 条村级公路,他这种带头冲锋陷阵的精神也赢得了村民的爱戴。2004 年 10 月,当周毅服务期满正准备离开时,海云乡同心村开始党支部换届选举,几十位党员联名推举他为同心村支部书记候选人,这意味着,他可能至少要在这里再服务三年。一年的服务经历,让他对这里的百姓产生了深厚的感情,他决定留下来,参加选举。选举的结果是,周毅以绝对优势当选村党支部书记,成为四川省第一个当选村党支部书记的大学生志愿者。

“一个刚毕业一年的大学生,有何德何能做一村的带头人?”这个问题激

---

① 《中国教育报》,2006 年 5 月 26 日。

励着周毅,他暗下决心,一定要把同心村从贫穷带向富裕。为了带领群众科学养猪,周毅自酬7万多元修建起全村第一个规范化养猪场,计划在村里发展5至10个养殖大户。目前,同心村在他的规划和带领下,正在按照"生态菌种—科学养猪—能源沼气—大棚蔬菜—绿色芋头"的循环经济发展模式建设新农村。

周毅说:"我总是感到村民一双双眼睛在看着我,看着我的养猪场和大棚,我不敢懈怠,因为我知道他们看着的也是他们的未来、他们的希望。"这些期待的目光震撼着周毅,给了他坚韧、动力和责任,也坚定了他留在西部的决心。

> 我个性坚忍,但又脆弱得容不下一点点空洞,在这里我感到快乐与充实。
>
> ——新疆奇台县一中教师付静

与周毅一同参加西部计划的,有一个叫付静的江西女孩。不同于周毅,她曾经选择了离开,但内心的呼唤又让她回到了那里。

2003年,江西农业大学外语系毕业的付静,响应中央号召,来到数千公里外的新疆奇台县第一中学从事为期一年的志愿服务。服务期间,她带了两个班的英语课,还兼任了校团委副书记。她很快融入奇台一中这个大集体,受到领导的好评、同事的尊敬和学生的爱戴。在教学上,她勤做"学生",经常去听有经验的教师授课,并查阅大量教学资料,认真备课。她的课上得生动活泼,同学们乐听爱听。在课堂外,她注重和学生培养感情,以情育人,做他们的知心人。对那些家境贫困的学生,她还用为数不多的服务补贴为他们买日常生活用品和学习用品。

2004年8月,一年志愿服务期满后,付静很快被深圳一家外资企业录用,待遇优厚。但她无时无刻不在思念新疆的点点滴滴,回想着孩子们一双双渴求知识的眼睛。她无法割舍内心深处对新疆这片热土的眷恋,毅然决定重返奇台一中任教,扎根边疆。

付静说,这个选择,让自己感到了充实,"其实,我一直在追寻一种状态,一种生存的精神状态。在我的个性中具有很大的坚忍成分,但又脆弱得容不下一点点空洞。若是没有了起码的快乐与充实,活着才真是艰难!"

选择基层,收获成熟

我的根在农村,我的事业在农村。

——新疆英吉沙县萨罕乡副乡长吾斯曼江·司马义

2002年5月,年仅25岁的维吾尔族男孩吾斯曼江·司马义带着从新疆农业大学学到的知识和到基层工作的美好愿望,来到远离家乡的萨罕乡,成为萨罕乡养殖示范基地的技术员。

养殖业是一门科技含量较高的行业,吾斯曼江的到来,使乡里有了懂科技的能人。他针对乡里小尾寒羊的病情,采购了药品和针剂,用2个月的时间就基本控制了羊群的病情。由于他没日没夜超负荷工作,羊群的病情稳定了,他整个人也瘦了一圈。农民群众竖起大拇指,说城里来的大学生成了地地道道的"羊倌"和"羊医生"。

他投入很大精力研究"饲养学",通过科学配置饲料、炎热季节给小尾寒羊洗澡冲凉、早晚放牧等措施,使小尾寒羊的生长状况出现了良好转机,为乡亲们挽回了巨大损失。为了带动农民群众科学发展养殖业,他广泛向农民进行宣传讲解,并义务为50户农民提供养殖技术指导和科技示范引导。在他的示范和帮助下,全乡饲养的小尾寒羊由原来的4户70余只,发展到现在的47户500余只。

2005年,吾斯曼江开始负责全乡的畜牧业工作,他结合乡里的实际情况提出发展家禽业,并写出可行性报告提交给乡党委。今年元月份,在乡党委的支持下,他组织全乡83户养殖户建立了县里第一个"家禽养殖协会","农户+协会+公司"的模式成为萨罕乡村民增收的一条新路。现在,这个模式的经济效益已经初步体现,一家巴基斯坦公司与协会建立了长期购销合同,并承诺:你们的禽蛋有多少我们要多少!

吾斯曼江常说:"我是一名享受了党和政府少数民族优惠政策才完成大学学业的维族青年,我愿为国家和民族的发展奉献我的才能。"带着感恩的情怀,吾斯曼江把根扎在了农村,把事业放在了农村。

基层工作磨炼了我的毅力,增长了我的才干,培养了我的奉献精神。

——北京市轨道交通建设管理有限公司工程师李宏安

李宏安是个乐观的人,他常开玩笑说,自己工作在一个比基层还要基层的地方,是个"地下工作者"。事实也确实如此,自2002年从中国地质大学毕业后,他就一直从事地铁施工工作,地面以下 20 米,不是"地下工作者"是什么?

李宏安毕业后,来到了上海建工集团机械施工公司,任南京地铁一号线 TA7 标的项目部技术员。修建地铁使用的是一种叫盾构机的大型机械设备,这对于从未接触过盾构法施工技术的李宏安来说,是个未解的难题。为了尽快掌握,他几乎每天跟在老师傅后面,不懂就问,不会就看,参与了该工程的全部施工内容,熟练掌握了盾构法地铁隧道施工全部工艺流程,并先后攻克了盾构在流沙地层掘进控制、盾构出洞区土体液氮法冻结等技术难题。在 2004 年 2 月项目竣工时,他已由最初的一名技术员成长为项目技术部主任。

2004 年 9 月,他应聘到北京市轨道交通建设管理有限公司,担任地铁十号线项目管理处两个合同段、造价 5 个多亿工程的业主代表、十号线盾构标段技术组组长,成为北京地铁在建工程中最年轻的业主代表。

谈到自己的迅速成长,李宏安有个心得与所有面临毕业的大学生分享:"我想说,基层工作的锻炼让我有三个收获:磨炼了我的毅力,增长了我的才干,培养了我的奉献精神。到基层来吧,从基层出发!"

选择国防,收获坚毅

我坚信自己的选择,扎根雪域高原从军报国。
——西藏军区边防某连指导员王开钊

1998 年从贵州大学毕业时,王开钊所学的计算数学与应用软件专业十分热门,省直机关、电信部门和沿海几家外资企业竞相要他。就在他举棋不定之时,西藏军区到学校招收毕业生的消息,触动了他儿时的梦想,他毫不犹豫地递交了《入伍申请书》,选择到西藏的雪域边关。

到日喀则军分区报到后,分区领导想要把他留在机关。但王开钊想,既然来当兵,就要从基层干起;既然来边防,就要从哨所起步。于是他再三请求,来到了最艰苦的岗巴营。2001 年 5 月,王开钊经过连续 3 年申请,被批准担任查果拉第十七任哨长,成为第一位本科学历哨长,而且一干就是两年。他带领官兵,在营区种菜、植草、栽树,温室栽培,两年内建成 170 平方米的温室,将 20 多种蔬菜摆上战士的餐桌。他还在哨所建立雪山学校,给战士们补习文化,官兵的素质大幅提高,先后有 12 名战士考上大学,80% 的战士在服役期间掌握一到两门实用技术。他带领官兵苦战 200 天把哨所的防御工事进行拓宽,结束了查果拉哨所多年来"有哨卡无阵地"的历史。

"十年磨一剑,报国终有时",王开钊始终不后悔自己所选择的路:"因为基层需要我们,祖国需要我们!"

> 到作战部队去,可以升华你的人生;到基层去,可以实现你的人生价值;到祖国和人民最需要的地方去,祖国和人民永远会记得你。
>
> ——广州军区某营教导员刘开奉

与王开钊一样,刘开奉也是大学毕业后投笔从戎。那时,即将从湘潭大学硕士毕业的刘开奉正面临人生的多种选择,但投在我国驻南斯拉夫大使馆的美军导弹,促使他递交了《献身国防志愿书》。

2001 年,刘开奉被分到西部地区某作战师炮兵团当排长。刘开奉深知,当一个好兵,不能仅靠热情,更要军事素质过硬。于是他给自己制定了计划,从站军姿、练体能等最基础的科目练起。功夫不负有心人,经过苦练,他在2002 年年终考核时,一举取得全师同年龄段军官总评第二名的好成绩。

炮兵指挥专业是他要攻克的又一道难关,他找来《炮兵射击教程》等军事教材,刻苦钻研,几乎每晚都要熬到两三点钟。经过两年努力,他终于从一个门外汉变成了炮兵指挥的内行。

去年 3 月,组织上任命他为一个自组建 25 年来从未评上过先进的营的教导员,他发挥地方大学生干部接受新生事物的能力强,理解问题、把握关键、融会贯通的能力强的优势,从加强营队思想政治教育入手创新教育方法,在营里开展局域网上教育,既激发了官兵兴趣,又增强了教育实效,一年时间内就把一个连和营从落后状态带成集团军的先进单位,受到了中央军委的嘉奖。

选择创业,收获希望

> 选择本身并没有绝对优劣对错,但如果我们能把自身优势、时代机遇和国家需要紧密结合起来,就最有可能、最大限度释放出自己的青春潜力。
>
> ——科大讯飞公司总裁刘庆峰

1999 年,刘庆峰还在中科大攻读博士学位时,就着手创办了自己的企业——科大讯飞公司。在当时,究竟是像其他毕业生那样选择出国留学,还是留在国内创业,成为他人生历程中一次重要而又艰难的选择。

刘庆峰最终还是选择留下来自主创业,并将方向定位在智能语音技术。那时,中文语音产业基本控制在国外公司手中,国内语音专业优秀毕业生也基本外流,但刘庆峰感到,智能语音技术不仅具有广阔的产业前景,同时还在民族语言国际推广、军事等国家核心价值领域有着重要应用,因此他心中有一个信念:"中文语音技术应当由中国人做到最好,中文语音产业应当掌握在中国人自己手中。"

回首创业历程,处处充满艰辛。凭着充满激情又脚踏实地的作风,科大讯飞由一个名不见经传的小企业,发展到今天我国语音产业唯一的"国家863计划成果产业化基地"。企业研制的中文语音合成技术在历次国内、国际权威评比中均名列第一,不仅在中文语音核心技术上牢牢控制了制高点,而且占据了中文语音主流市场80%的份额,并正在代表国家牵头制定中文语音标准,彻底改变了中文语音产业完全控制在国外IT巨头手中的局面。2005年年末,科大讯飞荣获了中国信息产业自主创新最高奖励"国家信息产业重大技术发明奖",被业界公认为"语音产业国家队"。

"在当今这个充满创新的年代,只有敢想敢试的人,才能获得最快的进步和最大的发展!"这是一名创业成功者给青年学子的寄语。

> 不仅农村建设缺少大学生,就是和农业联系密切的领域与企业,也同样缺少并需要大学生,这里天地广阔,空间巨大,可以大有作为。
>
> ——杨凌本香农业产业集团有限公司董事长燕君芳

创业并非男人的专利,"巾帼创业英雄"燕君芳用自己的努力告诉大家,只要有梦想,创业就有可能。

燕君芳回忆说,还是在西北农业大学上学时,她就做好了创业的准备,注意在学习与实践中提高自己的能力。她抓住一切可利用的时间到图书馆查阅农业和农村方面的书籍资料,走出校门,跟着一些饲料企业、兽药企业、养殖场,到很多的养殖户家帮他们搞防疫。

1998年毕业时,燕君芳已经比较清楚农业的发展方向和现状,找到了自己毕业后发展的切入点——从饲料做起。燕君芳筹借了3万元资金,办起一个只有十几平方米的小饲料门市部,销售势头还不错。三个月后,燕君芳尝试着办了一个预混料厂,主要产品是猪系列饲料。后来,燕君芳创办了她的第一个企业——杨凌君达饲料有限公司。

2001年6月,公司开始了规模化发展,四个一级法人的子公司先后成立。2004年7月根据公司的发展需要,燕君芳组建了本香农业产业集团。按照企业的战略发展目标,确立了发展思路:以生猪产业化为目标,精心打造集"饲料生产—种猪繁育—商品猪养殖—猪肉深加工—产品连锁专卖"为一体的安全猪肉产业链。目前集团总投资 1.1 亿元,每年为市场提供瘦肉型光明种猪 1 万头,商品猪 3 万头,无公害安全饲料 2 万吨,安全猪肉 3.5 万吨,成为陕西省的龙头企业。

"我是一个地地道道的农家女娃,我的成长靠不上家庭背景,就业时也没有什么可依赖的社会人脉。我靠的是国家的富民政策,靠的是知识的力量和拼搏的勇气。"燕君芳的创业经验告诉大学生,就业的路其实很宽。

【点评】 这篇参考案例呈现给大家的是由 8 位大学毕业生青春的选择绘成的精彩人生画卷。目的在于引导大学生明白:人生总会面临多种选择,有选择就会有得有失,在个人需要和社会需要之间如何抉择,是摆在大学生面前无法回避的难题。而此案例很好地证实了如果能把自身优势、时代机遇和国家需要紧密结合起来,就可能最大限度释放出自己的青春潜力,体现自己的人生价值;到祖国和人民最需要的地方去,收获自己精彩的人生。每一个人就如同一根蜡烛,越是放到黑暗阴冷的地方,越能让人感受到"蜡烛"的光亮和温暖,越能获得人们的珍爱,"为人民服务"的人生是最有价值的人生。

延伸阅读

"感动中国"2011 十大人物

1. 朱光亚:一生就只做了一件事

事迹:20 世纪 50 年代末,朱光亚被任命为中国核武器研制的科学技术领导人。他负责并组织领导中国原子弹,氢弹的研究、设计、制造与试验研究,地下核试验的攻关,高技术研究发展计划的制订与实施,国防科学技术研究发展及军备控制问题研究等工作,为中国核科学技术事业的发展作出了重大贡献。20 世纪 80 年代中期,他还参与了"863"计划(国家高技术研究发展计划)的制定和实施。

获奖名片:中华之光

推选委员评价:感动中国推选委员陈章良这样评价朱光亚:总揽全局,心怀祖国,中国核事业的领航人,保卫的是国家,捍卫的是尊严,显示的是中华民族的铮铮傲骨!

推选委员阎肃说:肃然起敬,卓越功勋,他代表的群英,使我们的民族——自强,自信,自立,自尊!

颁奖辞:人生为一事来。他一生就做了一件事,但却是新中国血脉中,激烈奔涌的最雄壮力量。细推物理即是乐,不用浮名绊此生。遥远苍穹,他是最亮的星。

2. 胡忠、谢晓君夫妇:坚守藏区支教 12 年

事迹:在去四川藏区福利学校支教前,胡忠、谢晓君夫妇都是成都某名校的老师。2000 年,胡忠看了一篇关于甘孜州康定县塔公乡一所孤儿学校急需老师的报道,动了支教的念头,得到妻子的支持。3 年后,谢晓君带着 3 岁的女儿也来到这里支教。2006 年 8 月,一所位置更偏远、条件更艰苦的学校创办了,她主动前往当起了藏族娃娃们的老师、家长甚至是保姆。

获奖名片:高义薄云

推选委员评价:感动中国推选委员杜玉波这样评价胡忠、谢晓君夫妇:他们的高原红,是阳光的沉淀,也是心中澎湃的热血在脸上的体现,这是我们这个时代最新鲜最健康的红润。这一票我要表达向他们的敬意和赞美。

推选委员于丹说:这两位老师让我们知道,人最大的富庶在于爱和信念的坚持,他们用生命提携了孤儿的成长,在一个物质繁盛的时代里,他们仍然让世界相信——精神无敌。

颁奖辞:他们带上年幼的孩子,是为了更多的孩子;他们放下苍老的父母,是为了成为最好的父母。不是绝情,是极致的深情;不是冲动,是无悔的抉择。他们是高原上怒放的并蒂雪莲。

3. 吴孟超:设身处地为病人着想

事迹:吴孟超是世界上 90 岁高龄仍然工作在手术台前的唯一一位医生。他不仅是一位优秀的肝脏科临床医生,更是一位杰出的医学研究者,是我国肝脏外科医学的奠基人。50 年间,吴孟超推动中国的肝脏医学从无到有,从有到精,他的成就令全球同行瞩目、敬佩。他总是设身处地为病人着想,要求医生用最简单、最便宜、最有效的方法为病人治疗。

获奖名片:肝胆春秋

推选委员评价:推选委员任卫新说:吴老以 90 高龄,与患者肝胆相照。作为医生,作为军人,他都是一座丰碑。

颁奖辞:60 年前,他搭建了第一张手术台,到今天也没有离开。手中一把刀,游刃肝胆,依然精准;心中一团火,守着誓言,从未熄灭。

4. 刘伟:无臂钢琴师

事迹:"我的人生中只有两条路,要么赶紧死,要么精彩地活着。"这是无臂钢琴师刘伟的励志名言。刘伟 16 岁学习打字;19 岁开始用脚学习弹钢琴,一年后就达到相当于用手弹钢琴的专业7级水平;22岁挑战吉尼斯世界纪录,一分钟打出了233个字母,成为世界上用脚打字最快的人;23岁他登上了维也纳金色大厅舞台,让世界见证了这个中国男孩的奇迹。

获奖名片:隐形翅膀

推选委员评价:感动中国推选委员易中天这样评价刘伟:无臂钢琴师刘伟告诉我们:音乐首先是用心灵来演奏的。有美丽的心灵,就有美丽的世界。

推选委员陆小华说:脚下风景无限,心中音乐如梦。刘伟,用事实告诉人们,努力就有可能。今天的中国,还有什么励志故事能赶上刘伟的钢琴声?

颁奖辞:当命运的绳索无情地缚住双臂,当别人的目光叹息生命的悲哀,他依然固执地为梦想插上翅膀,用双脚在琴键上写下:相信自己。那变幻的旋律,正是他努力飞翔的轨迹。

5. 杨善洲:好书记杨善洲退休后义务植树22年

事迹:原任云南保山地委书记的杨善洲,已于2010年10月因病逝世。他从事革命工作近40年,两袖清风,清廉履职,忘我工作,一心为民。1988年退休后,他主动带领大家植树造林5.6万亩。去世前,他从当地政府颁发给他的20万元特别贡献奖中捐出了16万元,并将价值3亿元的林场无偿上缴给国家。

获奖名片:公仆本色

推选委员评价:感动中国推选委员孙伟这样评价杨善洲:杨善洲的60年告诉我们:大公无私、坚守信念、一生奉献依然是党员干部的根本。

推选委员陈淮说:一个人能够给历史、给民族、给子孙留下些什么?杨善洲留下的是一片绿荫和一种精神!

颁奖辞:绿了荒山,白了头发,他志在造福百姓;老骥伏枥,意气风发,他心向未来。清廉,自上任时起;奉献,直到最后一天。60年里的一切作为,就是为了不辜负人民的期望。

6. 阿里木:烤羊肉串的阿里木 8年资助上百名贫困生

事迹:40岁的阿里木10年前来到贵州省毕节市,以烤羊肉串为生。毕节市有不少穷困学生上不了学,阿里木便用烤羊肉串挣来的钱资助贫困学生。8年来,几万元钱全部捐献出来资助了上百名贫困学生。很多网友被他的故事所感动,亲切地称他为"烤羊肉串的慈善家"和"草根慈善家"。

获奖名片:义侠巴郎

推选委员评价:推选委员陈菊红说:传说贵州晴天很少,阿里木的行动给这里带来了照亮人内心世界的热烈的阳光。

颁奖辞：快乐的巴郎，在烟火缭绕的街市上，大声放歌。苦难没有冷了他的热心，声誉不能改变他的信念。一个人最朴素的恻隐，在人群中激荡起向善的涟漪。

7．张平宜：让麻风村孩子受教育

事迹：张平宜曾经是台湾《中国时报》的资深记者。2000年，为了采访大陆麻风康复村的现状，她来到了四川省西部一个叫大营盘的小村庄。2002年，她履行自己的承诺，为村庄小学兴建了"中华希望之翼服务协会"，致力于大营盘麻风病人子女的教育。11年来，在四川凉山彝族自治州越西县，张平宜将一个供麻风村子女上学的教学点逐步建成为完善、正规的学校，2005年至今已培养百余名毕业生。

获奖名片：希望之翼

推选委员评价：推选委员彭长城说：为了一个底层群体的生活和尊严，为了打破这个群体的宿命，她勇敢地去挑战去行动。她对人性的关怀和尊重，已到了捍卫的程度。

推选委员王晓晖说：一只希望的青鸟，飞过海峡，落在大山中被遗忘的角落。当人们看到久违的笑容和自信浮现在麻风村人的脸上，就会明白希望之翼的真正含义。

颁奖辞：蜀道难，蜀道难，台湾娘子上凉山。跨越海峡，跨越偏见，她抱起麻风村孤单的孩子，把无助的眼神柔化成对世界的希望。她看起来无比坚强，其实她的内心比谁都柔软。

8．吴菊萍：托举生命的最美妈妈

事迹：2011年7月2日下午，杭州滨江白金海岸小区。两岁的妞妞趁奶奶不注意，爬上阳台外的晾衣竿，突然从10楼坠落，楼下过往的人们望见便厉声尖叫起来，这一叫把吴菊萍给唤了过来，只见她踢掉高跟鞋，张开双臂，冲过去接住了妞妞。

被紧急送往医院后，吴菊萍被诊断为左手臂多处粉碎性骨折，尺桡骨断成三截，预计半年才能康复。逃过一劫的妞妞在10天后苏醒过来，开口叫了"爸爸、妈妈"。

"这是本能，是一个母亲应该做的事情。"躺在病床上，吴菊萍一脸平静。事件发生时，她的孩子只有七个月大，尚在哺乳期。

荣誉铺天盖地，吴菊萍保持了清醒的认识，"我只是普通人，问心无愧就好"。公司奖励了 20 万元,她留作自用,为此背负了不少压力。"我需要好好生活,好好工作,才有能力去帮助身边的人。"赡养父母、培养孩子、还有房贷……任何普通人,都无法对这些现实问题视而不见。

"我会把重心调整回工作、家庭中来,减少媒体活动。"吴菊萍年后将重返工作岗位,她最大的心愿是看着妞妞与自家孩子健康长大。

获奖名片:最美妈妈

推选委员评价:推选委员朱玉说:她有一双最柔弱的臂膀,也是 2011 年中国最有力的臂膀。

颁奖辞:危险裹胁生命呼啸而来,母性的天平容不得刹那摇摆。她挺身而出,接住生命,托住了幼吾幼以及人之幼的传统美德。她并不比我们高大,但那一刻,已经让我们仰望。

9. 孟佩杰:恪守孝道的平凡女孩

事迹:命运对孟佩杰很残忍,她却用微笑回报这个世界。5 岁那年,爸爸遭遇车祸身亡,妈妈将孟佩杰送给养母刘芳英抚养。养母三年后因手术失败瘫痪在床,养父不堪生活压力,一走了之。绝望中的刘芳英曾企图自杀,但她放在枕头下的 40 多粒安眠药片被孟佩杰发现。"妈,你别死,妈妈不死就是我的天,你活着就是我的心劲,有妈就有家。"

从此,母女二人相依为命,家中唯一的收入来源是刘芳英微薄的病退工资。当别人家的孩子享受宠爱时,8 岁的孟佩杰已独自上街买菜,放学回家给养母做饭。个头没有灶台高,她就站在小板凳上炒菜,摔了无数次却从没喊过疼。

在同学们的印象中,孟佩杰总是来去匆匆。她每天早上 6 点起床,替养母穿衣、刷牙洗脸、换尿布、喂早饭,然后一路小跑去上学。中午回家,给养母生火做饭、敷药按摩、换洗床单……有时来不及吃饭,拿个冷馍就赶去学校了。晚上又是一堆家务活,等服侍养母睡觉后,她才坐下来做功课,那时已经 9 点了。

"女儿身上最大的特点是有孝心、爱心和耐心。"刘芳英说,如果有来生,她要好好补偿女儿。为配合医院的治疗,孟佩杰每天要帮养母做 120 个仰卧起坐、拉腿 240 次、捏腿 15 分钟。碰上刘芳英排便困难,孟佩杰就用手指一点点抠出来。

2009 年,孟佩杰考上了山西师范大学临汾学院。权衡之下,她决定带着养母去上大学,在学校附近租了间房子。大一那年的暑假,孟佩杰顶着炎炎烈日上街发广告传单,拿到工资后的第一件事就是买养母最爱吃的红烧肉。

"我只不过做了每个女儿都会做的事。"不少好心人提出过帮助,都被孟佩杰婉拒了,她坚持自己照顾养母。

虽然孟佩杰的身世可怜,但她不向命运低头,依然勇敢地面对生活。

孟佩杰的毕业愿望是当一名小学老师,与养母简单、快乐地生活。

获奖名片: 孝女当家

推选委员评价: 推选委员王振耀说:童稚的年岁,她一力撑起几经风雨的家。她的存在,是养母生存的勇气,更是激起了千万人心中的涟漪。

颁奖辞: 在贫困中,她任劳任怨,乐观开朗,用青春的朝气驱赶种种不幸;在艰难里,她无怨无悔,坚守清贫,让传统的孝道充满每个细节。虽然艰辛填满四千多个日子,可她的笑容依然灿烂如花。

10. 刘金国:烈火锻造的铁血将帅

事迹: 回忆起"7·16"大连新港火灾事故,相信许多人心有余悸。

2010年7月16日傍晚,大连新港的输油管线在油轮卸油作业时因原油泄漏发生火灾,火势顺排污渠蔓延。火情就是命令。公安部副部长、纪委书记刘金国第一时间率领专家组赶赴现场,指导救灾。面对长达数千米的火线、数十个储量巨大的油罐随时爆炸的危险,刘金国在前沿连续指挥了7个小时,直至将大火扑灭。

每逢重大突发事件,刘金国都亲临一线指挥。2008年的"5·12"汶川特大地震救援中,他担任公安部前线总指挥,紧急调集、指挥全国2万多名公安专业救援力量,从废墟中搜救出被埋压人员8335人。

铁血将帅的另一张面孔是两袖清风的忠诚卫士。1995年,刘金国调到河北省公安厅,搬家时他的全部家当只有半卡车旧家具和一台黑白电视机。单位分给他一套房子,需要交4.6万元的集资款,但刘金国硬是拿不出这笔钱,最后只能找银行贷款。担任领导职务的几十年,刘金国亲手审批过近20万个"农转非"指标,可他自己的38个亲属无一跳出"农门"。

获奖名片: 烈火金刚

推选委员评价: 推选委员陈小川这样评价刘金国:心有道德追求的人,行为永远不会逾越内心的道德底线。当他的道德追求堪称高尚时,他的内心就会有无限的满足感。

推选委员涂光晋说:正因为头顶有国徽,心中有人民,他才能如此清正廉洁,疾恶如仇,临危不惧,知难而上。

颁奖辞: 贼有未曾经我缚,事无不可对人言。是盾,就矗立在危险前沿,寸步不退。是剑，就向邪恶扬眉出鞘，绝不姑息。烈火锻造的铁血将帅，两袖清风的忠诚卫士。

白方礼：走过 10 年的"感动中国"活动还向以白方礼老人为代表的长年热心公益事业而未能获得荣誉称号的所有爱心人士表示特别的致敬。

事迹：白方礼生于 1913 年，祖辈贫寒，13 岁起就给人打短工。他从小没念过书，1944 年，因日子过不下去而逃难到天津，流浪几年后当上了三轮车夫。

1974 年白方礼从天津市河北运输场退休后，曾在一家油漆厂补差。1982 年，老人开始从事个体三轮客运。每日里早出晚归、辛劳奔波，攒下了一些钱。1987 年，已经 74 岁的他决定做一件大事，那就是靠自己蹬三轮的收入帮助贫困的孩子实现上学的梦想。这一蹬就是 10 多年，直到他 92 岁逝世。

为了让贫困的孩子们能安心上学，白方礼老人靠自己的劳动，在 10 多年的时间里先后捐款 35 万元，资助了 300 多个大学生的学费与生活费。

捐款数：以下是白方礼同志捐款的不完全记录：1988 年，为中小学幼儿教师奖励基金会捐赠 5000 元；1989 年，为天津市教师奖励基金捐款 800 元；1990 年，为河北沧县大官厅乡教育基金捐款 2000 元；1991 年，为天津市河北区、津南区教师奖励基金、北门东中学和黄纬路小学等捐款 8100 元；1992 年，为"希望工程"和家乡白贾村小学捐款 3000 元；1993 年，为我国建立的第一个"救助贫困地区失学少年基金"捐款 1000 元；1994 年，为天津市河北区少年宫捐款 1000 元；自 1995 年开始的 3 年间，为红光中学的藏族困难学生资助近 5 万元，为天津大学困难学生资助近 5 万元；自 1996 年开始，用"白方礼支教公司"的全部税后利润资助南开大学困难学生，总金额约 3.4 万元；2001 年，白方礼捐出了最后一笔钱。年近 90 岁的他已无力再蹬三轮车，也无力再经营他的支教公司，就在车站上给人看车，还把一角、两角的零钱装在一个饭盒里，存够 500 元后又捐了出去。此外，在白方礼十几年的蹬车支教历程中，还先后为中国青少年发展基金会、第 43 届世乒赛、市养老院等捐助款项。

曾经的感动中国：白方礼同志曾获央视"感动中国 2004 年度人物评选"前 20 名候选人物之一、首届"中国消除贫困奖"奋斗奖提名奖、全国尊师重教先进个人、全国老有所为精英奖、全国支教模范等称号。对于白方礼老人"感动中国 2004 年度人物评选"的落选，有网友曾发帖《白方礼，你凭什么感动中国》对"感动中国"评审组委会进行暗讽。2008 年 3 月 13 日，白方礼去世 3 年后，在 46 家网络媒体联合主办的首届"感动中国人物"评选中，在这个没有奖品、没有奖金、没有颁奖晚会的网上评选中,他终于"感动中国"。2012 年,在"感动中国"的颁奖典礼上,白方礼老人以草根助学的代表成为特别奖的得奖者之一。"感动中国"评选组委会以"白方礼们"的形式,对老人表示了敬意,也对那些和老人一样默默帮助着失学儿童重返校园的人们表示敬意。在晚会上,主持人对老人评价道:"在《感动中国》走过 10 年的时候,请接受我们的特别敬意,白方礼们!让我们传递着鲜花,传递着温暖,带着白方礼们给我们的这种人间的温度,走进新的春天。在这新的一年当中,我们已经行走了一段时间,急匆匆的脚步里面,我们留给世界的不能只是背影,还应该有我们的期待,为了爱和幸福,让我们为我们每一个人加油!"

名人格言

人生天地之间,若白驹过隙,忽然而已。

——庄子

人固有一死,或重于泰山,或轻于鸿毛。

——司马迁

人的生命是有限的,可是,为人民服务是无限的,我要把有限的生命,投入到无限的为人民服务之中去。

——雷锋

人最宝贵的东西是生命,生命属于我们只有一次。人的一生应当这样度过,当他回首往事的时候,不因虚度年华而悔恨,也不因碌碌无为而羞耻……

——保尔·柯察金

生命的多少用时间计算,生命的价值用贡献计算。

——裴多菲

内容充实的生命就是长久的生命。我们要以行为而不是以时间来衡量生命。

——小塞涅卡

推荐书目

1. 中央创先争优活动领导小组编:《杨善洲的故事》,党建读物出版社,2011 年。

杨善洲同志坚守一生为大多数人谋利益,是一个在"退"与"不退"间找寻生活真谛的优秀共产党员。他用生命的实践告诉我们,真正的共产党人会永远把党和群众的利益摆在第一位,时刻想的是怎么更好地为人民服务。他不仅给家乡人民留下5.6万亩郁郁葱葱的山林,更留下一笔宝贵的精神财富,启迪广大领导干部和党员在工作和生活中,如何以脚踏实地的行动和坦荡无私的精神,在人生路上书写正确的群众观、权力观、名利观。

该书收录了杨善洲同志40个真实可信、亲切朴实的感人故事并配有图片,从不同侧面诠释了杨善洲同志的模范事迹和崇高精神,是学习宣传杨善洲同志的生动教材。

2. 于娟:《此生未完成》,湖南科学技术出版社,2011年。

该书是一名普通的复旦大学女教师对生命的深刻解读,是一部用生命写成的书。作者于娟是抗癌斗士、博客达人、生命觉悟者、海归、博士……当这个年轻的生命走到尽头时,褪却人世浮华,她其实只是一个普通的女儿、妻子、母亲。"名利权情,没有一样是不辛苦的,却没有一样可以带去。"简单的感触却照透了每个人的内心。走向死亡的过程是如此黑暗,于娟却努力让这段路变得有光明。没有哪本书像这样用切身经历告诉我们:生病之后才知道健康活着就是好。相信在这样的故事里,读者除了感叹也会从中发现自己的影子。

3. 张笑恒:《会说话的女人最出色》,朝华出版社,2008年。

语言是人与人之间的纽带,纽带质量的好坏,直接决定了人际关系和谐与否,进而会影响到事业的发展以及人生的幸福。尤其对于女人,卓越的口才、有技巧的说话方式,不仅是家庭幸福的法宝,更是事业披荆斩棘的利剑、增加自身个性魅力的砝码。该书虽是结合女性的心理特点、性格等不同方面来为女性诠释不同的说话技巧,但书中引用的大量生动的故事、透彻的分析、通俗易懂的语言,对于正在成长、将要踏上社会中的男女大学生来说都是非常实用有效的实践经验。

4.《读者》杂志社编:《百味小品》,甘肃人民出版社,1996年。

该书共有7个篇章:感怀篇、咏物篇、情爱篇、人物篇、人生篇、幽默篇、杂辑,收录了胡适、朱自清、冰心、林语堂、罗兰、席慕容、达·芬奇、屠格涅夫、契科夫、富兰克林等古今中外名家的小品,文章短小精炼,文字清新隽永,内容涉猎广泛,令人常读常新、回味无穷。在当前高速运转的生活节奏中,该书可为大学生在学习奋斗中送去一份高营养、易吸收的"心灵鸡汤"。

5. [美]沃斯,[新西兰]德莱顿:《学习的革命》,顾瑞荣等译,上海三联书店,1998年。

该书是一本有关学习方法的畅销书。作者彻底颠覆了以往的学习理念，告诉你怎样才能一天读 4 本书，并且把它们记住；怎样在 4 到 8 周内掌握一门外语的核心内容；如何保持终身学习；如何在学校中领先，即使开始时你处于劣势；怎样才能在商务、学业、生活方面作出最佳决定；怎样找到最适应自己的学习、思考和工作方式；如何使学生在学习上突飞猛进。它涉及成年人和青年人都面临的最主要的问题，强调应该学会"怎样学"的问题，从而在最短的时间内获得最大效益和最佳结果。

6. ［美］杰克·伦敦：《野性的呼唤》，外语教学与研究出版社，2010 年。

该书又译为《荒野的呼唤》（*The Call of the Wild*），是作家杰克·伦敦于 1903 年发表的著名小说。故事叙述了一名叫巴克的狗历经磨难，最终回到了自然的野生环境。虽然巴克只是一条狗，但是它艰苦卓绝的生存道路，反映了作家所生活的时代中的个人奋斗的真谛。作者通过作品向人们揭示这样一个道理：在生存的道路上，在险恶的自然与社会环境下，在面对困难和挫折时应有不屈的人生态度，只有精英与超人（如小说中的巴克那样的物种）才有成功的可能。

7. 周国平：《人与永恒》，湖南人民出版社，2010 年。

该书是作家周国平的第一本随笔集，也是出版后最受读者欢迎的作品之一。当人们为了生活忙碌，忘记了思考，作者却将他经过深思熟虑的生活感悟呈现出来，他用散文的笔调写他的哲学思考：人、自然和生命、爱、孤独、人生、美、超脱、幸福和痛苦、幽默、女人和男人、天才、婚姻、死、时间和永恒等 26 个话题，内容精辟深刻，文字优美而富有哲理。他的文字充满了对人生的哲思，他的哲学贴近人们的生活，令人回想深思。正像他书中说的："人是惟一能追问自身存在之意义的动物。这是人的伟大之处，也是人的悲壮之处。……寻求生命的意义，所贵者不在意义本身，而在寻求，意义就寓于寻求的过程之中。"

8. 朱永新主编：《阅读，让城市更美丽——苏州创建书香城市纪实》，人民出版社，2011 年。

阅读是人类接受教育、发展智力、获得知识信息的最根本途径。一个国家的国民阅读水平决定着这个国家社会发展的文明程度。该书从阅读的本质、内涵及其现代走向、阅读的价值、阅读与城市、与政府、与家庭、与学校等多维角度深入阐述了全民阅读作为国家战略所具有的现实意义。我们的学校教育不仅要像提供母乳一样给孩子们提供最初的滋养，最重要的是要通过引导学生自主阅读让他们学会自由飞翔，掌握一种主动去承继和发展的力量。通过本书的阅读让大学生们领悟到阅读可以让我们的精神世界更加宽阔而充实,通过阅读不同的人生,在有限的生命当中欣赏无限的美景,体验精彩人生,领悟人生真谛,进而改变我们自己,改变我们的生活,改变我们的社会,改变我们的世界;通过阅读,我们不一定能实现我们的人生梦想,但一定可以帮助我们更接近我们的人生梦想,创造我们的人生价值。

9.《雷锋读本》编辑组:《雷锋读本》,中国法制出版社,2012 年。

这是一本雷锋个人文集,收录了雷锋的语录、日记、诗歌、书信、发言等。雷锋的日记,不仅是一个人思想的载体,更是一个时代留下来的音符;一个伟大生命的信念在这里传递,情感在这里抒发,品格在这里沉淀、彰显。通过引导大学生们重新阅读雷锋的人生,深刻解读雷锋鲜活的形象;思考人生哲理;最终领悟如何在平凡中成就伟大,如何在爱的奉献中获得永生。

10. 王咏刚,周虹:《乔布斯传》,上海财经大学出版社,2011 年。

该书由李开复亲自联系,通过深度访谈苹果公司最早的风险投资者、苹果公司前董事会成员以及熟悉乔布斯的人,获得了"独家爆料"式的第一手素材,经过细致整理、考据和武侠小说一般精彩的叙事文笔打磨,使其成为一部真正符合中国人阅读习惯的、有料、好读的书。该书叙述了乔布斯曲折的经历和复杂的个性、他的成功与嚣张以及遭受的打击……他的漂泊 10 年,一个人从最高处落到最低谷,能爬起来并改变世界,这里蕴含着最真实的心路历程。他是如何做到的? 他思考了什么? 他如何度过每一天? 他成长的 10 年里,有着众多的答案。乔布斯本身就是一个传奇,他的成功无法复制! 虽然乔布斯纵横捭阖、自由不羁的性情是学不到的,他的传奇人生更是可遇而不可求的;但乔布斯在创新、创业历程中那些有效的方法论,在遭遇挫折后的态度和思考,能引导大学生积极参考,激发、鼓励青年学子为自己喜欢的事业而奋斗。

第四章
加强道德修养　锤炼道德品质

　　道德是做人之本,在建设中国特色社会主义的伟大实践中,大学生不仅要掌握现代科学文化知识,还要具备高尚的道德品质。因此,本章重点是引导大学生继承和弘扬中华民族优良道德传统,全面把握社会主义道德建设的核心和原则,践行社会主义荣辱观,恪守公民基本道德规范,提高道德修养的自觉性,形成健全的人格和高尚的品质。

理论讲堂

【教学目的】

　　本章的教学目的在于引导学生正确认识道德的起源、本质、作用和发展规律,了解中华民族优良道德传统的主要内容,认识继承和弘扬中华民族优良道德传统的重大意义,掌握对待中国传统道德文化和人类道德文化遗产的正确方法;正确认识社会主义道德与社会主义市场经济及其建设的辩证互动关系;正确理解为人民服务是社会主义道德建设的核心、集体主义是社会主义道德建设的原则和社会主义荣辱观的科学内涵。使学生明确恪守公民基本道德规范的意义和要求,形成自觉的道德意识,特别是大学生加强诚信道德建设的重要性,进而在实际生活中不断提高自己的道德修养和道德品质。

【教学重点】

　　1. 道德的起源、本质、功能和历史发展;

　　2. 在发展社会主义市场经济条件下加强社会主义道德建设的必要性和重大意义。社会主义道德建设的核心和社会主义道德建设的基本原则;

　　3. 公民道德建设的重点及大学生的诚信道德建设问题;

　　4. 社会主义道德建设与树立社会主义荣辱观。

【要点导读】

导读一　道德的本质及其历史发展

自从有了人类社会,道德就产生了,它既是一种古老的文明,也是一种现代的文明。道德作为人类行为的一种准则和规范,是用来调节人与人之间关系的,道德是做人的规矩。正确认识道德的起源、本质、作用等,从而深刻理解加强道德建设的重要性和必要性,增强道德建设的自觉性和主动性。

一、道德的起源

关于道德的起源有许多不同的说法,马克思主义立足于社会存在决定社会意识的历史唯物主义观点,从人类的社会实践和历史发展中寻求道德的起源,科学地解决了这一问题。马克思主义认为,道德作为一种社会现象,经历了一个漫长的发展演变过程,其产生有多方面的条件。首先,劳动是人类道德起源的历史前提。劳动在道德起源中的作用表现在:劳动活动创造了道德主体,人类通过劳动活动,使人自身成为现实的社会的人;劳动活动创造了对道德的需要,随着劳动活动日趋复杂、对分工和协作的要求逐渐增多,需要一种劳动本身以外新的东西来执行维持劳动过程职能的东西,这就是风俗习惯和后来的道德;劳动活动还创造了道德产生与发展的动力。其次,社会关系的发展为道德的起源提供了直接的基础。只有在社会中,在发生个人与整体、个人利益与整体利益的关系的时候和地方,只有当人脱离了动物界并将其合群的本能上升为交往关系时,道德才有可能出现。离开了社会关系,就不会形成人,也不可能产生人的道德。道德的出现不仅必然以社会关系为前提,而且还必须以复杂到一定程度的社会关系为依据。道德从萌芽到形成,是与社会关系的日趋复杂密切联系的。道德关系的建立是道德发生过程中的一个伟大进步。再次,人类自我意识的形成与发展是道德产生的主观条件。当人们意识到自己作为社会成员与其他动物的根本区别,意识到自己与他人或集体的不同利益关系以及产生了调解利益矛盾的迫切要求时,道德才得以产生。劳动、关系和意识,三者是密不可分的。劳动是在人的自觉意识支配下的劳动,关系也是人自觉意识到的关系。意识的形成过程也就是道德起源的过程。

二、道德的本质

（一）道德是一种社会意识

马克思说："道德属于上层建筑的范畴，是一种特殊的社会意识形态。"道德是社会经济关系的反映，是由经济基础决定的。首先，社会经济关系的性质决定道德体系的性质。有什么样的社会经济结构，就有什么样的道德。对应人类历史上以生产资料公有制为基础和以生产资料私有制为基础的经济结构，存在着两种道德：体现全体人民意志的社会主义道德和体现阶级对立的阶级社会的道德。其次，社会利益关系决定道德的基本原则和主要规范。恩格斯指出："每一个社会的经济关系首先是作为利益表现出来的。"原始公有制的经济必然产生统一的社会利益，个人利益从属于氏族部落的利益。在阶级社会，利益是从属于阶级经济地位的利益。社会主义社会消灭了阶级对立的经济根源，为形成真正的社会整体利益、为整体利益与个人利益的统一创造了条件，同时也为集体主义的道德原则和爱祖国、爱人民等道德规范奠定了基础。再次，在阶级社会，阶级性是道德的基本属性。在各个阶级社会的经济结构中，处于不同经济地位的人们形成了不同或根本对立的阶级利益，这些不同的阶级利益必然形成各个阶级不同的甚至完全对立的道德观念、道德情感和道德规范体系，它们之间的矛盾和斗争，也总是围绕着本阶级的现实和未来的利益而展开的。阶级社会的经济关系，不仅决定着不同道德体系的阶级属性，而且直接决定着各种道德体系的社会地位。最后，社会经济关系的变化必然引起道德的变化。一旦旧的社会经济关系完全被新的社会经济关系所代替，新的社会道德便会或迟或早地取代旧道德而居于社会的统治地位，决定着新时代整个社会的道德面貌。在人类道德史上，一切道德上的兴衰起伏、进退消长，归根到底，无不源于社会经济关系的变革。即使在同一个社会里，社会经济关系的某些变化也会引起社会道德的相应变化。

（二）道德是特殊的规范调解方式

道德、法律、政治从根本上说都是由社会关系尤其是经济关系决定的，以规范为核心内容的，但与政治、法律相比，道德的规范本质更明显、更突出，道德就是由各种各样的规范组成的规范体系。离开规范就无所谓道德。首先，道德规范是一种非制度化的规范。政治规范、法律规范是制度化的规范，是经国家、政治团体或阶级以宪法、章程、司法机构等形式表现出来的意志，是特殊的社会制度。而道德规范不是被颁布、制定或规定出来的，而是处于同一社会或同一生活环境的人们在长期的共同生活过程中逐渐积累形成的要求、秩序和理想,它表现在人们的视听言行之上,深藏于品格、习性、意向之中。其次,道德规范并没有也不使用强制性手段为自己开辟道路。法律规范作为一种阶级意志的体现,它是以强制手段强迫人们执行的,遵守它就获得了在社会中生活和行动的权利,否则就会受到惩罚。道德规范的实施则主要是借助于传统习惯、社会舆论和内心信念来实现的。教育、宣传、大众传播媒介等也常常是道德规范转化为人们实际行动的重要手段。再次,道德规范是一种内化的规范。道德规范只有在为人们真心诚意地接受,并转化为人的情感、意志和信念时,才能得到实施。内化的规范也称为良心,良心是人们思想、言行的标准、尺度和检察官,良心形成特定的动机、意图、目的,良心促使人去遵守社会规范。法律规范不管人们是否有遵守的动机,只要在行动上没有违反就不去干涉。迫于外界压力而循规蹈矩的人,可以是法律意义上的好公民,但不一定是道德意义上的善人。

(三) 道德是一种实践精神

道德是人类的实践精神,是人类把握世界的特殊方式,是人类完善和发展自身的活动。马克思在《1857—1858 年经济学手稿》中,曾把人类把握世界的方式分为四种,即科学理论的、艺术的、宗教的和实践精神的。道德是一种以指导行为为目的、以形成人们正确的行为方式为内容的精神,是区别于其他社会意识的一种实践精神。道德作为实践精神是一种价值,是道德主体的需要同满足这种需要的对象之间的价值关系。同时道德作为实践精神不仅是价值,而且是实现价值的行动,是有目的的活动。道德把握世界的特殊性表现在以下几个方面。首先,道德不是被动地反映世界,而是从人的需要出发,从特定的价值出发来改造世界。这里的改造不仅仅是以物质手段作用于物质客体的实践活动,而且是以精神的手段来调节人与人的关系,使社会关系符合某一价值要求的精神活动。这里的世界也不是指自然界,而是指人类社会、人类活动和人类品质。其次,道德的目的不是再现世界,而是对世界进行价值评价。评价是道德把握世界的基本手段。评价将有意义和无意义、有价值和无价值、善和恶等加之于评价对象,往往会左右着人们的态度和价值取舍,从内和外两方面形成道德的环境。对个人而言,道德评价将外在的准则直接灌输到人们内心,形成个人自己的做人标准和价值目标。而这种标准和目标反过来又作为内心的评价主体,审查过滤自己的动机、欲望、需要、意图,使之符合社会的价值要求和指向社会的价值目标。再次,道德把握世界不是让人盲从外界权威、屈从现实邪恶,而是增强人的主体意识和选择能力,克服恶行,培养德行,提高自身道德境界,实现社会道德理想。道德不允许随波逐流,要通过对世界的道德把握来形成人的价值和人生意义,形成人的责任心和义务感。确立人的道德理想,就必须同邪恶势力作斗争,同社会上的腐败现象、同个人的卑污情欲和自私心理作斗争。道德也不允许甘居中游,在道德冲突的困境中,要自觉地选择高尚而弃绝卑鄙,自愿地选取较大的价值而牺牲较小的价值,并以此为人类社会的发展作出自己的贡献。

三、道德的功能

道德的主要功能是认识功能和调节功能。

1. 道德的认识功能

道德借助道德观念、道德准则、道德理想等形式,帮助人们正确认识社会道德生活的规律和原则,认识人生的价值和意义,认识自己对家庭、他人、社会的义务和责任,使人们的道德实践建立在明辨善恶的认识基础上,从而正确选择自己的道德行为,积极塑造自身的道德人格,成长为有德之人。道德在个体发展中居于主导地位,是个体成长的导向和动力。

2. 道德的调节功能

道德的调节功能是道德最突出也是最重要的社会功能。道德评价是道德调节的主要形式,社会舆论、传统习惯和人们的内心信念是道德调节所赖以发挥作用的力量。道德通过不断调节整体和个人的关系,使个人与他人、个人与社会的关系逐步完善和谐,使人们的行为逐步从"实然"向"应然"转化。在社会生活中,道德调节不是独立进行的,而是和其他社会调节手段密切配合、共同发挥作用的。

除这两个主要功能外,道德还有导向功能、激励功能、辩护功能、沟通功能等,这些功能都是道德的认识功能和调节功能在某些方面的具体体现,都建立在这两种功能的基础之上。

四、道德的社会作用

孔子在《论语·为政》中说:"道之以政,齐之以刑,民免而无耻;道之以德,齐之以礼,民有耻且格。"法国的卢梭也曾经写道:"良心啊良心,你是圣洁的本能,永不消逝的天国的声音。是你在妥妥当当地引导一个虽然是蒙昧无知,然而却聪明和自由的人,是你在不差不错地判断善恶,使人形同上帝! 是你使人的天性善良和行为合乎道德。没有你,我就感觉不到我身上有任何优于禽兽的地方;没有你,我就只能按我没有条理的见解和没有准则的理智可悲地做一桩又一桩错事。"这些论述都是对道德的社会作用的高度赞誉,概括来讲,道德具有以下几种社会作用。

第一,道德经济基础的形成、巩固和发展具有促进作用。

在人类社会发展史上,当一种新的社会经济关系发展起来,并力图取代旧的社会经济关系时,代表这种新的经济关系的道德便会以自己特有的方式同旧道德进行顽强地抗争,为新的经济关系取代旧的经济关系进行辩护、斗争。当新的社会经济关系确立并建立相应的政治制度以后,与它相适应的道德便逐渐形成一套完整的规范体系,发挥指导和约束人们的行为、保障和促进新的经济关系与政治制度的巩固与发展的作用。

第二,道德对其他社会意识形态具有重要影响。

道德作为社会意识形态和上层建筑的一个组成部分,是与社会意识形态和上层建筑的其他部分既相互区别,又相互联系、相互作用的。在阶级社会中,一定的道德总是为一定阶级的政治服务的,它常常通过作用于人们的政治思想影响着政治运动的兴衰进退。统治阶级的道德观念常常渗透到法律制度中,赋予法律以道德影响力和激发力。道德对宗教、文艺等其他社会意识形态也具有重要的影响。在各种社会意识形态中,道德常常通过广泛的社会影响作用于整个社会上层建筑和经济基础。

第三,道德是影响社会生产力发展的重要力量。

劳动者是生产力诸要素中最活跃的因素,是进行社会物质生产的主体。人们的劳动和其他各种社会活动都是在一定的思想观念支配下进行的,人们的道德面貌如何,必然对他们的劳动态度和生产积极性的发挥产生重要影响,进而可以对社会生产的发展起到促进或阻碍作用。

第四,道德是维护社会秩序的重要手段。

人们在社会生活中,往往会产生这样或那样的矛盾。道德作为调节人们行为的社会规范,可以通过教育、示范、激励、指导、沟通和舆论评价,为人们提供"应当"和"不应当"的模式与标准,调节人们的行为方式和行为目标,化解个体之间的矛盾,增进个体之间的相互理解,营造和维护社会秩序。

第五,道德是个体发展、完善的内在动力。

人不是低等动物,更不是机器,一个人仅仅具有知识能力是不够的。道德素质的培养相对于专业知识的学习是更重要的事情,只有具备了高尚的道德品质才能提高做人的境界,担当起对社会和家庭的责任,在人格上成熟完善起来。所以道德对提高人的综合素质、促进人的全面发展具有重要的作用。

第六,在阶级社会中,道德是阶级斗争的重要工具。

在阶级社会里,每个阶级都通过道德宣传和教育使体现本阶级根本利益的道德原则和规范为本阶级的成员所认识和接受,从而达到调整阶级内部关系、维护阶级内部团结的目的,同时对其他阶级的成员施加影响,力图把其他阶级成员的思想和行为纳入本阶级道德规范的轨道。尤其是统治阶级,更是力图用本阶级的道德原则和规范约束全体社会成员的思想和行为,使其接受自己的道德标准,心甘情愿地服从自己的统治。

道德的功能和作用彰显了道德的力量。道德深刻地影响着人们的意志、行为和品格,影响着社会的存在和发展。社会主义道德对于社会发展的能动作用,比历史上任何道德都更加广泛、更加深刻、更加强大。它是国家发展、社会和谐、人民幸福的重要因素。对于增强大学生成才的动力、提高大学生的全面素质、优化大学生的成长环境具有不可或缺的重要作用。加强社会主义道德建设意义重大。

五、道德的历史发展

在人类历史上,与社会发展的不同历史阶段相伴随,相继出现过原始社会的道德、奴隶社会的道德、封建社会的道德、资本主义社会的道德、社会主义社会的道德、共产主义道德等道德类型。从发展的观点看,它们都是人类道德走向成熟的必要环节和阶段。人类道德进步的主要表现是:道德在社会生活中所起的作用越来越重要,对于促进社会和谐与人的全面发展的作用越来越突出;道德调控的范围不断扩大,调控的手段或方式不断丰富、更加科学合理;道德的发展和进步成为衡量社会文明程度的重要尺度。

原始社会道德是人类道德发展史上的第一个历史类型,在原始社会生产力水平十分低下的条件下形成了维护共同利益、热爱劳动、团结互助和平等民主的道德风尚。奴隶社会道德的基本原则是维护奴隶对奴隶主的绝对屈从和人身依附关系。封建社会最基本的道德原则是维护封建的宗法等级关系,这一原则要求以忠、君、孝、亲作为封建社会道德的基本规范。资本主义社会金钱高于一切决定了个人主义、利己主义是资产阶级道德的基本原则。社会主义道德的核心是为人民服务,基本原则是集体主义。共产主义道德的核心是"全心全意为人民服务"。社会主义道德和共产主义道德是人类道德发展合乎规律的必然产物,是人类道德发展史上的一种崭新类型的道德,并会随着社会的进步和实践的发展而与时俱进。

导读二 中国特色社会主义道德建设

社会主义道德是马克思主义思想同中国特色社会主义伟大实践相结合的产物,是对中国古代优良道德传统的传承与升华,是对中国革命道德传统的直接继承和发展。大学生应当正确认识加强社会主义道德建设的重要意义,确立社会主义道德观念,树立社会主义荣辱观,加强道德修养,升华道德境界,为健康成才奠定道德基础。学习、掌握社会主义道德,重点是要弄清三个重要问题:社会主义道德与市场经济的关系怎样?为什么说为人民服务是社会主义道德建设的核心?如何理解社会主义道德建设的基本原则是集体主义?

一、社会主义道德建设与社会主义市场经济

发展社会主义市场经济有利于解放和发展社会主义社会的生产力、增强社会主义国家的综合国力、提高人民的生活水平,也有利于增强人们的自立意识、竞争意识、效率意识、民主法制意识和开拓创新意识,调动人们的积极性和创造性,推动社会的道德进步。但是也要看到,市场经济自身的弱点和消极方面,如趋利性、自发性等也会反映到道德生活中来,反映到人与人的关系上,容易诱发拜金主义、享乐主义、极端个人主义等消极现象,这些因素都会干扰社会的道德建设,阻碍社会主义市场经济的健康发展。我国社会主义的道德建设既然建立在这一基本经济制度基础上,就应该反映这一基本经济制度的要求,并为坚持和完善这一基本经济制度服务。社会主义道德建设既有与社会主义市场经济相适应的现实要求,也有为社会主义市场经济体制的建立和完善提供道德价值导向的重要任务。

市场经济与社会主义道德具有一致性,社会主义市场经济是一种道德经济。

第一,社会主义市场经济的发展为人们道德水平的提高提供了物质基础。

司马迁在《史记》里讲道:"仓廪实而知礼节,衣食足而知荣辱。"这很好地说明了人们的物质生活和道德水平之间的关系,人们只有在满足了基本的物质生活的基础上,才能知礼节、知荣辱,才会有更高的道德追求。我国改革开放以来,随着人们物质生活的殷实富足,公民整体道德水平有了很大提高,这就是很好的说明。

第二,市场经济本身内在包含着道德要求。

市场经济是一种法制经济、一种规则经济,这种规则也体现为一种道德

要求,主要表现在:自由平等公平竞争的原则、诚信经营的原则、利己与利他统一的原则和勇于创新的精神。市场经济的核心机制就是竞争,通过竞争来实现优胜劣汰,从而最终实现资源的优化配置。但这种竞争不是无序的,而是有规则、有道德要求的,它是一种自由平等和公平的竞争。正如马克思所说:"商品是天生的平等派。"这就使人们摆脱了在小农经济和计划经济体制下地域、血缘和行政命令的束缚,从而极大地调动了人们的积极性。也正是由于这种道德要求,导致了激烈的市场竞争。要在激烈的竞争中成为赢家仅靠打价格战是不行的,根本的方法是创新。因此,改革创新成为时代精神,成为市场经济的基本道德要求。同时,坚持诚实守信和利己与利他相统一的原则、树立良好的企业形象、赢得消费者的信赖,也是有效的竞争手段。可以说,在市场竞争中,创新是企业发展的动力,信誉是企业的无形资产。

第三,兼顾社会整体利益,承担社会责任,是社会主义市场经济道德要求的核心。

社会主义市场经济除了前述市场经济的一般道德要求外,还有自身特殊的道德要求:兼顾社会整体利益,承担社会责任。因为社会主义市场经济是将市场经济体制与社会主义制度联系起来的经济,我们发展市场经济的目的是最终实现共同富裕、实现社会和谐以及每个人的自由全面的发展。这要求我们在追求个人利益的同时,必须兼顾社会利益,承担社会责任。由此可见,社会主义市场经济是蕴涵着集体主义道德要求的。作为市场主体的每个企业、每个个人,都应该能够正确处理好利益与道德的关系,做一个有道德的经济人。这样才能在市场竞争中真正取胜,也才能促进市场经济的健康发展和社会的和谐运行。

第四,社会主义道德可对社会主义市场经济加以规范和调控,对社会主义市场经济的健康发展意义重大。

社会主义道德可以约束市场主体行为,规范社会主义市场秩序。如提倡公平与效率,提倡共同富裕,提倡局部服从整体等。社会主义的集体主义道德提倡大公无私、助人为乐、见义勇为和关心社会、关心他人的高尚精神,对市场经济中人们的逐利行为进行道德规范,有利于抵制金钱至上、个人利益至上的不良倾向,从而净化社会环境、推动社会主义市场经济的健康发展。市场经济中利益主体的多元化极易导致道德观念和价值取向的多元化,社会主义道德可以在多元价值取向中起导向作用,澄清人们模糊的思想观念,从而抵制腐朽思想的侵蚀,确立正确的思想、信念,以更好地为现代化建设事业服务。

总之,我们必须适应新的形势和要求,把握社会主义市场经济对道德建设提出的新要求,坚持公民承担社会责任与社会尊重个人合法权益相一致,先进性要求与广泛性要求相结合,建立和完善与社会主义市场经济相适应、与社会主义法律规范相协调、与中华民族传统美德相承接的社会主义思想道德体系,着力培养与社会主义市场经济相适应的道德观念,为社会主义市场经济的发展提供良好的道德环境和有力的道义支撑。

二、为人民服务是社会主义道德建设的核心

(一)为人民服务的基本含义

为人民服务是我们党的宗旨,是共产党人和一切先进分子的人生观和价值观,也是应当提倡的高尚道德。把为人民服务确立为社会主义道德建设的核心,是马克思主义道德理论在新的时期的发展。作为一个光辉的思想和科学的命题,为人民服务在马克思主义发展史上有一个萌芽、形成和完善的过程。青年马克思曾立志“为人类福利而劳动”,“为全人类作牺牲”,曾提出要为人民的幸福而工作,才能使自己达到完美。马克思和恩格斯在 1848 年发表的《共产党宣言》中深刻指出:“过去一切运动都是少数人的或者为少数人谋利益的运动。无产阶级的运动是绝大多数人的、为绝大多数人谋利益的独立运动。”“为绝大多数人谋利益”,这不仅是无产阶级革命运动的宗旨,同是也是对无产阶级人生观、道德观的初步概括。

在领导中国社会主义革命和建设的伟大实践中,以毛泽东为代表的老一辈无产阶级革命家把马克思主义同中国革命和建设的实践相结合,创造性地发展了马克思主义,同时也丰富和发展了无产阶级人生观和道德观。毛泽东把这一人生观精辟地概括为“为人民服务”五个大字,强调它是一个根本的、原则的问题,是每个革命者一切言论和行动的出发点。“为人民服务”中的“人民”,指的是工人阶级、农民阶级、一切坚持和拥护四项基本原则的社会主义的公民。为人民服务就是指一切从人民的利益出发,以人民的利益为标准,为人民的利益而奋斗。一句话就是为人民谋利益。

从马克思、恩格斯提出“为绝大多数人谋利益”,到毛泽东的“为人民服务”,它大体反映了无产阶级人生观与道德观形成、发展和完善的过程。为人民服务作为中国共产党领导的革命队伍在长期革命实践中形成和发展起来的无产阶级道德,无论是在革命战争年代还是在和平建设时期,都产生了广泛深刻的影响。实践证明,为人民服务的人生观是科学的人生观,是马克思主义对人类精神文明宝库的重大贡献,也是中国共产党优良传统的集中体现。

（二）坚持以"为人民服务"为社会主义道德建设的核心

道德建设的核心，即道德建设的灵魂，它决定并体现着社会道德建设的根本性质和发展方向，规定并制约着道德领域中的种种道德现象。道德建设核心的问题，实质上是一个"为什么人服务"的问题。在改革开放和社会主义现代化建设的新时期，在发展和完善社会主义市场经济的条件下，在构建社会主义和谐社会的过程中，提出社会主义道德建设以为人民服务为核心，具有深刻的理论依据和坚实的实践基础。

为人民服务是社会主义经济基础和人际关系的客观要求。在我国以公有制为主体的经济基础上，每个社会主义的劳动者和建设者都在为社会、为他人同时也是为自己而劳动和工作。在以公有制为主体的经济基础上，在全体人民共同利益的基础上，在整个社会生产和生活的过程中，逐步形成了团结互助、平等友爱、共同进步的人际关系。在社会主义条件下，权利和义务不再分属于两个对立的阶级，而是统一于人民自己身上，全体人民通过社会分工和相互服务来实现共同利益。

为人民服务是社会主义市场经济健康发展的要求。市场经济不仅不排斥为社会和他人服务，而且需要通过服务甚至是优质服务，才能实现市场主体自己的利益。市场经营主体必须通过向社会、向他人提供有一定质量的产品，建立满足社会和他人需求的良好信誉，即通过为社会、向他人服务并为社会、他人所接受以实现自己的利益。但并不是将市场经济的利他性同为人民服务混为一谈。我们说社会主义市场经济的本质要求为人民服务，不仅在于人们在一切经济活动中应正确处理个人与社会、竞争与协作、效率与公平、先富与共富、经济效益与社会效益等关系，形成健康有序的经济和社会生活规范，更在于强调在国家的宏观调控和社会主义精神文明的引导、制约下，每个市场主体要有为人民服务的思想，更自觉、更积极、更规范地在自主的基础上为人民、为社会服务，要求市场主体把自身的特殊利益同国家和人民的共同利益结合起来。

为人民服务作为社会主义道德建设的核心，是社会主义道德优越于其他社会形态道德的显著标志。为人民服务体现着社会主义道德建设的先进性要求和广泛性要求的统一。为人民服务可以通过不同层次、不同形式表现出来。事实证明，在社会主义社会，不论从事何种职业、处于何种岗位，也不论能力大小、职务高低，每个人都能够通过不同形式实践为人民服务的道德要求。

三、社会主义道德建设要以集体主义为原则

在 1986 年《中共中央关于加强社会主义精神文明建设若干重要问题的决议》中,首次明确提出社会主义道德建设要"以集体主义为原则"。集体主义作为社会主义道德建设的原则,强调了集体主义在当代中国道德建设中的重要地位。

（一）社会主义集体主义原则的根本思想

社会主义集体主义原则的根本思想是正确处理集体利益和个人利益的关系。社会主义集体主义强调集体利益和个人利益的辩证统一。在社会主义社会中,集体利益体现着个人根本的、长远的利益,是集体所有成员共同利益的统一。每个人的正当利益是集体利益不可分割的组成部分。两者是相辅相成的,集体利益的发展,本身就包含着集体中每个人利益的增加,而集体中每个人利益的增加,同样有利于集体利益的扩大。

社会主义集体利益强调集体利益高于个人利益。这是社会主义集体主义原则的主要的价值取向。提倡在个人利益与集体利益发生冲突时,个人应当以大局为重,使个人利益服从集体利益,在必要时为集体利益作出牺牲,即为集体利益放弃个人利益,甚至为集体利益而献身。当然牺牲不是说在任何情况下,如果发生矛盾,就必然要个人作出牺牲,更不是任意地要个人不论在什么情况下都要无条件地牺牲个人利益。只有在不牺牲个人利益就不能保全集体利益的情况下,才要求个人为集体作出牺牲,即自我牺牲是有条件的必要的牺牲:一是发生冲突时,个人利益失去正当性,不牺牲个人利益,集体利益就无法实现时;二是发生冲突时,个人利益是正当的,现时不能满足与实现,而且不牺牲个人正当利益,集体利益就无法实现时。这种牺牲表现出崇高的社会主义道德精神。

社会主义集体主义强调重视和保障个人的正当利益。个人正当利益是指在一定生产力水平下,个人正常生活、劳动所需要的物质和精神需求的满足(即个人生存和发展需要的条件,包括个人的身体健康,生活条件、工作条件和学习条件,个人才能发挥和发展的条件),以及通过辛勤劳动、在法律允许范围内和合乎道德的条件下获得的个人利益。重视和保障个人的正当利益,在必要时牺牲集体利益来保障个人的正当利益,诸如生命权、生存权、发展权等,是集体主义思想的应有之义,集体主义为培养人的健全人格、鲜明个性和创新精神提供了保障,只有个人的价值、尊严得到实现,个人的正当利益得到保证,集体才能有更强大的生命力。那种把集体主义看做对"个人的压

制"、对"个性的束缚"的思想,是与集体主义的本意相违背的。

在发展社会主义市场经济的条件下,在全面建设小康社会的进程中,依据我国经济生活和人们思想道德状况的实际,可将社会主义集体主义的道德要求具体分为三个层次:一是无私奉献,一心为公。这是集体主义的最高层次,是共产党员、先进分子应努力达到的道德目标。二是先公后私,先人后己。这是已经具有较高的社会主义道德觉悟的人们能够达到的道德目标。三是公私兼顾,不损公肥私。这是对我国公民最基本的道德要求。

(二) 坚持集体主义,反对个人主义

在西方,个人主义作为一种价值观念和道德原则,有着不容混淆的确切意义。《不列颠百科全书》这样解释"个人主义":"个人主义(individualism),一种政治和社会哲学,高度重视个人自由,广泛强调自我支配、自我控制、不受外来约束的个人和自我。"

个人主义作为一种价值体系,主要包括以下三个方面的内容:第一,个人主义作为一种价值观念,在个人和社会的关系上,特别强调个人本身就是目的,社会、集体、国家和他人只不过是达到个人目的的手段。第二,个人主义作为一种政治思想,它强调个人的民主、自由和平等,并极力反对集体、社会和国家对个人的干预与限制。第三,作为一种财产制度,个人主义强调维护个人的私有利益,维护私有财产制。可见,个人主义是资产阶级的政治、经济和道德的理论体系,它是在资本主义生产关系上孕育、发生、形成和发展的一种价值观念和道德原则。个人主义实质上是一种以个人为中心、一切从个人出发并为了达到个人目的的思想体系,它同资本主义制度有着不可分割的联系,同社会主义制度是根本对立的。

个人主义在现实生活中的危害表现为以下几个方面:第一,个人主义鼓吹以个人为中心和人的本性是自私的这一观点,容易把人引向追求个人私利、满足个人私欲的错误倾向上。当前,一些人之所以消极腐败、以权谋私、行贿受贿、贪赃枉法、腐化堕落,其思想根源和个人主义密不可分。第二,个人主义把个人利益置于集体、民族、国家利益之上,为了个人利益,可以不惜损害以至牺牲集体、民族、国家的整体利益,干出损人利己、损公肥私甚至不顾人格、国格等丑恶的事情。第三,个人主义反映在政治上,表现为追求绝对的个人自由,无视组织纪律,不顾党纪国法,很容易发展成为无政府主义。

近年来,个人主义思潮已经给我国的思想道德带来了严重的混乱,在现实的社会生活中,出现了严重的个人主义倾向,表现为以权谋私、坑蒙拐骗、图财害命、走私贩毒等严重危害社会主义现代化事业的犯罪现象,这与我国社会主义的法律和道德是不相容的。社会主义的集体主义精神强调集体利益高于个人利益,但它同时强调集体利益必须与个人利益相结合,其中包括对个人权利、个人利益、个人价值的尊重、维护和保障。它反对只顾个人不顾集体的个人主义,但并不否定个人正当利益和个人利益原则。如果将个人利益作为唯一目的与至上追求,一切以个人为标准,甚至为了个人利益不惜牺牲国家、集体和他人的利益,是根本不适合我国的现实国情的。

四、宣传和弘扬共产主义道德

现阶段,在弘扬社会主义道德的同时,还要继续宣传和弘扬共产主义道德。社会主义道德和共产主义道德在本质上是同一类型的道德,社会主义道德是共产主义道德在现阶段的具体体现。共产主义道德不仅是人类的道德理想,而且植根于中国革命的历史实践和中国特色社会主义的实践中,表现为大公无私、公而忘私、毫不利己、专门利人、艰苦奋斗、无私奉献、全心全意为人民服务。社会主义初级阶段的道德建设,要把先进性要求与广泛性要求结合起来,要引导人们向更高的道德目标前进。要依据现实,区分层次,着眼多数,鼓励先进,循序渐进,引导人们在遵守基本道德行为准则的基础上,不断追求更高层次的道德目标。

导读三　弘扬中华民族优良道德传统

一、继承和弘扬中华民族优良道德传统

传统是一个民族世代积累下来的稳定的历史经验,其精华部分往往凝聚着一个民族的智慧和力量,成为一个民族迎接新的挑战的内在精神动力。中华民族优秀传统道德是我们民族宝贵的精神遗产。继承和弘扬中华民族优良道德传统是社会主义现代化建设的客观需要。中国的道德建设是社会主义现代化建设的一个重要组成部分,继承和弘扬中华民族优良道德传统,能充分激发整个民族的潜力,彰显中华民族道德建设的生机、优势和活力。继承和弘扬中华民族优良道德传统是加强社会主义道德建设的内在要求。中国的社会主义道德体系是在继承中华民族优良道德传统,并结合中国历史发展的时代要求而产生的。继承和弘扬中华民族优良道德传统,才能真正使社会主义道德建设扎根历史,适应时代,贴近国情,其意蕴深厚,形式活泼,深入人心。继承和弘扬中华民族优良道德传统是个人人格完善的重要条件。中

华民族优良道德传统是中华民族的根源和命脉,是中华民族身份认同的核心和标准。中华民族优良道德传统对个体道德人格的养成具有重要的熏陶和润泽作用,对于个人价值选择和行为判断具有重要的参照佐证作用,对于个体道德人格和道德品质的锤炼具有重要的激励鞭策作用,对于个体精神世界的丰富具有重要的滋养和充实作用。中华民族优良道德传统作为中国的文化土壤和道德背景,是青年学生成长成才的重要条件。

（一）中华民族优良道德传统的主要内容

第一,重视整体利益、国家利益和民族利益,强调对社会、民族、国家的责任意识和奉献精神。"公义胜私欲"是中国传统道德的根本要求。中国古代思想家强调在"义"和"利"发生矛盾时,应当"义以为上"、"先义后利"、"见利思义",主张"义然后取",反对"重利轻义"、"见利忘义"。这种思想不但在中华民族的长期发展中起了积极作用,而且对提高我国当前的道德水平仍有重要意义。

第二,推崇"仁爱"原则,追求人际和谐。中国传统伦理思想一直尊重人的尊严和价值,崇尚"仁爱"原则,主张"仁者爱人",强调"推己及人",关心他人。从仁爱精神出发,主张"和为贵",强调社会和谐,讲求和睦相处,倡导团结互助,追求天人和谐、人际和谐、身心和谐。爱好和平,在对外关系中秉承强不恃弱、众不暴寡、富不侮贫的精神。

第三,讲求谦敬礼让,强调克骄防矜。在中国传统道德中,谦敬既是个人自身修养的美德,也是为人处世的道德要求。谦即自谦,虚以处己;敬即敬人,礼以待人。谦敬与礼相提并论,成为修己处世的基本规范。中国传统道德认为,礼是人与其他动物相区别的标志,也是人的立身之本和区分人格高低的标准。中国传统道德在提倡谦敬礼让的同时,提醒人们"事思敬"、"不居功"、"择善而从"。

第四,倡导言行一致,强调恪守诚信。在中国古人看来,诚是指一种真实无妄、表里如一的品格。信是指一种诚实不欺、遵守诺言的品格。中国传统道德认为,诚信的内容和要求是多方面的,但最基本的是以诚为本,取信于人;为人思诚,信以行义。诚信之德在于言行一致,表里如一,讲究信用,遵守诺言。

第五,追求精神境界,把道德理想的实现看做一种高层次的需要。中国传统道德认为,人之所以不同于动物,在于人有道德。因为人除了有物质需要外,还有精神需要,而一切精神需要中最高尚的需要就是道德需要。道德需要是对理想人格的追求。要实现这种追求,就应当"明智",而"明智"则须

"好学",要求人们勤奋学习,学以成德,学以成性,"变化气质"。

第六,重视道德践履,强调修养的重要性,倡导道德主体要在完善自身中发挥自己的能动作用。中国历史上的儒、墨、道、法各家都认为,在树立崇高的道德理想和信念之后,最重要的是要奋发志气、积极行动,垂范践履,达到成就道德人格的目的。在追求道德的理想境界、成就道德人格的过程中,中国传统道德非常强调善学、慎思、内省、律己的功夫。在传统道德看来,这种个体道德的完善不仅仅是个体的修养问题,而且是对国家社会的责任义务。因此强调"内圣外王"之道,推崇"修齐治平"之志。

(二)正确对待中华民族道德传统

第一,取其精华,去其糟粕。要坚持马克思主义的立场、观点和方法,既不全盘肯定、全面照搬,也不全盘否定、全面抛弃。要按照是否有利于推动中国特色社会主义的建设事业,是否有利于建设和形成有中国特色社会主义的道德体系,是否有利于维护广大人民群众的根本利益,是否有利于培养社会主义"四有"新人的标准,做好取舍和创造性的转化工作。剔除那些带有明显的阶级和时代局限性的成分,继承和弘扬优良的道德传统。

第二,反对文化复古主义思潮和历史虚无主义思潮两种错误倾向。复古主义是指复归儒家文化传统的一种思潮,隐存着一种偏激的民族主义情绪,本质上是否定道德的历史发展。历史虚无主义主要是指对民族与历史传统文化的全盘否定,本质上割断了道德的历史继承。它们都对社会的发展特别是道德文化的进步产生了十分消极的影响。在对待中国传统道德的问题上,要坚持批判继承的原则。

第三,积极吸收人类道德文明的优秀成果。人类文化和文明发展进步的过程表明,一种文化与异质文化的交流和碰撞、冲突和融合,是保持其生命力、实现自我更新和发展的重要机制,是文化演进发展的一种带规律性的现象。当今任何民族和国家的文明发展与道德进步,都不可能不受到其他民族或国家的文化或道德文明成果的影响。人类社会的优秀文明成果,为我国今天的道德建设提供了有益借鉴,要坚持以我为主、为我所用的原则,在批判的基础上加以借鉴、吸收。

二、树立和践行社会主义荣辱观

正确的荣辱观,可以引导人们明辨是非、善恶、美丑,形成正确的自我评价,树立正确的行为导向,产生正确的价值激励,推进自身全面发展和社会全面进步。在新的历史条件下,胡锦涛全面论述了以"八荣八耻"为主要内容的社会主义荣辱观,对于加强社会主义道德建设,形成良好风尚,提高公民文明素质和社会文明程度,具有重大的现实意义和深远的历史意义。

社会主义荣辱观的提出,标志着我们党对社会主义思想道德建设规律的认识达到了一个新的高度,从内容上看,它体现了四个方面的统一:一是社会主义的价值导向与社会主义道德规范的有机统一。它既贯穿了爱国主义、集体主义、社会主义思想,又对社会主义道德规范的内容做出了高度概括。二是肯定与否定的有机统一。"八荣"是从肯定方面对社会主义道德规范的精辟概括,从正面进行强调;"八耻"则是从否定方面对社会主义道德规范的进一步阐释,明确提出要反对的方面,对当前社会的不良道德和歪风邪气进行了有力鞭挞。三是现代社会优秀道德与中华民族传统道德的有机统一。它概括了我国经济社会发展的新变化,提出了具有时代精神的道德要求,又继承和发扬了中华民族传统美德,具有民族性的特征。四是依法治国与以德治国的有机统一。以"八荣八耻"为主要内容的社会主义荣辱观,既有先进性导向,又有广泛性要求,体现了马克思主义的世界观、人生观、价值观、道德观和法治观,旗帜鲜明地指出了在社会主义市场经济条件下,应当提倡和赞扬什么,反对和抵制什么,为全体社会成员作出道德选择、确定价值取向提供了基本的价值准则和行为规范。

社会主义荣辱观反映了社会主义道德的本质要求,指明了社会主义道德建设的方向,是引领社会风尚的一面旗帜,是社会主义核心价值体系的重要组成部分,对大学生成长成才和培育文明道德风尚具有重要的规范、激励和指导作用。作为在校大学生,应深入领会树立社会主义荣辱观的重大意义和深刻内涵,准确把握"八荣八耻"的基本要求,坚持知行统一、自律与他律的统一、知荣与明耻的统一,使社会主义荣辱观转化为自己内在的道德品质和行为习惯,成为自己生存发展的内在需要和为人处世的基本准则,在为家庭谋幸福、为他人送温暖、为社会作贡献的过程中,体验光荣,领悟崇高。

三、恪守公民基本道德规范

(一)我国公民的基本道德规范

2001 年中共中央印发《公民道德建设实施纲要》,第一次系统提出"爱国守法、明礼诚信、团结友善、勤俭自强、敬业奉献"的公民基本道德规范。体现了我们党对社会主义道德建设规律的深刻把握,体现了历史传统与时代精神的有机结合,体现了对社会主义道德体系内容的丰富和拓展。大学生应在三个重要环节上加强公民道德建设的实践:一是在思想上和心理上对公民基本道德规范产生认知和认同,全面掌握其内容和要求;二是把公民基本道德规范作为行为标准,正确进行道德判断和作出道德选择;三是积极践行公民基本道德规范,使自己的思想感情得到陶冶,精神生活得到充实,道德境界得到提高。其中,在发展社会主义市场经济、构建社会主义和谐社会的过程中,要大力倡导诚实守信的美德。诚实守信是公民道德建设的重点。诚信是大学生树立理想信念的基础,是大学生全面发展的前提,是大学生进入社会的"通行证",大学生必须自觉加强诚信道德建设,把诚信作为高尚的人生追求、优良的行为品质、立身处世的根本准则。

（二）个人品德的锤炼

个人品德是通过个人自觉的道德修养和社会道德教育所形成的稳定的心理状态和行为习惯。表现为个体对某种道德要求的强烈认同,对道德情感的充分表达,对社会道德规范的执着践履。个人品德具有实践性、综合性和稳定性的特点,它的功能和作用体现在两个方面:第一,个人品德对社会道德的发展变革产生重要的推动作用;第二,个人品德是个人实现自我完善的内在根据。锤炼个人品德首先应加强个人道德修养的自觉性。

大学生要努力按照以下要求来提高道德修养的自觉性:首先,应有进行道德修养的强烈动机。其次,应积极主动地进行自我教育、自我约束、持之以恒地进行道德修养。最后,应正确地认识和评价自己,发扬成绩,克服不足。加强道德修养,还应借鉴各种积极有效的道德修养方法,包括:学思并重的方法、省察克治的方法、慎独自律的方法、积善成德的方法、知行统一的方法。加强道德修养还要自觉向道德模范学习。

实践课堂

【实践主题】 提升道德素养。

道德品质对于一个人的身心健康、人生幸福和成才成功具有重要作用。大学时期是人生道德意识形成、发展和成熟的一个重要阶段,通过实践活动,引导大学生自觉加强道德修养、锤炼道德品质、不断提升道德素养,其意义显得尤为重要。道德品质是一个综合性范畴,其构成包括:道德认识、道德情感、道德意志、道德信念、道德行为五个要素。道德品质的五个要素是相互联系的,缺一不可,所以,提高大学生的道德品质应从形成道德品质的各个环节着手。

在实践活动中,贯穿以下主旨:使大学生正确认识道德的功能作用,明确加强道德建设对于国家、社会与个人的意义;使大学生正确认识中华民族丰富的道德资源,继承和弘扬中华民族优良道德传统,增强道德建设的信心;使大学生正确认识现阶段加强道德建设的基本要求和重点难点,全面把握社会主义道德建设的核心、原则,自觉恪守公民基础道德规范,增强道德建设的责任;使大学生明白道德本是"为己之学",学习借鉴各种积极有效的道德修养方法,形成适合自身的道德修养方法,增强道德修养的效果。通过建构一个知、情、意、信、行的完整过程,不断提升大学生的道德境界。

在实践活动中,特别注重引导大学生正确看待现实社会和校园中的道德现象,客观评价当前社会道德建设情况。能够做到既充分肯定社会道德的主流、阳光一面,反对一叶蔽目、以偏概全,增强道德建设的信心;又客观认知当前社会道德建设的不足之处及其产生的原因,明确大学生在道德建设中的责任与担当,增强道德建设的责任感,使其努力成为社会道德建设的先锋队和引领者,同时能够就加强道德建设提出建议和对策。

【设计思路】

体验是人类生存的基础方式,具有重要的道德教育价值。在近现代科技理性占据了支配地位后,体验的道德教育价值一度被遮蔽。缺失道德体验的道德教育将成为"无根"的德育,因而,凸显体验是高校道德教育的新视点、新理念,是培养学生主体性道德人格、提高学校道德教育实效性的客观需要和必然要求。实施体验式道德教育,必须根植于生活世界的沃土,引发道德教育的源头;激发学生的道德需要,增强道德体验的动力;精心设计道德活动,搭建道德体验的平台;引导学生进行道德反思,唤醒和触发深刻的道德体验。道德体验活动从身边开始。

基于以上指导思想,本章的活动设计由三个环节构成:观察、思考、践行。旨在运用多种策略,在"知性"德育的基础上,使道德发展成为一种充满体验、感悟的生成过程,增强高校道德教育的实效性。学生可以通过"行走校园,发现美丑"活动,用自己的眼睛去观察,用自己的心去体验高校校园道德建设情况,去自悟大学生是校园道德建设的主体;学生可以通过"大学生道德状况调查",进一步深层次地研究分析大学生道德状况,在客观调查的基础上掌握真实的第一手资料,对大学生的道德状况有更本质的客观认识,并提出建设性的意见和建议;学生可以通过"道德小品比赛",以生动活泼的形式反映、思考现实社会中的各种道德现象,这项活动可以引发学生真切的心灵触动,引导学生正确的道德选择;学生通过"做一个有道德的人"道德实践活动,继续发扬自我的道德闪光点,弥补自身的道德行为缺陷,以实际践行的方式不断提升自己的道德境界。

【实践项目】
一、行走校园,发现美丑

◎**实践类型**:体验。

◎**实践形式**:查找问题。

◎**实践目标**:通过行走校园,细心观察,捕捉日常校园中的文明行为与不文明行为,学生们既可以一方面感受道德行为带来的美好,又可以感受不道德行为带来的丑陋,充分认识到日常生活中遵守道德的必要性。道德建设应从我做起,从身边做起。

◎**实践方案(6课时)**:

1. 学生分组。将授课班级按4人一组分成若干小组,确定1名组长。

2. 活动内容。在统一的时间内,各组同学根据自行设计的路线行走校园,深入宿舍、课堂、图书馆、食堂、操场、校园等各个角落,用心观察校园内的各种文明行为与不文明行为,用适当的工具(手机或相机)进行记录。涉及隐私不便以影像形式记录的,可通过图画或漫画的形式表现。

3. 活动要求。每组同学选择2个以上的场所,至少记录4类行为,其中必须既有文明行为,又有不文明行为。每组同学要提供所有组员在活动场所的合影照为证。照片或图片需配上简要的说明。活动结束后要发表心灵感悟和校园文明警示语。

4. 结果提交。每组同学在活动结束后填写活动记录表,记载活动时间、地点、人员、路线、成果、感悟和警示语等,并由组长组织对每个队员进行评分(每个队员的得分不可相同),活动记录表见表4-1。

5. 活动总结。将同学提交的作品(包括校园文明行为图片、感悟和警示语)进行筛选、归类后,进行编号,制成PPT。在课堂上进行展示评比,由全体同学作评委,评出一、二、三等奖。同时,对作品呈现的校园文明行为和不文明行为在全班进行讨论,引导学生思考,加深对教学内容,特别是对社会主义道德的核心和原则、公民基本道德规范及其修养的理解,提升大学生文明修身从我做起,从身边做起的自觉性,使其做到知行统一,不断提高自身的文明道德素质。

表 4-1　"行走校园,发现美丑"活动记录表

活动时间			
行走路线			
证明材料			
参与者	姓名	学号	对活动的贡献
活动成果			
心灵感悟 （100 字以内）			
校园文明 警示语 （50 字以内）			

备注：如栏目不够可自行添加。

◎**实践成果**:照片、图画(漫画)、感言、警示语。

◎**活动评价**:

优秀(90~100分):认真按照活动要求完成各个环节的任务,团队活动效果显著,有作品获一、二等奖,个体在团队成果中有积极贡献。

良好(80~89分):认真按照活动要求完成各个环节的任务,团队活动效果良好,有作品获三等奖,个体在团队成果中有积极贡献;团体成果优秀,个体在团队成果中发挥了作用;团队成果一般,但个体在活动中有特别突出的贡献。

合格(60~79分):基本按照活动要求完成各个环节的任务,团队活动效果一般。

不及格(60分以下):未参加本次活动;或不能按照活动要求完成各个环节的任务。

二、道德小品比赛

◎**实践类型**:体验。

◎**实践形式**:道德小品。

◎**实践目标**:学生通过自编、自导、自演道德小品,反映社会道德问题,剖析各类道德现象,倡导优良道德风尚。

◎**实践方案(9课时)**:

1. 活动要求。由学生自编、自导、自演一个以道德为主题的小品,在授课班级举行道德小品比赛。

2. 组建队伍。一是组建参赛团队,由学生根据自愿原则按6~8人一组自由组合成若干参赛团队,推荐1名同学担任队长,负责小品创作、彩排、表演的总体协调,负责团队内各个成员角色与任务的分工等。二是组建评审团队,每个团队选派1名代表,并可根据可行性邀请班外教师或学生担任评委嘉宾,共同组织评审团队。三是组建活动的组织团队。在全班推选产生主持人、计时员、统分员、后勤员等,负责活动的主持与组织。

3. 制订方案。在教师的指导下,评审团队制定评分标准与评分细则;活动组织团队细化活动的各个环节以及程序衔接,做好主持稿的撰写、比赛顺序的安排、评分计分工具及表格的准备、场地的借用与布置、奖品证书的准备等工作。

4. 剧本创作。各个参赛团队结合当前社会道德的热点问题、同学们普遍关心的道德问题、引起一定争议的社会道德现象,进行剧本创作。作品要求内容贴近生活,健康向上,寓意深刻,能弘扬真善美、讽刺假恶丑。小品时长控制在5~8分钟。剧本须经评审团初审,并根据修改意见完善后再排练。

5. 排练作品。团队里每位同学都应承担一定的工作,或导、或演、或剧务、或后勤,目的是使团队同学在为达成一个共同目标的努力中增进友谊、学会沟通、学会协作、学会分享。

6. 小品比赛。整个比赛的组织全部交由学生自己开展。教师在赛前做好整个组织方案的检查指导。根据评分细则(见表4-2)当场评选出一、二、三等奖,并颁发证书和奖品。

7. 交流总结。评委或观众对各团队的表演进行点评,教师最后就小品的内容和表演、活动的组织进行总结。

表4-2 道德小品比赛评分细则

序号	项目	基本要求	分值	评委评分
1	作品内容	符合主题,立意鲜明,寓意深刻,发人深省。贴近现实,健康向上,积极弘扬真善美,打击假恶丑。	25	
2	表演技巧	表演自然流畅,演员能融入剧情,表演到位,配合默契,台风良好。合理使用服装、道具。	25	
3	语言水平	语言丰富生动,表演者能够熟练使用普通话,表达清晰。根据小品需要有针对性地运用方言。	20	
4	感染力	舞台表现力强,能调动观众情绪,具有感染力。	10	
5	整体效果	团队分工合理,合作紧凑。节目构思新颖,亮点突出,能集艺术性、教育性、观赏性于一体,整体效果和谐。	20	

◎**实践成果:**小品剧本辑集成册,小品竞赛视频或图片。

◎**活动评价:**

优秀(90~100分):认真按照活动要求,精心撰写剧本,组织排练,演出效果显著,荣获小品比赛一、二等奖,个体在团队成果中有积极贡献。

良好(80~89分):认真按照活动要求,进行小品创作和表演,演出效果

173

良好,荣获小品比赛三等奖,个体在团队成果中有积极贡献;团体成果优秀,个体在团队成果中发挥了作用;团队成果一般,但个体在活动中有特别突出的贡献。

合格(60~79分):基本按照活动要求完成小品的演出。

不及格(60分以下):个人没有参加小品比赛活动的任何环节,在活动中未对集体创作与表演作出应有的贡献。

三、大学生道德状况调查

◎ **实践类型**:互动。

◎ **实践形式**:调查、研讨。

◎ **实践目标**:通过学生自主选择相关调查项目,设计调查问卷,开展专题调研,通过掌握第一手大学生道德状况材料,提高感性认识,根据调研结果形成调研报告,并通过报告会的形式分享调研成果。

◎ **实践方案(9课时)**:

1. 布置任务。将授课班级按4人一组分成若干小组,确定1名组长。以小组为单位,开展一个有关道德状况的调查研究。该研究或是大学生公德状况调查,或是大学生诚信道德调查,或是大学生网络道德调查,或是大学生恋爱道德调查。完成一份2000字左右的调研报告。

2. 技术指导。为了使同学们能更加有效、高质地完成调研工作,教师应为全体同学作一次有关调研工作的辅导,向同学们介绍调查研究的基本方法、调查问卷的设计、调查数据的分析、调研报告的撰写等基本知识和基本要求。

3. 资料准备。各小组在研究确立调研主题后,进行相关资料的查阅。

4. 设计问卷。根据调研主题,研究设计调查问卷并印制问卷。

5. 问卷调查。选取调研对象,发放调查问卷,开展问卷调查,并认真回收发放问卷。

6. 问卷分析。根据调查数据进行调研分析,并形成一份调研报告。

7. 交流研讨。召开大学生道德状况研究报告会,各组将调研报告制作成PPT,选派代表向全班同学介绍本组的研究成果。各组之间展开交流讨论,最后由教师作总结。

8. 成绩评定。各组需在调研报告中注明本组各组员在调研活动中发挥的作用,并根据各人对调研活动的贡献率给出初评成绩,供教师评分参考。

◎**实践成果**：调研报告辑集成册。

◎**活动评价**：

优秀(90~100分)：按照活动要求,精心设计调查问卷,认真组织问卷调查和数据分析,撰写出高质量的调研报告,个体在团队成果中有积极贡献。

良好（80~89分)：按照活动要求,认真设计和分析调查问卷,调研报告内容真实、格式规范,质量良好,个体在团队成果中有积极贡献;团队成果优秀,个体在团队成果中发挥了作用;团队成果一般,但个体在活动中有特别突出的贡献。

合格(60~79分)：基本按照活动要求完成调研活动和调研报告的撰写。

不及格(60分以下)：个人没有参加调研活动的任何环节,在活动中未对集体作出应有的贡献。

四、做一个有道德的人

◎**实践类型**：互动。

◎**实践形式**：道德体验。

◎**实践目标**：只"知"不"行",不可能真正做到知,而即使"知"其然,如果不能"行",则完全失去了"知"的意义。学生通过自愿的道德行为实践,实现道德修养的知行统一,使其在道德体验活动中洗涤心灵、体味高尚、提升境界,加深对理论的认识和理解。同时体会到追求崇高的道德境界是不可能一蹴而就的,需要不断自我超越,扬长补短,从善如流。

◎**实践方案(6课时)**：

1. 个体内省。"内省"是我国古代自我修养传统中的精华。每个同学要学会"内省",对自己的内心进行省视,深刻反思自己言行举止,以及待人接物、为人处世的种种表现,进而做出自我评价,客观地肯定优点和不足,进行自我批评,明确不完善和需要改进之处。

2. 确定任务。选择确定一个自我道德亟须修善之处,给自己下达一个修善任务。任务包括:目标、措施、时长。任务目标不必宏大,要有修善的可行性。措施需要具有延续性和重复性。因为一个行为只有经过反复强化才会积淀成习惯。活动时长适中,控制在1个月以内。

3. 执行任务。这是一个慎独的过程,也可以请好友给予支持与督促。在整个过程中,要坚持经常性的检查督促与总结。

4. 活动总结。全面总结"做一个有道德的人"道德之美体验活动的成效和体会。

◎**实践成果：**"做一个有道德的人"道德之美体验活动总结。

◎**活动评价：**

优秀(90～100分)：认真按照要求开展体验活动,活动取得显著成效。

良好 (80～89分)：认真按照要求开展体验活动,活动取得良好成效。

合格(60～79分)：能够按照要求开展体验活动,但成效一般。

不及格(60分以下)：未能按照要求开展体验活动,或弄虚作假,敷衍交差。

参考案例

"爱心天使"陈静

"我志愿加入中国共产党,拥护党的纲领,遵守党的章程……"2006年11月29日中午12时许,盐城市第一人民医院血液科10号病床床头,挂起了一面鲜红的党旗,孱弱而又刚毅的声音在寂静的病房里响起。江苏大学应用科学技术学院在这里举行了一次特殊的支部大会,身患白血病却不懈追求的"爱心天使"陈静,在这一天终于圆了心中的梦,成了一名光荣的中国共产党党员。

这位被大家称为"爱心天使"的女孩叫陈静,是江苏大学应用技术学院计算机专业的学生,曾连续两次获评校二等奖学金、院三好学生。她是不幸的,但又是幸运的。为了拯救徘徊在生死边缘的她,在江苏大学以及所在地镇江,在江苏各地乃至首都北京,从虚拟的网络到现实世界,数万热心人齐伸援手,展开了一场声势浩大的"爱心接力"。

倾心救助同窗,她也患了白血病

2003年9月,家境贫寒的陈静迈入了江苏大学的校门,成了江苏大学应用科学技术学院计算机专业的一名学生。入学后不久,她就与来自南通的同班同学丁玉兰成了一对好姐妹,两个美丽俊俏、乐观开朗的姑娘几乎形影不离。在同学眼里,陈静是公认的"开心果",她学习十分用功,经常看书到深夜,为了不影响大家,她常常熄灯后就到卫生间去看书。然而,2005年3月,不幸降临到了她的好友身上——丁玉兰患上急性粒细胞白血病。

陈静决心帮助好友渡过难关。在得知丁玉兰得病的一个多月里,每逢休息日和课余时间,她都和其他同学一起,抱着捐款箱奔走在火车站和镇江闹市区。丁玉兰回南通治疗后,陈静又在镇江的几家保险公司之间奔走,帮着办理繁杂的医药费报销手续。她的善良和真诚感动了保险公司,平安保险镇江分公司为丁玉兰捐款10万元。

经过努力,陈静和江大师生们共为丁玉兰筹集了20多万元医疗费,暂时缓解了丁家的经济压力。陈静一直和在家中治病的丁玉兰保持着联系,努力安慰病中的好友。她告诉丁玉兰:"如果生命只剩下最后一格电力,我愿意做你的充电器。"

然而,命运似乎就是要跟这对好友作对。谁也不会想到,不知不觉间病魔正向陈静袭来。2006年3月底,陈静和同学一起玩耍时,无意中发现腿部有红斑。起初,她以为是皮肤过敏,到医院检查的结果让大家都惊呆了:她竟也患上了白血病!

真情,在校园内外涌动

曾目睹好友不幸的陈静知道,得了这样的病不啻是灭顶之灾。她的家在江苏盐城的农村,家里的经济全靠父亲陈跃亮平时在工地上打工维持。起初,善良的陈静没有把这个不幸的消息告诉家人。为了不拖累家人,她甚至想到过放弃治疗。然而,她所就读的江苏大学的师生立即行动起来,大家表示:要像陈静当年救助丁玉兰一样去救助陈静。应用科学技术学院105名教师、8个专业的同学无一例外地行动起来,短短3天时间捐款近万元;同学们还深入其他校区,走上街头募捐,策划义演活动;学校也及时送去大学生慈善基金会的救助款……

令人感动的是,病魔丝毫没有销蚀陈静"爱心天使"的本色。在得知盐城的一名大学生遭遇了同样的不幸后,她作出了一个决定:将社会各界捐给她的为数不多的善款转捐5万元给那位素不相识的年轻人。病床上,她一边与病魔抗争,一边仍坚持学习。

曾经情同手足的姐妹竟同时面临白血病的挑战。她们的遭遇引起了南通、盐城、镇江三地媒体和市民的极大关注。"南通热线"论坛的网友们发起了为她们募捐的活动,并着手与南通电视台联系,筹办义演晚会。然而,未等晚会进行,丁玉兰便离开了人世。2006年11月11日,义演如期举行,共募得捐款3万多元。

患难中,陈静成了两家共同的女儿。虽然丁玉兰的父母还欠着10多万元外债,但他们决定将未用完的 8 万元捐款,大部分转捐给陈静。这样,陈静的捐款达到了 18 万元。然而,这与至少 60 万的骨髓移植费用还相差甚远!

黄丝带,见证满城之爱

2006 年 12 月 19 日、20 日,中央电视台"共同关注"栏目播出了两个白血病女孩的故事,当年倾心救助同学、如今也身染沉疴的陈静牵动了无数人的心。12 月 23 日,网名为"晨阳斜影"的江苏大学理学院学生朱小东,第一个将"救助陈静"的帖子发到了"镇江网友之家"网站上。3 天之后,这则消息同时被置于"名城镇江"、"山水句容"等镇江八大网站的顶端,短短一周内引起了数万名网友的关注。一场"爱心风暴"在网络上风起云涌。

为了组织好募捐活动,网友"远方的梦想"、"阿呸"以及朱小东、程建平、孔娇妮等组建了"爱在镇江组委会"。网上招募的包括江苏大学学生在内的 1200 多名志愿者,组成 20 多个募捐小分队,奔赴镇江市区各街巷广场、企事业单位和辖市(区),先后组织了 60 多场募捐活动。出租车司机捐献 7 元起步价、公交车和社会车辆捐款 5 ~ 10 元,就系上象征爱心和希望的黄丝带。一时间,黄丝带成了古城镇江的一种"时尚"……

2007 年 1 月 28 日,筹备已久的"飘舞的黄丝带——情系陈静,爱在镇江"大型义演在城市客厅举行。这一天,镇江满城尽飘黄丝带:出租车、公交车、三轮车、自行车、树木、花草,以及数不清的人的臂膀上都系上了黄丝带! 一份份捐款投进募捐箱,一股股爱的暖流在镇江城流淌。

面朝大海,春暖花开

经热心的北京网友联系,陈静决定去北京治疗。2007 年 1 月 31 日,江苏大学宣传部、学生处、团委、应用信息技术学院的领导和老师与镇江的网友 20 多人,前往南京机场为陈静送行。大家约定:"陈静,我们在镇江等着你!"抵京后,10 多位北京网友早就守候在那里,大家安排车辆将他们送到了住处,并帮着代办了住院手续、北京公交一卡通、手机卡。为了消除陈静的寂寞,网友们还为她的电脑开办了无线上网业务。北京各大高校的近万名学生也为陈静募捐,"搜狐社区"北京站的网友们号召全国网友献爱心。截至 2007 年春节后,社会各界为陈静的捐款已超过 70 万元!

陈静在完成了 10 次化疗后,配型成功,顺利进行了骨髓移植手术。

"我只是做了那么一点,而大家却给了我这么多!"从校园到社会,从虚拟到现实,无数的关爱令陈静倍感温暖、备受鼓舞。她用一首海子的诗表达了自己的心情:"给每一条河每一座山起一个名字/陌生人,我也为你祝福/愿你有一个灿烂的前程/愿有情人终成眷属/愿你在尘世获得幸福/我也愿面朝大海,春暖花开。"

人们的爱心,最终也没能留住这位"爱心天使",陈静带着对生命的美好祝愿和无限眷恋离开了人间。为了更好地纪念她,并把这种爱心的种子发扬光大,根据陈静的真实事迹改编,由镇江广播电视总台、江苏大学和北京银河星光文化传播有限公司联合摄制的电影《小城大爱》于2009年4月18日在江苏大学大礼堂隆重首映。原国务院副总理李岚清为影片题写了片名。

【点评】 "爱心天使"陈静是江苏大学优秀学生代表,她给人们留下了宝贵的精神财富。向陈静学习,就是要学习她勇敢执着的坚定信念,哪怕是生命最困难的时候,她依旧积极进步,在病床上加入了中国共产党;学习她自强不息的拼搏精神,家庭贫寒的她通过勤工助学减轻家庭负担,取得学业进步;学习她乐观向上的人生态度,自己饱受病痛折磨,展现给大家的却是一张让人动容的笑脸。

教育部2011—2012年高校学生思想政治状况滚动调查

调查表明大学生思想主流积极健康向上①

2011年是高校学生思想政治状况滚动调查的第20个年头。教育部继续在京、津、沪、浙、赣、鄂、粤、滇、陕、豫、鲁、黑、宁、川、新等15个省(区、市)和新疆生产建设兵团开展调查工作。对140所高校25000余名学生的调查表明,当前高校学生思想主流继续保持积极健康向上的良好态势。广大高校学生坚决拥护党的领导,高度认同中国特色社会主义理论体系,对中国共产党成立90年来带领中国人民取得的辉煌成就给予高度肯定。高校学生的理想信念更加坚定,爱国热情持续高涨,社会责任感显著增强,道德素质和现代文明素质明显提升,充分表明当代大学生正在成为中国特色社会主义共同理想的坚定信仰者、社会主义核心价值体系的积极践行者、社会和谐稳定的热情维护者,是大有作为、大有希望的一代,是党和人民完全可以信赖的一代。

调查显示,广大高校学生充分信赖以胡锦涛同志为总书记的党中央,对党和政府一年来的工作给予高度肯定,特别对成功举办上海世博会、广州亚运会亚残运会等国际盛会,妥善应对玉树地震、舟曲特大山洪泥石流等严重

---

① 《中国教育报》,2011年6月4日。

自然灾害,积极参与海地、巴基斯坦等国际救援行动等给予高度评价,认为这充分展现了社会主义制度能够集中力量办大事的优越性,充分体现了我们党"立党为公、执政为民"的先进本质,充分彰显了我国负责任的大国形象。97.8%的学生对我国参与海地、巴基斯坦等国际救援行动感到"满意"或"比较满意",97.0%的学生对应对玉树、舟曲等严重自然灾害感到"满意"或"比较满意",95.4%的学生对举办上海世博会、广州亚运会亚残运会感到"满意"或"比较满意",91.9%的学生认为这样的国际盛会有利于促进我国经济、社会、文化发展和对外交往,90.4%的学生认为这些活动展示了我国的综合国力,扩大了国际影响力。

调查表明,广大高校学生坚决拥护中国共产党的领导,89.6%的学生对"党的执政能力进一步加强"表示"非常乐观"或"比较乐观"。高校学生理想信念坚定,对跟党走社会主义道路充满信心,入党意愿持续高涨,近八成的学生表示有入党意愿。高校学生对"十二五"时期我国社会经济发展表示乐观。98.1%的学生对"中国特色社会主义事业进一步发展,综合国力增强,国际地位提高"表示"非常乐观"或"比较乐观",86.8%的学生对"本世纪头二十年中国能够实现全面建设小康社会的目标"表示"非常乐观"或"比较乐观"。

调查也表明,当前高校学生价值观主流积极向上,对社会主义核心价值体系高度认同。95.2%的学生认同"诚信是做人之本",94.2%的学生认同"孝是做人之根,百善之首",86.9%的学生认同"滴水之恩当涌泉相报"。对于大学校园里的一些不文明现象和行为,绝大多数学生明确表示反对。大多数学生把为社会作贡献作为人生的重要追求,参与志愿服务活动的学生规模进一步扩大,85.9%的学生表示参加过志愿服务活动,"奉献社会"是大学生参加志愿服务的最主要目的。高校学生学风良好,对考试作弊、论文抄袭、实验凑数据、逃课等现象,绝大多数学生明确表示反对。大多数学生能够正确对待网络虚拟世界,遵守网络道德,对网络的使用日趋成熟理性。高校学生的课余生活丰富多彩,校园文化氛围浓厚,生活方式积极健康。

调查还表明,高校学生关心高等教育改革发展,对科研创新基地与科技创新平台建设、高校招生考试制度改革、高水平师资队伍建设、研究生培养机制改革等尤为关注。高校学生对于校园治安状况、校风学风和校园文化状况、学校实验室、图书馆、学生活动场所状况等学习生活环境总体评价较好。对高校教师队伍评价良好,对教师队伍的道德品质、人格魅力、敬业精神、育人意识、尊重和关心学生、教学水平、学术水平均给予较高评价。高校学生对思想政治教育各项工作满意度稳中有升,对辅导员工作、校园文化活动、家庭经济困难学生资助工作的满意度均超过 90.0% ,89.4% 的学生对高校思想政治理论课教学感到"满意"或"比较满意",93.4% 的学生认为辅导员在自己成长成才中起到了作用,过半数的学生认为作用"很大"或"比较大"。

　　针对今年滚动调查反映出来的高校学生思想政治状况存在的问题和当前大学生思想政治教育工作面临的新形势、新任务,教育部提出,要认真学习贯彻胡锦涛总书记在庆祝清华大学建校 100 周年大会上的重要讲话和给北京大学第十二届研究生支教团成员的回信精神,全面落实教育规划纲要,继续深入贯彻中发〔2004〕16 号文件及全国加强和改进大学生思想政治教育工作座谈会精神,不断创新工作理念、方式途径、体制机制,进一步提高大学生思想政治教育工作质量,培养德智体美全面发展的中国特色社会主义事业合格建设者和可靠接班人。要围绕纪念中国共产党成立 90 周年,深入开展"永远跟党走"主题教育活动,引导大学生牢固树立正确的世界观、人生观和价值观;大力加强实践教育,切实满足大学生成长成才的需要;深入探索网络思想政治教育新途径,主动占领网络思想政治教育新阵地;进一步把解决思想问题和解决实际问题结合起来,缓解部分学生存在的就业、学业和经济压力;进一步加强大学生心理健康教育,加强心理疏导,提高大学生心理健康素质;加强队伍建设,构建长效机制,为大学生思想政治教育工作提供坚实保障,营造良好氛围。

调查表明大学生思想主流继续保持良好态势①

　　2012 年是高校学生思想政治状况滚动调查的第 21 个年头。调查工作在京、津、黑、沪、浙、赣、鲁、豫、鄂、粤、川、滇、陕、宁、新等 15 个省(区、市)和新疆生产建设兵团进行,同时在上海开展了网络调查。调查表明,当前高校学生思想主流继续保持积极、健康、向上的良好态势。

　　调查表明,广大高校学生坚决拥护党的领导,坚持中国特色社会主义道路,拥护我国基本经济政治制度。广大学生高度认同"科学发展观是发展中国特色社会主义必须坚持和贯彻的重大战略思想",对未来"中国特色社会主义事业进一步发展,综合国力增强,国际地位提高"表示充满信心。大学生高度关注与国家和民族利益相关的大事,表现出强烈的爱国主义情感与民族自信心,91.4% 的学生认为应该增强我国各族人民对伟大祖国、中华文化和中国特色社会主义道路的认同。在座谈、访谈中,绝大多数学生认为我国必须坚

---

① 《光明日报》,2012 年 6 月 5 日。

持改革开放不动摇,不能走回头路。

调查显示,广大高校学生充分信赖以胡锦涛同志为总书记的党中央,对党和政府一年来的工作给予高度评价。95.6%的学生对"以推动科学发展、促进社会和谐、服务人民群众为主题,开展创先争优活动"工作表示认可;95.3%的学生对"启动城镇居民社会养老保险试点工作,2011年试点范围覆盖60%地区,2012年基本实现全覆盖"工作表示认可;95.2%的学生对"中央扶贫开发工作会议研究决定率先在680个特困县市试点营养餐,实施农村义务教育学生营养改善计划"工作表示认可,对调查所列举其他工作认可度均高于90%。调查结果反映,当前大学生整体心态较平和,认识判断比较理性,能够较为客观、理智地观察分析问题。

调查表明,大学生高度认同并积极践行社会主义核心价值体系,具有良好的道德认知和较强的社会责任感。97.9%的学生认同"社会主义核心价值体系是兴国之魂,是社会主义先进文化的精髓";98.7%的学生认同"诚信是做人之本";97.8%的学生认同"青年是祖国的未来、民族的希望,也是我们党的未来和希望"。学生认同"大学生应当走在公民道德建设的前列"、"人生的价值在于奉献"、"在考虑利益问题时,应首先考虑国家利益和集体利益"等观点的比例也呈现逐年上升的趋势。

调查显示,高校学生入党意愿持续高涨,学生基层党组织建设取得积极进展,学生党员质量不断提升。近八成的学生表示有入党愿望,与近年来的比例基本持平。将"追求理想信念"作为入党动机的学生比例比2011年高出8.3个百分点,连续3年排在入党动机的首位。在座谈、访谈中,大家普遍反映,高校的学生党员发展更加注重质量,发展程序不断健全,党员经常性学习教育体系更趋完善,党员发挥先锋模范和骨干带头作用比较突出。

调查表明,大学生关注高等教育改革和学校建设与发展,普遍认为近年来高等教育改革发展取得了比较显著的成效,对学校教育教学工作的满意度较高。学生对调查列举的学校各项工作的满意度均在90%以上,其中对思想政治理论课教学、辅导员工作、家庭经济困难学生资助工作的满意度分别高达95.1%、96.3%和95.6%。网络在学生获取信息中的主要渠道地位进一步提升。73.1%的学生获取社会信息最主要的渠道是"网络",比2011年进一步上升了3.1个百分点。"搜索信息、查阅资料"、"了解新闻"和"聊天或交友"在学生"通过网络主要进行的活动"中占据前三位。微博在学生中的影响进一步扩大,59.9%的大学生使用微博,比2011年上升了13.1个百分点。

针对调查反映出的高校学生思想政治状况中存在的突出问题和当前大

学生思想政治教育面临的新形势、新任务,教育部提出,要认真贯彻胡锦涛总书记在纪念中国共产主义青年团成立 90 周年大会上的重要讲话精神,全面落实教育规划纲要,采取积极有效的措施,着力提高大学生思想政治教育科学化水平。要深入教育引导广大学生自觉践行社会主义核心价值体系,努力掌握马克思主义立场、观点、方法,做到真学、真懂、真信、真用,自觉用马克思主义中国化最新成果武装头脑;进一步提高高校学生党员发展质量,坚持把符合标准的优秀学生吸收到党内来,加强学生党员教育;积极探索新时期大学生思想政治教育的新途径和新方法,不断搭建工作平台,创新工作载体,进一步增强大学生思想政治教育的亲和力、吸引力和感染力;进一步加强教师队伍建设,尤其是师德师风建设,推动高校各项工作科学发展,营造大学生思想政治教育的合力。

【点评】　自 1992 年起,教育部连续 21 年在全国范围内开展高校学生思想政治状况滚动调查,这是关于全国高校学生思想政治状况的权威调研结果。显示数据可帮助教师和学生客观掌握和认知当前高校学生思想政治状况,从而正确认识高校思想政治工作面临的新形势和新任务,不断创新工作理念、方法途径,提高思想政治教育的针对性与有效性,培养德智体美全面发展的中国社会主义事业合格建设者和可靠接班人。

延伸阅读

国外道德教育理论与现状[①]

一、国外道德教育理论

根据对国内外文献的搜索及资料整理,国外的德育理论主要包括如下流派:

（一）道德认知发展理论

道德认知发展理论(moral-cognitive development theory)是 20 世纪对美国德育影响最大的流派之一,其代表人物是哈佛大学教授劳伦斯·科尔伯格(Lawrance Kohlberg),这一流派的代表著作有:《道德发展哲学》《道德发展心理学》《道德判断的测度》以及《道德发展的阶段》等。

---

① 北京教育科学研究院德育研究中心田毅松。

科尔伯格的主要观点是对杜威的进步主义德育研究和皮亚杰《儿童道德判断》的综合批判(不是批评,而是基于理性地审视和改造)和继承,认为德育就是促进道德认知水平的发展,即德育的中心是坚持发展道德认知能力。所谓认知就是对道德问题和决策进行积极的思考;所谓发展就是把德育目标看做是经过各个阶段的道德发展。理论提炼是:第一,德行的发展遵循一定阶段,与成熟有关,但不等同;第二,德行的发展与认知发展密切相关,认知是德行发展的基础,德行发展不能超越认知发展,但不等同;第三,德行发展的本质是寻求社会的接受和自我实现,是社会激发下原有认知力发展的结果;第四,德行发展本质上具有普遍性,与文化具有弱相关性;第五,道德发展有赖于个体对社会文化活动的参与程度。在此基础上,他提出了"三水平六阶段"理论:

水平一是前习俗道德水平,即对文化规则和表记的是非善恶观念敏感,但是仅仅基于行为的实质结果或权利来解释。这一水平包括两个阶段——阶段一,即惩罚与服从阶段:服从规则和权威,避免惩罚;阶段二,即个人的工具主义目的与交易阶段:满足自己或他人需求,给他们带来即时利益。

水平二是习俗道德水平,即承认规则的正当性(right)行为价值以遵守规则的程序为依据,其中包括阶段三和阶段四。阶段三即相互性的人际期望、人际关系、人际协调阶段,扮演好角色,关心别人;阶段四即社会制度与良心维系阶段,恪守社会秩序,对社会尽职尽责,维护社会或群体的福利。

在水平二和水平三之间还有一个过渡阶段,称过渡水平,即选择具有主观色彩,以情绪为基础,随意性,但注重主体性。

水平三是后习俗与原则道德水平,即道德决策取决于社会中所有成员一致认可的权利、价值和原则。阶段五即至上的权利,社会契约或权利阶段,维护基本权利、价值观和合法的社会契约。阶段六即普遍性伦理原则阶段,社会普遍伦理,大同社会下的道德原则——"人是目的,而不是手段"。

道德认知发展理论并不是一种纯粹理论的假设,它具有坚实的学校实践基础。杜里尔、布莱特和班扬分别于1965年、1969年和1971年在学校实践中进行了实证考察,通过学校实践来检验这一理论。基于此,他们首先提出了两种德育模式:第一,新苏格拉底德育模式,即在教育过程中通过情境设置,讨论问题,激发兴趣,引发思考,提高道德水平,这一模式的目标是培养能够达到阶段六的人;第二,新柏拉图德育模式,即培养具有良好公民意识的一般公民,他们能够达到阶段四——民主参与和管理的道德水准。其次,使用了两种主要的德育基本方法:第一,课堂讨论法——通过设置道德两难问题的讨论,提高学生的认知水平和道德水平;第二,公正团体法——利用公正机制建立公正团体,培养公正的观念,达致对公正的理性认识,提高道德水准。在此基础上,德育教师提出了如下建议:(1) 提高自身道德素质;(2) 尊重儿童发展,一视同仁;(3) 不直接教给儿童道德判断;(4) 不用权威进行道德教育等。

因为此理论把道德发展与人的认知能力进行结合,这就使得学生的道德发展水平具有可测量性,所以他们为品德发展的测量制定了量表,即道德成熟量表(MMQ)。

(二) 人本主义道德教育模式

人本主义德育理论的代表人物主要有:罗杰斯、马斯洛和斯腾豪斯。

人本主义德育理论的主要观点是:认为人生来就有自我实现的倾向,德育——甚至是整个教育——的任务就是给这一倾向提供实现的条件,达到培养和发展个体的"自我意识",促进自我的生成和完善。不难看出,他们坚持了人"性本善"的观点,这是人们自我实现的理论基础。所以,他们认为德育不是改造人的思想、重塑人格,而是挖掘人的潜能,也就是善的本质。对此,马斯洛提出了五个需要层次和15个主要特征,提出了"精神理想国"(Eupsychian)的概念,试图通过人性的发展来建立健全人类社会。

因此他们认为德育需要这样一些基本条件,诸如了解和理解、爱心和尊重、受导者感受施教者的意图。他们认为德育人员应该具有如下品质,即真诚、接受(acceptance)、移情性理解(empathic understanding)和无条件关怀(unconditioned positive regard)等。

具体到学校的德育实践,他们认为,德育工作应该满足以下四个要求:(1) 积极倾听,(2) 理解和把握教育过程——这一过程必须真实、自然,使学生正视道德问题(问题教育法),(3) 教师应当是"促进者"——"中立角色",(4) 教师应当是指导者而非仲裁者。

人本主义德育模式对课堂设置也具有一些特点,比如呈现德育问题、注意现实生活、利用各种现象、分组讨论等,这种做法强调了学生的主体性,能够培养健全人格,倡导的是一种民主的德育观。

(三) 社会学习德育论

社会学习德育理论的代表人物主要有班杜拉和米切尔。他们的主要理论观点有:人类的整个学习必须有个体品德的参与才能完成,不能简单地将之归结为刺激—反应模式(S-R模式,即 stimulate-response 模式);他们认为道德判断取决于社会学习,因为社会自身的复杂性以及学习过程的不确定性,所以不能刻板地将儿童的道德发展束缚于几个发展阶段,儿童的道德发展是个人社会化的结果;所以德育的出发点应该是儿童的人格形成;但是,在儿童道德发展过程中不能放任自流,因为儿童自身理性判断能力的不足,使得必须对他们的道德发展进行引导,也就是说,儿童道德发展需要榜样的力量来引导,榜样的力量是"无穷的",从而从环境、行为和人交互作用的角度解释儿童的道德发展过程。

这一流派对学校德育实践的贡献主要有以下几个方面,首先也是最大贡献,在于他们揭示和论证了示范榜样对儿童道德发展的作用,这里的榜样并不局限于那些遥远的东西,比如伟大的英雄人物,真正能起到示范作用的是儿童身边的人和事,比如家长、教师、同辈人、大众传媒和社会风气环境等。其次,他们认为,在儿童的道德发展过程中,道德感的养成需要不断地强化,他们认为"强化"的作用很大,强化的方式主要包括直接强化、间接强化和自我强化几个方面。最后,他们把心理辅导和矫正与德育进行了整合。

（四）价值澄清理论

价值澄清理论（Values clarification theory）的代表人物主要有拉斯（L. Raths）、西蒙（S. B. Simon）和鲍姆（K. Baum）,代表著作就是三人合著的《价值与教学》（*Value and Teaching:Working with the Values in the Classroom*）。

这一理论的提出背景是,价值论相对主义及其多元主义。这一背景使得学生具有不同的甚至是相互冲突的价值观,其方法和途径是通过对价值概念的多样化分析来调动学生学习的积极性,其中包括价值指示（Values indicators）,但指示不是强制,目的是为了改变灌输的教育方式。他们强调了四个基本要素:关注生活,接受现实,激发思考,提高个人潜能。

这一流派的最大特点是强调个人价值选择的自由,因而将价值教育的重点从价值内容转移到澄清个人已有价值的过程上去。也就是说教师的任务在帮助学生澄清他们自己的价值观而非将教师认可的价值观传授给学生。

（五）建立理论基础德育学说

建立理论基础德育学说代表人物是詹姆斯·谢弗（James Shaver）,代表著作是1967年出版的《面对道德决定:建立教师理论基础》。

谢弗主要强调了教师和学生深入学习、认真思考道德问题在德育中的作用,即强调德育过程中行为主体之主体性的重要意义。他仍认为,德育的关键在于教,主要是帮助学生明确重要的——而不是强调正确的——价值观。至于什么是重要的价值观,主要有审美标准(审美价值观)、工具标准(工具价值观)和道德标准。

这一流派还强调民主是德育的核心理论基础,民主的本质是对人的尊重。

(六) 体谅或学会关心德育模式

这一学派的代表人物主要有英国的彼得·麦克菲尔(Peter Mcphail)和美国的内尔·诺丁斯(Nel Noddins)。代表著作包括:麦克菲尔的《生命线》(*Life line*)和诺丁斯的《学会关心——教育的另一种模式》(*The challenge to care in schools: an alternative approach to education*)。

他们的主要理论观点包括:德育目的是激发人的人性感,培养人的利他主义精神。德育是整个人类社会的重要组成部分,具有社会凝聚力的作用,不应该降低为分析规则和禁令。重视和关心学生的需要、情感和兴趣,处理好人的个性与社会关系等方面的问题。

此外,教会学生如何关心的德育模式看重的是这样一些方面:(1) 不是教会什么,而是教会如何去做;(2) 德育要把气质修养和行为举止的塑造与学生道德判断力结合起来;(3) 关心他人学习,观察学习和社会模仿是无法替代的德育方法;(4) 创造关心人的课堂、校园和社会环境。

(七) 品德教育教程学派

品德教育教程学派的代表人物包括:托马斯·里克纳(Thomas Lickona)、玛多娜·墨菲(Madonna M. Murphy)和阿兰·罗克伍德(Alan Lockwood),代表著作主要有:《美式课堂——品质教育方略》《美国"蓝带学校"的品性教育——应对挑战的最佳实践》等。

阿兰·罗克伍德(Alan Lockwood)对品德教育进行了定义。他认为,所谓的品德教育是指以学校为基础并与社区机构合作进行的,通过直接、系统而非相对主义的价值影响去培养学生良好行为的一种教育。

品德教育(character education)从教育的目标、方式等角度进行了解释和说明。品德教育教程的目标是:(1) 具有良好的思想气质;(2) 具有优良的价值观和人生态度;(3) 具有积极的人生观;(4) 有较高的道德判断水平。品德教育的方式包括,制定出核心价值观(尊重与责任);学校应该传授的其他价值观(诚实、公平、宽容、谨慎、自律、乐于助人、同情心、合作、勇气);制定出一套价值目标,等等。

在美国,品德教育的主要目标是:培养学生的自律水平,培养较强的自尊心,提高学生进行决策、解决问题的技能,向学生传授积极的态度和价值观。

品德教育一开始就十分关注实践,他们为学校实践制订了如下德育策略:进行课堂讨论;强调小组活动制;要求教师应该注意自己的态度等。国内关于品德教育的论述可以参考檀传宝教授的论文《第三次浪潮:美国品德教育运动述评》。

（八）社会行动德育模式

社会行动德育模式的代表人物是弗雷德·纽曼(Fred Newmann)，代表著作是他的《公民行动教育：对中学课程的要求》《公民行动教育技巧》等。

纽曼的主要观点是：当代价值理论偏重于道德知识和改变认知结构等，缺乏实施行动的训练和技能。德育的目的应该是培养学生作用和改变环境的能力，把德育方向放在教育学生如何影响政府的政策和公民在社会变革中扮演的角色上，用实际行动来改变外在环境，达到理想目的。一个有道德的社会成员，应该具备三种改变环境的能力：(1) 作用事物的能力，其中包括审美能力（绘图）和实用能力（造房和机器等）；(2) 影响他人的能力，其中包括培养关系的能力和经济关系的能力（买卖能力）；(3) 影响公众事务的能力，比如开展公共选举活动的能力和在利益相关集团内活动的能力。注重于培养第三类能力，即公民社会行动的能力，即为此，创建了社会行动德育模式。

（九）其他领域对德育理论和实践的渗透

根据资料显示，国外的德育工作已经受到很多学科的影响，哲学对德育的影响尤甚，这主要是因为德育本身就属于道德领域的范围，道德哲学是德育理论的基础，其中影响比较大的有：(1) 哈贝马斯的交往行为理论——以前的德育理论和实践或者片面强调教师在德育过程中的作用而忽视学生的主体性，或者过于强调学生的主体性而忽视教师在德育过程中的积极作用，这或者会导致学生主体性的丧失，或者会减弱和忽视德育人员在德育过程中的作用，但是哈氏的交往行为理论所提出的主体间性或曰交互主体性(inter-subjectivity)则在一定程度上解决了这一矛盾，为调动学校和老师的积极性提供了理论基础，对德育理论产生了很大影响。(2) 后现代主义哲学对德育的影响——后现代主义哲学强调的是理论的世俗化、去中心化和碎片化，它反对基础主义。这就使得德育理论不得不重新考虑，如何论证和确立社会当中的"主流"价值观。

国外的道德教育理论的演变非常迅速，但这些理论并没有相互排斥，而是相互竞争，这就为德育实践提供了一个很好的选择平台，也为德育实践的创新打下了基础，这正是我国的德育研究工作所要借鉴的。而且，国外的德育研究做到了两个兼顾，即既能够在德育理论上进行探索，又能够面对实践、服务实践。比如，从美国德育协会的年会主题可以看到，德育并不是板起面孔进行的，而是在考虑学生生理和心理的基础上，充分关注学生的需求和面对的问题，充分利用看似与德育工作背道而驰的资源，开拓德育的新途径。

二、世界主要国家的德育实践概述

(一) 美国

美国学校对青少年的道德教育主要从三方面着手：进行基本道德观教育；建立严格的教学秩序和纪律；培养学生严肃、诚实、刻苦的学习习惯。美国的教育十分强调道德品质的培养与知识技能的传授互相渗透、互相促进，重视激发学生的进取精神和培养其诚实的品质。同时重视培养学生的优良品质，具有独立见解和富有爱国精神。

高质量的道德教育来自富有想象力和有才华的教师及校长。美国的教育十分重视发现优秀人才，补充学校的教师和校长队伍。美国"课程发展与管理协会"建议，把道德教育纳入师范教育计划，保证未来的教师有能力、有知识去从事学校的道德教育工作，从而形成道德教育的良性循环。

美国学校的学校道德教育内容具有多样性的特征。而美国一直以来就没有统一的学校道德教育内容，任由各州制定，内容趋多样化。美国就学校道德教育内容而言，中小学学校道德教育的主题是培养合格公民和社会责任感，即公民教育。中小学主要通过开设"公民学"课程，传授一般的伦理道德规范和法律知识，进行公民教育。大学则不设置专门的公民教育课程，而是把有关内容融合于培养"合格公民"或"好公民"的教育活动中。从这点可以看出美国学校道德教育的起点是从一名合格的公民开始。美国学校的正式课程不仅要传授科学和教学这类课程，还必须讲授基本的道德准则，教以正义、宗教和自由。目前，美国的公立学校几乎全部开设了独立的思想政治品德教育课程，如《公民》《美国宪法》《西方文明史》《现代社会》《民主问题》《时事》等。为了使学生接触和认识国内外截然不同的意识形态和价值观念，使他们开拓国际视野，培养批判性思维能力和公民的责任感，美国还开设了别国政治、法制类选修课程。

美国的校园生活渗透学校道德教育意识同样是通过活动进行的。一是社团活动。社团活动内容广泛、形式多样，既有可作为课程教学的有益补充，也可从中反映学校所追求的目标与价值。二是校园文艺及体育活动。其中最具代表性的是学生文艺体育社团和俱乐部。他们通过各种方式开展活动，培养学生的公平竞争、社会交往及与他人合作的精神，自立、自信、开朗的性格和热爱生活、乐观向上的生活态度。

美国学校道德教育注重心理辅导与指导。作为学校道德教育的主要内容，最早出现于20世纪30年代的大学校园，现在已成为学校道德教育的重要组成部分。其主要职能是对学生进行生活指导、学习指导、心理辅导和就业指导。目前,美国许多学校都设有专门的、相对独立的咨询指导机构,负责全校的学生咨询工作,并在人员组成、活动经费、活动场地上都有妥善的安排。提倡隐性课程,重视渗透性,是美国学校道德教育途径的又一特色。在德育的具体方法上,美国注重通过具体形式渗透这种教育,主要是通过成就教育以及西方文明史等历史教育来实现,力图使生活在本国的公民特别是青年具有优越感和自豪感。美国以法律形式明文规定,各级各类学校都必须开设美国历史课程。在教育活动中,学生还须背诵"忠于这个国家,保卫这个国家"、"愿上帝保佑这个国家"等誓词和祝词,激起学生强烈的爱国激情,从而树立为国家而奋斗的信念。

(二)英国

英国道德教育的形式和途径主要有:宗教教育、道德课、体育课和各种社会活动以及教师品行的影响。德育方法包括:(1)直接法为主,活动相辅;(2)坚持德育方法科学化——倡导各种有效的方式,贯穿人道主义理念,针对现实问题;(3)行为矫正法。英国等西方国家基本都是基督教的文化传统,所以在这些国家的德育教学中,宗教的影响非常明显,德育是以宗教教义为基础的,此外英国君主立宪制的国家制度也对其德育实践影响颇深,具有古典性特征,比如注重学究式的绅士风范,偏向讲授和热衷古习等。但随着世界政治经济交往的加强和文化价值的多元化,德育的目的也已经呈现多样化。对于德育的规范标准,则强调德育主义,注重向学生直接传授必要的道德行为规范和美德,然后要求在实践中反复应用形成习惯的方法。学校作为教育主阵地的地位逐渐削弱,开始由传统的过多限制于学校转向了家庭和社会,日益重视学校德育、家庭教育和社区教育的结合。

(三)德国

在德国,德育的目标主要包括:美德教育,培养个人优良品质和树立民族自信心和爱国教育。在德育目标确定的基础上,确定了道德教育的主要内容,主要包括宗教内容、伦理道德内容和社会生活道德内容。德国德育的途径与英国的大体一致,但也有自己的特色。学校德育的主要方法有:(1)主课与附课相互配合;(2)理论教学、宗教与伦理课程和现实生活相联系,这与德国注重思辨的文化传统有关;(3)课堂教学与实际活动结合——实习课程流行;(4)借助电化教学。德育的主要特点和倾向是注重宗教性和德育主义、培养民族精神、德育机构化等。

(四) 日本

日本的道德教育具有以下几个非常明显的特征:(1) 全面主义的道德理念。教育行政奉行全面主义的道德教育管理理念,通过各种不同途径和渠道进行道德教育管理。全面主义道德教育管理的目的是以社会为本位,注重品格养成。道德教育的目的是帮助儿童适应生活,养成健康的生活方式,在教育和活动中加强训育、辅导和行为管束。(2) 建立严密的道德教育管理体制。日本中央政府设立学生指导主任,掌管有关学生道德的指导事项。在地方,由教育委员会和教育厅进行道德教育行政管理和监督。在学校内部,日本建立了完备的道德教育管理体制,所有的教员都以每一个学生为对象,通过一切工作,有效地开展道德教育管理。日本学校的学生指导制度是:根据政府的教育政策、学生的实际和家长的意愿,制定详细的校规,作为学生指导的依据。制订周全的计划,包括学年、学月的指导重点,各部门指导活动的统一规划,全体教师如何分工协作,怎样与校外组织配合等内容。建立严密的组织网络和专门的学生指导部。注重校内外的协作,班主任不但是重要的学生指导人员,也负责同学生、家长、学校领导联系,协调各项管理工作,与校外沟通等。重视教师指导业务的提高和培养,提高全体教师和班主任的道德教育管理水平。日本还强调制定和实施道德教育计划。(3) 建立指导机构,开展专门的道德教育活动。为加强道德教育管理,日本建立了各级各类的道德教育管理指导机构,开展了卓有成效的专门道德教育活动。日本总理府就设有"青少年问题审议会"和"青少年对策本部"等机构,是青少年道德教育的专门指导机构。"青少年对策本部"是日本负责青少年工作的最高政府机构,其任务是:制定有关青少年指导、培养、保护及矫正的基本政策和措施;综合、调查与青少年有关的各个行政机关的工作;其他有关青少年工作的计划、立法和实施。(4) 实行地域化道德教育管理模式,谋求建立学校、家庭、社区三位一体的道德教育管理体制,拓展道德教育管理的空间,使道德教育管理超越学校,建立学校、家庭和社会"三位一体"的合作管理体系。文部省采取措施,鼓励兴办各种形式的家庭教育讲座和父母讲座,在财政方面也予以支持。

名人格言

人类社会发展的历史证明,一个民族,物质上不能贫困,精神上也不能贫困,只有物质和精神都富有,才能成为一个有强大生命力和凝聚力的民族。

——江泽民

遵照道德准则生活就是幸福的生活。

——亚里士多德

应该热心地致力于照道德行事,而不要空谈道德。

——德谟克利特

道德常常能填补智慧的缺陷,而智慧却永远填补不了道德的缺陷。

——但丁

推荐书目

1. 傅雷著,傅敏编:《傅雷家书》,辽宁教育出版社,2004 年。

该书是我国文学艺术翻译家傅雷及夫人于 1954—1966 年间写给孩子傅聪、傅敏的家信摘编,是一本"充满着父爱的苦心孤诣、呕心沥血的教子篇",是一本优秀的青年思想修养读物。《傅雷家书》凝聚着傅雷对祖国、对儿子深厚的爱,强调的是一个年轻人如何做人、如何对待生活的问题。傅雷用自己的经历现身说法,以及自身的人生经验教导儿子待人要谦虚,做事要严谨,礼仪要得体;遇困境不气馁,获大奖不骄傲;要有国家和民族的荣辱感,要有艺术、人格的尊严,做一个"德艺兼备、人格卓越的艺术家"。同时,对儿子的生活,傅雷也进行了有益的引导,对日常生活中如何劳逸结合、正确理财,以及如何正确处理恋爱婚姻等问题,都像良师益友一样提出意见和建议。

2. [清]曾国藩著,[清]李瀚章编撰:《曾国藩家书》,蓝天出版社,2006 年。

该书是曾国藩的书信集,是曾国藩一生的主要活动和其治政、治家、治学之道的生动反映。书中通过教读书、做学问、勤劳、俭朴、自立、有恒、修身、做官等方面,展现了曾国藩"修身、齐家、治国、平天下"的毕生追求。曾氏家书行文从容镇定,形式自由,随想而到,挥笔自如,在平淡家常中蕴涵真知良言,讲求人生理想、精神境界和道德修养,具有极强的说服力和感召力,为其赢得"道德文章冠冕一代"的称誉,至今仍有许多内容值得借鉴。

3. [英]亚当·斯密:《道德情操论》,中央编译出版社,2008 年。

该书从人类的情感和同情心出发,讨论了善恶、美丑、正义、责任等一系列概念,进而揭示出人类社会赖以维系、和谐发展的秘密。该书对于促进人类福利这一更大的社会目的起到了更为基本的作用,是市场经济良性运行不可或缺的"圣经",堪称西方世界的《论语》)。

4.〔挪威〕乔斯坦·贾德:《苏菲的世界》,萧宝森译,作家出版社,2007年。

该书以小说的形式,通过一名哲学导师向一个叫苏菲的女孩传授哲学知识的经过,揭示了西方哲学发展的历程。由前苏格拉底时代到萨特,以及亚里士多德、笛卡儿、黑格尔等人的思想都通过作者生动的笔触跃然纸上,并配以当时的历史背景加以解释,引人入胜。"苏菲的世界"是智慧的世界,梦的世界。它将会唤醒每个人内心深处对生命的赞叹与对人生终极意义的关怀与好奇。

5.罗国杰:《中国传统道德》,中国人民大学出版社,1995年。

该书着眼于当代道德教育的需要,选录中国历史上各个时代有代表性的思想资料,分为德刑论、天人论、人性论、义利论、理欲论、公私论、人生论、知行论等八个部分,为读者呈现了中国传统道德理论中最重要、也最精彩的部分。该书由国家教育委员会组织编写,前国务院副总理李岚清、已故著名哲学家张岱年先生担任顾问,是青少年传统美德教育的参考教材。

6.罗健:《修身养性学做人》,现代出版社,2008年。

做人不易,因为做善人意味着牺牲,做贤人意味着放弃,做圣人意味着超脱。如此做人,真的很难。处世不难,因为有了爱心就有了幸福,有了诚心就有了朋友,有了平常心就有了自如的人生。如此处世,谁都能做得到。无论贫富穷达,只要不懦弱、不欺世地做人,就能活得坦坦荡荡、光明磊落。这当然需要有做人的修养和品格。无论官民,无论贵贱,不狂躁、不张扬地处世,就能活得明明白白、扬眉吐气。这当然需要有处世的谋略,处世的智慧。该书向读者传授修身养性、为人处世的一些态度和方法,读后受益匪浅。

7.茅于轼:《中国人的道德前景》,暨南大学出版社,2008年。

该书着重从两个方面讨论道德问题。第一是对道德问题进行理性的分析,用大家都同意的简单逻辑来分析各种道德主张的矛盾性和一致性,指出每种主张隐含的出发点是什么,它可以推广到何种程度,其界限何在。第二是大量结合我国经济改革以来出现的各种社会现象来展开理性分析,而不是在纯粹的形式逻辑里兜圈子。对这类现象作深层次的探讨将有助于我们更透彻地了解自己、反省自己,并看出我们应朝什么方向来修正自己的道德观念。作者茅于轼是著名经济学家,被誉为"经济学界的鲁迅"。

8.高占祥,王青青:《道德力》,北京大学出版社,2011年。

该书以生动的事例,深刻地论述了道德力这一概念。道德是人们行为规范的准则,道德力则把道德转化为人们的自觉行动。道德力是和谐社会的基石,是维国之力、兴邦之力、安民之力、成功之力、共生之力……中国当下最缺失的就是道德力,中国要崛起,道德要践行。道德力是软实力的灵魂,是人类社会的觉醒与希望。该书是集思想性、学术性、可读性于一体的文化读物。

9.[古罗马]马可·奥勒留:《沉思录》,何怀宏译,中央编译出版社,2008年。

该书原为古罗马皇帝奥勒留自我对话的记录,行文质朴,不尚雕琢,然而由于发诸内心,灵性内蕴,故充塞着一股浩然之气,令人高山仰止,有一种深沉的崇高之美。此书并非如后世的哲学教科书那般呆板枯燥,而是一潭活水,流泻在人生的小道之上、山水之间,由涉足其间的沉思者随手掬来,涤荡心胸。温家宝力荐此书,称"这本书天天放在我的床头,我可能读了有一百遍,天天都在读。"读《沉思录》,固然可以正襟危坐,条剖理析;也可以于闲暇之时,憩息之余,捡起来随意翻读。

10.[美]约瑟夫·L·巴达拉克:《沉静领导》,杨斌译,机械工业出版社,2003年。

该书以随笔的形式讲述着故事,又从故事中萃取着沉静领导之道的精华,揭示了一些看似简单但本质却复杂又科学的道理。该书将彻底改变读者看待自己以及领导者的方式。作者提炼出沉静领导的三种美德:克制、执着和谦逊,这恰恰是中华民族倡导的美德。这是一本思想深刻而又相当实用的书。

第五章
遵守社会公德　维护社会秩序

　　社会公德是人类在社会生活中根据共同的生活需要而形成的,是人们在履行社会义务或涉及社会公众利益的活动中应当遵循的、最基本、最起码的道德准则。它是社会共同利益的反映,也是社会文明程度的体现,对维系社会公共生活和调整人与人之间的关系具有重要的规范和指引作用。

　　公共秩序是为维护社会公共生活所必需的秩序,由法律,行政法规,国家机关、企业事业单位和社会团体的规章制度等所确定,主要包括社会管理秩序、生产秩序、工作秩序、交通秩序和公共场所秩序等。遵守公共秩序是公民的基本义务之一。

理论讲堂

【教学目的】

　　通过实践教学,使学生了解社会公德和公共秩序在社会公共生活中的重要作用,充分认识公共生活和公共秩序的基本特点和要求,自觉加强道德修养,遵守社会公德,养成良好的文明行为习惯;自觉增强法律意识,遵守法律法规,做维护社会公共秩序的模范。

【教学重点】
1. 公共生活需要公共秩序;
2. 社会公德的主要内容;
3. 公共生活中法律规范的作用;
4. 公共生活中的主要法律规范。

【要点导读】

导读一　公共生活与公共秩序

一、公共生活及其特点

公共生活是相对于私人生活而言的,指人类在社会公共场所进行的活动,具有鲜明的开放性和透明性。而私人生活以家庭内部活动和个人活动为主要领域,具有一定的封闭性和隐秘性。

公共生活经历了由原始社会、奴隶社会、封建社会、资本主义社会到社会主义社会的发展过程,是一个从简单到复杂的演化发展过程。正如马克思所说的那样,"过去那种地方的和民族的自给自足和闭关自守状态,被各民族的各方面的互相往来和各方面的相互依赖所代替了"。[①]

经济全球化的快速发展,极大地促进了人们之间的交往,公共生活的领域更为广阔,公共生活的重要性愈发凸现。

当代社会公共生活的特征主要包括:

1. 活动范围的广泛性。经济社会的发展使公共生活的场所和领域不断扩展,从传统的公交车、影剧院、图书馆、公园、集体宿舍等,到新兴的证券交易所、人才市场,网络技术更使人们的公共生活进一步扩展到虚拟世界。人们在足不出户的情况下,可以通过电话、网络等现代通讯工具融入社会公共生活。

2. 交往对象的复杂性。在很长的历史时期内,人们往往是在"熟人社会"中活动,交往圈子很小;当今社会的公共生活领域,则更像一个"陌生人社会"。随着科学技术的迅猛发展和社会分工的日益细化,人们在公共生活中的交往对象并不仅限于熟识的人,而是公共场所内的任何人。

3. 活动方式的多样性。社会的发展使人们的生活方式发生了新的变化,也极大地丰富了人们公共生活的内容和方式,如商场购物、歌厅娱乐、广场漫步、公园休闲、图书馆学习、体育馆健身、互联网冲浪等。人们可以根据自身的需要及年龄、兴趣、职业、经济条件等因素,选择和变换参与公共生活的具体方式。公共场所的增加和公共设施的完善,也为丰富人们公共生活的内容和方式提供了良好的条件。

[①]　马克思,恩格斯:《马克思恩格斯选集》(第1卷),人民出版社,1995年,第276页。

二、公共生活需要公共秩序

公共秩序是通过一定规则维系的人们公共生活的一种有序化状态,包括工作秩序、教学秩序、营业秩序、交通秩序、娱乐秩序、公共场所秩序和网络秩序等。不断促进社会的发展,维持良好的社会公共秩序,对于营造有序的公共生活具有十分重要的意义。

1. 有序的公共生活是构建和谐社会的重要条件。和谐社会是指民主法治、公平正义、诚信友爱、充满活力、安定有序、人与自然和谐相处的社会。安定有序是构建社会主义和谐社会的必要条件和基本标志。一个社会安定有序,本身就是不同利益群体各显其能、各得其所而又和谐相处的表现。在动荡不安、混乱无序的状态下,人民群众不可能安居乐业,社会和谐也就无从谈起。

2. 有序的公共生活是经济社会健康发展的必要条件。社会成员只要进入公共场所,都应当自觉遵守公共生活中的规则,这是维护公共生活秩序以及经济社会健康发展的前提。有序的公共生活有利于日常生活的和谐,也能促进经济社会的顺利发展;如果人们在社会公共生活中随心所欲、各行其是,整个社会就会处于无序的混乱状态,不仅每个公民的日常生活要受到影响,社会的生产活动也无法正常开展。

3. 有序的公共生活是提高社会成员生活质量的基本保证。解决温饱问题之后,在实现全面小康的过程中,追求更高的生活质量是全体社会成员的共同要求。良好的公共生活秩序是社会成员生活质量提升的一个重要标志。党的十七大提出要加快推进以改善民生为重点的社会建设,这有赖于社会保障制度的完善和社会公共生活的井然有序。

4. 有序的公共生活是国家现代化和文明程度的重要标志。改革开放以来,人们在公共生活领域的文明程度和秩序意识明显提高,但仍然存在一些社会公德缺失的现象。有序的公共生活已成为一个国家或地区现代化和文明程度的重要标志。例如:2005年,张家港入选全国首批文明城市。张家港道路通畅,没有占道经营的摊位、乱停乱放的自行车和乱七八糟的广告"牛皮癣";公共场所听不到污言秽语,看不到打架斗殴;街道上没有痰迹、烟头、纸屑等垃圾。下面是几个国家的社会公德概况:

(1)新加坡。公共场所禁止吸烟、乱抛杂物、随地吐痰,禁止在地铁里吃东西,违者罚款。对在禁烟区吸烟者及失职的管理人员,初犯者罚款1000元新加坡币以下,重犯者被罚金额高达2000元新加坡币。上公厕若不冲水,将会受到批评,若再犯,名字连同照片将会被登在报纸上。1994年,18岁的美国青年费伊在新加坡损坏出租车,向停放的出租车扔鸡蛋、摘牌照,结果被判处有期徒刑,连当时的总统克林顿亲自出面说情也无济于事。

(2)朝鲜。平壤多雪,每逢一夜大雪过后,次日清晨居民不用动员便会拥向马路,清扫积雪。在车站,市民会自觉排长队上公共汽车。街道干净整洁,不见杂物。戴着红领巾的学生会向身边驶过的外宾车辆举手行礼或鞠躬致意。

(3)约旦。每年4月至5月,首都安曼的居民都要参加公益劳动,全体公民打扫卫生,清理垃圾。

(4)韩国。韩国政府重视精神文明,严惩那些伤风败俗、有损国格的行为。1996年7月,5名韩国游客在泰国边境捕杀野生熊被泰国当局逮捕的事件曝光后,时任韩国总理李寿成立即下令要求外交部严厉制裁这5名在泰国犯法的韩国人,以端正风气。

(5)瑞典。节俭之风盛行,行贿、受贿的现象十分鲜见。各种会议上准备的食品大都是一杯咖啡。对来访者极少送纪念品,即便赠送,其价值最多也只相当于当地人一两个小时的工资。如果双方是公务上的关系,即使送一瓶酒也属贿赂行为。瑞典贿赂现象极少见的原因:一是公民普遍生活富足,不追求奢侈生活,没有必要再贪小便宜;二是国家颁布了严厉的反贿赂法;三是对贿赂行为有着全方位的监督体系。

三、维护公共秩序的基本手段

在原始社会人们把图腾、禁忌、风俗等形式作为共同生活中必须遵守的规则;到了阶级社会,人们综合运用风俗、政策、道德、纪律、法律等手段,规范和促使公民养成良好的行为习惯,约束和制止不文明行为,维护社会公共秩序。而其中,法律和道德成为主要的调节社会关系、规范人们行为的基本手段,两者互为补充、相辅相成。道德是法律的补充,但道德发挥作用的领域更加广泛,不仅深入到人们社会生活中的各个方面,而且还深入到人们的精神世界。道德能提高整个社会的道德水准,为法律的实施创造外部条件;道德还能提高个体的道德素质,为法律的实施创造内部条件。

法治还是德治,这一直是专家学者们争论不休的话题。其实,无论是在儒家思想还是法家精髓中,都不难找到古代圣贤对于德与法辩证关系的精妙阐释。《孟子·离娄上》便有所言:"徒善不足以为政,徒法不能以自行。"当今构建社会主义和谐社会的伟大事业,又怎么能够脱离道德建设的轨道呢!

在维护社会公共生活秩序中,必须综合运用风俗、纪律、道德、法律等多种手段,实行综合治理,规范行为习惯,约束和制止不文明行为,维护社会公共秩序,形成扶正祛邪、扬善惩恶的社会风气。

导读二　公共生活中的道德规范

一、社会公德及其特点

社会公德指在社会交往和公共生活中公民应该遵守的道德准则,它反映了人们在社会公共生活中的最一般的道德关系。比如:在人与人的关系中,应该举止文明、尊重他人;在人与社会的关系中,应该爱护公物、遵守公共秩序;在人与自然的关系中,应该热爱自然、保护环境。

公共生活是人类社会生活的三大领域之一,公共秩序是维系人们公共生活的有序状态。为了维护公共生活秩序,保障社会生活的正常运行,道德和法律逐渐成为建立和维护社会秩序的两种最基本的手段。

公共生活中的道德规范是社会公德,社会公德作为公共生活领域中的行为准则,处于整个社会道德体系的基础层次。社会公德看似平常,却涵盖了人与人、人与社会、人与自然之间的关系。每个公民和大学生,都应该自觉培养公德意识,养成遵守社会公德的良好行为习惯,成为公共生活领域践行社会公德的典范。

社会公德具有以下几个基本特征:(1)继承性。人类在共同生活、相互交往的过程中,形成了共同遵守的为人处世的道德传统,这些道德传统中凝结着人类的道德智慧,构成了社会公德的重要组成部分。(2)基础性。社会公德是社会道德体系的基础层次,被视为每个社会成员应遵守的最起码的道德准则,是社会为维护公共生活而提出的最基本的道德要求。每一个社会成员都应当具备社会公德素养。相对于其他道德规范而言,社会公德具有底线及最起码的道德要求的性质。(3)广泛性。社会公德是全体社会成员都必须遵守的道德规范,具有最广泛的群众基础和适用范围。(4)简明性。社会公德大多是生活经验的积累和风俗习惯的提炼,它讲的是一些已达成广泛共识的问题,往往不需要作更多的说明就能被人们理解,如讲礼貌、讲卫生、讲秩序等就是起码的生活常识;"不随地吐痰"、"不乱穿马路"等公德规范,更是简便易行。

二、社会公德的主要内容

社会公德以善恶为标准,依靠内心信念、舆论和习惯确立,通过道德实践的知、情、意、行内化统一凝结为人的道德行为准则。古人云:"德者,得也,行道而有得于心者也。"一个人要具有良好的社会公德,该从正确的道德认识开始,最终形成自己的良好行为品德。以"文明礼貌、助人为乐、爱护公物、保护环境、遵纪守法"为主要内容的社会公德,是包括大学生在内的每一个社会成员必须知晓且严格遵守的道德准则。

1. 文明礼貌。简单说来,文明礼貌就是要做到行为文明、礼貌待人。文明礼貌是人们和谐相处、待人处世的基本礼节,与人们的公共生活息息相关。在现代社会生活中,人际沟通和交往改变了传统的交往模式,并成为人人不可或缺的活动,突显了文明礼貌的作用。各种礼仪课程、礼仪培训、精神文明建设活动的兴起就是很好的说明。文明礼貌是一种美德,更是一种修养,和蔼谦虚、彬彬有礼、热情谦让、尊老爱幼的事情人们每天都会遇到,个人行为就会表现出你自身的道德修养水平,体现你的内涵。在 2008 年的奥运会期间,一个东方礼仪之邦的风采极好地展现在了世界人民面前。所以,一个大学生应该从自身做起,相互切磋,提高涵养,做到仪表大方、整洁文雅、语言得体,弘扬中华美德,彰显中国人良好的国际形象。

2. 助人为乐。助人为乐、见义勇为是在他人遇到困难的时候给予帮助和关心。助人为乐是中华民族的传统美德,是基于对他人幸福和个人幸福之间辩证关系的深刻认识而采取的理性行为,是人道主义和高尚道德的重要标志。把帮助别人视为自己应做之事、看做是自己的快乐,养成助人为乐的美德和习惯,将是一生取之不尽、用之不竭的精神财富。我们看到过大量救死扶伤、不计名利的先进事迹,也鄙视一切向钱看、事不关己高高挂起的唯利是图者。大学生应当"以团结互助为荣,以损人利己为耻",在日常生活中明辨是非,扶危济困,力所能及地关心、爱护他人,从对他人的关心和帮助中获得人生的快乐。正所谓予人玫瑰,手有余香。

3. 爱护公物。爱护公物、物用所值是人对物的态度,是每个公民应该承担的社会责任和应履行的义务。爱护公物之所以从小学讲到大学,是因为这种公德体现了一个人对他人的劳动及其劳动成果的尊重,在对待公物与私物的行为上,爱护公物应当成为自己习惯化了的态度体系和行为方式。只有这样才能显示出自己的修养水平,才能自觉地为社会文明作出自己的努力。每个公民应当对公共场所的设施、花草绿地、车船亭廊、路灯护栏等保证正常公共生活的设备予以保护,做到不损坏、不滥用、不私占公物,这是每个公民的职责。社会上那种占用、毁坏公物以及校园中践踏、破坏公物的事情时有发生,公共财产、公共设施得不到保护,校园和家园将会面目全非,社会利益就会受到损害,最后受到伤害的还是大家。记得这样一件事情,南开大学的一位老教授,晚上从实验室回家后,下起了大雨,他和老伴打着雨伞一起重新回到实验室,把窗户关上,多么令人感动啊!我们的国家还在发展,人民的生活还不够富足,因而,破坏公物的行为应该杜绝,爱护公物之风值得永远提倡。

4. 保护环境。热爱自然、保护环境,是对人类生存发展的利益的维护,也是对子孙后代应尽的责任。中国地大物博,但是资源有限。一些地方为追求眼前利益和短期发展,不惜以牺牲环境为代价,造成了空气、水土和噪音为首的污染公害,减缓了我国可持续发展的步伐。国家要投放巨大的财力物力来保护生态环境的平衡,保障广大人民的健康生活。近年来常常肆虐的沙尘暴难道不是大自然对人类破坏环境行为的报复么?难道人们可以去抱怨大自然而不快去做保护环境的事情么?作为有较高文化素养的大学生,要牢固树立环境保护意识,身体力行,从小事做起,从身边做起,从自己做起,带头宣传和践行环境道德要求。

5. 遵纪守法。遵纪守法是社会公德最基本的要求,是人的基本道德和法律素质。公共生活得以顺利进行必须有规矩、有规范可循。遵纪守法是对所有人的共同要求,体现了人们的共同利益。人人依照法纪规定行事,才会在有序状态下保障自己顺利开展活动的同时不妨碍他人的正常活动,公共生活就会稳定和谐、健康发展。应用纪律与法律来维护公共生活的正常秩序才能避免人们在公共生活中受到影响。目前,社会生活领域人员构成复杂,素质参差不齐,违法乱纪现象也直接影响到学校生活,校园中的违反校纪事件甚至违法案件时有发生。大学生应当全面了解公共生活领域中的各项法律法规,熟知校纪校规,牢固树立法制观念,"以遵纪守法为荣,以违法乱纪为耻",自觉遵守有关的纪律和法律。

三、社会公德的实践与养成

(一)当前我国社会公德的基本现状

新中国成立后,社会公德建设实践活动开始创建,至今仍蓬勃开展,培养教育了一代又一代建设者。但是,社会公德现状中也存在不尽如人意甚至令人忧虑的现象。社会上一些人缺乏社会公德,以随地吐痰为首的乱扔垃圾、违反交规、占道经营、胡乱涂鸦、践踏公物、污染环境等陋习随处可见。一些人对社会丑恶现象听之任之,认为"事不关己,高高挂起";一些人说一套做一套,常常为图一时方便或一己私利而违背社会公德。在大学校园中部分大学生的不良行为同样反映出公德失范、素养堪忧的现状,如课桌文化、逃课作弊、不讲卫生、长明灯长流水、挥霍浪费、剽窃成果、交往过度亲密等。一些学生我行我素、桀骜不驯、自视高雅、言行不一、公德失范,严重影响了人们对大学生的评价,损伤了大学生的整体形象。

图 5-1 和表 5-1 中参与调查总人数为 66558 人,其中所反映的问题值得我们认真反思。

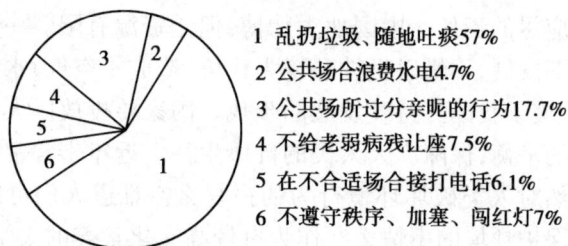

1 乱扔垃圾、随地吐痰 57%
2 公共场合浪费水电 4.7%
3 公共场所过分亲昵的行为 17.7%
4 不给老弱病残让座 7.5%
5 在不合适场合接打电话 6.1%
6 不遵守秩序、加塞、闯红灯 7%

图 5-1　大学生不良行为调查情况

表 5-1　校园十大不文明现象调查

图书馆、教室、会场的手机铃声或接打手机(101 票)	7.81%
乱扔杂物、垃圾(课桌上、路上等公共场合)(98 票)	7.57%
占座位(88 票)	6.80%
部分学生组织腐败	6.80%
浪费能源(不需要的时候不关灯、不关电脑;)(87 票)	6.72%
偷窥、偷听、偷拍(84 票)	6.49%
食堂买饭菜不排队(78 票)	6.03%
粗口(75 票)	5.80%
在墙壁、课桌等公共设施上乱写乱画、乱涂乱刻(73 票)	5.64%
食堂餐后不将餐盘送至残食车(70 票)	5.41%
宿舍熄灯后喧哗,影响他人休息(67 票)	5.18%
在公共场所抽烟	4.79%
在教室脱鞋或穿拖鞋	4.40%
践踏草坪,不爱护花草树木	4.02%

续表

在教室吃零食(49 票)	3.79%
不尊师重道、迟到、旷课等无视校园纪律现象	3.71%
上完厕所不冲水(40 票)	3.09%
公共场所衣着不整	2.47%
情侣在公共场合过分亲密(男女生勾肩搭背、搂抱、亲吻等)(28 票)	2.16%
随地吐痰(17 票)	1.31%

（二）在实践中增强公德意识,践行公德规范

高等学校是建设社会主义精神文明的重要阵地和辐射源,大学生是文化素质水平较高的青年群体,社会对大学生社会公德的修养和实践水平有更高的期望与要求,大学生在公共生活中起表率作用,是社会公德规范的传播者和践行者。

（1）社会公德意识的培养离不开社会实践活动。参加志愿者服务等公益事业和社会实践活动对大学生了解社会、拓展实际工作能力,尤其是增强社会责任感有极大的帮助。大学生培养公德意识的实践活动有很多具体方式,既可以通过社会公德的宣传活动普及公德规范、传播文明新风,也可以结合自身的专业特点服务社会、回报社会;既可以参加学校组织的各种社会公益活动,也可以结合自己的兴趣爱好加入各种社会公益组织。

（2）在实践中培养公德意识和责任意识。大学生参与公德实践活动本身就是一种学习,可以从实践中体会到什么是符合社会公德规范的言行,什么是不符合社会公德规范的言行,从而在实践中不断提高自身的公德素养,并带动他人,影响社会。

（3）从小事做起,践行社会公德规范。崇高的公德意识要在点点滴滴的日常小事中培养,正如古人所说"勿以善小而不为,勿以恶小而为之"。从点滴做起,在日常生活中见境界。

四、网络生活中的道德要求

网络具有方便快捷、信息量大、覆盖面广的特点,可以成为大学生学习、交流的重要工具。然而,网络也是一把双刃剑,它既可以极大地促进社会的发展,又可能因使用不当或缺乏规范而损害社会公德、妨碍社会的发展。网络生活中的道德要求,是人们在网络生活中为了维护正常的网络公共秩序而

需要共同遵守的基本道德准则,是公德规范在网络空间的运用和扩展。

网络的人际交往空间虽非现实,但是具有模拟现实生活状态以及虚拟感觉的功能。人们可以模拟现实也可以虚构现实,以匿名的方式重新进入网络生活。有网络和没有网络,生活的感觉差别会很大,你可以发现惊喜,也会手足失措,因一时找不到应对这些变化的心理准备,而被五光十色的信息吸引,从而沉迷其中。我们从很多网迷和失足者的教训中,可以了解到他们曾经在网络生活和实际生活之间产生的迷茫,以及道德伦理观念的巨大冲突。所以,探讨网络生活中的道德规范时,加强自律就显得更加重要了。

1. 正确使用网络工具。网络是一个内容庞杂、覆盖面广的信息共享平台。合理利用网络,使其成为提高自己学习能力的重要工具。

2. 进行健康的网络交往。通过网络开展有益的交往活动,在网络交往中树立自我保护意识,不要轻易相信、约会网友,避免受骗上当。

3. 自觉避免沉迷网络。适度上网对学习和生活是有益的,但长时间沉迷于网络对人的身心健康有极大损害。大学生应学会理性对待网络,避免沉迷于网络不能自拔。

4. 养成网络自律精神。要努力培养网络自律精神,自觉做到自律而"不逾矩"。

（一）网络生活中如何体现大学生良好的道德风尚

（1）不转发、散布丑化或攻击社会主义制度和不利于社会和谐安定的信息和言论。不少大学生怀有完美的道德理想,痛恨道德败坏的社会现象,愤世厌俗但又缺乏社会阅历和辩证分析问题的能力,对网上借揭露社会阴暗面进行反动和扰乱社会安定的宣传容易轻信与附和。所以大学生要不断提高政治和道德水平,增强对网上政治言论的鉴别能力。

（2）不浏览色情、暴力和宣传迷信、邪教的网页,积极抵制和举报违法网站。好奇之心,人皆有之,渴求信息的大学生尤其如此。不能说浏览色情、暴力等网页的大学生必然有违法之行,但大学生因过多接触这些内容而沉迷其中,不能自拔以致行为出轨的事例也是举不胜举的,我们对此千万不可掉以轻心。

（3）使用文明语言,不发表侮辱、诽谤等具有人身攻击性质的言论。虽然侮辱、诽谤等行为在现实生活中也存在,但网络的开放性、虚拟性、隐蔽性使一些大学生放松了对自身的道德约束,有恃无恐地在网上使用污言秽语相互漫骂,甚至下线后滋生事端,这对现实生活中良好道德品质的养成是极为不利的。

（4）不以制作、传播病毒或其他方式非法侵入、攻击他人网站，妨害公众使用网络。现实社会的道德规范对虚拟的网络空间缺乏监控，某些滋生不轨意念又不愿接受现实道德规范约束的学生便将这种意念在网上付诸行动。这种行为往往会给他人和社会造成不可估量的物质和道义上的损失，除了自我炫耀和肆意发泄外，作恶者也是损人不利已的。

（5）不以任何方式骗取并散布他人隐私，或窃取、毁损他人信息。现实社会已存在的不善之行在隐蔽的网络空间得以肆意扩张，在青年学子中利用网络欺骗他人感情、散布他人隐私、恶意修改他人信息的事件屡见报端，这对大学生在现实生活中打造适应社会所必需的诚信品质是极为不利的。

（6）不毫无节制地上网、聊天、玩游戏。网络世界光怪陆离，网上信息丰富多彩，大学生短暂地借助网络放松身心是可以理解的。在现今社会，人们将更多时间和精力投入网络已是大势所趋。但大学生应该明白，再诱人的网络空间也无法替代严肃的现实生活，痴迷于网络，荒废学业，摧残身心，逃避现实，自我封闭，疏远亲情是得不偿失的。

（二）网络道德规范

1. 基本规范

（1）不应用计算机去伤害他人；

（2）不应干扰别人的计算机工作；

（3）不应窥探别人的文件；

（4）不应用计算机进行偷窃；

（5）不应用计算机作伪证；

（6）不应使用或拷贝没有付钱的软件；

（7）不应未经许可而使用别人的计算机资源；

（8）不应盗用别人的智力成果；

（9）应该考虑你所编的程序的社会后果；

（10）应该以深思熟虑和慎重的方式来使用计算机；

（11）为社会和人类作出贡献；

（12）避免伤害他人；

（13）要诚实可靠；

（14）要公正并且不采取歧视性行为；

（15）尊重包括版权和专利在内的财产权；

（16）尊重知识产权；

（17）尊重他人的隐私；

（18）保守秘密。

2. 六种网络不道德行为

（1）有意地造成网络交通混乱或擅自闯入网络及其相连的系统；

（2）商业性或欺骗性地利用大学计算机资源；

（3）偷窃资料、设备或智力成果；

（4）未经许可而接近他人的文件；

（5）在公共场合做出引起混乱或造成破坏的行动；

（6）伪造电子邮件信息。

导读三　公共生活中的法律规范

一、公共生活与法律规范

公共生活的良好秩序需要法律来调节、规范和保障,法律对社会生活的影响主要是通过法律在现实生活中发挥的以下作用来体现的：

第一,指引作用,这是法律最首要的作用。通过授权性规范、禁止性规范和义务性规范三种形式来明确地告诉公民哪些可以做、哪些不能做、哪些必须做,从而对人们的行为起到指引作用。

第二,预测作用。告诉人们某种行为所具有的被法律所肯定或否定的性质以及它所导致的法律后果,使人们可以预先估计到自己行为的后果,以及他人的行为趋向与后果。

第三,评价作用。指法律所具有的、能够评价人们行为的法律意义的作用。评价的标准是合法与不合法。虽与道德评价、纪律评价有联系,但不能相互替代。

第四,强制作用。指运用国家强制力制裁违法和犯罪、保障法律得以实施的作用。法律的强制作用是法的其他作用的保障。

第五,教育作用。指法所具有的、通过其规定和实施影响人们思想、培养和提高人们法律意识、引导人们依法行为的作用。

二、公共生活中的相关法律规范

我们正在建设社会主义法制社会,在此过程中,我们需要不断提高自己的法律意识,训练自己的法律思维,而大多数非法学专业的学生在日常学习、工作、生活中接触到的法律知识又相对较少,因此,这里详细介绍几部与大学生日常生活关系比较密切的法律法规。

（一）《治安管理处罚法》

《治安管理处罚法》一方面规范、引导社会成员的行为，使人人懂法、守法，既实现自身的合法权益和自由，又不对他人的合法权益和自由造成侵害。另一方面规范、指导公安机关和人民警察的执法行为，在有效惩治违法行为的同时充分保障人权。该法是新形势下加强社会治安管理、维护公共生活秩序、构建社会主义和谐社会的重要法律保障。

（1）立法目的。维护社会治安秩序，保障公共安全，保护公民、法人和其他组织的合法权益，规范和保障公安机关及人民警察依法履行治安管理职责。

（2）基本原则。治安管理处罚必须以事实为依据，与违反治安管理行为的性质、情节以及社会危害程度相当；实施治安管理处罚，应当公开、公正，尊重和保障人权，保护公民的人格尊严；办理治安案件应当坚持教育与处罚相结合的原则。

（3）违反治安管理的行为及处罚种类。违反治安管理的行为是指扰乱社会秩序、妨害公共安全、侵犯公民人身权利、侵犯公私财产、情节轻微尚不够刑事处罚的行为。《治安管理处罚法》第三章将"违反治安管理的行为"细分为"扰乱公共秩序、妨害公共安全、侵犯人身权利、财产权利和妨害社会管理"4类110多种行为，对违反治安管理的行为作了较为合理的分类，适应了社会经济发展的需要。《治安管理处罚法》规定的治安管理处罚种类有警告、罚款、行政拘留、吊销公安机关发放的许可证、限期出境或者驱逐出境（对违反《治安管理处罚法》规定的外国人适用）等。按照违法行为的不同性质，行政拘留处罚区分为5日以下、5日至10日、10日至15日，并规定合并执行最长不超过20日。行政拘留适用的细分体现了对限制人身自由的处罚的慎用。

（4）处罚程序。《治安管理处罚法》专设"处罚程序"一章，分三节对调查、决定和执行程序作了规定。在调查程序中，规定了告知权利、表明身份、回避等程序。在传唤时间上规定，对违反治安管理行为人，公安机关传唤后应当及时询问查证，询问查证的时间不得超过8小时；若情况复杂，依照规定可能适用行政拘留处罚的，询问查证的时间不得超过24小时。

（5）听证程序和救济程序。被处罚人对治安管理处罚决定不服的，可以依法申请行政复议或者提起行政诉讼。被处罚人不服行政拘留处罚决定，申请行政复议、提起行政诉讼的，可以向公安机关提出暂缓执行的申请，在提供担保的情况下经批准可以暂缓执行。

（6）执法监督。《治安管理处罚法》专设"执法监督"一章,规定了公安机关及人民警察在治安处罚当中,必须遵守的行为规范以及必须禁止的行为。

（7）其他。《治安管理处罚法》规定,公安机关及其人民警察对治安案件的调查,应当依法进行。严禁刑讯逼供或者采用威胁、引诱、欺骗等非法手段搜集证据。该法同时规定,人民警察办理治安案件有刑讯逼供行为的,依法给予行政处分;构成犯罪的,依法追究刑事责任。公安机关及人民警察违法行使职权,侵犯公民、法人和其他组织合法权益的,应当赔礼道歉;造成损害的,应当依法承担赔偿责任。法律还明确规定了人民警察不得违反的 11 项规定,以及在办理治安案件过程中应回避的三种情形。

（二）《集会游行示威法》

1989 年 10 月 31 日,第七届全国人民代表大会常务委员会第十一次会议通过的《集会游行示威法》包括了总则、集会游行示威的申请和许可、集会游行示威的举行、法律责任、附则等,共 5 章 36 条。这是我国第一部专门的集会游行示威法律。国务院 1992 年颁布的《集会游行示威法实施细则》是关于集会游行示威的行政法规。

（1）立法目的。在维护社会安定和公共秩序的前提下,充分保障《宪法》赋予公民的集会、游行、示威的权利和自由。

（2）基本原则。一是政府依法保障原则。对公民行使集会、游行、示威的权利,各级人民政府应当依法予以保障。二是权利义务一致原则。公民在行使集会、游行、示威权利的时候,必须遵守《宪法》和法律,不得反对《宪法》所确定的基本原则,不得损害国家、社会、集体的利益和其他公民的合法的自由和权利。三是和平进行原则。集会、游行、示威应当和平进行,不得携带武器、管制刀具和爆炸物,不得使用暴力或煽动使用暴力。

（3）适用范围。在中华人民共和国境内举行集会、游行、示威,均适用《集会游行示威法》。该法所称集会,是指聚集于露天公共场所,发表意见、表达意愿的活动;所称游行,是指在公共道路、露天公共场所列队行进、表达共同意愿的活动;所称示威,是指在露天公共场所或者公共道路上以集会、游行、静坐等方式,表达要求、抗议或者支持、声援等共同意愿的活动。露天公共场所是指公众可以自由出入的或者凭票可以进入的室外公共场所,不包括机关、团体、企业事业组织管理的内部露天场所;公共道路是指除机关、团体、企业事业组织内部专用道路以外的道路和水路。文娱、体育活动,正常的宗教活动,传统的民间习俗活动,不适用《集会游行示威法》。

（4）集会、游行、示威的申请和许可。举行集会、游行、示威,必须依照

《集会游行示威法》的规定向主管机关提出申请并获得许可。集会、游行、示威的主管机关是集会、游行、示威举行地的市、县公安局,城市公安分局;游行、示威路线经过两个以上区、县的,主管机关为所经过区、县的公安机关的共同上一级公安机关。

举行集会、游行、示威必须有负责人。依照《集会游行示威法》需要申请的集会、游行、示威,其负责人必须在举行日期的5日前向主管机关递交书面申请。公民不得在其居住地以外的城市发动、组织、参加当地公民的集会、游行、示威。这里的居住地是指公民常住户口所在地,或者向暂住地户口登记机关办理了暂住登记并持续居住半年以上的地方。

确因突然发生的事件临时要求举行集会、游行、示威的,必须立即报告主管机关;主管机关接到报告后,应当立即审查决定许可或者不许可。有下列情形之一的,不予许可:第一,反对《宪法》所确定的基本原则的;第二,危害国家统一、主权和领土完整的;第三,煽动民族分裂的;第四,有充分根据认定申请举行的集会、游行、示威,将直接危害公共安全或者严重破坏社会秩序的。

(5)集会、游行、示威的举行。对于依法举行的集会、游行、示威,主管机关应当派出人民警察维持交通秩序和社会秩序,保障集会、游行、示威的顺利进行。在依法举行的集会、游行、示威过程中,任何人不得以暴力、胁迫或者其他非法手段进行扰乱、冲击和破坏。集会、游行、示威应当按照许可的目的、方式、标语、口号、起止时间、地点、路线及其他事项进行。

(三)《环境保护法》

1989年12月26日,第七届全国人大常委会第十一次会议通过的《环境保护法》包括了总则、环境监督管理、保护和改善环境、防治环境污染和其他公害、法律责任、附则等,共6章47条。

(1)立法目的。保护和改善生活环境与生态环境,防治污染和其他公害,保障人体健康,促进社会主义现代化建设的发展。

(2)基本原则。一是经济建设与环境保护协调发展原则;二是预防为主、防治结合、综合整治原则;三是谁污染谁治理、谁开发谁保护原则。

(3)保护范围。《环境保护法》主要规定了国家保护环境的方针、任务、原则、制度和措施。《环境保护法》将环境界定为影响人类社会生存和发展的各种天然的和经过人工改造的自然因素的总体,包括大气、水、海洋、土地、矿藏、森林、草原、野生动物、自然古迹、人文遗迹、自然保护区、风景名胜区、城市和乡村等。

(4)环境管理基本制度。包括环境规划制度、环境保护目标责任制度、环境影响评价制度、"三同时"制度、限期治理制度、排污申报登记制度、许可证制度和排污收费制度。

（四）《道路交通安全法》

《道路交通安全法》是由第十届全国人大常委会第五次会议于 2003 年 10 月 28 日通过的，自 2004 年 5 月 1 日起施行。该法包括总则、车辆和驾驶人、道路通行条件、道路通行规定、交通事故处理、执法监督、法律责任、附则等，共 8 章 124 条。国务院配套出台的《道路交通安全法实施条例》，同时生效。

（1）立法目的。维护道路交通秩序，预防和减少交通事故，保护人身安全，保护公民、法人和其他组织的财产安全及其他合法权益，提高通行效率。

（2）基本原则。一是依法管理原则；二是以人为本、与民方便原则。

（3）道路通行规则。机动车、非机动车实行右侧通行。机动车上道路行驶，不得超过限速标志标明的最高时速。机动车通过交叉路口，应当按照交通信号灯、交通标志、交通标线或者交通警察的指挥通过；通过没有交通信号灯、交通标志、交通标线或者交通警察指挥的交叉路口时，应当减速慢行，并让行人和优先通行的车辆先行。驾驶非机动车在道路上行驶应当遵守有关交通安全的规定，在非机动车道内行驶；在没有非机动车道的道路上，应当靠车行道的右侧行驶。机动车、非机动车均应在规定地点停放，不得妨碍其他车辆和行人通行。

《道路交通安全法》规定，行人应当在人行道内行走，没有人行道的靠路边行走。行人通过路口或者横过道路，应当走人行横道或者过街设施；通过有交通信号灯的人行横道，应当按照交通信号灯指示通行；通过没有交通信号灯、人行横道的路口，或者在没有过街设施的路段横过道路，应当在确认安全后通过。行人不得跨越、倚坐道路隔离设施，不得扒车、强行拦车或者实施妨碍道路交通安全的其他行为。行人通过铁路道口时，应当按照交通信号或者管理人员的指挥通行；没有交通信号和管理人员的，应当在确认无火车驶临后，迅速通过。

乘车人不得携带易燃易爆等危险物品，不得向车外抛洒物品，不得有影响驾驶人安全驾驶的行为。

（4）交通事故处理规则。在道路上发生交通事故，车辆驾驶人应当立即停车，保护现场；造成人身伤亡的，车辆驾驶人应当立即抢救受伤人员，并迅速报告执勤的交通警察或者公安机关交通管理部门；未造成人身伤亡，当事人对事实及成因无争议的，可以即行撤离现场，恢复交通，自行协商处理损害赔偿事宜；不即行撤离现场的，应当迅速报告执勤的交通警察或者公安机关交通管理部门。在道路上发生交通事故,仅造成轻微财产损失,并且基本事实清楚的,当事人应当先撤离现场再进行协商处理。

《道路交通安全法》在交通事故的处理上规定,机动车发生交通事故造成人身伤亡、财产损失的,由保险公司在机动车第三者责任强制保险责任限额范围内予以赔偿。不足的部分,按照下列规定承担赔偿责任:① 机动车之间发生交通事故的,由有过错的一方承担赔偿责任;双方都有过错的,按照各自过错的比例分担责任。② 机动车与非机动车驾驶人、行人之间发生交通事故,非机动车驾驶人、行人没有过错的,由机动车一方承担赔偿责任;有证据证明非机动车驾驶人、行人有过错的,根据过错程度适当减轻机动车一方的赔偿责任;机动车一方没有过错的,承担不超过百分之十的赔偿责任。交通事故的损失是由非机动车驾驶人、行人故意碰撞机动车造成的,机动车一方不承担赔偿责任。

(5)对严重违法行为的处罚。《道路交通安全法》对于以下 7 种严重的交通违法行为规定了拘留的处罚:对醉酒后驾驶机动车或营运机动车的;对未取得机动车驾驶证、机动车驾驶证被吊销或者被暂扣期间驾驶机动车的;造成交通事故后逃逸,尚不构成犯罪的;强迫机动车驾驶人违反道路交通安全法律法规和机动车安全驾驶要求驾驶机动车,造成交通事故,尚不构成犯罪的;违反交通管制的规定强行通行,不听劝阻的;故意损毁、移动、涂改交通设施,造成危害后果,尚不构成犯罪的;非法拦截、扣留机动车辆,不听劝阻,造成交通严重阻塞或者较大财产损失的。

(五)《维护互联网安全的决定》

2000 年 12 月 28 日第九届全国人大常务委员会第十九次会议通过了《维护互联网安全的决定》,该《决定》从保障互联网的运行安全、维护国家安全和社会稳定、维护社会主义市场经济秩序和社会管理秩序以及保护个人、法人和其他组织的人身、财产等合法权利等方面,规定了网络违法和犯罪行为的法律责任。

(1)立法目的。促进我国互联网的健康发展,维护国家安全和社会公共利益,保护个人、法人和其他组织的合法权益。

(2)基本原则。一是促进网络发展与加强监督相结合的原则;二是信息自由与社会公共利益有机结合的原则;三是与现代网络发展相适应、与传统法律规范相协调的原则。

(3)保障互联网的运行安全。有下列行为之一,构成犯罪的,依照《刑法》有关规定追究刑事责任:侵入国家事务、国防建设、尖端科学技术领域的计算机信息系统;故意制作、传播计算机病毒等破坏性程序,攻击计算机系统及通信网络,致使计算机系统及通信网络遭受损害;违反国家规定,擅自中断计算机网络或者通信服务,造成计算机网络或者通信系统不能正常运行。

(4) 维护国家安全和社会稳定。有下列行为之一,构成犯罪的,依照《刑法》有关规定追究刑事责任:利用互联网造谣、诽谤或者发表、传播其他有害信息,煽动颠覆国家政权、推翻社会主义制度,或者煽动分裂国家、破坏国家统一;通过互联网窃取、泄露国家秘密、情报或者军事秘密;利用互联网煽动民族仇恨、民族歧视,破坏民族团结;利用互联网组织邪教组织、联络邪教组织成员,破坏国家法律、行政法规实施。

(5) 维护社会主义市场经济秩序和社会管理秩序。有下列行为之一,构成犯罪的,依照《刑法》有关规定追究刑事责任:利用互联网销售伪劣产品或者对商品、服务作虚假宣传;利用互联网损坏他人商业信誉和商品声誉;利用互联网侵犯他人知识产权;利用互联网编造并传播影响证券、期货交易或者其他扰乱金融秩序的虚假信息;在互联网上建立淫秽网站、网页,提供淫秽站点链接服务,或者传播淫秽书刊、影片、音像、图片。

(6) 保护个人、法人和其他组织的人身、财产等合法权利。有下列行为之一,构成犯罪的,依照《刑法》有关规定追究刑事责任:利用互联网侮辱他人或者捏造事实诽谤他人;非法截获、篡改、删除他人电子邮件或者其他数据资料,侵犯公民通信自由和通信秘密;利用互联网进行盗窃、诈骗、敲诈勒索。

实践课堂

【实践主题】 遵守社会公德。

社会公德是人类在社会生活中根据共同生活的需要而形成的,是人们在履行社会义务或涉及社会公众利益的活动中应当遵循的最基本、最起码的道德准则。它是社会共同利益的反映,也是社会文明程度的体现,对维系社会公共生活和调整人与人之间的关系具有重要作用。

公共秩序是为维护社会公共生活所必需的秩序。由法律,行政法规,国家机关、企业事业单位和社会团体的规章制度等所确定。主要包括社会管理秩序、生产秩序、工作秩序、交通秩序和公共场所秩序等。遵守公共秩序是公民的基本义务之一。

加深对公共生活及其特点以及公共生活中的道德规范的理解,激发学生对遵守社会公德、维护公共秩序的重要性的思考。让学生熟悉社会公德的主要内容,鼓励他们在实践中增强社会公德意识,践行社会公德规范。让他们在剖析当今公共生活中社会公德缺失的问题的同时,也看到社会公德得到弘扬的主旋律。使学生自觉遵守社会公德,养成良好的文明行为习惯,增强法律意识,遵守法律法规,做维护社会公共秩序的模范。

【设计思路】

围绕"做社会公德模范"这一主题,活动分为三个模块:"明辨"、"践行"、"养成"。通过设计"上文明网,文明上网"讨论会、"法律知识宣传"、"提高大学生公德素质"、"大学生公益活动进社区志愿者服务"等活动,促进学生全面、系统、准确地掌握社会公德的行为规范,能够综合运用风俗、道德、纪律、法律等手段,规范和养成良好的行为习惯,约束和制止不文明行为,维护社会公共秩序,为形成扶正祛邪、扬善惩恶的社会风气发挥作用。通过实践活动的锻炼,将社会公德内化为个人品质,促进大学生成长为德才兼备的人才。

【实践项目】

一、上文明网,文明上网——网络道德之我见

◎**实践类型**:互动。

◎**实践形式**:讨论会。

◎**实践目标**:做好网络法律法规知识的宣传和网络道德的教育,纠正认识偏差,促进大学生网络文明素质的提高,让大学生文明上网,自觉抵制各种不健康、不文明内容和行为的侵蚀,做社会主义新时期的合格网民。

◎**实践方案(6课时)**:

1. 活动准备。分组,明确讨论会的主题和要求,制定好讨论会评议标准。每组做好材料的收集,并推荐1~2名代表发言。由若干名学生组成班级的讨论会评委团。

2. 活动组织。每组的代表发言,剖析大学生上网中的文明和不文明行为,提出对网络道德建设的见解和建议,并回答评委团提出的1~2个问题(小组的其他同学也可以补充)。评委会根据评议标准给每个小组打分。

3. 活动小结。公布评委会打分结果,颁发奖状,总结点评。

◎**实践成果**:大学生中网络文明案例集或大学生网络道德建设的建议集。

◎**活动评价**：

优秀(90~100分)：能够积极参与,踊跃发言,观点清晰,有足够的例证进行说明,准备充分,言之有据;提交的案例分析或建议有理有据,切实可行。

良好 (80~89分)：参与比较积极,发言比较踊跃,观点比较清楚,准备比较充分;能比较好地完成案例分析或建议。

合格(60~79分)：能够参与并发言,但准备不充分,态度不够端正;提交的案例分析或建议比较马虎。

不及格(60分以下)：消极抵制或不参与实践活动;提交的案例分析或建议草草了事。

二、法律知识宣传

◎**实践类型**：宣传。

◎**实践形式**：制作法律宣传海报。

◎**实践目标**：让大学生深入了解与其学习、生活、工作相关的法律方面的常识性内容和常见问题的解决方法,如《消费者权益保护法》、《合同法》、《劳动法》,等等。培养和提高大学生的社会主义法律意识、法制观念和道德素质,教育大学生深刻理解党的坚持改革、发展、稳定的方针,遵纪守法,依法办事,以法律己,真正做到"学法、知法、守法"。

◎**实践方案(6课时)**：

1. 活动准备。根据班级人数分组,明确海报制作的主题和要求,选定一名组长,选出若干名学生组成班级的评委团。

2. 活动组织。由组长负责安排组员做好海报制作的企划、资料收集、编辑、版面设计、美工等工作。每组制作一份"法律知识宣传海报"(海报尺寸大小一致,以利于展示)。

3. 活动小结。评委会打分,公布结果,颁发奖状,总结点评。

◎**实践成果**：举办大学生必备的法律知识宣传海报展。

◎**活动评价**：

优秀(90~100分)：能够积极参与展览的各项活动,根据分工,圆满完成自己承担的工作任务且表现出色。

良好(80~89分)：能较好地参与展览的全过程,能较好地完成组长交办的工作任务,综合表现比较出色。

合格(60~79分)：能基本完成班级分配给自己的工作任务,参与全程活动,为展览作出了一定贡献。

不及格(60分以下):不能积极参与活动,不能完成分配的相关工作任务,且态度较差。

三、提高大学生公德素质

◎**实践类型**:调研。

◎**实践形式**:问卷及分析。

◎**实践目标**:通过问卷调查,我们可以了解大学生对社会公德状况的评价,增强大学生对社会公德概念的全面、深刻的认识和理解,使学生认同维护公共秩序、爱护公共财物、讲究公共卫生的现实意义,能够做到礼貌待人、与人为善、诚实守信、坦诚相见、尊老爱幼、敬师亲贤,从而更好地帮助学生树立正确的公德观念和社会责任感,促进学生自觉加强道德修养。

◎**实践方案(6课时)**:

1. 发放《社会公德调查问卷》。

2. 分成若干小组对《社会公德调查问卷》进行汇总归纳。

3. 分析、点评《社会公德调查问卷》。

社会公德调查问卷

您好!为了解大家对社会公德状况的评价,我们现对您进行问卷调查,答案无所谓对错,请您如实填写,请勿互相抄袭。本问卷多为单选(有特别说明的除外),填写时,请在所选的答案的序号上打"√"(有特殊要求的题目,请按题目要求填写),谢谢合作!

1. 您的性别:(1) 男 (2) 女

2. 您的年龄:_____岁

3. 您认为目前哪些违反社会公德的现象比较严重(最多选择10项)

（1）乘车、购物时不排队　　　　　（2）乱放自行车

（3）过马路时不走人行横道　　　　（4）服务态度冷淡

（5）随地吐痰和乱扔废弃物　　　　（6）在禁止吸烟的公共场所吸烟

（7）出言不逊,污言秽语　　　　　（8）乘车时不给老弱病残孕让座

（9）见到危重病人不给予帮助　　　（10）歧视外地人

（11）在旅游场所乱写乱画　　　　　（12）毁坏公用电话

（13）攀折花木,践踏草坪　　　　　（14）在公共场所喧哗、怪叫

（15）在公共场所与异性过分亲热　　（16）穿背心、拖鞋乘车、看电影

（17）对同志、朋友不能表里如一和言行一致

（18）在楼道中乱堆杂物　　　　　　（19）在城区养鸡、狗、鸽扰民

（20）浪费粮食　　　　　　　　　　（21）公共场所的"长流水"、"长明灯"

（22）不尊敬老人　　　　　　　　　（23）污损公共场所的雕塑

（24）将公物占为己有　　　　　　　（25）在居民密集区燃放爆竹、烟火

（26）居民区的偷电现象　　　　　　（27）其他

4. 您认为目前存在违反社会公德现象的原因是（多选）：

（1）舆论监督不够　　　　　　　　（2）管理制度不完善

（3）管理措施执行不力　　　　　　（4）人们的社会公德意识较差

（5）人们的生活水平不高　　　　　（6）人们在日常生活中有怨气

（7）利己主义思潮的影响　　　　　（8）忽视思想教育的结果

（9）社会风气不好　　　　　　　　（10）道理上明白，行动跟不上

（11）社会公德的宣传不够　　　　　（12）其他

5. 您认为违反社会公德的现象在：

（1）每个人身上都存在　　　　　　（2）大多数人身上存在

（3）一半左右的人身上存在　　　　（4）少数人身上存在

（5）极个别人身上存在

6. 您认为解决目前社会公德问题的最有效办法是（请只选三项）：

（1）加强舆论监督　　　　　　　　（2）制定和宣传各类文明公约

（3）加强管理监督队伍　　　　　　（4）实行严厉的罚款制度

（5）像开展学雷锋活动那样举办大型活动进行宣传、教育

（6）通知违反者所在的单位或居委会（7）其他

7. 您对下列观点是否赞同（同意、基本同意、无所谓、基本不同意、不同意）：

（1）遵守社会公德是公民的义务。

（2）人人为我、我为人人是我的生活准则。

（3）对于违反社会公德的人来说，良心的谴责是最好的惩罚。

（4）一个人违反社会公德就是侵犯了他人的权利。

（5）如果大家都不遵守社会公德，我也不必遵守。

（6）如果我的亲戚、朋友违反了社会公德，我不便加以提醒。

（7）一个有良心的人是不会违反社会公德的。

（8）如果一个人帮助了别人，那么别人也会来帮助他。

（9）在没人看见的场合，个人行为可以不受任何约束。

（10）法律没有禁止的事都是可以做的。

（11）和道德修养相比，知识能力对社会更有用。

（12）人与人之间是相互利用的关系。

（13）在公共汽车上没有义务给有困难的人让座。

（14）孝顺父母是有道德的人的基本条件。

（15）各人自扫门前雪，莫管他人瓦上霜。

（16）现在都讲实惠，谁还讲公德。

（17）一个人应时常反省自己的一言一行是否符合社会规范。

（18）不讲社会公德的人是不能作朋友的。

（19）穷并不可怕，可怕的是没有道德。

（20）只要不影响我的生活，别人是否违反社会公德与我无关。

（21）道德是虚的，无非是你骗我、我骗你。

8. 您是否符合下列情况（是、否、说不清）：

（1）我一直很遵守社会公德。

（2）我常为自己做了一件好事而感到高兴。

（3）我很在乎同事、朋友对我的评价。

（4）当有人违反社会公德时，我会加以制止。

9. 你参加组织、团体的主要目的是：

（1）提高思想修养，学习知识，锻炼能力

（2）作为面向社会和今后工作的资本

（3）多交朋友

（4）打发时间

10. 你认为人生的价值主要体现在：

（1）对社会贡献的大小

（2）自我满足的程度

（3）为亲朋好友多办事而得到他们的赞赏

（4）说不清楚

11. 你认为人的一生应该怎样度过：

（1）为社会的发展而努力学习和工作

（2）不断充实和完善自己而使自己不落后于时

（3）珍惜光阴，享受生活

（4）说不清楚

12. 当集体利益与个人利益发生矛盾时,你的做法是:

(1) 如果需要,可以献出自己的一切

(2) 总体上尽量保全集体利益,但也尽量保全

(3) 不好处理

(4) 牺牲集体利益来保全个人利益

13. 生活中你最珍视的是:

(1) 友谊　　　　(2) 爱情　　　　(3) 身体　　　　(4) 荣誉

14. 你对当代大学生的总体评价是:

(1) 思想素质好、专业和社会适应能力强、有社会责任感

(2) 追求时尚、享受生活

(3) 思想先进、有知识,但社会适应能力较差

(4) 混时间、混文凭,无所作为

15. 你对"只要能得到个人最大的满足,违背一点道德规范也没关系"的态度是:

(1) 赞成　　　　(2) 比较赞成　　　　(3) 不赞成

16. 你上大学的目的是:

(1) 获得更多的知识和能力

(2) 获得学历文凭

(3) 改变生活环境,提高社会地位

(4) 谋求一份稳定并且收入高的工作

(5) 其他

17. 你认为目前全社会在诚信问题上:

(1) 绝大部分人都能讲诚信

(2) 讲诚信的人还是占多数

(3) 只有少部分人讲诚信

18. 在与同学发生矛盾时,你会:

(1) 主动道歉,同学之间应和睦相处

(2) 等待对方主动道歉,重归于好

(3) 等毕业后再说

19. 你有需要心理医生的时候吗?

(1) 很经常　　　　(2) 经常　　　　(3) 较少　　　　(4) 没有

20. 你参加(或如果参加)学生社团的主要目的是:

(1) 展示才华,锻炼自我　　　　　　(2) 学习技能以利于今后工作

(3) 广交朋友

21. 你认为目前大多数中国人的思想追求是:

(1) 利己主义 (2) 功利主义

(3) 金钱崇拜 (4) 为国家作贡献

(5) 主观为自己,客观为别人

22. "理想,理想,有利就想;前途,前途,有钱就图!"你对这种观点的看法是:

(1) 完全错误 (2) 也对也不对

(3) 完全对 (4) 无所谓

(5) 其他

23. 如果你发现同学违反校规,你会:

(1) 泰然处之 (2) 上前阻止 (3) 主动报告 (4) 为之掩饰

24. 大学给你的最大收益是什么?

(1) 知识 (2) 文凭 (3) 价值观 (4) 社交群

(5) 伴侣

25. 你对校园中的"课桌文化"(在课桌上写字、画画)有何看法?

(1) 蛮不错的,有品味 (2) 视而不见

(3) 没什么大不了,我也干过 (4) 自己从来没做过

26. 在公共汽车上见到老弱病残幼,您是否会主动让座?

(1) 假装没看见 (2) 别人不让我也不让 (3) 主动让座

27. 你在网上聊天时注意文明用语吗?

(1) 从来不上网 (2) 上网时从不聊天

(3) 不太注意,因为大家都不文明 (4) 非常注意

28. 你怎样看待在宿舍内乱喊乱叫等行为或者在公众场合异性搂抱等不得体行为?

(1) 反对,学校应从严管理,从严处理,维护大学生形象

(2) 反对,学校应加强教育引导,从轻处理

(3) 赞成,这是个人自由

(4) 无所谓

29. 你对大学生考试作弊行为有何看法?

(1) 可以理解,但学校应从轻处罚 (2) 可以理解,学校应从重处罚

(3) 不公平,学校应从重处罚 (4) 没什么大不了,我也干过

30. 你如何看待经常旷课的学生?

(1) 是缺乏组织性纪律性的表现

(2) 影响教师授课情绪,负面影响很大

(3) 大学生应该自己决定

(4) 无所谓

◎**实践成果**:自测问卷分析报告。

◎**活动评价**:

优秀(90~100分):能积极参与活动的各个环节,态度认真负责,在自己所负责的环节中,表现出较强的组织能力,表现突出。能认真撰写分析报告。

良好(80~89分):参与活动比较积极,态度比较端正,能比较出色地完成交办的各项事务,有一定的组织能力。能比较认真地完成分析报告。

合格(60~79分):应付交办的任务,勉强参与,态度不够端正,马虎完成交办事项,撰写分析报告敷衍了事。

不及格(60分以下):不参与实践活动,不认真完成交办的任务或没有完成分析报告。

四、大学生公益活动进社区

◎**实践类型**:体验。

◎**实践形式**:志愿活动。

◎**实践目标**:当代大学生在道德修养方面的一个显著的特征就是道德认知与道德行为的背离,解决这一问题的根本出路就是道德实践活动。有意识地引导学生参与志愿者活动,努力使学生把道德认知、道德情感在其自身的道德意志的支配下化为实实在在的道德行为,从而提高自己的道德素养。

◎**实践方案(9课时)**:

1. 任课教师充分说明本次实践活动的目的和意义,同时对活动提出具体的要求,要求全体同学以认真的态度、饱满的热情积极参与。

2. 安全教育与提示。任课教师专门针对本次实践活动进行安全教育,教育学生在前往社区和返回学校的路途中注意人身和财产安全,交代和社区居民交流沟通以及志愿服务过程中的注意事项。

3. 联系社区。选派几名学生进行活动的前期准备工作。事前和相关的社区负责人员进行联系,双方完善活动方案,根据社区的实际情况,沟通并协商好志愿服务的内容、时间、地点,请求社区协调做好活动现场的相关准备工作,营造良好的活动氛围,不至于使实践活动冷场。必要时联系新闻媒体。

4. 志愿服务。由任课教师亲自带队去相关社区进行志愿服务。事先和社区准备好志愿服务必须的物品,如海报、宣传展板、横幅、法制宣传单、桌椅和扩音器材等,并做好相关的应急处置预案。安排专人进行拍照,收集图片资料。

5. 活动总结。每个团队选派一名代表进行本次活动的小结,分享活动过程中的得与失。教师做简要点评,对整个活动的组织以及每个同学的表现进行总结,特别注意表扬那些在志愿服务活动中表现积极、给居民留下良好印象的学生。

◎**实践成果**:实践报告。实践活动结束后要求学生完成一篇活动总结,主要内容应该包括实践活动过程中的参与情况、实践活动的收获、体会或感想,最好能突出哪些地方还做得不够好,在以后的活动中加以改进。要求学生完成一篇实践报告,选择恰当的时间,在班级内进行交流。

◎**活动评价**:

优秀(90~100分):积极参与志愿服务活动、事先能够认真准备,能主动为活动的顺利举行献计献策,在活动中表现积极,受到居民的一致好评。实践报告完整详细,图文并茂。

良好(80~89分):比较积极地参与志愿服务活动,在实践活动中,认真投入,受到居民的好评,为整个活动的顺利举行发挥自己的力量。实践报告比较完整,内容比较充实,比较有条理,有一些细节,能写出自己的感悟。

合格(60~79分):参与活动不够积极,显得被动,马虎完成团队分配的工作,在现场不能很好地进行志愿服务活动。实践报告内容简单,记流水账,没有感悟。

不及格(60分以下):消极抵制或不参与志愿服务活动。实践报告空洞无物。

参考案例

最美女教师张丽莉①

张丽莉,女,1983 年生,2006 年,她从哈尔滨师范大学大庆师范学院文学院 03 级本科班毕业后,被分配到佳木斯市第十九中学任语文教师。2012 年 5 月 8 日,在一起交通事故中,她为救学生而身受重伤,致使双腿截肢,至 2012 年 5 月 17 日,仍未脱离生命危险。

佳木斯市宣传部门工作人员介绍:当时肇事的醉酒驾驶员精神溜号,与车上乘客说话,并将腿别到操纵杆上。肇事车辆一下子蹿了出去,与前方停在路边的另一辆客车相撞,顺势又撞到停靠在路边的同向依维柯客车及对向的一辆本田轿车。晚课放学时,人群密集,十九中学教师张丽莉在疏导学生过程中,发现车辆撞向学生,危急情况下,她将学生奋力推向一旁,自己却被碾到车下。

张丽莉的同事李金茹回忆:"晚自习过后,学生纷纷走出校门。当时我在校门口遇到了张老师和一群正要过马路的学生,校门口停了 4 辆车,突然最后面的大客失控,先撞到了前面的一辆大客车。这时,刚好有几个学生要过马路,张老师迅速冲过去拉过了其中的一个学生,又推出了另一个学生,用身体挡在了大客车前面,两个学生没有受伤,而张老师却被大客车碾压在车下。在场的老师和学生都吓坏了,一时间不知所措,后来学校领导赶到,迅速拨打了 120。急救车赶到后将张老师送到医院救治。当时她还说'先救学生',她额头冰凉,十分虚弱。"

李金茹说:"事发前,张老师正面对着大客车,只要她向后退一步,就能躲过大客车,可她却义无反顾地冲出去救了学生。"

张丽莉的同事王玉文说:"事故发生后,我就赶到了医院。张老师已经做完了检查,听医生说多处骨折,大腿两块骨头已经分离。她脸色苍白,已经昏迷。"

张丽莉和丈夫李梓烨于 2007 年相识,2009 年结婚,一直很恩爱。她每天都是早晨 5 点多起床,7 点多到校,晚上 9 点左右才回家,再备课到深夜。她为人热情宽厚,对待工作十分认真。2010 年末,她流产后没休息几天就上班

---

① 根据中国教育和科研计算机网(http://www.edu.cn/html/e/youth/zmjs.shtml)等媒体的报道编写。

了，她表示要等送走毕业班后再要孩子。对于以后的打算，李梓烨说："现在，我只希望妻子尽快醒来，以后我就是她的依靠，而她也是我的唯一，无论何时何地，我们都会永远在一起。"

2012年5月11日晚，中央电视台新闻联播播出了佳木斯市十九中学教师张丽莉勇救学生的感人事迹后，中共中央政治局委员、国务委员刘延东打电话给黑龙江省委书记吉炳轩，首先她向张丽莉及其家人表示诚挚的慰问，并转达对张丽莉的崇高敬意。她说，张丽莉在危急时刻挺身保护学生而被轧断双腿，体现了一个人民教师的深厚慈爱之情，令人感动，可钦可佩。刘延东要求黑龙江省委、省政府一定要全力以赴做好救治工作，祝愿张丽莉尽快脱离生命危险，并能早日康复。吉炳轩当即向佳木斯市委、市政府传达了刘延东的慰问，并要求尽快向张丽莉及其家属传达，要求医疗部门不惜一切代价对张丽莉进行精心治疗。卫生部长也表示要举全国之力救治张丽莉。

受中共中央政治局常委李长春、中共中央政治局委员、中央书记处书记、中央宣传部部长刘云山和中共中央政治局委员、国务委员刘延东委托，黑龙江省委书记吉炳轩于5月15日下午来到哈尔滨医科大学附属第一医院看望张丽莉，向张丽莉老师及其亲属表示慰问和敬意。

2012年5月14日，教育部发出通知，授予舍己救人的佳木斯市教师张丽莉"全国优秀教师"荣誉称号。通知要求全国广大教师和教育工作者要以张丽莉为榜样，爱岗敬业，关爱学生，严谨笃学，勇于创新，为人师表，无私奉献，以人格魅力和学识魅力教育感染学生。

15日19时，中华全国总工会科教文卫体主席万明东抵达哈尔滨，将"全国五一劳动奖章"的颁发决定交到"最美女教师"张丽莉的丈夫李梓烨手中。

另外，共青团黑龙江省委决定授予张丽莉全省"青年五四奖章"荣誉称号。

全国妇联16日作出决定，授予在危难时刻挺身而出、救出两名学生的"最美女教师"张丽莉全国"三八红旗手"荣誉称号。决定号召广大妇女向张丽莉学习，学习她临危不惧、勇于担当的崇高精神境界，学习她大爱无疆、舍己救人的高尚道德情操，学习她恪尽职守、敬业奉献的优秀工作作风，践行传统美德，弘扬社会正气，在各自岗位上争创一流。

【点评】　一名普通的中学老师为何能在全国引起如此广泛的关注？这源于她崇高的师德，源于她舍己为人的精神品质。正如李长春同志在看望张丽莉时所说的那样："张丽莉老师在危急时刻的突出表现，是她忠诚于党的教育事业，关爱他人、勇于担当优秀品质的集中反映，代表着当代社会的道德高度,是我国社会思想道德主流的真实写照,是宝贵的精神财富。她的感人事迹和崇高精神生动诠释了'学为人师、行为世范'的崇高师德,集中体现了中华民族高尚的道德情操,充分展示了当代青年和人民教师的时代风采,她是人民群众心目中真正的英雄,是我们身边最美的教师,不愧为教育战线的杰出代表,不愧为我们学习的榜样和楷模。"

小小"陈馅月饼"砸倒 70 多年的老字号①
——南京冠生园凄凉走完破产路

2004 年 7 月 20 日上午 9 时 30 分,中外合资南京冠生园食品有限公司债权人大会在江苏省南京市中级人民法院第一法庭准时召开,参加会议的 106 名债权人审议并表决通过了清算组工作报告和破产财产分配方案。

第二天,债权兑付工作在南京天华饭店进行。7 月 25 日晚记者获悉,债权兑付工作全部结束,债权清偿率为 23.825%。至此,曾经叱咤全国食品行业、辉煌一时的南京冠生园走完了凄凉的破产路。

资不抵债被法院宣告破产

2001 年 9 月 3 日,距离中国的传统节日中秋节还剩不到一个月的时间。就在这个平常不过的日子里,"南京冠生园大量使用霉变及退回馅料生产月饼"的问题被媒体曝光了。

消费者愤怒了。

就在曝光两小时之后,江苏省和南京市卫生防疫部门、技术监督部门即组成调查组进驻该厂。南京卫生监督所到冠生园进行了采样,采集了十多种月饼进行化验。该厂的成品库、馅料库全部被卫生监督部门查封,各类月饼计 2.6 万个及馅料 500 多桶被封存。

9 月 6 日,有关部门责令南京冠生园全面停产整顿。

一波未平,一波又起。其后不久,冠生园的一位老师傅又向媒体透露了南京冠生园用冬瓜假充凤梨的内情。原来自 1993 年冠生园合资后就用冬瓜假冒凤梨。被曝光前,厂里每天有一二十位职工专职削冬瓜皮,切成条后加糖腌制,再加上凤梨味香精,批发价仅两角一斤的冬瓜就变为一元左右的凤梨。以每天生产一万个凤梨月饼,零售价 3 元估算,就是 3 万元的销售额。据

---

① 作者赵兴武,转载自北大法律信息网。

了解,每年月饼生产旺季,该厂要进四五十万斤冬瓜。

南京冠生园在公众眼里彻底失去了信誉。

尽管有关部门后来通知商家南京冠生园的月饼经检测"合格",可以重新上柜,但心存疑虑的消费者对其产品唯恐避之不及,冠生园月饼再也销不动了。信誉的缺失使多年来一直以月饼为主要产品的南京冠生园被逐出了月饼市场,公司的其他产品如元宵、糕点等也很快受到"株连"。南京冠生园从此一蹶不振。

2002年2月1日,春节即将到来之际,南京冠生园以"经营不善,管理混乱,资不抵债"为由向南京市中级人民法院申请宣告破产,法院受理此案,并依法组成了合议庭。

2002年2月27日,南京市中级人民法院作出〔2002〕宁经破字第一号民事裁定书,宣布南京冠生园食品有限公司进入破产还债程序,并根据《民事诉讼法》的有关规定,指定南京市商贸局、南京市食品工业公司、南京市体改委、南京市外经委以及工商、税务等部门派员组成清算小组进驻该厂,负责该厂财产的保管、清理、估价、处理和分配等事务。4月8日,清算组开始接受企业债权人的债权登记。当时的估算是:该厂已拖欠食品原料供货商的债务达2000多万元,单是积欠工商银行和交通银行的贷款就达500多万元,而企业本身的资产却只有五六百万元。

位于南京市广东路53号小巷里的南京冠生园再次成为媒体关注的焦点,然而这里再也见不到一丝生机,到处都显示出衰败的景象,只有大理石的门脸、金字镌刻的厂牌,似乎还传递出这家老字号昔日的辉煌。

由法院派驻的专业保安把门十分严格,除了来取私人物品的零星职工,外人一律不得入内,而60位职工则早在两个月前就被以买断工龄的形式全体离厂。

"陈馅月饼"不仅沉重打击了南京冠生园,还给月饼市场蒙上了一层阴影。2001年全国月饼销量比上一年同期锐减4成左右,全国超过400亿元的销售市场一下子减少了近200亿元。全国20多家挂冠生园牌子的月饼都受到连累,销量直线下降,少数企业因无法经营而黯然退出了当地市场。受此影响,冠生园集团上海公司已在全国12个主要市场中退出了5个。

南京冠生园资产812万易主

2004年1月31日下午3时,南京冠生园食品有限公司进行破产资产拍卖。令人意外的是,拍卖会开始仅20分钟即宣告结束,手持166号牌的江苏皇朝置业有限公司最终以 812 万元卷走标的。

这次拍卖成交的包括南京冠生园的各类生产设备 190 台套、一批车辆、一批存货及流动资产以及位于广东路 53 号的有证房产约 7300 平方米。而南京冠生园的品牌和厂里拥有的土地则不在拍卖之列。这是由于当年与外方成立中外合资南京冠生园食品有限公司时，中方并没有把冠生园的品牌和厂里拥有的土地作为股份参股，此次合资公司破产，冠生园品牌也就顺利回归到南京市冠生园食品厂，也就是南京市食品工业有限公司。

颇有意思的是，南京冠生园的"娘家"——南京食品工业有限公司也派员参加了竞拍，而且他们还是与皇朝置业"斗争"到最后时刻的对手。公司代表丁先生手持 016 号牌位于买家行列，并报出 810 万的价格欲中此标，但最终以两万元之差败北。

2004 年 2 月 9 日，江苏皇朝置业有限公司将拍得南京冠生园的 812 万元交付南京市中级人民法院资产清算组。至此，经过曝光—破产—拍卖—资产偿还等一系列过程后，走过 70 多年风风雨雨的南京冠生园正式隐退江湖。

江苏皇朝置业有限公司以 812 万元人民币买下南京冠生园全部破产财产后，清算小组又对债权人申报情况进行审核，确认债权申报人 251 户，申报总金额为 2700 多万元。后通过耐心细致的工作和妥善处置，得到 118 户理解和支持，并主动放弃 1037 多万元债权。最后，清算小组确定普通破产债权人 135 户，应清偿款 1350 多万元。但在剔除其他破产费用后，可用于偿还款的只有 320 多万元，清偿率为 23.825%。

南京市中级人民法院的法官和清算组的工作人员在清算工作中，克服了种种困难。自从 2001 年冠生园被曝光后，公司忽然解散，外方也随即撤资，一些主要工作人员突然离开，相关负责人也没了声音，造成资料严重不全而且管理混乱。另外，由于冠生园设在外省的分公司也要审计清理，到那里不仅路途遥远，人员、资料也都残缺不全，这又为清理工作带来了很多困难。对此清算组成员和南京市中级人民法院的法官不辞辛苦，发通知请原公司的财务人员帮助清偿，努力追回企业应收回的款项。在清算过程中，他们还要对上千个品种的低值易耗品进行实物盘点，贴上标签，分类堆放，核对财务，登记造册。"因为清算组对每一笔账目都有记录，大到现有厂房拍卖，小到每笔月饼馅，这点让债权人不得不信服。"

一切准备就绪后，清算小组向债权人发放破产债权人会议通知。2004 年 7 月 20 日上午，在南京市中级人民法院主持下，南京冠生园食品有限公司破产债权人大会在该中院第一法庭召开。上午 9 时 30 分，偌大的第一法庭已被南京冠生园的债主坐得满满当当。债权人来自全国各地,包括上海、浙江、山东、河南、广东、天津、新疆、内蒙古等地,涉及的行业包括食品原材料厂、包装加工厂、百货零售企业、印刷厂等。最终参加会议的 106 户债权人,举手表决,以 102 户赞成,4 户反对,依法通过了清算小组所作的南京冠生园破产清算报告和破产财产分配方案。

南京市中级人民法院破产组法官陈玲刚在接受采访时表示,根据相关法律规定,拍卖变现的破产财产,要首先偿还国家银行贷款、法院受理费用和相关机构费用以及破产企业的工人工资、应该补交纳的税款等,最后才能偿还相关债务。虽然这次清偿率不是很高,但也是法院和清算组做了许多工作争取而来的。对此,绝大多数债权人也表示理解和感谢。

陈玲刚还说,清偿工作如此顺利,关键问题是许多人还对南京冠生园存在着感情。债主们也纷纷表示,他们拿到钱后更多的是痛心,这么好的企业说垮就垮了,如果还有机会"重来",他们仍会支持。

7 月 21 日至 25 日,南京冠生园破产债权兑付工作在南京天华饭店如期进行。偿付工作结束后,清算小组即着手向工商部门申请,注销南京冠生园食品有限公司的营业执照事宜。

70 多年老字号何时再现辉煌

南京冠生园凄然谢幕,给人们留下了许多感慨和几许期待,南京冠生园这个金色的品牌还在,人们期待着这个在南京土地上成长起来的老字号能够有朝一日重现昔日的辉煌。

早在南京冠生园食品有限公司即将宣告破产之际,公司上级主管部门就已经在考虑如何重振南京冠生园了。主管部门南京市商贸局的有关负责人曾明确表示,70 多年的老品牌绝对不能就此消失。

该局有关人士介绍说,南京冠生园食品有限公司在成立之初,按照合资协议,合资公司在 50 年内有权使用南京冠生园这一金字招牌,合资公司破产后,南京冠生园品牌自然回归到已成为"空壳"的南京冠生园食品厂,南京市商贸局欢迎有实力的企业和个人前来洽谈有偿使用南京冠生园品牌。

消息一出,应者济济。房地产业、电脑业、拍卖行、超市等都来竞争,其中南京福中公司的负责人杨宗义认为,"冠生园这块牌子仍然有很高的知名度和深厚的市场基础"。南京师范大学商学院李金生指出,南京冠生园有深厚的群众基础和商业价值。假定购买冠生园品牌的价格是合理的,买下后有办法让它生效益,就值得投资,回报也是巨大的。但是,也许是"一朝被蛇咬,十年怕井绳"，让人遗憾的是竟没有一家食品和餐饮业为使用南京冠生园品牌与商贸局洽谈。

南京冠生园老厂长周裕龙说，要让南京冠生园重起炉灶，有千万资金就可启动新冠生园经营。

对南京冠生园品牌感兴趣的食品和餐饮企业最终都没有下决心收下冠生园品牌，而厂方又不愿让非食品和餐饮企业接手，以免再一次砸了南京冠生园的牌子。在长期洽谈无果的情况下，有关方面无奈地想到了拍卖，但是不知为何，拍卖项目并不包括作为无形资产的冠生园品牌。

设想一下，如果南京食品工业有限公司一举夺标，南京冠生园品牌将可望得以重归"肉身"，神形合一。届时，南京冠生园重出江湖，自然顺理成章。但天公偏不作美，半路上杀出个程咬金，江苏皇朝从中硬插一杠子，以寸步不让的强硬态度夺得了冠生园拍卖的标王。而江苏皇朝看中的则是南京冠生园的房产，作为无形资产的南京冠生园的品牌又会落入谁的手中？有无东山再起的一天？

俗话说，皮之不存，毛将焉附？南京冠生园要想梅开二度，难！

南京冠生园破产，谁之过？

一家具有70多年历史的知名老字号企业倒下了，作为国内第一个因失去诚信而死于媒体的老牌食品企业的悲剧，留给人们的却是深长的回味与无尽的思考……

事隔几年，仍有人认为："如果不是曝光，一个好端端的企业怎么会倒呢？"

然而，对于南京冠生园申请破产一事，更多的人则认为是咎由自取。曾经一直冲着冠生园这个老字号买月饼的杨老先生至今仍感到气愤："像这样把信誉当儿戏、不把消费者放在心里的店家，无论是老字号还是新店面，终究要完蛋。"

1992年9月5日，中外合资南京冠生园食品有限公司成立，注册资本1368万元，其中美国天普股份有限公司出资820.80万元，占注册资本的60%，南京冠生园食品厂出资547.20万元，占注册资本的40%。合资之前，南京冠生园食品厂因大幅亏损面临倒闭。成立合资公司第二年转亏为盈，利润连年递增，累计上交利税1560万元，由小型企业发展为南京市政府核定的240家大中型企业之一。

据南京市商贸局官员介绍，开始吴震中只参与冷饮线的一个合作项目，到 1992 年吴震中提出全面合作,他以美国天普股份有限公司实行控股。南京冠生园的许多职工说,吴震中担任总经理后,原来近 500 名职工大部分下岗或离去,还有相当部分职工被开除,只剩下 60 多名正式技术职工在岗;前几年就有一些职工向地方媒体举报过"陈馅月饼"内幕,南京一家电台曾作过报道,但是总经理吴震中不思悔改,还对涉嫌举报人进行打击报复,他还在会议上公开宣称:"只要有钞票,没有摆不平的事!"

在法院受理南京冠生园破产一案后,南京桃园村食品厂、南京小苏州食品厂等著名食品厂家负责人在接受媒体采访时表示:南京冠生园垮台的根子是在于该企业失去了起码的诚信,只想到赚取不法利润,不顾产品质量,结果不仅坑害了消费者,更坑害了自己。

近年来,欺骗消费者的各种事件层出不穷,失信行为蔓延,少数企业和个人甚至以背信手段实现了暴富,却少有受到严厉惩处者。这种负面的示范效应,致使社会上信誉观念日渐淡薄。

南京冠生园因为信誉破产,最终落得企业破产的事实再次告诫世人:信誉是现代市场经济运行中一种重要的新的资本形态,是一个企业的精神财富和生命所在;企业失去信誉,纵然一时得利,日后也必吞苦果。生存和发展必当用心地守护信誉。

一位法律专家深刻指出:南京冠生园破产案绝非单纯的个案,也不会是此类问题的终结。如果缺少长期诚实守信的道德教育,没有覆盖全社会的、严格的信用监督和奖惩制度,类似的事件还会重演。

也有业内人士认为,南京冠生园事件对月饼市场来说并非是件坏事。首先,这一事件加速了食品行业的品牌优胜劣汰,客观上加速了行业的整合,使品牌的集中度越来越高。其次,催生月饼国家标准的出台。月饼的生产一直没有国家标准进行制约,南京冠生园事件后,我国有关部门加快了月饼行业质量标准的制定。2002 年 8 月 6 日,由国家食品质量监督检验中心、全国食品工业标准化技术委员会等权威部门组成的专家组一致通过了《月饼类糕点通用技术要求》《月饼馅料》两个行业标准,并于 2002 年中秋之际作为国家标准实施,使我国月饼市场得到了进一步净化。

【点评】 一个有着 70 多年历史的老字号企业就这样以悲惨而又可恨的方式淡出了人们的视线。曾几何时,冠生园是多么响当当的品牌,就是由于触碰了道德底线而被人们唾弃,被无情地扔进了历史的垃圾堆。表面上看,好像就是小小的"陈馅月饼",但是事件背后透露出的则是信誉危机、诚信缺失。我们正行进在实现中华民族伟大复兴的征程中,从某种意义上说,实现中华民族的伟大复兴，首先就是要进一步继承和弘扬中华民族传统道德美德。对此，每一个炎黄子孙，尤其是作为中国特色社会主义事业的建设者和接班人的当代大学生都责无旁贷。

延伸阅读

一部琅琅上口、易记易懂、图文并茂、赏心悦目、宣传社会主义道德的《公民道德歌》，是广大公民和青少年加强思想道德教育的优秀读物。全书由热爱祖国篇、社会公德篇、职业道德篇、家庭美德篇、个人修养篇五部分组成。它紧扣《纲要》主要内容，继承中华民族传统美德精华，发扬我党在长期革命斗争和建设实践中形成的优良传统道德，反映社会主义市场经济条件下思想道德建设的客观要求，适应我国科学发展的需要，以一韵到底的五言诗的形式，既完整系统又形象生动地表现了公民道德的基本规范和具体要求。

《公民道德歌》(韵文原文)①

泱泱我中华，巍巍礼仪邦。传统多美德，文明四海扬。
改革迎盛世，开放图富强。走进新时代，道德借新章。

热爱祖国篇

华夏五千年，灿烂历史长。地大物又博，巨人立东方。
祖国山河美，先贤伟业彰。自豪更自信，爱国情满腔。
洗雪百年耻，人民把家当。建功又立业，为国奉献忙。
国旗天天升，国歌人人唱。祖国如慈母，春晖暖心房。
公民有义务，自觉纳税粮。溪流汇大海，国家自兴旺。
好儿勇参军，卫国赴疆场。拥政又爱民，和平紧握枪。
民族五十六，兄弟聚一堂。中华大家庭，团结国运昌。
两岸共明月，隔海历沧桑。一国行两制，统一心向往。
游子走四方，祖国心中装。自尊重国格，无愧我炎黄。
国家兴衰事，匹夫责不忘。精忠报国志，青史永流芳。

社会公德篇

人生来世上，如苗出土壤。性情俱可塑，育材成栋梁。

---

① http://ytxxcb.xjyt.gov.cn/Article/ShowArticle.aspx? ArticleID=52532。

待人和接物,礼貌又谦让。人敬我一尺,我敬人一丈。

律己当从严,对人多宽谅。处人贵真诚,为人莫欺诳。

敬老爱稚幼,恤孤助残伤。扶危济穷困,爱心洒阳光。

自扫门前雪,忧人瓦上霜。热心公益事,雷锋树榜样。

言谈贵得体,举止宜端庄。卫生成习惯,清洁保安康。

公物应爱护,设施人共享。交通守秩序,安全更通畅。

见义当勇为,挺身斗凶狂。铁肩担道义,正气得伸张。

国家有法纪,行为守规章。法治加德治,万千新气象。

社会重治安,群管又群防。以身敢试法,恢恢有天网。

环境需保护,污染必遭殃。发展要持续,风物放眼量。

生态贵平衡,资源是宝藏。珍惜慎取用,地久共天长。

创建得民心,美化遍城乡。市容村貌改,焕发新容光。

职业道德篇

社会有分工,三百六十行。行行出状元,文明新风创。

职业各不同,目标都一样。全心和全意,为民服务忙。

爱岗忠职守,敬业情高涨。刻苦钻业务,技术求精良。

立业在诚信,兴业德弘扬。言利不唯利,情义播四方。

经济要繁荣,市场更开放。竞争讲公平,自律树形象。

同行非冤家,倾轧俱损伤。携手创双赢,协作路康庄。

为官须勤政,廉洁莫贪赃。为民办实事,造福在一方。

执法应秉公,明镜悬公堂。扫黄更打黑,扶正又安良。

工人尽职责,安全生产忙。名牌创效益,质量赢市场。

农民勤为本,科学精种养。先富帮后富,并肩奔小康。

经商重信誉,服务求周详。打假防伪劣,市场风清朗。

科研攻关难,发明众所望。尊重首创权,侵权道德丧。

文艺百花开,"二为"是方向。德艺贵双馨,人民倍赞赏。

医家讲医德,救死又扶伤。妙手能回春,爱心胜春阳。

为师重师表,丹心燃烛光。传道并授业,桃李自成行。

海阔任鱼跃,天高任鸟翔。行行竞风流,处处鲜花放。

家庭美德篇

社会似海洋,家庭如船港。家和万事兴,家齐国吉祥。

婚姻自做主,互爱情深长。志同兼道合,比翼齐高翔。

夫妻结连理,甘苦应共尝。贫病不嫌弃,富贵毋相忘。

生育须计划,国策记心上。优生加优育,民健国自强。

教子贵有方,宽严要适当。娇惯难成器,百炼铁成钢。

父母养育恩,天高又地广。悠悠寸草心,孝敬慰高堂。

兄弟和姐妹,同根共成长。让枣又推梨,亲情溢芬芳。

婆媳与妯娌,和气致瑞祥。两好合一好,举家皆欢畅。

邻里和街坊,朝夕相守望。出入互照应,有难大家帮。

社区大家庭,文明树风尚。歪风齐抵制,娱乐须健康。

赌博若深渊,沉湎业全荒。毒品滋罪恶,沾染人财亡。

迷信缘愚昧,信邪实自戕。凡事讲科学,利民又兴邦。

致富当思源,消费忌铺张。持家宜勤俭,福泽绵绵长。

爱家又爱国,小河连大江。忠孝若难全,当以国为上。

个人修养篇

社会讲文明,个人重修养。前贤有传统,今人应发扬。

人生贵自立,首在有理想。志当存高远,大任方能当。

不经彻骨寒,哪来梅花香?辛勤力耕耘,收获才有望。

学习终生事,知识有力量。学而时习之,宝剑砺锋芒。

相伴三人行,必有我师长。见贤当思齐,历精图自强。

受人滴水恩,涌泉以报偿。管鲍交谊深,千古美名彰。

忌妒令人嫌,偏见应自防。做人要正派,君子胸坦荡。

失意莫沉沦,得志不骄狂。荣辱皆不惊,得失本平常。

为善快乐源,宽容长寿方。先忧而后乐,德高世敬仰。

求真奋开拓,务实志高昂。思想与时进,创新绘华章。

"四有"育新人,"五爱"情豪壮。神州多英杰,万马奋腾骧。

物质大发展,精神求高尚。建设双文明,乘风万里航。

从我先做起,当仁自不让。人人齐努力,共创新辉煌。

名人格言

君子怀德,小人怀土;君子怀刑,小人怀惠。

——孔子《论语》

见贤思齐焉,见不贤而内自省也。

——孔子《论语》

勿以恶小而为之，勿以善小而不为。惟贤惟德，能服于人。

——范晔《三国志》

世界上能为别人减轻负担的都不是庸庸碌碌之徒。

——狄更斯

你要记住，永远要愉快地多给别人，少从别人那里拿取。

——高尔基

最好的满足就是给别人以满足。

——拉布吕耶尔

推荐书目

1. 许亚非：《中国传统道德规范及其现代价值研究》，四川大学出版社，2002年。

中国传统道德是中华民族思想文化传统的重要组成部分，是中国古代思想家对中华民族道德实践经验的总结，是中华民族思想文化传统的核心。该书主要内容有：仁民爱物、义以为上、恭敬礼让、诚实守信、勇敢刚毅、廉洁知耻、尽忠报国、孝敬慈爱、勤劳节俭、尚中贵和、传统道德规范与现代企业管理、市场经济条件下中国优秀道德规范的继承和弘扬。

2. 肖小芳：《道德与法律：哈特、德沃金与哈贝马斯对法律正当性的三种论证模式》，光明日报出版社，2011年。

"法律的正当性从何而来"是学术界普遍关注的理论热点。该书作者选取哈特、德沃金与哈贝马斯这三个典型派别的代表人物，立足于道德与法律关系维度，围绕法律正当性从何而来这一核心论题，系统地梳理并理性地审视了三者是怎样从本体层面深入实践层面阐释道德与法律的关系的，进而铺陈各自的法律正当性理论。从基本立场、论证向度、权利审视及认可方式这四个向度比较分析了哈特的"合法律性的正当性模式"、德沃金的"合道德性的正当性模式"与哈贝马斯的"重建式的正当性模式"之间的分歧，批判性地考察了三种模式遭到的主要批判、具有的积极价值以及存在的不足。在比较他们各自理论主张和论证脉络的基础之上，突显哈贝马斯商谈论视野中的法律正当性理论论证模式更具有吸引力和可接受性，并试图充分地汲取和尝试性地运用哈特模式与德沃金模式的合理内核，提出进一步修缮哈贝马斯纯粹程序论证模式的建议，寻求论证法律正当性问题的更佳解决方案。

3. 张国启:《秩序理性与自由个性:现代文明修身的话语体系与实践机制研究》,人民出版社,2010 年。

该书结合古代中国人的存在方式对儒家修身理论进行了系统的批判性研究,重点揭示了现代文明修身这一话语体系和实践机制对人的自由及全面发展的现代启示和重要意义。全书从过程规定性、目的规定性、要素规定性和关系规定性维度系统分析了现代文明修身的科学内涵和逻辑起点,梳理和研究了现代文明修身理论的历史资源与现代承接、哲学基础与借鉴理论,并对现代文明修身的科学性、价值性、实践性等问题作了较为详尽的研究和阐述,力图阐述现代文明修身对人的"秩序理性"孕育与"自由个性"培养的独特价值。

4. 司汉武:《制度理性与社会秩序》,知识产权出版社,2011 年。

该书针对制度理性,从最基础的概念逐层深入,深入剖析了制度理性对个人理性与社会理性、私人理性与公共理性、理论理性与实践理性、科学理性与技术理性、信念伦理与责任伦理的中介作用,并探讨了制度理性对政治、经济、文化和社会结构的作用与影响。制度的合理化改革和调整是构建和谐社会的系统工程,该书最后讨论了制度理性与和谐社会的关系。

5. 范进学:《法律与道德:社会秩序的规制》,上海交通大学出版社,2011 年。

该书是关于法律与道德问题的学术思考与现实关照的著作,立意深远,文字表达清晰,逻辑缜密。作者围绕法律与道德的内在机理,结合当下社会生活中出现的涉及法律与道德的典型案例,进行理论分析与阐释,做到了学术性与通俗性、理论性与实践性的统一。这对于当今如何建构和谐社会具有理论上的创新价值,亦对于人们如何实现、规制自己的自由具有深刻的现实意义。

6. 张德胜:《儒家伦理与社会秩序:社会学的诠释》,上海人民出版社,2008 年。

该书原名《儒家伦理与秩序情结》,于 1989 年由台北巨流图书公司出版,是作者开授"中国社会思想史"多年来教学相长的结晶,主要从社会学的角度分析中国社会思想的孕育和发展大势。儒家思想是传统中国人的价值来源,支配中国人的思想行为达两千年,但自西潮掩至,加上现代化巨浪的连番冲击,儒家思想在洋务运动期间(1861—1894)还是一枝独秀,到了新文化运动之际(1915—1921),只短短半个世纪,就已成为众矢之的。然而自改革开放以来,随着国势日盛,中国共产党已意识到需要由革命党转变为执政党,提出建设和谐社会。在此背景之下,志在建立和谐社会的儒家思想,肯定要背负新时期的历史任务。

7. 任红杰:《社会稳定问题前沿探索》,中国人民公安大学出版社,2005年。

该书运用马克思主义的立场、观点、方法,对社会稳定这一重大的理论问题和实践问题进行了比较深入的分析和阐述。围绕着人们普遍关注的社会稳定领域的热点问题和前沿问题,该书首先系统地阐述了社会稳定的本质、特征、构成和价值,接着从理论和现实相结合的角度深入地探讨了经济发展、贫富差距、腐败、民主、法治、意识形态、全球化对社会稳定产生的不同效应,最后从可操作性的角度对群体性事件问题与社会稳定预警系统问题进行了具体的分析和阐述。关于社会稳定问题,无论是在理论上,还是在实践中,都存在着一些误区。该书试图通过严密的逻辑分析和实证分析澄清这些误区,使人们摆脱种种似是而非的观念和不合理的行为模式。

8. [美]乔恩·埃尔斯特:《社会黏合剂:社会秩序的研究》,高鹏程,等译,中国人民大学出版社,2009年。

该书运用多个学科的理论和方法,对谈判、集体行动和社会规范之间的内在关系进行了全新的阐释,并在此基础上提出了以下观点:社会秩序的形成是不同层次非理性因素和理性因素综合作用的结果。妒忌、机会主义和可信性作为社会黏合剂,对社会秩序起着重要作用,自利和非自利因素通过不同个人进行着复杂的相互作用,从而构成了稳定与合作的社会秩序。

9. 蓝寿荣:《社会诚信的伦理与法律分析》,华中科技大学出版社,2010年。

该书是教育部人文社会科学规划基金项目"构建社会主义和谐社会中的社会诚信问题研究"的阶段性成果。书中的每篇文章均为一个独立问题的研究,围绕课题的各个专题展开。所研究的问题涉及影响信用形成及演进中的社会文化传统、科学研究和科技创新中的诚信道德、市场经济发展中追求效益与诚实守信的一致与冲突、社会诚信运行的维护与当事人权利保障四个方面。全书从法学、伦理学、社会学的角度,深入剖析了转轨时期的失信现象,并探讨了如何完善市场经济中的信用机制。

10. 崔延强:《中外大学生诚信教育比较研究》,中央文献出版社,2009年。

该书在对比中外社会诚信观念和制度的基础上,对中外大学生诚信教育的目标、制度、课程设置以及校园文化传统等各方面进行了对比分析;通过案例对中外大学的诚信教育体系进行了比较研究。

第六章
培育职业精神　树立家庭美德

　　大学生活既是大学生学习和培养专业知识与技能的重要阶段,也是他们对未来进行规划和畅想的重要阶段,是大学生走上社会、成为完全的"社会人"之前的热身。随着人类文明的发展进步,现代社会逐渐形成了三大生活领域:一是家庭生活,二是职业生涯,三是公共空间。每一个社会个体进入不同的生活领域后,就会以相应的身份和角色享受一定的权利并承担一定的义务。法律权利和义务体现了国家意志,是公民行为的底线准则;道德权利和义务则体现民间意志,是公民行为的高尚追求,当然是大学生这个准"社会人"群体应该自觉学习和内化的。

理论讲堂

【教学目的】

　　一是针对大学新生的特点创立实践平台,帮助他们了解社会职业领域和岗位技能要求,了解个人在职业生活领域中应该具备的素养,激发他们的职业道德情感,使之树立职业法律观念,加快角色转变,科学规划职业生涯,为未来事业打下坚实的基础。

　　二是通过专家讲座、案例分析、调研走访等形式,引导大学生正确认识文明恋爱和美满婚姻对个人发展的重大意义,帮助他们了解在家庭生活及其相关生活领域(如恋爱)个人应该具备的美德素养及相关法律知识,摆正自己与恋人、爱人、家庭及其他亲属的关系,在婚恋过程中进行自我教育、自我约束和自我调整。

【教学重点】

1. 社会主义职业道德的内涵;

2．就业、择业和创业的关系；

3．爱情的本质及其核心因素。

【要点导读】

导读一 职业活动中的道德和法律

一、职业与道德、法律

课程教材对职业的定义是，人们为了谋生和发展而从事的相对稳定、有收入的、专门类别的社会劳动。用通俗的语言讲就是人们所从事的工作，是从业者获取生活来源、扩大社会关系和实现自身价值的重要途径。如公务员、教师、医生、工人、军人、律师、营业员、文艺工作者等都是常见的职业。职业道德是指从事一定职业的人在职业活动中应当遵循的具有职业特征的道德要求和行为准则。职业活动中的法律是指从事一定职业的人在履行本职工作的过程中必须遵循的法律规范，如《劳动法》《公务员法》《教师法》《律师法》等。

职业道德与职业活动中的法律有共性，也有区别，其共性表现在：（1）鲜明的职业性。职业道德是鲜明地表达职业义务、职业责任，以及职业行为上的道德与法律要求。（2）明确的规范性。职业道德要求从业者必须规范从业，对从业者的行为提出了很高的要求。（3）调节的有限性。职业道德的适用范围不是普遍的、无限的，而是有特定范围的。一般来说，职业道德主要调节两个方面的关系，一是从事同一职业人们的内部关系，二是职业人员同所接触对象之间的关系。两者的共性与区别如表6-1所示。

表6-1 职业道德与职业活动中的法律的比较

规范	共性	区别		
		具体内涵	调控手段	具体体现
职业道德	1. 鲜明和职业性 2. 明确的规范性 3. 调节的有限性	职业活动领域应遵循的道德要求和行为准则	道德评价	自律意识
职业活动中的法律		职业活动领域必须遵守的法律规范	法律规范	他律要求

二、社会主义职业道德内涵

职业道德是一个历史范畴,是历史发展到一定阶段的产物。生产的发展和社会分工的出现是职业道德形成和发展的客观历史条件。社会主义职业道德具有"爱岗敬业、诚实守信、办事公道、服务群众、奉献社会"的崭新的时代内涵。爱岗敬业,就是要热爱自己的工作岗位,敬重自己所从事的职业,勤奋努力,尽职尽责,从积极的职业态度升华为一种职业的荣誉感和自豪感;诚实守信,就是要不论身处哪个行业,都要诚实劳动,合法经营,信守承诺,讲求信誉;办事公道,就是要在职业活动中做到公平、公正,不谋私利,不徇私情,不以权损公,不以私害民,不假公济私;服务群众,就是要在职业活动中做到一切从群众利益出发,为群众着想,为群众办事,为群众提供高质量的服务;奉献社会,就是要通过兢兢业业地工作,自觉为社会和他人奉献。

三、职业活动中的主要法律及其基本要求

我国职业活动中的主要法律有:适用于广大劳动者的《中华人民共和国劳动法》(以下简称《劳动法》);适用于公务员的《中华人民共和国公务员法》(以下简称《公务员法》);适用于某一特定职业的《教师法》《律师法》《法官法》《检察官法》《人民警察法》等。此外,在《全民所有制工业企业法》《安全生产法》等法律法规中,也有关于职工的权利和义务的规定。

(一)《劳动法》及其相关问题

1. 背景概说

《劳动法》于1994年7月5日由十届全国人大常委会第十五次会议通过,1995年1月1日起施行,是我国第一部关于保护劳动者合法权益、调整劳动关系的法律。《劳动法》包括总则、促进就业、劳动合同和集体合同、工作时间和休息休假、工资、劳动安全卫生、女职工和未成年工特殊保护、职业培训、劳动争议、监督检查法律责任和附则等,共13章107条。《劳动法》适用于除公务员和参照公务员管理的事业组织和社会团体的工作人员,以及农业劳动者、现役军人等以外的劳动者。

2. 基本原则

一是维护劳动者合法权益与兼顾用人单位利益相结合的原则。维护劳动者的合法权益是劳动法的立法宗旨。二是按劳分配与公平救助相结合的原则。三是劳动者平等竞争与特殊劳动保护相结合的原则。四是劳动行为自主与劳动标准制约相结合的原则。

3. 权利义务

（1）劳动者的权利。《劳动法》规定的劳动者的权利有：平等就业和选择职业的权利；取得劳动报酬的权利；休息休假的权利；获得劳动、安全、卫生保护的权利；接受职业技能培训的权利；享受社会保险和福利的权利；提请劳动争议处理的权利；法律、法规规定的其他权利。

（2）劳动者的义务。《劳动法》规定的劳动者的义务有：完成劳动任务的义务；提高职业技能的义务；执行劳动、安全、卫生规程的义务；遵守劳动纪律和职业道德的义务。

（二）《公务员法》及其相关问题

1. 背景概说

《公务员法》于2005年4月27日由第十届全国人民代表大会常务委员会第十五次会议通过，2006年1月1日起施行。这是我国第一部关于干部人事管理的重要法律，在我国干部人事制度发展史上具有里程碑意义。《公务员法》包括总则，公务员的条件、义务与权利，职务与级别，录用，考核，职务任免，职务升降，奖励，惩戒，培训，交流与回避，工资福利保险，辞职辞退，退休，申诉控告，职位聘任，法律责任和附则等，共18章107条。《公务员法》适用于依法履行公职、纳入国家行政编制、由国家财政负担工资福利的工作人员，包括国家权力机关和行政机关工作人员、中国共产党和民主党派机关的工作人员、法官和检察官等。

2. 基本原则

一是公开、平等、竞争、择优和法治原则。二是监督约束与激励保障并重原则。三是任人唯贤、德才兼备原则，体现在录用、晋升、考核、奖励公务员等环节上。四是分类管理和效能原则。

3. 权利义务

（1）公务员的权利。获得履行职责应当具有的工作条件；非因法定事由、非经法定程序，不被免职、降职、辞退或者处分；获得工资报酬，享受福利、保险待遇；参加培训；对机关工作和领导人员提出批评和建议；提出申诉和控告；申请辞职；法律规定的其他权利。

（2）公务员的义务。模范遵守《宪法》和法律；按照规定的权限和程序认真履行职责，努力提高工作效率；全心全意为人民服务，接受人民监督；维护国家的安全、荣誉和利益；忠于职守，勤勉尽责，服从和执行上级依法作出的决定和命令；保守国家秘密和工作秘密；遵守纪律，恪守职业道德，模范遵守社会公德；清正廉洁，公道正派；法律规定的其他义务。

（三）依法处理职业生活中的纠纷

1. 处理劳动争议的法定途径

劳动争议是指劳动关系当事人之间因执行劳动法律或履行劳动合同而发生的纠纷。用人单位与劳动者发生劳动争议，当事人可以依法申请调解、仲裁、提起诉讼，也可以协商解决。

（1）协商。当事人可以协商解决劳动争议，但协商要出于自愿。协商不是处理劳动争议的必经程序，不愿协商的，可以申请调解。

（2）调解。当事人可以向本单位劳动争议调解委员会申请调解。但调解也不是处理劳动争议的必经程序，当事人任何一方不愿调解的，可以直接向有管辖权的劳动争议仲裁委员会申请仲裁。

（3）仲裁。仲裁是处理劳动争议的必经程序。当事人可以向县、市、市辖区设立的劳动争议仲裁委员会申请仲裁。

（4）诉讼。当事人对仲裁裁决不服的，可以在收到仲裁裁决书之日起15日之内向人民法院提起诉讼。一方当事人在法定期限内不起诉又不履行仲裁裁决的，另一方当事人可以向法院申请强制执行。

2. 处理人事争议的法定途径

（1）申诉。公务员对涉及本人的下列人事处理不服的，可以自知道该人事处理之日起30日内向原处理机关申请复核；对复核结果不服的，可以自接到复核决定之日起15日内，按照规定向同级公务员主管部门或者作出该人事处理的机关的上一级机关提出申诉；也可以不经复核，自知道该人事处理之日起30日内直接提出申诉。可以提出申诉的情形包括：① 处分；② 辞退或者取消录用；③ 降职；④ 定期考核定为不称职；⑤ 免职；⑥ 申请辞职、提前退休未予批准；⑦ 未按规定确定或者扣减工资、福利、保险待遇；⑧ 法律、法规规定可以申诉的其他情形。公务员申诉的受理机关审查认定人事处理有错误的，原处理机关应当及时予以纠正。

（2）控告。公务员认为机关及其领导人员侵犯其合法权益的，可以依法向上级机关或者有关的专门机关提出控告。受理控告的机关应当按照规定及时处理。

（3）仲裁。聘任制公务员与所在机关之间因履行聘任合同发生争议的，可以自争议发生之日起60日内向人事争议仲裁委员会申请仲裁。仲裁裁决生效后，一方当事人不履行的，另一方当事人可以申请人民法院强制执行。

（4）诉讼。仲裁当事人对仲裁裁决不服的，可以自接到仲裁裁决书之日起15日内向人民法院提起诉讼。

四、大学生职业道德素质和法律素质培养

在提高高等教育质量,实现人才培养、社会需求与就业的良性互动,推动并实现经济社会全面、协调、可持续发展过程中,大学生职业发展教育不可或缺。大学生职业发展教育或者说职业生涯规划教育的核心,在于引导大学生树立正确的职业观和就业观,依据自身能力、特长、兴趣等,按照职业道德素质、职业法律素质等要求,科学规划大学学习生活,并做到有计划、有步骤地付诸实施。

1. 引导大学生学习职业道德和职业生活中的法律知识。大学生应认真学习职业道德和职业生活中的法律知识,掌握现代职业道德和职业法律要求的基本内容,明白职业活动的基本规范和目的,从而提高自己在这方面的认知能力和判断能力。

2. 鼓励大学生提高职业道德意识和法律意识。大学生提高自己的职业道德素质和法律素质,不应只停留在对法律知识的记忆和背诵的层面上,而应当将其内化为自身的素质,提高到自觉意识的层面,并体现在职业活动中。

3. 帮助大学生提高履行职业道德规范和法律规范的能力。大学生应积极利用假期或实习的时机,到职业领域寻找实践和锻炼的机会,广泛接触社会,接触职业生活,努力使自己的知识、能力在服务社会中得到升华和提高。

导读二 就业过程中的择业和创业

引导大学生正确认识当前就业形势,帮助大学生树立正确的择业观与创业观,鼓励大学生艰苦磨炼,在实践中奋发成才。

一、引导大学生正确认识当前就业形势

就业是指在劳动年龄内(16～65 岁)或超过劳动年龄且具备劳动能力的人在一定的社会工作岗位从事合法社会劳动、并获得相应的劳动报酬或经营收入的状态。

1. 就业背景

可参考以下几个方面分析我国就业形势严峻的原因:

(1)就业人口持续增长。我国人口基数巨大的客观国情,导致就业高峰持续时间长。特别是高等教育步入大众化阶段后,大学毕业生逐年增多,使得就业人口增量明显,加之城市化过程中的大量农村劳动力转移,就业形势

呈现出就业层次复杂、大学生就业高峰与全社会就业高峰重叠的严峻态势。

（2）就业机制有待完善。一方面，旧的计划经济体制的影响仍然存在并在一定范围内发生作用，用人机制还不健全，仍然存在很大程度上的计划安置，人才流动机制还待完善；另一方面，劳动力市场发育不完善，劳动力要素的配置还未达到完全优化。

（3）就业观念亟须更新。就业观念严重滞后，大学生群体普遍缺乏择业创业积极性，存在"等、靠、要"思想，相当一部分大学生和家长片面追求"进大城市、进好企业、拿高薪"，就业期望值过高，不切合实际。

国家缓解就业压力的应对措施：

第一，党和政府关心高校毕业生就业。中央和各级党委、政府把高校毕业生就业工作列入议事日程，统筹兼顾，多措并举，积极服务和促进高校毕业生就业。近年来国家采取了积极的就业政策，确立了"劳动者自主就业，市场调节就业，政府促进就业"的就业方针。坚持通过发展经济、调整经济结构、深化改革、协调发展城乡经济以及完善社会保障体系等方式促进就业，并采取各种有效措施，千方百计增加就业岗位。

第二，高校积极完善就业服务指导体系。自 2003 年以来，国家逐步把毕业生就业工作作为重要指标纳入高校考核体系，各高校形成了党政齐抓共管，一级抓一级、层层抓落实的工作局面和工作体系，从体制、机制上促进了高校毕业生就业服务指导体系的完善，有力地推动了高校的改革、发展和稳定。

第三，高校毕业生就业环境充满机遇。近年来，尤其是世界金融危机和欧债危机爆发以来，中国经济一枝独秀，成为拉动世界经济增长的"引擎"。我国经济的持续健康快速发展，和谐社会、创新型国家的建设，都将直接拉动和促进高校毕业生就业。同时，经济增长方式的根本转变，经济结构的优化升级和我国工业化、信息化、城镇化、市场化进程的不断加快，将为高校毕业生创造更多就业机会和岗位。2005 年 6 月，中央办公厅、国务院办公厅下发的《关于引导和鼓励高校毕业生面向基层就业的意见》，从制度层面上固化了高校毕业生面向基层就业的渠道和途径，标志着引导和鼓励高校毕业生面向基层就业进入全面推进的新阶段。西部开发与振兴东北老工业基地项目，也正在吸引更多高校毕业生"西进北上"，到基层锻炼成长，在艰苦、复杂的环境中建功立业。

第四，保障高校毕业生充分就业的政策更加宽松。围绕如何推动和促进高校毕业生就业，近年来国家出台了一系列方针政策，为高校毕业生充分就业提供了制度、政策和工作保障。如鼓励自主择业,破除一切部门限制和地区限制,使得高校毕业生可以在全国范围内自由流动;鼓励自主创业,免除创办企业的有关行政事业性收费项目,并提供小额贷款资助;在鼓励下基层方面,除给予一定的生活保障外,在落户、职称、考研、考公务员等方面提供一系列优惠政策。可以看到,现有政策涵盖了高校毕业生就业的各个方面,基本形成了较为完善、宽松的政策体系。

2. 失业类型

(1)结构性失业,是指由于经济结构(包括产业结构、产品结构、地区结构等)发生了变化,现有劳动力的知识、技能、观念、区域分布等不适应这种变化,与市场需求不匹配而引发的失业。

(2)摩擦性失业,是指由于经济运行中各种因素的变化和劳动力市场的功能缺陷所造成的临时性失业,一般是由于求职的劳动者与需求方提供的岗位之间存在着时间滞差而形成的失业。其突出表现为:从我国劳动力市场供需情况看,目前所反映出的矛盾主要在于,求职者不能按照自己的意愿找到合适的岗位,而用人单位有时又很难寻找到具有某种特殊技能的人才。也就是,一方面大学毕业生的就业难问题日益凸显,另一方面我国某些地区却面临着严重的"技工荒"。

(3)发展性失业,是指农村富余劳动力在向城镇转移的过程中,往往会造成一部分人处于失业状态。

(4)周期性失业,是指经济不景气所造成的对劳动力需求的萎缩。它对经济发展产生的负面影响最大,也是国家宏观经济政策力图降低的指标。

前两种失业可能会给高校毕业生提供新的机会。后两种失业则是由于社会客观因素造成的,与择业者主观愿望关系不大,但是也会给社会带来就业的困难。

3. 指导职业生涯规划

职业生涯是指一个人一生连续从事和承担某种职业、职务、职位的过程。职业生涯规划则是指在对一个人职业生涯的主客观条件进行测定、分析、总结研究的基础上,确定其最佳的职业奋斗目标,并为实现这一目标做出行之有效的安排。作为人一生中最重要的历程,职业生涯是追求自我实现的重要人生阶段,对人生价值起着重要作用。开展科学的职业生涯规划,对于认识自我、了解职业、确定职业目标、顺利制订和实施计划,最终实现人职匹配以及职业稳定与发展具有重要的现实意义。大学生开展职业生涯规划应做好两大准备:一是分析及探索自己的特质,即了解自己的兴趣、优势、工作价值观。二是了解工作规律把握未来趋势,即认识工作"世界",了解职业领域,努力拓展获取就业信息的渠道。

二、树立正确的择业观与创业观

择业是创业的基础,创业又是择业的内在要求。自主择业和创业是社会对当代大学生提出的客观要求。1993 年 2 月 13 日,中共中央、国务院颁布《中国教育改革和发展纲要》,明确提出大学生"自主择业"的要求;1998 年 8 月 29 日通过的《高等教育法》,把"自主择业"确定为大学生的个人权利,使之受到法律保护,其中规定:"国家就业体制改革的目标是以市场选择为根本取向,以自主就业为主导模式,以素质能力为竞争之本,形成与计划经济迥然不同的市场化就业机制。"我们可以从过去的"统包统分"这一粗放式就业手段入手,开展纵向比较,区别其优缺点,对其影响进行分析,并提出相应对策。

1. "统包统分"与自主择业和创业的比较

(1)优点之比较。"统包统分"的优点在于:个人无就业风险,职业生涯稳定,收入有保障。自主择业和创业的优点在于:个人具有择业和创业的自主权,可供选择的空间广阔,人才流动机制灵活,更有利于个人发展和社会人力资源配置的合理化,激发个人不断进步和创新。

(2)缺陷之比较。"统包统分"的缺陷在于:体制僵化,人才流动停滞,效率低下,个人失去择业和创业的自主权,不利于人的发展。自主择业与创业的缺陷在于:个人承担主要的就业风险,职业生涯处于变动之中,职业压力较大。

(3)结论。"统包统分"的就业模式已经走到了历史的尽头,必然被自主择业和创业代替。

2. 择业常见误区

在传统观念和"统包统分"就业模式的影响下,当前大学生择业思想的认识误区较多:

(1)盲目抬高期望值。有些大学生在择业过程中对就业形势和用人单位的需求了解不够,完全按照自己的理想一厢情愿地谋求高薪高酬职位。由于目标不切实际,在择业过程中屡屡碰壁,结果导致心灰意冷,甚至丧失自信心。

(2)急功近利心浮躁。一些大学毕业生一心只想留在大城市里那些挣钱多、待遇好的单位,或者到合资企业、外企或沿海沿边发达地区,为了功利不惜抛弃自己的专业和兴趣,但心理上难免会感到困惑。况且,越是大城市、大机关或沿海发达地区,人才就越密集,竞争也越激烈,抛开自己的专业优势去竞争,大学毕业生容易遭受挫折。

(3)难以割舍铁饭碗。一些大学生受传统观念影响,固守着一次择业定终身的思维模式,希望一次择业就能抢占到生活的制高点,一劳永逸。其实在现代社会中,每个人都有多次择业的机会,那种"从一而终"的传统择业观念违背了社会发展潮流,应该摒弃。

(4)同辈同学瞎攀比。一些大学生在择业时不是从自身实际出发,而是与同学攀比,特别是看到与自己成绩、能力差不多的同学找到令人羡慕的工作、获得可观的收入时,觉得自己找不到理想职业,很没面子。为了获得心理上的平衡,将自己择业的目标定得过高,其结果是高不成、低不就,陷入苦恼之中。

3. 提出指导意见

第一,择业观念要转变。

(1)树立崇高理想,重视价值实现。职业活动是人谋生的方式和手段,但职业对于人来说并非只有工具的意义,它还具有目的性,即它是人奉献社会、完善自身的必要条件。如果只是从个人的、工具性的和物质需要的角度来看待职业,就必然会忽视职业生活所具有的更丰富、更深刻的人生内涵。

(2)服从社会需要,追求长远利益。人选择职业,职业也选择人,这是一个双向选择的过程。择业固然要考虑个人的兴趣和意愿,但是,社会需求对择业有很大的制约性。从当前我国的就业形势来看,大学生在就业问题上要更多地考虑到社会的需要,把自己对职业的期望与社会的需要统一起来。

(3)打下坚实基础,做好充分准备。大学生要在知识、能力、身体与心理、道德与法律等职业素养方面做好准备,以自身的能力和素质作为择业的基础。大学生要实现顺利就业,就应当树立独立生活意识,克服消极依赖思想。充分利用大学的美好时光,努力学习科学文化知识,打牢专业基础,锻炼能力,提高素质,完善自我。

第二,就业策略上需调整。

(1)避免集中在热门行业和地区寻找就业机会。

(2)降低期望值,特别是从基层和一般行业做起。社会发展最终将走向利润平均化,地区差别也将逐渐缩小。

(3)先就业再择业,不断调整战略,不要寄希望于一蹴而就。

(4)抛弃"等、靠、要"观念,勇于竞争,积极自主创业,不仅给自己机会,也为社会和他人创造就业机会。

(5)树立远大理想,不要将人生目标仅仅定位于就业。

第三,创业行动上应超前。

创新创业是落实科学发展观、推动经济社会发展的重要途径。党和国家历来高度重视自主创业活动,把支持青年特别是大学生创业作为促进就业的重要内容,形成了"政府促进创业、市场驱动创业、学校助推创业、社会扶持创业、个人自主创业"的生动局面。

(1)鼓励大学生做好创业思想准备。择业是起点,创业是追求。要提醒大学生,创业是拓展职业生活的关键环节,在就业压力较大的社会环境中,创业意识强烈并且思想准备充分就能获得更好的发展机会,甚至还能帮助别人就业。当今社会中增添的许多新职业,既体现了新的社会需要,又体现了创业者的智慧和贡献。

(2)鼓励大学生树立创业的勇气。创业艰苦磨难多。要提醒大学生,只有创业的思想准备是不够的,还需要创业勇气,有勇气才能敢于创业、善于创业和成功创业。勇于创业已经成为高等教育培养人才的一个目标,敢想即突破旧观念的束缚,敢做即勇于走出第一步,敢当即不怕困难和挫折。

(3)鼓励大学生不断提高创业能力。要提醒大学生,创业除了要具有立足创业、勇于创业的思想准备之外,还要努力提高自己的创业能力。既要不拘泥于陈式,又要充分考虑自身的条件、创业的环境等各种现实的因素。努力提高自主创业的能力,是大学生在大学阶段需要破解的一道难题。因此,要有市场嗅觉,善于发现机会;要有合作精神,善于利用资源;要有专业知识和技能,善于解决问题。

三、矢志艰苦磨炼,坚信实践成才

1. 艰苦环境锻炼人才。对于一个立志成才的大学生来说,只有直面艰苦,不怕艰苦,自觉地在艰苦中锻炼,才会使自己对客观现实、人生真谛和自我价值有更深层次的认识与更切实的体验,才能磨炼自己的意志,挖掘自己的潜能,发挥自己的才智,也才能化压力为动力,以坚强的意志和积极的心态去迎接困难和风雨,主动承担社会责任,最终在艰苦的环境中磨炼成长、成人、成才。

2. 社会实践造就人才。实践不仅是人才成长的动力,而且是衡量人才的标准。对于大学生来说,在实践中成才的一条重要途径是把自己的择业和创业定位于到基层去、到农村去、到边疆去、到祖国最需要的地方去建功立业。大学生只有把个人成才的主观愿望同社会发展的客观需要有机结合起来,自觉地适应社会发展的趋势,在祖国和人民的召唤与期盼中去实现自己成才的理想,这样的成才目的才是明确的,成才的道路才是宽阔的。

导读三　爱情视野中的婚姻与家庭

一、爱情与恋爱

当前社会正处于转型期,多种价值观并存,这使得大学校园里的爱情与恋爱呈现出"恋爱需求多样化、恋爱动机复杂化、爱情婚姻脱节化、择偶标准功利化、对待失恋非理性化"的不良趋势。爱情是指一对男女基于一定的社会基础和共同的生活理想,在各自内心形成的相互爱慕并渴望对方成为自己终身伴侣的一种强烈、纯真、专一的感情。它是性爱、理想和责任的统一体。

1. 爱情的基本因素

(1)生理因素——性爱。爱情基于异性相吸的自然基础,包含了基于性本能的性欲。爱情以性爱为基础,但爱情中的性爱经过文明的净化,升华为区别于动物性爱的理性感情,所以有特殊的审美价值,有持续性、稳定性和专一性。性爱把爱情与人世间的其他情感,如亲人之爱、朋友之情或同志之谊明显地区别开来,使爱情成为特殊的"情爱"。

(2)社会因素——理想。爱情是基于文化、理想因素的相互爱慕。理想赋予爱情深刻的社会内涵,是爱情生长的内在依据。理想作为爱情的要素,植根现实生活,是人格的相互映衬、志趣的相互认同,体现了双方对生活的共同追求,是恋爱双方获得共同幸福的基础。

(3)道德因素——责任。爱情的真谛在于奉献而不在于索取。责任既合乎道德规范,也符合法律规范。责任是性爱和理想的升华,是对爱情的起码要求也是最高要求,是爱情高尚性的重要基础,责任也因此成为爱情得以长久的重要保障,是坚贞爱情的"试金石"。

2. 爱情的核心因素

核心因素——责任。大学是开放而包容的,恋爱是其中不可回避的一道独特的风景线。应该说,谈恋爱的大学生中有相当一部分人带有较多的精神色彩,而并不一定了解自己追求的是什么,真正需要的是什么,更少考虑自己应该承担什么责任。教师要强调,为对方负责增加了爱情的严肃性,是爱情中的道德因素,爱情的责任丰富了爱情的内涵,提升了爱情的境界。爱情是一种责任,是一种奉献,不是索取和占有。责任使爱情不是自私占有了对方的感情,而是自觉自愿地为所爱的人付出感情,担当责任。正是这种无私的奉献和给予,才使爱情高尚和纯洁。恰如恩格斯所说,一个人如果对所爱的人都舍不得做出牺牲,更不能指望他(她)对社会能作出多么高尚的事情来。

3. 爱情的基本特征

(1)互爱性。爱情是两颗心灵的彼此倾慕,双方情投意合,不可强求,必须以当事双方的平等互爱为前提,当事双方既是施爱者又是被爱者。

(2)排他性。男女双方一旦相爱,就会要求相互忠贞,并且排斥任何第三者亲近双方中的一方。

(3)持久性。爱情所包含的感情要素和义务要素不仅存在于婚前的整个恋爱过程之中,而且延续到婚后的婚姻和家庭生活中,并不断深化、充实和提高。爱情的持久性正是建立和保持婚姻关系的基础。

4. 恋爱中的道德

对于个体来说,道德认识、道德情感、道德意志等最终要落实并体现在道德行为中,也只有行为才能作为道德评价的依据。

(1)恋爱有其基础——尊重人格平等。恋爱中要彼此尊重人格的平等,就是尊重对方的独立性,双方都有给予爱、接受爱和拒绝爱的自由。恋爱必须建立在双方关系平等、人格独立、双方互敬互爱、共同进步、多为对方考虑的基础上,不管在体貌、才华、社会地位等客观因素上有多么大的差异,但在情感和心理上,双方都应平等地表达自己的意愿,彼此坦率相知、真诚相处、纯洁地相爱。不能出于对爱情的错误理解,把对方当作自己的附庸,或者依附于对方而失去"自我"。对对方予以任何形式的束缚和强迫,都不符合恋爱的道德要求。

(2)恋爱有其境界——自觉承担责任。自愿为对方承担责任是爱情本质的体现,承担责任需要见诸行动的自觉。爱是主动给予,是对对方整体的关怀。无论对方处于顺境还是逆境,是富裕还是贫穷,是健康还是伤病,爱一个人或接受一个人的爱,就意味着始终不离不弃,主动自觉地为对方承担责任,为对方付出的要比从对方那儿得到的多,这体现了爱情的高尚性。这种高尚性以责任和奉献为最重要的基础,责任是起码的要求,奉献是最高的爱情体现,是爱情的真谛所在。

(3)恋爱有其方式——文明相亲相爱。恋爱中要举止得体、相互尊重,在公共场所和与恋人独处时都要遵守社会公德与恋爱道德。文明的恋爱往往是恋爱中的双方采取含蓄、谦恭甚至羞涩的态度,而绝不是在举止、语言等方面的粗俗和放纵。恋人在公共场所出入,要遵守起码的社会公德,不要对他人生活和公共生活造成不良影响。恋人独处,也要讲文明、讲道德。没有道德的护佑,爱情也不会长久。当前部分大学生恋爱行为不文明,产生这种现象的原因是不正确的认识,总以为"恋爱是我们俩的事,与他人无关",忽略了校园属于公共空间,而不是二人世界这一客观事实,这种不当行为会对正常的秩序、他人的生活带来负面的冲击。

5. 大学生恋爱中常见的误区

(1)爱情与友谊界限模糊。爱情是建立在性爱基础上的一种渴望对方成为自己终身伴侣的强烈情感,感情上热烈、奔放;而友谊是以共同的志趣、纯真的感情为基础的相互敬慕之情,感情上平和、深沉。在与异性交往的过程中,若不能准确区分友谊与爱情,会给双方平添许多烦恼。

(2)爱情至上。部分大学生把爱情放在人生最高的地位,奉行爱情至上主义,沉湎于感情缠绵之中。这样的恋爱观很容易导致对人生目标的误解,这对需要将主要精力用于学习上的大学生来说危害尤大。因整天卿卿我我而耽误学习、虚掷光阴的实例在大学校园中并不鲜见,这样的恋爱态度也不利于正确对待和处理恋爱过程中出现的矛盾与挫折,常常会影响一些同学在求爱不成或失恋之后的情绪和行为,有些人甚至出现了悲观厌世的情绪。

(3)爱情功利化、片面化。男女之间真挚的爱情不仅是自然生理需要的冲动,更是志趣的相投和心灵的相通。只片面追求外在形象,只看重经济条件,或者仅仅把恋爱看成摆脱孤独寂寞的方式,都无法产生真挚的感情,也得不到真正的爱情。

(4)恋爱中重过程、轻结果。"不在乎天长地久,只在乎曾经拥有",这样的想法所反映的不是一种积极的恋爱心态。在现实生活中,把爱情当成游戏既会伤害对方,也会伤及自己。

6. 大学生恋爱要处理好"三个关系"

(1)恋爱与学习的关系。学习是大学生的首要任务,大学生应该把爱情作为奋发学习的动力,同时还应把是否有利于促进学习看做衡量这份爱情价值的一个重要的、特殊的标准。

(2)恋爱与关心集体的关系。恋爱中的双方不应把自己禁锢在两个人的世界中。脱离集体、疏远同学,会妨碍自身的全面发展与进步。

(3)恋爱与关爱他人和社会的关系。爱的内涵丰富而博大,不仅有恋人之爱,还有对父母、兄弟、姊妹、同志之情以及对社会、国家之爱。专注于恋爱而忽视对他人和社会的关爱,爱情也会显得自私和庸俗,相反,对他人和社会具有爱心则会使爱情变得高尚和稳固。

二、婚姻与家庭

婚姻是指由法律所确认的男女两性的结合以及由此而产生的夫妻关系。家庭则是指在婚姻关系、血缘关系或收养关系基础上产生的、由亲属之间所构成的社会生活单位。对于婚姻与家庭,大学生应建立以下认知。

1. 婚姻与家庭的关系

恋爱是缔结婚姻、组成家庭的前提和基础,婚姻和家庭则是恋爱的结果。婚姻和家庭是爱情在内容和形式上的升华。婚姻是家庭产生的重要前提,家庭又是缔结婚姻的必然结果,婚姻的成功体现为家庭的幸福,家庭的美满又彰显出婚姻的意义。

2. 婚姻家庭关系的属性

(1) 自然属性。表现为男女两性的差别和人类固有的本能,这构成了男女结合的生理基础和家庭成员关系在生物学上的特征,体现了自然规律对婚姻家庭所起的制约和影响作用。如排斥近亲结婚。

(2) 社会属性。表现为婚姻家庭的产生形成和发展变化都存在于特定社会历史环境中,取决于社会生产和社会生活的客观需要,受到上层建筑各种因素的制约和影响,依存于一定的社会结构,具有特定的社会性质。婚姻家庭的社会属性是婚姻家庭的本质属性。

3. 恪守婚姻道德

(1) 爱护对方。婚姻是爱情的归宿。恩格斯说:"如果说只有以爱情为基础的婚姻才是合乎道德的,那么也只有继续保持爱情的婚姻才合乎道德。"夫妻理所当然地应该爱护对方,没有爱情的婚姻,尽管郎才女貌,但也是夹脚的鞋子,难以走路。但爱在婚前婚后有不同形式和内容,爱要不断更新,这样才能使爱情可以永远和婚姻共存。

(2) 相互忠诚。爱情具有排他性,恋爱中的双方都应该把感情集中到对方的身上,要相互尊重,相互理解,与他人的交往必须做到男女有别,来往适度。

(3) 彼此负责。在婚姻生活中爱情与义务是相统一的,夫妻双方在精神上要互相关心,在物质上和生活上要互相扶助、互相供养,不因为贫穷、疾病、年老等情况而发生改变。

(4) 互相尊重。男女双方在人格上都是平等的,要相互尊重,要坦率地相知、真诚地相处,互相理解、互相信任。

(5) 男女平等。婚姻中夫妻的地位是平等的,表现在双方都有独立的人格,双方平等地享有权利和平等地履行义务,各自扮演好自己的家庭角色,在享有权利的同时,要责无旁贷地尽自己的义务。

4. 弘扬家庭美德

(1)尊老爱幼。在中国,自古以来就有"老吾老以及人之老,幼吾幼以及人之幼"的观念,这反映出人们对需要给予特别关爱的老人和儿童的深厚情感,成为世代相传的道德信念。老人对社会作出过贡献,又为抚养和教育晚辈无私地付出过心血,当他们年老体弱时,理应得到社会、子女及家庭成员的尊重与回报。儿童是未来的社会栋梁,是社会和家庭的希望,在他们还不能自食其力的成长过程中,需要得到成年人在物质和精神上的照顾与培育。

(2)男女平等。家庭生活中的男女平等既表现在夫妻权利和义务上的平等、人格地位上的平等,也表现在平等地对待自己的子女。这是我国重要的法律原则和道德规范,也是我国的基本国策。

(3)夫妻和睦。夫妻是家庭的主要成员,夫妻关系是家庭关系的核心。俗话说,"家和万事兴",夫妻之间应做到互敬、互爱、互信、互勉、互帮、互让、互谅、互慰,做到相敬如宾、琴瑟和鸣。

(4)勤俭持家。勤俭是家庭兴旺的保证,也是社会富足的保证。一是家庭成员要勤劳奋发,积极从事职业活动,从社会获取相应报酬,不断改善家庭的物质生活和精神生活。二是家庭成员在社会生活中要节约、俭朴,反对奢侈浪费,家庭生活不能不顾家庭的收入,不顾整个社会的消费水平,盲目追求高消费。在大学里,经济条件差的同学应当勤俭以励志,经济条件好的同学也应当勤俭以养德。大学生要尊重父母的劳动所得,体谅父母的辛苦操劳,尽量减轻父母和家庭的生活负担。

(5)邻里团结。邻里之间既无血缘关系又无法定关系,而是一种地缘关系。在日常生活的广泛联系中,邻里关系处理得好,可互为助手,互为依靠,得"远亲不如近邻"之利;邻里关系处理不好,矛盾丛生,纠纷不断,则会受"恶邻相向"之害。邻里之间应该以礼相待,和睦相处,做到互谅互让,互帮互助,宽以待人,团结友爱。

三、婚姻与家庭法律法规

《婚姻法》是调整婚姻家庭关系的法律规范的总称,调整对象是婚姻家庭方面的人身关系及由此而产生的财产关系。我国第一部《婚姻法》是1950年5月1日颁布施行的;1980年9月,在1950年《婚姻法》的基础上修订通过了新的《中华人民共和国婚姻法》(以下简称《婚姻法》),自1981年1月1日起施行;九届全国人大二十一次会议通过了《关于修改〈中华人民共和国婚姻法〉的决定》,对原《婚姻法》作了一系列的修改、补充和完善,于 2001 年 4 月 28 日公布实施。1994 年 2 月颁布的《婚姻登记管理条例》,2003 年修改并于同年 10 月 1 日起施行《婚姻登记条例》。

1. 基本原则

(1) 婚姻自由。婚姻自由是指男女双方有权依照法律的规定,自主决定婚姻问题,不受任何人的强迫或干涉。婚姻自由包括结婚自由和离婚自由两个方面:结婚自由是指男女双方有自主缔结婚姻的权利,离婚自由是指男女双方有决定解除婚姻关系的权利。婚姻自由是有条件的、相对的,结婚、离婚都必须严格按照婚姻法规定的法定程序办理。

(2) 一夫一妻制。一夫一妻制是指一男一女结为夫妻的婚姻制度。按照我国婚姻家庭法所确立的一夫一妻原则,任何人都不得同时有两个或两个以上的配偶。

(3) 男女平等。指男女双方在婚姻家庭方面享有平等的权利,履行平等的义务。具体表现在:男女在结婚和离婚上的权利和义务平等;夫妻在人身和财产关系上的权利义务平等;父母双方抚养、教育、保护子女的权利义务平等;其他不同性别的家庭成员在家庭中的权利义务也是平等的,等等。新修订的婚姻法还特别增加了"夫妻应当相互忠实、互相尊重"的规定,专门强调了夫妻间的相互义务。

(4) 保护妇女、儿童和老人的合法权益,具体包括三个方面。

第一,切实保护妇女的合法权益。《婚姻法》规定,女方在怀孕期间和分娩后 1 年内或中止妊娠后 6 个月内,男方不得提出离婚;离婚时分割共同财产要照顾女方权益;离婚时一方有困难,另一方应给予适当的经济帮助等。

第二,切实保护儿童的合法权益。《婚姻法》规定,父母对子女有抚养教育的义务;对未成年子女有管教和保护的权利和义务;禁止溺婴、弃婴和其他残害婴儿的行为;子女有继承父母遗产的权利;父母对子女的义务不因父母离婚而消除;非婚生子女、养子女享有与婚生子女同等的权利等。《婚姻法》禁止家庭暴力,禁止家庭成员间的虐待和遗弃。

第三,切实保护老人的合法权益。《婚姻法》规定,子女对父母有赡养扶助的义务;父母有继承子女遗产的权利;养父母、符合规定的继父母的权利和生父母相同;有负担能力的孙子女、外孙子女,对于子女已经死亡的祖父母、外祖父母有赡养的义务;禁止家庭成员对老人的虐待和遗弃等。

(5) 实行计划生育。

（6）夫妻互相忠实、互相尊重，家庭成员间敬老爱幼、互相帮助。

2. 结婚及相关问题

（1）结婚是指男女双方依照法律规定的条件和程序，确立夫妻关系的法律行为。其必备条件是：一是男女双方完全自愿；二是必须达到法定婚龄（男不得早于 22 周岁，女不得早于 20 周岁）；三是必须符合一夫一妻制。其禁止条件是：一是禁止直系血亲和三代以内旁系血亲结婚；二是禁止患有医学上认为不应当结婚的疾病的人结婚。其法定程序是：结婚登记是建立婚姻关系的法定程序。婚姻登记机关，在城市是街道办事处或市辖区、不设区的市人民政府的民政部门；在农村是乡、民族乡、镇的人民政府。结婚登记的程序大致分为申请、审查和登记三个步骤。

（2）无效婚姻是指不符合结婚实质条件的男女两性结合、在法律上不具有合法效力的婚姻。《婚姻法》规定有下列情形之一的婚姻无效：重婚的；有禁止结婚的亲属关系的；婚前患有医学上认为不应当结婚的疾病，婚后尚未治愈的；未达到法定婚龄的。

（3）可撤销婚姻是指已成立的婚姻关系，因欠缺结婚的真实意思，受胁迫的一方当事人可以向婚姻登记机关或人民法院请求撤销的婚姻。包括包办婚姻、买卖婚姻、强迫婚姻。

3. 家庭关系

（1）夫妻关系。夫妻关系包括人身关系和财产关系两个方面。夫妻间的人身关系，是指夫妻双方在与其人身不可分离而没有直接经济内容的在人格、身份、地位以及生育等方面的权利与义务关系。夫妻间的财产关系，是指夫妻双方在财产、扶养和继承等方面的权利与义务关系。夫妻可以约定婚姻关系存续期间的财产以及婚前财产归各自所有、共同所有或部分各自所有、部分共同所有。

夫妻间的人身关系包括：夫妻双方都有使用自己姓名的权利；夫妻双方都有参加生产、工作、学习和社会活动的自由；夫妻都有抚养教育子女的平等权利和义务；夫妻双方都有实行计划生育的义务。

夫妻间的财产关系包括：夫妻对共同所有的财产有平等的处理权；夫妻双方有互相扶养的义务；夫妻有相互继承遗产的权利。共同财产包括工资、奖金；生产、经营的收益；知识产权的收益；继承或赠与所得的财产，双方另有约定的除外；其他应当归夫妻共同所有的财产等。夫妻一方财产包括一方婚前所有的财产；一方因身体受到伤害获得的医疗费、残疾人生活补助费等费用；遗嘱或赠与合同中指明归一方的财产；一方专用的生活用品；其他应当归一方的财产。

(2)父母子女关系。父母子女关系是指父母与子女之间的权利与义务关系。包括:父母对子女有抚养教育的义务,有管教和保护未成年子女的权利和义务,同时是未成年子女的法定代理人和监护人。子女对父母有赡养扶助的义务,即经济上的必要帮助和精神生活上的关心照顾,这种义务是无条件的。父母与子女间有相互继承遗产的权利。此外,非婚生子女与生父母的关系、继子女与继父母的关系、养子女与养父母的关系,与婚生子女与父母的关系相同,不得歧视。

(3)其他家庭成员关系。指祖父母与孙子女、外祖父母与外孙子女间的关系、兄弟姐妹间的关系。具体包括:祖父母、外祖父母与孙子女、外孙子女有抚养、赡养的权利或义务,兄弟姐妹之间有扶养的权利或义务。

4. 离婚及相关问题

离婚是指夫妻双方依法解除婚姻关系的行为。法律保障离婚自由,反对轻率离婚。

(1)离婚的程序。离婚有两种情况:一是男女双方自愿离婚;二是配偶一方要求离婚,另一方不同意离婚。因此,离婚程序也有两种情况:

第一,协议离婚。夫妻双方自愿离婚的,且对财产分割和子女抚养达成协议的,可依行政程序向婚姻登记机关申请离婚。婚姻登记机关经过审查认为符合登记离婚条件的,可予以办理离婚手续。

第二,诉讼离婚。男女一方要求离婚的,可由相关部门进行调解或申请人直接向人民法院提出诉讼。人民法院审理离婚案件时,应当进行调解。如果感情确已破裂,调解无效,应准予离婚。

(2)离婚的法定理由。

第一,实施家庭暴力或以其他行为虐待家庭成员、或遗弃家庭成员的。

第二,一方重婚或有其他违反一夫一妻制行为的。

第三,一方有赌博、吸毒等恶习屡教不改的。

第四,一方被追究刑事责任,严重伤害夫妻感情的。

第五,婚后患有医学上认为不应当结婚的疾病的。

第六,因感情不和分居满两年的。

第七,其他导致夫妻感情破裂的情形。如一方被宣告失踪,另一方提出离婚诉讼的,应准予离婚。

(3)离婚的特别规定。

第一,为了保护现役军人和妇女的特殊权益,《婚姻法》规定:现役军人的配偶要求离婚时,须征得军人同意,但军人有重大过错的除外。军人的重大过失主要是指军人严重违背了夫妻间的义务,如军人与第三人有同居关系、军人严重虐待其配偶等。

第二,女方在怀孕期间、分娩后 1 年内或终止妊娠 6 个月内,男方不得提出离婚,但女方提出离婚或人民法院认为确有必要受理男方离婚请求的,不在此限。

第三,法院判决不准离婚的,没有新的理由,6 个月内不得再提出离婚诉讼。

(4)离婚对夫妻和子女的法律后果。

第一,夫妻身份关系的消灭。

第二,离婚后对子女的抚养教育,具体包括以下几方面:

离婚不消除父母子女关系。父母子女关系不因父母离婚而消除,离婚后的父母对子女仍有抚养教育的权利和义务。

离婚后子女抚养的归属。离婚后,哺乳期内的子女以随母亲为原则;哺乳期后的子女,由双方协议,如达不成协议,由法院根据照顾子女利益的原则和双方的具体情况作出判决。

离婚后子女抚育费的负担。不管子女由父方或母方抚养,另一方都应负担必要的生活费和教育费的一部分或全部,费用的数额和支付期限,由父母双方协议;协议不成的,由人民法院判决。

离婚后不直接抚养子女一方的探望权。不直接抚养子女的一方有探望子女的权利,另一方有协助的义务。行使探望权的方式、时间由当事人协商;协商不成的由法院判决。探望中出现危害子女身心健康情况的,可请求法院中止探望权。

第三,夫妻财产关系方面的问题,具体包括以下几方面:

夫妻共同财产的分割。夫妻关系存续期间所得财产为夫妻共同财产,在离婚时,夫妻的共同财产由双方协议处理;协议不成时,由人民法院根据财产的具体情况,以照顾女方和子女权益的原则判决。婚前婚后确属个人财产的归个人所有,对夫妻书面约定婚姻关系存续期间所得财产归属的按约定处理。《婚姻法》第47条规定,离婚时,一方隐藏、转移、变卖、毁损夫妻共同财产,或伪造债务企图侵占另一方财产的,分割夫妻共同财产时,对隐藏、转移、变卖、毁损夫妻共同财产或伪造债务的一方,可以少分或不分。离婚后,另一方发现有上述行为的,可以向人民法院提起诉讼,请求再次分割夫妻共同财产。

离婚时的经济补偿。一方因抚育子女、照料老人、协助另一方工作等付出较多义务的,离婚时有权向另一方要求补偿。

夫妻对外债务的清偿。离婚时,原为夫妻共同生活所负的债务,应当共同偿还。共同财产不足清偿的,或财产归各自所有的,由双方协议清偿;协议不成时,由人民法院判决。夫妻对婚姻关系存续期间所得的财产约定归各自所有的,夫或妻一方对外所负的债务,第三人知道该约定的,以夫或妻一方所有的财产清偿。

离婚时对生活困难一方的帮助。离婚时,如一方生活困难,另一方应从其住房等个人财产中给予适当帮助,具体办法由双方协议,协议不成时,由法院判决。

(5)离婚损害赔偿制度。离婚损害赔偿,是指因婚姻关系的一方有法律规定的过错行为而导致离婚,无过错一方有权要求对方赔偿自己因离婚而遭受的损失的法律制度。我国新修订的《婚姻法》在原来《婚姻法》基础上增加了离婚损害赔偿制度,即新《婚姻法》第46条规定:"下列情形之一,导致离婚的,无过错方有权请求损害赔偿:① 重婚的;② 有配偶者与他人同居的;③ 实施家庭暴力的;④ 虐待、遗弃家庭成员的。"

实践课堂

【实践主题】 培育职业精神,树立家庭美德。

本章实践活动突出两个内容:一个是围绕弘扬职业道德、培育职业精神和树立正确的就业、择业、创业观展开讨论;另一个是紧扣树立健康、理性的恋爱婚姻家庭观进行阐释。

"培育职业精神"部分的实践以体验、感悟为主题。大学新生进校不久,处于人生新阶段的起步时段,转变新角色、适应新生活、学习新知识、思考新问题成为这一特定时段的主题。考虑未来发展、规划职业生涯,在就业、择业、创业之间权衡和抉择,这些问题显得既遥远又贴近,既从容又迫切,既熟悉又陌生。大学新生对职业道德与职业精神和就业择业创业观的内涵与外延不是立刻就能了解得那么深,把握得那么准的。我们知道,职业道德和职业精神联系紧密,不可分割,是大学生未来从事职业的最基本、最重要的素养,体现了一个社会个体在职业活动中自觉不自觉彰显出来的一种外在的社会要求和内在的品质特征。"职业道德"是课程教材重点论述的内容,它是指在一定的职业活动中所应遵循的具有自身职业特征的道德要求和行为准则，规定人们应该做什么、不应该做什么，应该怎样做、不应该怎样做，从道义上要求人们以一定的思想、感情、态度、作风和行为去完成本职工作。而"职业精神"是指与人们的职业活动紧密联系、具有自身职业特征的精神，包括职业理想、职业态度、职业责任、职业技能、职业纪律、职业良心、职业信誉、职业作风等多种要素，是课程教材一笔带过的内容。我们知道，就业观、择业观、创业观同样联系紧密，不可分割，"先就业、后择业、再创业"，"改变择业观念、创业带动就业"等新理念逐步深入人心。但是，对于绝大多数大学新生而言，没有接触过社会工作，没有经历过就业、择业、创业，有的只是一个概念和模糊的感知，所以创设"体验"机会，采取职业生涯规划、职业规范评述、创业头脑风暴、杰出校友访谈、行业岗位践履等诸多形式，让大学生体验其中、感悟其中，激发心灵"感悟"，达成对职业、就业的内涵和要求的宏观理解与把握，对其塑造职业人生、提升就业层次的自信具有重大的意义。

"树立家庭美德"部分的实践以认知、引导为主题。虽然改革开放以来，人们的婚恋观日趋开放，但是对于年龄小、身心发育尚在完善、学习和升学压力极大的初中生和高中生而言，性教育总体上依然处于较为封闭和保守的状态，早恋乃至偷食禁果的行为屡屡考验着社会和家庭的容忍度。进入大学后，恋爱、婚姻、家庭的问题逐步摆在大学新生面前。一方面，从法律的角度，大部分大学生接近或达到法定婚龄；另一方面，从教育的角度，培养全面发展以及具备健康、理性婚恋观的社会公民是高等学校的重要任务。但是，恋爱只是一部分大学新生具备的经历，而婚姻和在自己婚姻基础上组建新的家庭，对于绝大部分大学新生而言还是"将来时"。因而，可以说大学新生总体上对于爱情的本质和核心要素、恋爱道德、婚姻道德、家庭美德等是没有切身感受的。而爱情的核心因素是责任，恋爱道德、婚姻道德、家庭美德紧密相连，前后联系，一以贯之。尊重人格平等、自觉承担责任、文明相亲相爱让恋爱纯洁、美好；爱护对方、相互忠诚、彼此负责、互相尊重、男女平等让婚姻保鲜、稳固；尊老爱幼、男女平等、夫妻和睦、勤俭持家、邻里团结让家庭和谐、美满。但是，大学新生总体上是缺少这些感受的，所以创设"认知"机会，采取理想伴侣大家谈、心理专家说婚恋、经营婚姻夫妻店、五好家庭看和谐、婚恋危机面对面等丰富形式，让大学生参与其中观察、思考、讨论，并适时提供"引导"，帮助他们修正在恋爱、婚姻、家庭等相关问题上的偏颇看法和态度，使其不断趋于健康和理性。

【设计思路】

本章实践教学活动的设计思路概括为"两头抓牢,主干垫高"。以生动活泼、喜闻乐见的学生活动为载体,采取课外实践、课内展示的形式来进行。

(1)"两头抓牢"就是抓好实践教学的一头一尾,即开头抓好设计和布置,结尾抓好展示和评价。建议按照"化整为零"和"化零为整"的思路抓好一头一尾。

第一,教学实践开头的设计和部署要"化整为零":一是因为大学新生大多缺少组织活动的经验,所以要将实践活动的意义、主题、设计化整为零,明确意义目的、主题思想和步骤方法,方便学生操作,同时也鼓励大家在此基础上做适当发挥。二是因为思想道德修养与法律基础课一般都是大班上课,实践教学要贯彻下去,必须将班级化整为零,采取自由搭配分组、学号尾数分组、结对宿舍分组等办法,将班级分成若干小组(以80人班级为例,每组8人,可分为10组),以便灵活地具体组织、开展活动。建议在不同的活动中,组员轮流担任正、副组长并具体负责某一活动,使得锻炼机会均等。

第二,教学实践开头的展示和评价要"化零为整":一是要集中展示,避免有布置无检查、各组自说自话的情况。二是要集中评价,使得各组之间相互学习和比较,共同提高。集中展示和评价是对每个实践活动结束后的回顾和总结,需要教师事先做足功课,掌握情况和细节,既要实事求是、客观公正,又要以鼓励和肯定为主,充分调动各组和广大成员的积极性,使得教师选择开展的每一个实践教学活动都能落到实处,取得实效,并最终画上一个圆满句号。

(2)"主干垫高"就是突出实践教学的主干部分,即在实践活动的具体操作中指导学生进一步细化和实化活动步骤,让学生知道应该做什么、怎么做、如何做好。建议按照"走出去、请进来"和"大家看、大家谈"的思路垫高主干部分。

第一,"体验、感悟"主题实践活动应该注重"走出去、请进来"。一是注重走出去,就是以网络调研、社会实践、见习服务等形式,了解某区域、某地方、某行业、某企业的基本情况和自主创业典型的事迹,区别不同行业、产业的岗位、职位要求,学习、宣传和分析创业典型的成功经验,有条件的话甚至可以实习某一岗位角色,了解其工作要求、内容和重点。二是注重"请进来",就是请师德标兵、创业典型、劳动模范、杰出校友等进学校或班级,以讲座报告、座谈交流、访谈对话的形式,给大学生传授经验,给予友情提示,使大学生加深对职业道德、职业精神,以及就业、择业、创业观的体悟和理解。通过"走出去、请进来"的形式,实现"体验"、"感悟"兼备并形成各类实践成果的目的。

第二,"认知、引导"主题实践活动应该注重"大家谈、大家看"。一是注重

"大家谈",就是鼓励学生搭建交流平台,并邀请相关专家、教授等参与进来,大学生畅谈自己所认识的婚恋观,同时请专家、教授结合专业知识和自身感受作评述。二是注重"大家看",就是鼓励学生到教工夫妇、五好家庭走访,就"幸福婚姻如何维系"、"和谐家庭如何经营"等问题进行交流,调整和更正自身不恰当的观点,澄清一些认识误区。通过"大家谈、大家看"的活动方式,达到"认知"、"引导"兼具并形成各类实践成果的目的。

【实践项目】

一、职业生涯初体验

◎ **实践类型**:体验。

◎ **实践形式**:调研、制定职业规划。

◎ **实践目标**:引导大学生深化对社会主义职业道德内涵的理解,并尝试开展一次个人职业生涯规划活动。

◎ **实践方案(9 课时)**:

1. 动员分工环节。(1)各实践活动小组新推举的正、副组长(各 1 人),召集本组组员,按照实践教学的统一布置,进一步明确、落实活动要求;(2)各小组正、副组长进行分工,1 人负责职业规范评述活动,另 1 人负责职业生涯规划活动。

2. 组织开展环节。各小组全体成员根据自身兴趣,选择一个未来预备从事的职业:(1)通过网络、报纸、规章制度手册等有关途径,搜集该职业的公认的职业规范(职业誓词、员工守则、服务公约等),并对照社会主义职业道德的内涵进行评述;(2)瞄准该职业,设计一份科学、客观的"个人职业生涯书"。

3. 小组评述环节。各小组负责人再次召集本小组全体成员,开展评述活动:(1)1 位组长主持职业规范评述活动,每位小组成员逐一结合自己所选职业的职业规范,对照社会主义职业道德进行评述(每人 3 分钟);(2)另 1 位组长主持职业生涯规划活动,每位小组成员逐一结合自己选择的职业作职业生涯规划(每人 5 分钟);(3)以小组为单位,分别推荐最佳职业规范评述、职业生涯规划各 1 个,并由正、副组长督促作者分别准备 3 分钟和 5 分钟的 PPT,以备代表小组公开展示;(4)其他同学均将本人的职业规范评述、职业生涯规划制作成 PPT,按班级打包上交,作为实践活动成果之一接受统一考核。

4. 展示点评环节。教师协调安排一个合适的时间,在课堂统一展示各小组推荐的最佳职业规范评述和职业生涯规划,并作点评。

5. 实践考核环节。教师制定该实践活动考核标准,并在课后给上交的职业规范评述、职业生涯规划 PPT 统一打分。公开展示的 PPT 应作为优秀实践活动成果,考虑适当加分。

◎**实践成果**:职业规划、PPT 课件。

◎**活动评价**:

优秀(90 ~ 100 分):搜集的职业规范典型,评述紧扣社会主义职业道德要求,有深度思考;职业生涯规划全面、科学、规范,目标清晰,分步规划,分解合理,操作性强;PPT 制作认真,设计新颖,富有特色,思路清楚,播放流畅。公开展示的 PPT 应作为优秀实践活动成果,列入本评分档。

良好(80 ~ 89 分):搜集的职业规范典型,评述紧扣社会主义职业道德要求,有较好的思考;职业生涯规划全面、科学、规范,目标及分解清晰,操作性强;PPT 制作认真,特色明显,思路清楚,播放流畅。

合格(60 ~ 79 分):搜集的职业规范较为典型,评述注意结合社会主义职业道德要求,有一些见解或思考;职业生涯规划较为科学、规范,目标及分解较为清晰,操作性较强;PPT 制作认真,思路清楚,播放流畅。

不及格(60 分以下):具备以下情况之一者,判为不及格。(1) 搜集职业规范敷衍,评述随意,漫无目的,明显不认真;(2) 下载网络上的职业生涯规划文档,明显大部分抄袭,或脱离个人实际,不认真思考和规划,目标及分解模糊,操作性不强;(3) 上交的 PPT 在风格、设计和内容上与网络作品雷同度高,或制作明显粗糙,思路不清楚,敷衍了事,或未交 PPT。

二、"我看创业"头脑风暴

◎**实践类型**:体验。

◎**实践形式**:创业计划。

◎**实践目标**:引导大学生积极转变就业观念,树立正确的创业观。

◎**实践方案(6 课时)**:

1. 动员落实环节。各实践活动小组重新推举正、副组长各 1 人,负责召集本组组员,并按照实践教学的统一要求布置落实。

2. 个人评述环节。各小组全体成员根据自身兴趣,通过各类媒体和途径,搜集国内外的创业故事:(1) 选择其中 1 个最为典型的成功案例,对其成功的内外部因素进行分析和评述;(2) 以短语的形式,归纳 5 个个人认为对于成功创业最为重要的因素。

3. 小组评述环节。各小组负责人再次召集本小组全体成员,开展评述活动:(1) 每位小组成员结合自己选择的成功创业案例,逐一对其成功的内外部因素进行分析和评述,并总结提出 5 个成功创业因素(每人 5 分钟);(2) 以小组为单位,讨论推荐最佳创业案例评述 1 个,讨论形成本组认可的十大成功创业因素,并由正、副组长督促最佳创业案例作者准备 6 分钟的 PPT,以备代表小组公开展示;(3) 其他同学均将本人的创业案例评述及 5 个自认为重要的成功创业因素制作成 PPT,按班级打包上交,作为实践活动成果之一接受统一考核。

4. 展示点评环节。教师协调安排一个合适的时间,在课堂统一展示各小组推荐的最佳创业案例评述,并作点评。

5. 实践考核环节。教师制定该实践活动考核标准,并在课后给上交的创业案例评述和成功创业因素 PPT 统一打分。公开展示的 PPT 应作为优秀实践活动成果,考虑适当加分。

◎**实践成果**:PPT 课件。

◎**活动评价**:

优秀(90~100 分):搜集的成功创业案例典型,评述思路清晰,论点鲜明,论证合理,有深度思考;确定的 5 个成功创业因素有较为翔实的个人体会或解释说明;PPT 制作认真,设计新颖,富有特色,思路清楚,播放流畅。公开展示的 PPT 应作为优秀实践活动成果,列入本评分档。

良好(80~89 分):搜集的成功创业案例典型,评述思路较为清晰,论点较为鲜明,论证合理,有较为深度的思考;确定的 5 个成功创业因素有个人体会或解释说明;PPT 制作认真,特色明显,思路清楚,播放流畅。

合格(60~79 分):搜集的成功创业案例较为典型,评述思路较为清晰,论点较为鲜明,论证较为合理,有一些思考或见解;按要求确定的 5 个成功创业因素有简单的解释说明;PPT 制作认真,思路清楚,播放流畅。

不及格(60 分以下):具备以下情况之一者,判为不及格:(1) 敷衍对待搜集成功创业案例的活动,评述随意,漫无目的,明显不认真;(2) 确定的 5 个成功创业因素缺少思考和调研,明显脱离实际;(3) 上交的 PPT 在风格、设计和内容上与网络作品雷同度高,制作明显粗糙,思路不清楚,敷衍了事,或未交 PPT。

三、"我心目中的理想伴侣"大家谈

◎**实践类型**:互动。

◎**实践形式**:讨论会。

◎**实践目标**:引导大学生认知真爱的内涵和核心要素,端正恋爱婚姻观。

◎**实践方案(6 课时)**:

1. 动员落实环节。各实践活动小组重新推举正、副组长各 1 人,负责召集本组组员,并按照实践教学的统一要求布置落实。

2. 个人准备环节。各小组全体成员根据自身兴趣,通过各类媒体和途径,搜集古今中外的爱情故事:(1) 选择其中 1 个个人认为最感动人的爱情故事,熟悉其主要内容;(2) 以短语的形式,结合前面的故事,为心目中的理想伴侣归纳 5 个自认为最重要的条件(注意尽量避免同义、近义的短语)。

3. 小组讲述环节。各小组负责人再次召集本小组全体成员,组织故事会活动:(1) 每位小组成员讲述自己认为最感动人的爱情故事,并总结提出 5 个心目中的理想伴侣的条件(每人 5 分钟);(2) 以小组为单位,讨论推荐小组最感动人的爱情故事 1 个,讨论形成本组认可的男生、女生"我心目中的理想伴侣"十大条件,并由正、副组长督促最感动人的爱情故事的搜集者准备 6 分钟的 PPT,以备代表小组公开展示;(3) 其他同学均将本人搜集的感人爱情故事及 5 个自己认可的理想伴侣的条件制作成 PPT,按班级打包上交,作为实践活动成果之一接受统一考核。

4. 展示点评环节。教师协调安排一个合适的时间,在课堂上以班级故事会的形式,统一展示各小组推荐的最感动人的爱情故事,并作点评。

5. 实践考核环节。教师制定该实践活动考核标准,并在课后给上交的爱情故事和心目中的理想伴侣 PPT 统一打分。公开展示的 PPT 应作为优秀实践活动成果,考虑适当加分。

◎**实践成果**:PPT 课件。

◎**活动评价**:

优秀(90～100 分):搜集的爱情故事典型,生动感人,并有深入的个人思考和点评;确定的 5 个最重要的心目中的理想伴侣条件正面、健康、理性,有翔实的个人体会或解释说明;PPT 制作认真,设计新颖,富有特色,思路清楚,播放流畅。公开展示的 PPT 应作为优秀实践活动成果,列入本评分档。

良好(80～89 分):搜集的爱情故事典型,生动感人,并有较为深入的个人思考和点评;确定的 5 个最重要的心目中的理想伴侣条件正面、健康、理性,有较为翔实的个人体会或解释说明;PPT 制作认真,思路清楚,播放流畅。

合格(60～79 分):搜集的爱情故事较为典型,并有一定的个人思考和点评;确定的 5 个最重要的心目中的理想伴侣条件,正面、健康符合主流认知,有简单的解释说明;PPT 制作认真,思路清楚,播放流畅。

不及格(60 分以下):具备以下情况之一者,判为不及格:(1) 敷衍对待爱情故事的搜集,评述随意,漫无目的,明显不认真;(2) 确定的 5 个最重要的心目中的理想伴侣条件缺少思考和调研,明显脱离实际;(3) 上交的 PPT 在风格、设计和内容上与网络作品雷同度高,或制作明显粗糙,思路不清楚,敷衍了事,或未交 PPT。

四、婚恋心理专家面对面

◎**实践类型**:互动。

◎**实践形式**:专家报告、讨论交流。

◎**实践目标**:引导大学生正确认知和调适恋爱心理以及婚姻观、家庭观。

◎**实践方案(6 课时)**:

1. 专家讲座环节。教师协调安排一个合适的时间,邀请 1 位心理健康教育专家,就树立健康、理性的婚恋观作专题讲座并开展现场互动交流。

2. 分组讨论环节。各实践活动小组新推举正、副组长各 1 人,负责召集本组组员,结合专家讲座开展分组讨论,形成 1 份会议记录。要求每人精心准备,积极发言。会议记录由正、副组长协调完成后上交,作为本实践活动的重要成果接受统一考核。

3. 撰写心得环节。各小组全体成员根据各自发言的要点,查阅有关资料,扩充形成 1 份自己的学习心得。按班级打包上交,同时作为本实践活动的重要成果接受统一考核。

4. 实践考核环节。教师制定该实践活动考核标准,并在课后根据会议记录和学习心得统一考核打分。

◎**实践成果**:会议记录、学习心得。

◎**活动评价**:

优秀(90～100 分):积极参加专家专题讲座和分组讨论,小组发言踊跃,并有深入的个人思考和评述(据考勤和会议记录);上交的学习心得主题鲜明,思路清晰,观点正确,层次分明,文字语言流畅、规范,具有思考深度,要求原创且用规范稿纸手写。

良好(80～89 分):积极参加专家专题讲座和分组讨论,小组发言踊跃,并有较为深入的个人思考和评述(据考勤和会议记录);上交的学习心得主题突出,思路完整,观点正确,层次较为分明,文字语言流畅、规范,具有一定的思考深度,要求原创且用规范稿纸手写。

合格(60～79 分):积极参加专家专题讲座和分组讨论,参与小组发言较为踊跃,有发言记录(据考勤和会议记录);上交的学习心得应主题、较清晰,观点正确,文字语言较为流畅、规范,要求原创且用规范稿纸手写。

不及格(60分以下):具备以下情况之一者,判为不及格:(1)无故未参加专家专题报告会;(2)无故未参加分组讨论;(3)上交的学习心得在思路、内容、结构、语言等方面,与网络作品雷同度高,未用规范稿纸手写,或未交学习心得。

参考案例

产业工人先锋——共产党员邓建军①

从一名只有中专文凭的普通技工成长为世界纺织机械领域的专家型工程师,从面对一台故障设备的束手无策到主持新园区9条生产线、近千台大型设备调试工作的从容不迫,技术工人邓建军用持之以恒地在工作中学习、在学习中工作的行动,阐释了当代工人如何在平凡岗位上造就辉煌业绩。

邓建军,1969年生,江苏常州黑牡丹(集团)股份有限公司技术总监。他冲击纺织机械领域世界难题的技术创新之举,被外国专家叹服为"中国功夫"。这位来自华罗庚故乡——常州金坛市的中专毕业生,在20多年的工作里,获得了自己从未奢想过的荣誉,从江苏省新长征突击手到全国五一劳动奖章、全国青年岗位能手、新世纪全国首批七个"能工巧匠"、全国职工职业道德建设"十佳标兵"等。

2011年1月,邓建军再次获得"全国纺织劳动模范"荣誉称号;2月,黑牡丹公司启动有史以来最大规模的技术改造工程:全部5个老厂区、9条生产线上的设备,将在6个月内全部搬迁至投资20亿元的天宁科技园,邓建军是这项浩大项目的主要负责人;未来3年内,除了要对传统产业进行升级改造外,邓建军还要负责科技园内新兴及新能源产业、都市产业的运营开发。邓建军说:面对市场竞争、面对技术知识的不断升级,他只有不停奔跑。

与现在的成功相比,邓建军刚进厂不久的一次工作经历竟然是那样的苦涩。1988年,19岁的邓建军中专毕业后,被分配到常州黑牡丹公司做电工。一天夜里,邓建军接到了车间打来的电话,一台由他负责保养维修的机器出了故障。接到电话后,邓建军立即赶到厂房,经过几个小时的检测,还是束手无策。在工友们质疑的眼神中,邓建军一路小跑,请来了一位老师傅。只用

---

① 《中国青年报》,2011年4月21日。

了10多分钟,老师傅就修好了机器。事后有人悄悄地告诉邓建军,因为维修耽误了过多的时间,厂里一下子就损失了好几千元。

起步阶段一连串的困惑和挫折,让邓建军陷入沉思:有技术才有底气。如果一名职工没有能力为企业攻坚克难,又怎能为企业发展出力呢?

重压之下,邓建军给自己订下了强制学习的计划,要求自己每晚必须看一个半小时的技术书籍和有关资料。几年下来,他读了200多册专业书籍,在获得大专学历后继续攻读本科。后来,他又用惊人的毅力跨越了英语和德语的障碍。终于,他全部摸清了厂里1000多台(套)机器设备的"脾气";对于可能出现的机电故障和对策,他也烂熟于心。

20世纪90年代初期,邓建军所在的黑牡丹公司从国外引进了一批剑杆织机,准备转产国际上最优质的牛仔布。面对数十台缺乏图纸、各种电器线路犹如一团乱麻的进口设备,数以万计的芝麻粒大小的金属接点如同一座座沉重的大山,压得他喘不过气来。

这些机器闲置一天就会有数万元损失。邓建军一咬牙,从最基本的制图做起,每天蹲在机器边14个小时以上。1台、10台、50台,面对成千上万的电子元件和细若游丝的控制电路,他拿着放大镜,理清一个,划上一笔。眼睛累得看不清了,就用湿毛巾捂上一会儿。终于,机器被驯服了。看着这些"起死回生"的机器,工友们佩服地说:"邓工了不起"。这次维护改造的成功,使得过去名不见经传的"黑牡丹"一跃迈上了世界牛仔布生产的大舞台。

1996年,公司从比利时进口了一批喷气织机。这些机械最关键的部位是一个如同肥皂盒大小的传感器,由于这是纺织机器的核心技术,在安装时外商拒绝提供这方面的技术资料。于是,这些本可以为企业创造更大效益的先进设备,却成了"久治不愈的病人"。

邓建军决定立刻动手"医治"这批设备。经过反复测算,邓建军发现,原来是线路板中一个小零件会因为机械的高速振动而损坏。这样一个极不起眼的零件,生产设备的比利时公司竟向中国企业开出了1万元的天价。而在国内的市场上,这些器件有的只要1分钱就能非常容易地买到。

敢于向进口的"洋设备"开刀、敢于冲击纺织行业难题是邓建军的"牛"脾气。染整行业一直是我国纺织工业的薄弱环节,主要被色差、缩水率等问题所困扰。邓建军发誓要啃下这块硬骨头,他与同事们在酷热难当的车间里一起熬过了几十个不眠之夜。经过无数次调试,通过运用电子技术与气动技术的完美结合,终于将预缩率精度稳定控制在了2.5%以内,优于3%的国际标准。

参加工作20多年来,他共解决企业重大技术难题23个,参与技改项目近

500个,独立完成150项,其中仅染浆联合机——车速改造技术一项就创造经济效益3000多万元。

在邓建军的影响带动下,黑牡丹公司成立了以他名字命名的科研组,另外7个各种类型的学习科研小组,遍布各个车间,担负起全厂设备的保养、维修和革新的重任。作为母校——常州轻工职业技术学院的特聘辅导员,邓建军一有时间就会回到这里,把所学、所悟与"邓建军班"的同学们一起交流。他告诉同学们:知识和技术才是工作的"发动机"。

【点评】 邓建军是学习型、知识型、创新型的产业工人杰出代表。他在平凡的工作岗位上认真学习钻研,勤奋踏实工作,攻坚克难,敢于创新,由一名普通的青年工人成长为新时期的青年工人标杆。"以学习增加能力、以创新创造业绩、以奉献体现价值"贯穿了他的成长成才之路。邓建军用自己的实际行动,践行着知识改变命运、学习创造未来的真理,他那与时俱进、勤于学习、勇于创新、敢争一流的时代精神,为中国产业工人特别是青年工人和广大有志青年树立了一个可亲、可敬、可爱、可学的榜样。

"我"的职业生涯规划书

以下职业生涯规划书是江苏大学马克思主义学院一位优秀大学生参加校职业生涯规划大赛的获奖作品。征得作者同意,隐去个人信息,并省略部分内容。

一、自我盘点

1. 职业兴趣——喜欢干什么

从我的职业兴趣测试报告(Holland职业兴趣测试)可以看出,我是偏向于社会型的。

(1)我乐观开朗、大方随和,平时和朋友关系良好,是一个在意别人感受的人;我希望我所做的能够得到大多数人的赞同,别人的肯定对我来说很重要。

(2)我喜欢与人交往、乐于助人,作为一名青年志愿者,经常参加志愿服务,接触了社会中形形色色的人,这让我觉得帮助别人是一件快乐的事情。

(3)我具有较强的沟通组织能力,在大学期间担任了班长、学院部长、马克思主义研学会副会长、学生会主席等职务,对日常事务能够进行很好的分类和处理。

(4)懂得与人商讨的方式方法,喜欢影响、领导他人,做事稳重、负责,讲求规矩、精确、条理分明。

（5）工作中认真负责，但有时表现得过于拘谨和固执。属于实干家和日常事务的解决者。

（6）我喜欢在一个有组织、有保障、福利好的机构里从事服务、教育等与人有关的工作。

因此，我选择教师这个职业与我的职业性格相符。

2. **职业能力——能够干什么**

（1）喜欢参加各种活动，擅长写作、书法、演讲等。大学期间获得较多荣誉：（略）。

（2）大学期间经常参加志愿服务活动，是一名实实在在的青年志愿者，有学校颁发的青年志愿者证，热爱志愿服务事业。

（3）在与他人的关系方面：对待他人很热情，容易与人交往。性格外向，活泼，健谈，经常主动与他人交谈。在众人面前能较为大方地展示自我，比较直率。

（4）决策能力方面：擅长做决定，喜欢掌控在我能力范围内的事情。我比较遵循常规，又能保持一定的开放性，喜欢按一定的规则办事。

（5）做事风格方面：喜欢与人共同工作，有较强的责任心。老师、同学委托我做的一些事，我都能保质保量做好，能得到他人的信任。

（6）心理健康方面：能够信任依赖他人，尊重他人的意见。性格较为温和，对他人也很少感到不满或者厌烦。

结合我的专业（思想政治教育）以及我的职业能力，我认为我适合做一名支教老师或中学的思想政治教育老师。

3. **个人特质——适合干什么**

通过迈尔斯—布里格斯性格类型指标（MBTI）测评，我的性格类型特征如下：（测评图表略）。总体来说，我属于主人型：即能热情主动地帮别人把事情做好。

（1）我的特点：（略）

（2）我希望的岗位特质：

① 我希望我以后的工作氛围友好，能与他人合作，还能够感受到他人的赞赏和支持，最好可以把同事当作朋友。

② 我看重的是：工作制度要完善，工作内容也得明确和易于理解，评价标准要清晰。

③ 希望我在工作中能够发挥我的细致性和计划性的特长，工作成果能够给人们带来实际的帮助。

④ 我需要同事之间建立温馨和坦诚的同事关系，通过有形或无形的方式

帮助他人提高。

⑤ 我适合做常规的项目或工作,并且有一定的控制权。

结合以上我的个人特质,我认为我将来适合做一名思想政治教育老师并成为某中学的教育管理者。

4. 职业价值观

我的职业价值观测试结果表明(测试图表略):我最突出的职业价值观是赞誉赏识、注重关系。

我希望工作中能和同事建立良好的关系,和领导有融洽的关系,希望同事和领导人品较好,相处比较随和,我希望使人感觉到我是团体中的一分子。我需要较强的成就感,希望我的工作成绩常常能得到同事、上级和社会的肯定,希望能更好地利人利己,成为一个对社会有用的人,实现自我价值。

5. 个人分析小结

综合以上的个人分析,我对自己的情况总结如下:我喜欢教师这个职业,喜欢与学生交往,我的职业兴趣、职业能力、个人特质都与之相符,加上我本身就是师范类学生,我认为教师这个职业很适合我。

二、环境分析

1. 家庭环境分析:(略)

2. 学校环境分析:(略)

3. 社会环境分析:(略)

4. 职业环境分析

(1)行业分析:教育事业在国家发展中起至关重要的作用,它的发展状态是积极向上的,可以说是属于永远的"朝阳产业",若选择教育业作为自己的终身职业,会有较好的社会地位和发展前景。

(2)职业分析:教师的工作环境相对单纯,社会地位和待遇都相对较好,但是现在学校对教师的专业技能要求较高,这就要求我不断提高自身专业素质和能力。

(3)地域分析:我是江苏××市人,因此,若要从事教师职业我会选择江苏××市。在苏南一带,××市的经济文化发展都是比较突出的,近几年来也新设置了几所学校,教师资源紧缺。曾在 2011 年公开招聘中小学教师××名,2012 年 3 月××教育系统公开招聘第一批教师××名,2012 年 5 月市教育系统面向社会公开招聘小学教师××名,但是招聘的教师又仅限于当地户籍。因此,作为××人,占有一定优势。应聘的教师中有许多是师范类毕业生,因此,我需要不断提高自身能力才能在应聘时有较强的竞争能力。

5. 环境分析小结:(略)

三、目标定位

1. 职业目标

在综合考虑自身的职业兴趣、职业能力、个人特质、家庭环境、社会环境、职业环境及自己所学专业和家人对我的期望等因素下,我确立了我的职业目标,即支教老师—中学思想政治教师—中学教育管理者。

2. SWOT 分析

对于我职业定位的 SWOT 分析:

(1) 我的优势(strength)。(略)

(2) 我的劣势(weakness)。(略)

(3) 我的机会(opportunity)。(略)

(4) 我面临的威胁(threat)。(略)

3. 职业目标定位小结

通过我的职业目标的确定和 SWOT 分析,我对自己未来的职业进行了初步地规划。我认为做一名教师是比较适合我的,对于我来说具有一定的可行性、可信性以及可控性,我把成为学校的教育管理者作为我最终的职业目标。

四、计划实施

1. 确定职业发展目标

总目标:毕业后去西部地区支教两年;然后进入××市一所公立学校,任职该校的思想政治教育教师,成为一位受学生喜爱、同事尊重、领导放心的优秀教师,并取得一定的成绩;经过奋斗,凭借自身的能力成为该校的管理层教师(见表6-2)。

表 6-2　职业发展目标

职业目标	我将来可能从事中学的思想政治教育教师这个职业
职业发展策略	我将来可能会先在西部支教然后回江苏××工作
职业发展路径	我将来可能走教育者—管理者的路线
具体路径	支教老师——一般的中学教师—中学教育管理者

2. 职业发展路线设计、具体计划实施(见表6-3)

表6-3　职业发展路线设计与具体计划实施

计划名称	总目标	分目标	具体内容	策略和措施	备注
短期计划(2012—2015年)	成长为一名真正的大学生,有自己的信念、理想。提升各方面能力,争取通过"西部苏北计划"的考核,去西部支教两年。	1. 学习方面:专业知识过硬,拿到所需的证书,毕业后找到一份相关的工作; 2. 实践方面:要多参加社会实践活动; 3. 生活方面:要充分做到生活自理,广交朋友。	1. 认真学习专业知识,提高英语、普通话和计算机水平,提高演讲讲课水平; 2. 要制订相关的职业实践计划,积累实践经验; 3. 提高自身素质,扩大交际圈。	1. 要适应大学生活,调整好心态; 2. 寻找良好的学习方法,掌握专业知识和专业技能; 3. 注意提升自我修养,参加社会实践。	1. 身体是革命的本钱,不管在哪个时期,都要积极锻炼身体。 2. 发展自己的业余爱好,如书法、写作、演讲。丰富自己的业余生活。 3. 亲人、朋友永远是自己的后盾,善待身边的人。 4. 要坚持自己的信仰,有爱心,有责任心。
中期计划(2015—2020年)	成为一名合格的中小学思想政治教育老师。得到学生以及学校领导的认可。	1. 提高自身能力和教学水平,将自身所学知识教授给学生; 2. 向老教师讨教教学经验; 3. 通过自身实践加强与学生的沟通,获得他们的认可。	1. 每天做到认真备课、授课,课后及时做小结; 2. 坚持多看报纸、多读书、多练笔,坚持写文章,提高自身表达能力; 3. 积累人脉,与同事、领导、学生建立融洽的关系。	适应职场生活,调整心态;从各方面提高自身能力和教学素质水平,兢兢业业,勤勤恳恳。	
长期计划(2020年以后)	成为一名优秀的中小学思想政治教育老师、学科带头人、学校教育管理者。	毕业后十年内成为一名优秀的思想政治教育老师、学科带头人;20年内成为该校的教务处主任;第30年为学校培养年轻教师,参加慈善事业,帮助更多的孩子实现上学的梦想。	事业顺利发展,家庭美满,身体健康,心理成熟,对子女有良好的教育。	抓住机遇发展自己的事业;有好的生活环境,生活习惯;有合理的健身计划;对子女教育颇有心得;回报社会,支持慈善事业。	

我将严格按照我的职业发展计划,一步步完成我的阶段性任务,拿到所需的各类证书。同时,多参加社会实践活动,广交朋友,争取在毕业后成为一名优秀的中学思想政治教育老师,致力于教育事业,为社会作贡献。

3. 计划实施小结

按照我的职业目标,我制定了与之适应的实施措施,并将其分为短期、中期和长期目标。在出现问题时,我会按照我的备选方案实施,以更好地适应自身和社会环境的变化。

五、评估调整

1. 备选方案

在人的一生中不是所有的事物发展都会如己所愿,或许在外部种种环境和自身因素的影响下,我在本科毕业后无法按照我设想的方向发展,所以,在制定职业规划时,我还必须选择好备选方案,以适应变化的形势。

(1)综合管理类公务员。近几年公务员考试是个热门,主要是因为公务员的工作相对稳定,待遇有保障,收入较为乐观,社会地位也较高。结合在校期间的学生工作经验,在学习了《公务员考试概论》这门课后,我比较向往从事综合管理类的公务员,所以我会尝试参加地方的公务员考试。

(2)课外辅导机构的辅导老师。当前,越来越多的家长重视孩子的课外辅导教育,因此课外教育培训机构越来越多,这需要大量的教师。在大学假期,我曾在××的辅导机构做过代课老师。我认为现在的课外辅导机构工作环境较好,工资待遇也不错,如果没有考上教师编制和公务员,我会选择一家较好的课外辅导机构,先从事教育工作,积累一定的教育经验,希望可以更好地实现我的第一职业目标。

2. 评估内容

(1)职业目标评估(略)

(2)职业路径评估(略)

(3)实施策略评估(略)

3. 评估时间(略)

4. 规划原则(略)

【点评】　这一份职业生涯规划书思路清晰、内容充实,目标明确、详略得当,步骤合理、举措有力,针对性强,操作性好,建立在对自我特点充分剖析、对环境条件充分解析的基础之上。同时,作者也充分认识到职业生涯规划不是简单的一步到位的工作,而是一个动态变化的过程,需要不断地结合新阶段、新情况,适时进行自我反馈、自我修正和自我调整,体现出科学、务实、自立的良好态度。因而,这份职业生涯规划书既可以在结构内容上为大学生提供成熟借鉴,也可以在职业生涯规划教育中,以鲜活的实例帮助和引导大学生重视规划、自觉规划、科学规划。

延伸阅读

周尚飞:把创业路走得更长远点①

周尚飞,江苏大学机械学院 2009 级研究生。在大学里,他绝对是个佼佼者。他当过学生干部,拿过"挑战杯";作为江苏大学校科协第一届主席,他的功劳不可取代;"创新创业学校"、"科普周末"这些为学校历届学生所沿用的活动都由他始创……周尚飞的身上有种特别自信的青春风采。

2006 年初,大三的周尚飞找到两位伙伴共同创办了公司,开始了第一次创业之旅。这家新公司主要从事生物质能源的开发和利用,由于一无经验二无充裕资金,公司在创业之初就一直处在亏损状态,欠款最多时达到了 30 万元。这期间,周尚飞吃了很多同龄人吃不到的苦:顶着 38℃的高温,钻进铁皮桶做试验;大雪封路,骑自行车行走 30 多公里去做试点。"不是因为那些债务,而是不愿意自己辛辛苦苦的努力,换来的竟是这样的结果!"抱着这样不服输的心态,周尚飞赚到了第一桶金,公司的运营也渐渐步入正轨,两年时间内公司纯利润超过了百万元。

获得丰厚的成果后,周尚飞没有被眼前的胜利冲昏头脑。在冷静思考和仔细分析市场后,他决定进军 IT 业,与另两位合伙人一起创办了信息科技公司,从事互联网整合营销以及深度应用技术的研发与运营。有了前几年的企业运营经验,周尚飞做得得心应手,并逐步把业务扩展到电子商务平台开发和运营,预付卡、游戏等领域,到 2011 年公司销售额已经达到了 5000 多万元。

周尚飞是江苏大学创新创业学校的第一期学员。作为全国首家成立的创新创业学校,它素来被誉为培养创业大学生的摇篮。参加创新创业学校之前,周尚飞顶多算是个创业积极分子,有空就喜欢打打工、勤工助学或者做点小生意,他认为,在接受全面的创新创业教育后,自己的创业思想得到了提

---

① 张明平,吴弈:《走近三位大学生"创业"达人》,《科技日报》,2011 年 12 月 20 日。

升,原先不懂的、困惑的现在全都想明白了:"大学生创业要做能力范围内的事,避免过度高科技创业,也避免成为街头摆地摊的。"

赠人玫瑰,手留余香。获得成功的周尚飞没有忘记反哺母校,他的公司现在已经成为"团中央青年就业创业见习基地"和"江苏大学大学生就业基地",共吸纳了 200 多名本校学生就业或见习。2010 年,他以发起人身份组建了"江苏大学创业联盟",并担任第一任联盟主席,对有创业想法或开始创业的同学进行一系列的指导与支持。周尚飞清楚地认识到,创业的大学生太多了,自己只是把创业路走得更长远点。他要最大限度地帮助大学生解决困难,让大家少走弯路,把创业进行到底。

2012 年 5 月 4 日下午,纪念中国共产主义青年团成立 90 周年大会在北京人民大会堂隆重举行。会上,周尚飞同学被授予"全国优秀共青团员"荣誉称号,并受到党和国家领导人的接见。

马克思与燕妮的爱情①

马克思对共产主义事业的卓越贡献和对地主、资产阶级无情揭露与批判,使得一切反动势力诅咒他,驱逐他,因而,他不得不携带家小四处转移,其生活困难程度有时到了难以想象的地步。1850 年 3 月底,随马克思一起流亡伦敦的燕妮写信给好朋友约瑟夫·魏德迈,她在信中描绘了当时的生活情况:"因为这里奶妈工钱太高,我尽管前胸后背都经常疼得厉害,但还是自己给自己孩子喂奶。这个可怜的孩子从我身上吸去了那么多的悲伤和忧虑,所以他一直体弱多病,日日夜夜忍受着剧烈的痛苦。他从出生以来,还没有一夜,能睡着两个小时以上的。最近又加上剧烈的抽风,所以孩子终日在死亡线上挣扎。由于这些病痛,他拼命地吸奶,以致我的乳房被吸伤裂口了;鲜血常常流进他那抖动的小嘴里。有一天,我正抱着他坐着,突然女房东来了,要我付给她五英镑的欠款,可是我们手头没有钱。于是来了两个法警,将我的菲薄的家当——床铺衣物等——甚至连我那可怜孩子的摇篮以及比较好的玩具都查封了。他们威胁我说两个钟头以后要把全部东西拿走。我只好同冻得发抖的孩子们睡光板了……"

马克思和燕妮共生了四女二子,由于上述原因,只有三个女儿长大成人。在这种境况下,燕妮还是深深地爱着马克思。她除了担负起母亲和主妇的责

① 《马克思的毕生挚爱燕妮》,中国宁波网,2010 年 5 月 26 日。

任，除了为每天的生活操心之外，还承担了许多其他工作。燕妮是马克思不可缺少的秘书，马克思的所有手稿——其中大部分是很难辨认的——在送到印刷厂或出版社以前，总得由她誊写清楚。与出版社和编辑交涉办理一些繁琐的手续，很难处理的事务，必须写的信，不少由她代办。马克思不是那种轻易在口头上流露心情的人，但当燕妮因母亲垂危离开了他几个月时，他在给她的信中写道："深挚的热情由于它的对象的亲近会表现为日常的习惯，而在别离的魔术般的影响下会壮大起来并重新具有它固有的力量。我的爱情就是如此。只要我们一为空间所迫，我就立即明白，时间之于我的爱情正如阳光雨露之于植物——使其滋长。我对你的爱情，只要你远离我身边，就会显出它的本来面目，象巨人一样的面目。在这爱情上集中了我的所有精力和全部感情……我如能把你那温柔而纯洁的心紧贴在自己的心上，我就会默默无言，不作一声。我不能以唇吻你，只得求助于文字，以文字来传达轰吻……"

马克思与燕妮的黄昏之恋更加强烈。1880 年，燕妮可能患了肝癌，她以惊人的克制力，忍受着剧烈的疼痛。在这胆战心惊的岁月里，马克思照料着妻子，不离左右。为了要让她快活些，马克思于 1881 年七八月间，陪着她到法国去看了大女儿和几个外孙。1881 年秋天，由于焦急和失眠，体力消耗过度，马克思也病了。他患的是肺炎，有生命危险，但他仍然忘不了燕妮。他们的小女儿在谈到双亲暮年生活的时候说："我永远也忘不了那天早晨的情景。他觉得自己好多了，已经走得动，能到母亲房间里去了。他们在一起又都成了年轻人，好似一对正在开始共同生活的热恋着的青年男女，而不象一个病魔缠身的老翁和一个弥留的老妇，不象是即将永别的人。"

1881 年 12 月 2 日，燕妮长眠不醒了。这是马克思从未经受过的打击。燕妮逝世那天，恩格斯说："摩尔（马克思的别名）也死了。"在以后的几个月里，他接受医生的劝告，到气候温和的地方去休养，可是不论到哪儿都忘不了燕妮，止不住悲痛。他写信给朋友说："顺便提一句，你知道，很少有人比我更反对伤感的了。但是如果不承认我时刻在怀念我的妻子——她同我的一生中最美好的一切是分不开的——那就是我在骗人。"

名人格言

实际上，每一个阶级，甚至每一个行业，都有各自的道德。

——恩格斯

我只有在工作很久而还不停歇的时候,才能觉得自己的精神轻快,也才觉得自己找到了活着的理由。

——契诃夫

爱情不仅是一种感情,它同样是一门艺术。

——巴尔扎克

真正的爱情能够鼓舞人,唤醒他内心沉睡着的力量和潜藏着的才能。

——薄伽丘

不要只为了爱——盲目的爱——而将别的人生的要义全盘疏忽了,人生第一要义就是生活,人必须生活着,爱才有所附丽。

——鲁迅

推荐书目

1. 徐小平:《图穷对话录:人生可以再设计》,湖南文艺出版社,2012 年。

这是一本人生指导书,为处在迷茫中的人们提供指导。《图穷对话录:人生可以再设计》是"真格"天使投资基金创始人徐小平于 2002 年在新东方工作时的著作。写作该书时作者在新东方从事留学咨询与职业规划工作,工作期间作者遇到无数处于人生迷茫期的年轻人。作者通过留学、读研、职业规划等方式指导这些年轻人走出困境,重新开始新的工作和生活。作者以这些人的案例为原型写作了《图穷对话录:人生可以再设计》。

对于刚进入大学的大学生来说,对于人生、爱情、职业等问题有时会感到迷茫、无助。在书中,作者像个会花骨绵掌的高手调转他们的人生方向,指引光明的所在。阅读该书,你将会知道下一步应该怎么走。

2. 李笑来:《把时间当作朋友》,电子工业出版社,2009 年。

该书从心智成长的角度来谈时间管理,指出时间管理是成功的关键所在。作者引述自己从事的职业中所遇到的事例,告诉我们:如何打开心智,如何运用心智来和时间做朋友,如何理解时间管理的意义,在时间管理上取得突破,进而用心智开启自己的人生成功之旅。

3. [美]彼得·圣吉:《第五项修炼》,张成林译,中信出版社,2009 年。

该书是一本开拓性地倡导学习型组织管理思想的巨著,是彼得·圣吉博士在总结以往理论的基础上,通过对 4000 多家企业的调研而创立的一种具有巨大创新意义的理论。1990 年,该书出版并连续三年荣登全美最畅销书榜榜首,在世界各地掀起了一阵阵学习管理的热潮,并于 1992 年荣获世界企业学会(World Business Academy)最高荣誉的开拓者奖(Pathfinder Award)。由于其创新价值,并由于其已在无数美国企业中得到了成功的应用,引起理论界及企业的浓厚兴趣,在短短几年中,被译成二三十种文字风行全世界。它不仅带动了美国经济近十年的高速发展,并在全世界范围内引发了一场创建学习型组织的管理浪潮。

4. 汪莉:《职业生涯规划与管理》,中国华侨出版社,2008 年。

初涉职场的你,或许一直有这样的迷茫:不知道自己能胜任什么职位?摸爬多年的你,曾几何时是否也有如此的疑惑:别人总能平步青云,自己却仿佛一个看客。那么,请先静下心来,仔细阅读这本书。职业,这个现在大多数年轻人都需面对的事物,不仅是我们生存的基础,更是我们展现自我价值的平台。它在我们的一生中占据着重要的位置,可以说生命的价值就在于此,因为职业决定着一个人一生的成败得失。所以,对职业的选择一定要慎重,在选择职业之前一定要好好地规划一番,那么怎样才能好好地规划自己的职业生涯呢? 相信在读完该书的时候,答案已经了然于胸。

5. 周宏岩,苏文平:《大学生职业生涯规划与就业指导》,化学工业出版社,2008 年。

该书的主要内容包括:认知自我和社会、科学决策方法、确立生涯目标;了解职场与职位、掌握简历写作方法、学习面试成功经验、提升大学生的就业能力;初入职场的心态调整、角色定位、合理规划、价值实现,学习如何获得幸福人生。书中以职业生涯规划的理论为基础,结合我国大学生的心理特点与需求,联系职业生涯教育和职业生涯咨询的实际情况,力求以多样的活动及丰富的个案让读者能够理解职业生涯规划的科学理念;掌握生涯规划的步骤和方法;增强“我的职业我做主”的信心和主动性。书中设计课堂活动 20 个,选用案例 35 个。该书可作为大学生职业生涯规划及大学生就业指导课程的教材或参考书。

6. [日]大前研一:《创业圣经》,周迅译,东方出版社,2009 年。

全球五位管理大师之一、日本战略之父大前研一率领日本众多管理学大师向你传授创业的基础知识与创业在起步、发展等各个阶段的成功秘诀和必备技能。如果你对自己的创业构想有 70% 的把握,就要立即将其付诸实施。为什么不等到有 100% 的把握再开始创业呢? 这是因为在时机到来的时候要马上开始行动,在创业中我们不能缺少“边前进边思考”的姿态。在事业起步后,最重要的是明确自己的企业与其他同业者的差异,而实现差异化的具体措施就是要持续开创其他企业无法模仿的事业,并实行"品牌战略"。

7. 赵伊川:《创业管理》,中国商务出版社,2004年。

该书围绕如何创业这一主题,综合运用经济学、社会学、管理学、技术经济学以及市场经济的基本理论和原则,从理论与实践两方面对创业的全过程进行了系统的阐述。书中对涉及创业的各个环节、步骤以及具体方法进行了具体深入的研究和探讨。全书共12章,主要内容有:创业过程与禁忌;创业计划书的编写方法与步骤;创业融资渠道、方法与策略;创业人员管理与团队建设;创业市场营销规划方法与策略;创业财务规划与纳税筹划;创业法律基础;创业过程中的时间管理和风险管理等内容。最后,提出了创业成功模式和典型案例。该书以大量实证案例为依托,创造性地构建了一套全新的创业理论与方法。对创业者而言,该书具有一定的传道、授业与解惑的功效,对学术同仁具有一定的借鉴与参考意义,书中有关理论、原则与方法,具有很强的可操作性、可参照性和可参与性。

8. 周国平:《爱情的容量》,北京理工大学出版社,2009年。

该书是周国平散文的最新修订版。书中传达的哲学思想是:给爱情划界时不妨宽容一些,以便为人生种种美好的遭遇保留怀念的权利。该书让我们意识到,无论短暂的邂逅,还是长久的纠缠;无论相识恨晚的无奈,还是终成眷属的有情;无论倾注了巨大激情的冲突,还是伴随着细小争吵的和谐,这一切都是爱情。

9. [日]伊藤守,千场弓子:《恋爱的100个真相》,王烽烨译,中信出版社,2003年。

我们能够从人生旅程中得到多少幸福感,是由我们的感受力决定的。可是,我们经常为了不再品尝过去经历的痛苦,而在不知不觉中压抑着自己的感受能力。那么,让恋爱这种最美妙的情感和生命力,伴随我们去走人生之路吧。该书共分为五章:第一章是"给失恋的你",第二章是"给单相思的你",第三章是"给无法坠入情网的你",第四章是"给找不到爱人的你",第五章是"给恋爱中的你"。

10. 鲁迅,景宋:《两地书·原信》,中国青年出版社,2006年。

无论科技如何发展,人最终还是要靠语言增进了解、建立感情、确立关系直至组成家庭。历代杰出人物留下的关于这方面的书信极少。其中鲁迅先生保留并公布了自己和夫人的通信,并亲自挥笔,把这些信笺重新抄录,并将此作为礼物,留给儿子周海婴,这就是著名的《两地书》。由中国青年出版社隆重推出的这本《两地书·原信》,是自鲁迅先生去世近70年最权威的版本,这个版本完全以原信为蓝本,没有经过任何删节,原汁原味,并且经过专家权威重新校订、更正了以往版本的错误。该书的出版,既是鲁迅研究的重要成果,也是青年恋爱通信的福音——因为该书已是公认的青年恋爱通信的经典教材。

第七章
增强法律意识 弘扬法治精神

依法治国,建设社会主义法治国家,是党中央确定的治国方略,是我国社会主义民主法制建设的一个里程碑。它标志着我国的民主法制建设已经步入了一个新的历史阶段,并将对我国的改革开放产生深远的影响。当代大学生是社会主义事业的建设者和接班人,肩负着振兴中华和建设社会主义现代化的历史重任。学习法律知识、提高法律意识是时代对大学生提出的要求。因此,大学生在学习和掌握科学文化知识的同时,要自觉学习法律知识,不断提高学法、知法和守法的能力。

理论讲堂

【教学目的】

1. 通过教师对我国社会主义法律内涵、法律体系、运行机制和建设法治国家任务的阐述,使学生逐步理解我国社会主义法律的内涵,了解我国社会主义法律体系,熟悉我国社会主义法律的运行机制,明确在我国实行依法治国方略、建设社会主义法治国家的重大历史任务的逻辑思路。

2. 通过对社会主义基本法治观念的分析和阐述,使学生逐步了解民主与法制的关系、权利与义务的关系、法律面前人人平等的含义。

3. 通过对国家安全相关法律知识的介绍,使学生逐步了解国家安全的相关法律知识,树立新的国家安全观,自觉履行维护国家安全的义务。

4. 通过对加强社会主义法律修养途径和方法的分析,使学生逐步了解法律思维方式的特征和培养途径,努力维护社会主义法律的权威。

【教学重点】

1. 社会主义法的制定、遵守、执行和适用;

2. 社会主义民主与法治的关系；

3. 依法治国,建设社会主义法治国家的主要任务。

【要点导读】

导读一　社会主义法律的内涵

一、法律的词源

东汉许慎所著《说文解字》中提到:"灋,刑也。平之如水,从水;廌,所以触不直者去之,从去。"廌,又名"解廌",也叫"獬豸",是一种独角兽,通人性,能够"治狱"、"别曲直"。上古时期皋陶(音 yáo)常用独角兽审判案件。这一解释有三点值得注意:第一,在商周时代,法和刑是通用的。第二,"水"不仅有"公平"的象征性含义,而且有"裁判"的功能性的含义,把罪者置于水上,随水流飘去,有驱逐的意思。第三,据说廌是一种独角神兽,性中正,辨是非,在审判时被触者即被认为败诉或有罪,所以"击之,从去"。

在古代文献中,"法"除与刑通用外,也往往与"律"通用。据《尔雅·释诂》记载,在秦汉时期,"法"与"律"二字已同义,都有常规、均布、划一的语义。《唐律疏议》更明确指出:"法亦律也,故谓之律。"在秦汉时期,改"法"为"律",二字已同义。《唐律疏议》更明确指出"法亦律也,故谓之为律"。把"法"和"律"连用作为独立合成词使用应该是清末受西方的法律文化影响所致。

西方法、法律的含义非常复杂,除英文中的 law 外,拉丁文中的 ius 和 lex,法文中的 droit 和 loi,德文中的 recht 和 gesetz 分别代表着法与法律。法律是一种权利,是一定社会经济条件的法权要求,是对客观经济的直接反映,具有必然性、规律性;而法律则是条文与规则,反映了国家意志的属性,是国家意志的一般表现形式,具有偶然性、主观性与意志性。法律是法的真实或虚假的表现形式,这种分类与自然法(应然法)和实然法(实在法、现实法、国家法)相对应。有些词还具有公平与正义的含义,如 ius、droit、recht 等。此外,西方学者还对法做了各种各样的分类,甚至将法与法律对立起来。

一般来说,西方法的词意的核心首先是正义(公平、公正),法是正义的体现;其次是权利;再次是规则,即人的权利之规则。法律既保护人们的正当权利,同时也惩治人们的不正当行为。有学者认为,法指永恒的普遍有效的正义原则和道德公理,而法律则指由国家机关制定和颁布的具体的法律规则,法律是法的真实或虚假的表现形式。

二、我国社会主义法律的内涵

从法律发展史来看,法律是一种复杂的社会历史现象。只有透过各种法律现象,把握深藏其后的本质,才能深刻揭示法律的内涵。

法律是由国家制定或认可并由国家保证实施的,反映特定的物质社会条件决定的统治阶级(或人民)的意志,以权利、义务为内容的,以确认、保护和发展统治阶级所期望的社会关系、社会秩序和社会发展目标为目的的行为规范体系。

法律是由国家创制并保证实施的行为规范。法律区别于道德规范、宗教规范、风俗习惯、社会礼仪、职业规范等其他社会规范的首要之处在于,它是由国家创制并保证实施的社会规范。国家创制法律规范的方式主要有两种:一是制定,即国家机关在法定的职权范围内依照法律程序,制定、补充、修改、废止规范性法律文件的活动;二是认可,即国家机关赋予某些既存社会规范以法律效力,或者赋予先前的判例以法律效力的活动。

法律不但由国家制定或认可,而且由国家保证实施,即,法律具有国家强制性。法律的国家强制性,既表现为国家对违法行为的否定和制裁,也表现为国家对合法行为的肯定和保护。国家强制力并不是保证法律实施的唯一力量:法律意识、道德观念、纪律观念也在保证法律的实施过程中发挥着重要作用。

法律是统治阶级意志的体现。第一,法律是统治阶级的阶级意志,是统治阶级的一般意志、整体意志、普遍意志,是统治阶级的共同意志、"公意"、"合力意志",而不是统治者个人的意志,也不是统治者个人意志的简单相加("众意"),更不是统治者的任性和随意。这种阶级意志是通过规范化、制度化、法律化、系统化、一般化而成为法律的。法律正是通过规范化、制度化、法律化、系统化、一般化,把个别性的东西转变为普遍性的东西,把局部性的东西转变为整体性的东西,把集团性的东西转变为社会共同性的东西。经过这种升华了的意志,就真正变成社会的规范规则。第二,法律所体现的统治阶级意志,不是其意志的全部,而是经过国家中介的(马克思说,一切规章都是以国家为中介的),上升为国家意志的那部分意志,也就是马克思所说的"被奉为法律的那部分阶级意志"。即,意志是多种多样的,并非也不需要所有的阶级意志都上升和转化为法律。只有经过法律程序认可、确定、处理的那一部分意志,只有经过国家中介的那一部分意志,才是法律。就此而言,法律只不过是社会的掌权集团或统治阶级根据自身整体意志、共同意志而以国家名义制定、认可、解释的,并由他们通过国家力量强加于全社会,要求一体遵行。法律必须体现国家意志,国家意志性是法律的本质属性之一。

法律由社会物质生活条件决定。法律不是凭空出现的,而是产生于特定时代的物质生活条件基础之上。社会物质生活条件是指与人类生存相关的地理环境、人口和物质资料的生产方式等。其中,物质资料的生产方式既是决定社会面貌、性质和发展的根本因素,也是决定法律本质、内容和发展方向的根本因素。生产方式包括生产力与生产关系两个方面,对法律产生着决定性的影响。在阶级社会中,有什么样的生产关系,就有什么性质和内容的法律。奴隶制生产关系、封建制生产关系、资本主义生产关系和社会主义生产关系,相应地产生了四种性质的法律。同样,生产力的发展水平也制约着法律的发展程度。我们不能设想,在生产力水平较低的奴隶社会,会制定出保护科技发明创造的知识产权法;在大工业时代之前的社会,会制定出保护自然环境的环境法。

三、法律的作用

法的作用可以分为规范作用与社会作用两类。一方面,法律是调整人们行为或社会关系的规范,所以法律具有各种规范作用;另一方面,法律是一定的人们的意志的体现,反映了他们的利益要求,所以法律具有各种社会作用。

1. 法律的规范作用

法律的规范作用是指法作为一种特殊的行为规则,对主体的意志行为发生影响,从而对主体的行为具有指引、评价、预测、强制和教育的作用。

(1)法律的指引作用是指法律通过规定主体在法律上的权利和义务以及违反这些规定的制裁,来指引人们的行为。一般有三种指引方式:第一,规定积极行为的义务;第二,授予主体权利;第三,禁止主体为一定的行为。

(2)法律的评价作用是指法律作为一种行为规则,具有判断和衡量人们行为合法或不合法的作用。法律通过评价作用来影响人们的价值观念和是非选择,从而达到指引人们行为的效果。

(3)法律的预测作用是指根据法律规范可以预测主体即将做出的行为的后果,也可以预知国家对某种行为的态度。

(4)法律的强制作用是指法律运用国家强制力保障自身得以实现的作用。

(5)法律的教育作用是指法律所具有的、能通过自身的存在及运作实施,产生广泛的社会影响,从而督促、引导、教育人们弃恶从善、做出正当行为的作用。

2. 法律的社会作用

法的社会作用是法律为实现一定的社会目的(尤其是维护一定阶级的社会关系和社会秩序)而发挥的作用。如果说,法的规范作用是从法律自身来分析法律的作用,那么法的社会作用则是从法律的目的和本质的角度来考察法律的作用问题。法的社会作用的基本方式有确认、调节、制约、引导、制裁等。

从马克思主义法学观点看,在阶级对立的社会中,法律的社会作用大体上表现在两个主要方面:

首先,法律在维护阶级统治方面的作用。法律的阶级统治作用是指法律在经济统治、政治统治、思想统治等方面的作用。马克思主义法学认为:在阶级对立社会中,社会的基本矛盾是对立阶级之间的冲突和斗争。为了维护自己的统治,掌握政权的阶级(统治阶级)必然把阶级冲突和斗争控制在一定的秩序范围内,他们利用国家制定和实施法律,来使自己在社会生活中的统治地位合法化,使阶级冲突和矛盾保持在统治阶级的根本利益所允许的界限之内,建立有利于统治阶级的社会关系和社会秩序。

其次,法律在执行社会公共事务方面的作用。社会公共事务是相对于纯粹的政治活动而言的一类社会活动。法律在执行社会公共事务上的作用具体表现在这样一些方面:① 维护人类社会的基本生活条件,包括维护最低限度的社会治安,保障社会成员的基本人身安全,保障食品卫生、生态平衡、环境与资源合理利用、交通安全,等等。② 维护生产和交换条件,即通过立法和实施法律来维护生产管理、保障基本劳动条件、调节各种交易行为等。③ 促进公共设施建设,组织社会化大生产。即通过一系列法律来规划、组织如兴修水利、修筑道路桥梁以及开办工业、组织农业生产之类的活动,并对这些活动实行管理。④ 确认和执行技术规范,包括执行工艺和使用机器设备的标准,规定产品、服务质量和标准,对高度危险品(易燃品、易爆品、枪支弹药)和危险作业(高空作业、高压作业、机动作业)的控制和管理,对消费者权益的保护等。⑤ 促进教育、科学和文化事业,如通过法律对人们的受教育权加以保护,鼓励兴办教育和奖励科技发明,保护人类优秀的文化遗产,要求政府兴办各种图书馆、博物馆、文化馆等文化设施。

四、法律的效力

法的效力通常可以分为规范性法律文件的效力和非规范性法律文件的效力。狭义的法的效力通常是指规范性法律文件的一般性效力,包括人的效力、时间效力与空间效力。

1. 法律对人的效力

法律对人的效力指法律对什么人(包括法人)、什么组织有效力的问题。就世界范围而言,大致有四个方面的原则:属人原则(以人的国籍与组织的国别为标准)、属地原则(以法的管辖地域为标准)、保护原则(以保护本国利益为标准)、综合原则(以属地原则为基础结合其他原则)。中国实行综合原则,首先,中国公民、法人与组织在中国领域内一律适用中国法。其次,中国法对外国人适用的情况:中国领域内的享有外交特权与豁免权的外国人,一般不适用中国法;中国领域外的外国人对中国公民、法人与其他组织犯罪的,按中国刑罚最低刑为 3 年以上有期徒刑的,可以适用中国法,但依犯罪地法不受处罚的除外。

2. 法律的空间效力

法律的空间效力是指法律在什么样的空间与地域范围内有效。最高权力机关与行政机关制定的宪法、法律、行政法规一般在全国范围内有效,地方权力机关、行政机关制定的地方性法规、行政规章在所辖地域范围内有效。国家法的域外效力由国际法条约与法律本身加以规定。国际法适用于缔约国与参加国,但是声明保留者除外。

3. 法律的时间效力

(1)法律开始生效的时间。① 公布之日生效。② 公布后经过一段时间生效。

(2)法律的终止,又称法律的废止与失效,指法从何时起不再有效,通常有明示与默示两种形式。我国法律的终止情况包括:① 新法取代旧法,旧法自然失效。② 有的法完成自身规定的任务后失效。③ 由有关机关发布宣告废止法律的专门法律文件。④ 法本身规定了失效的时间,该法届期自动失效。

(3)法的溯及力,指新法对其生效前所发生的事件与行为可否加以适用的效力。一般来说,法没有溯及既往的效力。但是,也常常有例外。目前各国关于法的溯及力大体有以下几种情况:① 从旧原则,新法没有溯及力。② 从新原则,新法有溯及力。③ 从轻原则,新法与旧法相比,哪个处理轻就按哪个处理。④ 从新兼从轻原则,新法原则上有溯及力,但是旧法处罚较轻时从旧法。⑤ 从旧兼从轻原则,新法原则上不溯及既往,但是新法处罚较轻时,从新法。我国一般采取从旧兼从轻原则。

五、当代中国的法律体系

十一届三中全会以来,我国立法机关和授权立法的机关,适应现代化建设的需要,特别是社会主义市场经济、政治文明、精神文明、生态文明建设的需要,在马克思主义中国化最新理论成果的指导下,总结我国改革开放的丰富经验,借鉴和移植对我国有用的外国法和国际法,初步建立起以《宪法》为核心的社会主义法律体系基本框架。党的"十六大"报告提出,到 2010 年形成中国特色社会主义法律体系的立法目标。这一目标包含了丰富的内容,既提出了有中国特色社会主义法律体系的基本含义和要求,又具体划分了法律体系中所要包含的法律部门。

1. 中国特色社会主义法律体系的基本含义和要求

中国特色社会主义法律体系是与我国社会主义初级阶段的基本国情相适应、与社会主义的根本任务相一致的,由门类齐全、结构严谨、内部和谐、体例科学的全部法律、法规所构成的统一整体。建立中国特色的社会主义法律体系,是规范、保障和推进"建立和完善比较成熟的充满活力的社会主义市场经济体制、社会主义民主政治体制以及其他方面体制"、"依法治国、建设社会主义法治国家"的基本前提之一。

2. 当代中国法律体系的部门划分

对于这样一个宏大的法律体系,如何划分出不同的法律部门,法学界和法律界有过不同的方案,例如,有的学者提出三分法,即将法律体系分为公法、私法和社会法;有的学者提出八分法,即将法律体系分为民法、商法、行政法、经济法、劳动和社会保障法、自然资源与环境保护法、政治法、文化法;有的学者提出十分法,即将法律体系分为宪法、行政法、民法、商法、经济法、劳动法和社会保障法、环境法、刑法、诉讼程序法、军事法。此前亦将我国的法律部门划分为 10 个,即宪法、行政法、民法、经济法、劳动法、科教文卫法、资源环境保护法、刑法、诉讼法、军事法。

根据九届全国人大常委会的意见,中国的现行法律体系划分为以下 7 个主要的法律部门:

宪法及宪法相关法法律部门、民法法律部门、行政法法律部门、经济法律部门、社会法法律部门、刑法法律部门、诉讼与非诉讼程序法法律部门。

六、我国社会主义法律的运行

1. 法律制定

法律制定又称立法,通常有广义和狭义两种理解。广义的法律制定泛指有关国家机关在其法定的职权范围内,依照法定程序,制定、修改、补充、废止规范性法律文件的活动。狭义的法律制定专指国家最高权力机关(或称国家立法机关)制定、修改、补充、废止基本法律(或法典)和法律的活动。

2. 法律遵守

法律遵守是国家机关、社会组织和公民个人依照法律规定行使权力和权利以及履行职责和义务的活动。人们通常把守法仅仅理解为履行法律义务。其实,守法意味着一切组织和个人严格依法办事的活动和状态。依法办事包括两层含义:一是依法享有并行使权利;二是依法承担并履行义务。因此,不能将守法仅仅理解为履行义务,它还包含着正确行使权利。在法律运行过程中,守法是法律实施和实现的基本途径。

在社会主义国家,一切组织和个人都是守法的主体。我国《宪法》明确规定:"一切国家机关和武装力量、各政党和各社会团体、各企业事业组织都必须遵守宪法和法律。""任何公民享有《宪法》和法律规定的权利,同时必须履行《宪法》和法律规定的义务。"

3. 法律执行

在广义上,法律执行是指国家机关及其公职人员,在国家和公共事务管理中依照法定职权和程序,贯彻和实施法律的活动。在狭义上,法律执行则是指国家行政机关执行法律的活动,也被称为行政执法。行政执法是法律实施和实现的重要环节。行政执法的主体通常是国家行政机关及其公职人员。

4. 法律适用

法律适用专指司法机关及其公职人员依照法定的职权和程序,运用法律规范处理具体案件的活动,也称司法或司法适用。在我国,司法机关是指国家检察机关和审判机关。人民检察院代表国家行使法律监督权,人民法院代表国家行使审判权,其他任何国家机关、社会组织和个人,不得行使国家司法权。

培根在《论司法》中指出:"一次不公的裁判比多次不平的举动为祸尤烈。因为这些不平的举动不过弄脏了水流,而不公的裁判则把水源败坏了。"

导读二 树立社会主义法治观念

一、建设社会主义法治国家

1. 法治的深刻内涵

（1）法治是一种宏观的治国方略。作为一种治国方略，它是指一个国家在多种社会控制手段面前选择以法律为主的手段进行控制，而不是其他手段，即依法治国。

（2）法治是一种民主基础上的制度模式。法治社会需要一整套完备的法律制度，但有了法律制度并不一定就是法治社会。通常所说的法制并不必然是民主的，它完全可以为专制制度服务。而法治正是指与民主相结合的法制模式，法律通过民主的手段制定，法律的首要目的是保护人民的权利。

（3）法治是一种理性的办事原则。法律是人们事先设定的规则，具有稳定性、连续性、普遍性和一致性，在制定法律之后，任何人和组织均受既定法律规则的约束，即依法办事。

（4）法治体现了一系列价值的法律精神。这种价值和精神包括：法律至上，即当法律与权力发生冲突时，应当服从法律而不是权力者个人的意志；善法之治，即通过民主的手段制定科学的体现人民意志的法律是一个基本的前提；权利本位，即人民的利益是最高的法律，法治的最终目的不是别的，而是人民的利益、公民的权利；平等适用，即法律面前，人人平等；权力制约和正当程序，即权力必须受到制约，权力的行使要受到法律的制约，尤其要受到法律程序的制约。

（5）法治还是一种理想的社会秩序。法治所追求的目标是一种理想的社会结构和社会秩序，因此它必然不是一个一成不变的确定状态，而是一个不断探索和不断实践的过程，具有由低到高发展的阶段性。

依法治国的主体是人民群众，建设社会主义法治国家是一项需要人民群众广泛参与的艰巨而复杂的系统工程，要经历长期的历史发展过程，要经过几代人持续不断地努力。建设社会主义法治国家的主要任务有以下几项：

① 完善中国特色社会主义法律体系。尤其要进一步加强立法工作，在立法主体、立法体制和立法程序上做进一步完善，提高立法质量。

② 提高党的依法执政水平。就是要进一步提高依法执政能力，使党的执政方式符合《宪法》和法律。

③ 加快建设法治政府。建立法治政府就是要建立职能明确而有限、法律

统一、透明廉洁、诚实信用、便民高效的政府,树立"依法行政"观念,以建设"阳光"政府为基础,促进法治政府的全面建设。进一步推进科学、民主、规范执政,提高政府服务人民的效率。

④ 深化司法体制改革,维护社会的公平、正义。

⑤ 完善权力制约与监督机制。尤其要加强司法监督、舆论监督和社会监督的力度。如中央电视台《焦点访谈》坚持用事实说话,选择"政府重视、群众关心、普遍存在"的问题进行曝光,反映和推动解决了大量社会进步与发展过程中存在的问题,很好地发挥了舆论监督的作用。

⑥ 培植社会主义新型法律文化。社会主义新型法律文化的培植,关键是传播和弘扬社会主义民主法治精神。要树立依法治国、执法为民、公平正义、服务大局、党的领导的社会主义法治理念,不断提高维护社会主义法治的能力。只有大力传播和弘扬社会主义民主法治精神,使人们的法治观念发生根本性的转变和更新,才能最终培植和建立适应社会主义法治需要的法律文化。

二、法治和法制

法制和法治是两个不同的概念,但它们又是密切联系的。法制也好,法治也好,它们都要以法律为核心内容和因素;它们都属于社会上层建筑的范畴,都受一定的物质生活条件的制约;它们都体现统治阶级的意志和利益,都为统治阶级服务。

所谓法制,从广义上说,就是指国家的法律和制度,或者说就是一个国家或地区的法律上层建筑的整个系统。在这个系统中,核心因素是现行的法系统(即法的体系),同时还包括与现行法相适应的法律意识(即统治阶级的法律意识)和一系列的法律实践(包括法律制定、法律实施和法律解释)活动。

所谓法治,就是指与民主相联系的治国的原则和方略,或者说就是一切国家机关、公职人员、公民、社会组织和团体必须普遍守法的原则,亦即依法办事的原则。

因此,尽管法制和法治存在着某些联系和共同点,但它们却是两个不同的概念。法制是国家的法律和制度的简称,是整个法律上层建筑系统,更多的是从静态意义上讲的。而法治包括治国的原则和方略、普遍的守法原则、依法办事的原则,是同政治民主相联系的。法制是与国家政权相伴而生,有国家政权就有法制;而法治则是与民主政治相伴而生,一个国家可以有健全的法制,但这样不等于实行了法治,有了民主政治才可能实行法治;它们各自在语言表述上,无论中文还是外文都是有区别的。总之,法制和法治,二者既有联系,又有区别,既不能割裂开来,也不能混淆起来。

三、社会主义民主法治观念

社会主义民主法治是人类历史上最高类型的民主法治。我国社会主义民主法治不仅包含丰富的内容,而且具有鲜明的社会主义性质。当代大学生应当以马克思主义为指导,正确理解社会主义民主法治的性质和特征,树立起符合时代精神的社会主义民主法治观念。实现社会主义法治必须具备以下三个条件:

1. 法治所需要的法律

法治所需要的法律应该包括三个部分,即具备若干属性的法律、专门的司法机构、平等守法的态度。关于法治所需要的法律,可以从以下几方面理解:

(1) 法律是普遍的。一方面,法律规则不是针对某一个人或某一些人,而是针对多数人,是指导多数人的行为的;另一方面,法律规则是普遍适用的,也就是说,法律面前,人人平等,不允许特权的存在。更进一步说,法律的普遍性就是法无明文规定不为罪这一公理的前提。因此,所谓法律的普遍性是指,虽然法律对于它要禁止的行为具有特殊性,但是,法律不能使它要适用的对象也特定化。

(2) 法治所要求的法律还必须是人能够遵守的法律。这里要注意两个问题。首先,法律不能脱离人们的实际生活。为了使法律在社会生活中发挥作用,它必须是人们在实际生活中能够依赖、遵守的,否则,法律就失去了它的社会作用。其次,法律必须以人为本。人是规范的主宰,法律不是凌驾于人的行为之上的规则,它是根据人的实际需要产生并用来指导人的行为的规范。

(3) 法律是稳定的。只有稳定的法律规则才能使人们对它产生依赖感,才能使人们能够预测自己行为的法律后果,使行为具有可预期性,使秩序成为人们生活的保证。

(4) 根据一般法律制定具体规则。从效力渊源上讲,法律所要求的具体行为规范不能来自行政权力,只能来自更高级的法律规范。它不仅有利于纯洁法律体系,使之尽量避免内在的矛盾,它还有助于限制权力的任意,使权力始终在法律的限制内运行。

(5) 法律是宽容的。法治所要求的法律必须具有宽容精神,它应该能够区分不同动机的违法行为,并根据文明和伦理的一般要求宽容某些违法行为。正是在这个意义上,法律应该更加温和、更加文明。一方面,对于那些出于邪恶的动机而发生的违法行为必须给予惩罚,以维护社会秩序;另一方面,宽容那些出于伦理或宗教原因而出现的违法行为,宽容那些由于社会的剧烈变化而发生的某些行为。因为在法治社会中,法律不是唯一的权威,除了法律,社会生活中还存在着其他权威,如伦理规则、宗教戒律甚至行业内部的某些规则,它们都对不同范围的人们发挥着制约的作用。而法治社会的法律必须承认这些规范的效力,因为,它们都起着维护社会秩序,约束人们行为的作用。若没有这些,只有严酷而冰冷的法律一统天下,恐怕就与法治的初衷背道而驰了。

2. 法治所要求的司法机关

(1)司法机关必须是独立的。所谓司法独立指的是在处理案件时,司法机关不受行政与立法机关的干预。司法独立的意义在于:首先,这是司法机关公正解决人们争议问题的需要。如果司法成为行政的一个组成部分,法律就不再能够公正地处理问题了,它就会使自己的立场偏向于政府。其次,司法独立还是人们对司法机关信任的前提。正是由于相信司法机关是不受政府干预地处理人们的争议的,人们才愿意把自己的争议交给司法机关处理,否则,人们就会另外寻找独立的机关去处理问题。当然,司法独立绝不是法官的任意和自由裁决,相反,它规定法官必须严格依法办事。否则,司法独立就会蜕变为司法的专横,法官就会成为柏拉图所建议的不受法律限制的“夜间政务委员会”的官员。司法独立不只是一个法治的原则,它还有一系列的具体规则来加以保障。例如,法官任职时间的规定、法官年薪的规定以及弹劾法官的规定(已经证明的不良行为和无能)等。

(2)司法机关必须公正审判。所谓公正审判不仅要求法院在审理案件时处在中立的、不偏不倚的立场,还要求法院在严格依法处理的同时追求社会公正。除了原则的要求外,还要求有一些具体的制度设计。例如,公开制度、陪审制度、正当程序制度以及确认证据的制度等,以此来保证审判活动的公正性。司法的公正还依赖于法官或者法院不断强化自己的法律意识,严格运用法律推理,使自己的司法判决成为准确认定事实,严格适用法律,一丝不苟进行法律推理论证的典范。

(3)司法机关必须是多数人能够利用的。在一个法治社会中,一般群众通过法律来解决他们之间的纠纷应该是比较容易的。从这个意义上讲,诉讼结果的遥遥无期和诉讼过程的过高花费都应该是法院必须尽力避免的。因为如此诉讼必将损害当事人的权利,使他人的法律权利成为一种“虚”的东西,并最终使民众对通过法律解决纠纷失去信心。

3. 社会成员对法律的态度

法治社会的建立和维持严重依赖于人们对法律的如下态度,即无论是政府官员,还是普通老百姓,他们都必须守法。法律无论如何设计,总会有漏洞;法律无论多么严密,总会跟不上社会生活的发展步伐。因此,遵守法律就成为实现法治的根本要素。守法是指人们的行为应该遵守法律的规定,守法还意味着在关于法律的知识中,遵守法律占有重要地位,是人们的一种信念。守法首先是要求掌握权力的人们遵守法律,即君主或官员遵守法律。由于掌握权力,人们愿意也能够运用权力实现自己的目的,而这往往导致无视已经存在的法律规定,或者根本背离法律的规定,因此,对于法治来说,有权者遵守法律就是十分重要的事情。不仅如此,守法还意味着普通老百姓遵守法律。群众的守法对于法治的成败和发展意义重大。归根结底,法治的力量和它的健康发展并不依赖于专业法律人员,而在于广大群众对待法律的态度。只有当普通老百姓也认真对待法律的规定时,法治才是根深蒂固的。普通群众的守法不仅是治者以身作则的教育结果,而且还是文化传统长期熏陶的结果,这种熏陶可以使人们鄙视通过违反法律而获利的行为,还可以使人们不因少数人的违法行为而失去对法律的信任。

四、法律权利与法律义务

1. 法律权利与法律义务的性质

法律权利与法律义务观念,是社会主义法治国家的公民应当具有的基本法治观念。我们可以从三个方面理解法律权利和法律义务的性质。从来源上看,法律权利和法律义务一般都来源于法律的明文规定,或者法律虽未明文规定,但可以从法律的规定中推导出来;从基本内容来看,法律权利意味着人们可以依法作或不作一定行为,可以依法要求他人作或不作一定行为;从范围来看,法律权利和法律义务都有明确的界限。

2. 法律权利与法律义务的关系

(1) 权利和义务的对立统一

首先表现在权利义务的相互对应、相互依存、相互转化的辩证过程中。所谓相互对应,是指任何一项权利都必然伴随着一个或几个保证其实现的义务,而不管这个义务是权利人自己的还是他人的。有其一,必有其二;无其二,其一便毫无存在的意义。所谓相互依存,是指权利以义务的存在为存在条件,义务以权利的存在为存在条件,缺少任何一方,另一方便不复存在。就像婚姻关系中的男女,缺少任何一方,其夫妻关系便无法结成一样,夫为妻而存,妻为夫而存。所谓相互转化,是指权利人在一定条件下要承担义务,义务人在一定条件下要享受权利,法律关系中的同一人既是权利主体又是义务主体。从一个角度看该主体是权利人,从另一角度看,该主体是义务人,也可能他既是权利人又是义务人。权利和义务就是对应、依存、转化的过程中在一组关系内由对立走向统一。

(2)权利和义务之间是社会的权利总量与义务总量的等式

如果把权利作为数轴的正侧,把义务作为数轴的负侧,则权利每前进一个刻度,义务必向另一方向延展相同的刻度,权利的绝对值总是等同于义务的绝对值。该关系式的原理可适用于每一个社会主体。一个为社会履行义务量多的人,社会必然应赋予其更多量的权利,这种量的对等关系是社会公正与正义的基本标准。如果允许没有贡献的权威存在,或者允许没有劳动的财富存在,那么必定是做了贡献的人反而受制于人,付出劳动的人反而成为愈加贫穷的人,这种社会便是容忍罪恶存在。虽然社会权利的总量与义务的总量不因罪恶而失衡,但总量平衡关系在具体主体身上的不公却能证明社会实体的不正义。

(3)权利和义务关系是价值的一致性与功能的互补性

价值的一致性是说无论是权利还是义务,其设立的目的都等于立法目的。权利和义务都是主体所需要的,它们是主体所执的左右两柄,共同构成了主体支配客体的手段。功能的互补性是说权利与义务对同一主体同时贡献着启动与抑制、激励与约束、主动与被动、受益与付出两种机制。以社会需要而言,当活力、创造与革新为人们所追求时,权利的功能就会被人们格外重视;而当稳定、秩序与安全为人们所珍视时,义务的功能更能满足人们的要求。

(4)权利和义务关系是权利义务守恒定律

该定律表现为权利和义务在不同关系中的三大比例关系:第一,在权利义务总量不变的前提下,私权利义务与公权利义务间成反比例关系;第二,私权利主体间的权利和义务成等比例关系;第三,权利和义务相对于一国经济、社会文化及民主的状况成正比例关系。用权利义务守恒的定律来分析公民与国家间的关系,可以发现两种不同本位的对立。以国家权力为标准,强制公民只有服从的义务,该类型的法律便是义务本位的法,资本主义以前的法皆具这一特征。反之,以公民权利为标准,以此判断国家是否以服从于公民权利为根本义务,该类型的法律便是权利本位的法。民主制的法必定是权利本位的法。如果从价值主次上分析,权利义务关系也可得出相同的结论。

导读三 加强社会主义法律修养

一、法律修养的内涵

何为法律修养？简言之，是指认识和运用法律的能力或素质。一个人的法律修养如何，是通过其掌握、运用法律知识的技能及其法律意识表现出来的。法律修养是人在先天的生理基础上，通过后天的法律环境的影响和教育训练所获得的内在的、相对稳定的身心特征及其基本品质。其实质是人们在日常生活中所获得法律知识的内化和融合，对个人的思维方式、处事方式、行为习惯等方面起着重要作用。具备一定的法律知识并不等于具备了法律修养，只有内化和融合了所学的法律知识，并对思想意识、思维方式、处事原则、行为习惯等产生真正的影响，才能上升为法律修养。由于法律所奉行和遵循的基本理念、原则和精神，主要是理性、正义、人权、民主、公平、秩序，因此具有法律修养的人自然是理性的人，是尊奉人权、民主的人，是追求正义、公正、平等和合理秩序的人，因而也是一个文明的人，一个不会越过法律底线的人。这和那种遇事盲目冲动、不计任何后果、把法律统统抛诸脑后的没有法律修养的人，是不可相提并论的。

二、培养社会主义法律思维方式

法律思维是指按照法律的逻辑来观察、分析和解决社会问题的思维方式，即依法行政、依法行事。社会问题通常是一个复合性问题，往往包含着政治的、经济的、道德的和法律的等多种因素。如果说政治思维方式的重心在于利与弊的权衡，经济思维方式的重心在于成本和收益的比较，道德思维方式的重心在于善与恶的评价，那么法律思维的重心则在于合法性的分析，即把合法性当作思考问题的前提，围绕合法与非法来判断一切有争议的行为、主张和关系。

培养法律思维并不是一件轻而易举的事情，而是需要付出艰苦的努力。大学生可以通过学习法律知识、掌握法律方法、参与法律实践等途径，在日常生活中逐渐养成从法律的角度思考、分析、解决法律问题的思维习惯。

（1）学习法律知识。学习和掌握基本的法律知识是培养法律思维方式的前提。一个对法律知识一无所知的人，不可能形成法律思维方式。法律知识通常包括法律、法规方面的知识和法律原理方面的知识，这两部分法律知识对于培养法律思维方式都很重要。只有既了解法律、法规在某个问题上的具体规定,又了解法律的原理、原则,才能更好地领会法律精神,养成法律思维,并运用法律思维思考和处理各种法律问题。

(2)掌握法律方法。法律方法是人们从法律角度思考、分析和解决法律问题的方法。法律方法构成法律思维的基本要素,法律思维的过程就是运用法律方法思考、分析和解决法律问题的过程。我们要培养法律思维方式,必须掌握法律方法。应当指出,法律工作者使用的法律方法相当复杂,包括法律解释的方法、法律推理的方法、填补法律漏洞的方法、认定事实的方法等。每一种基本方法又包括一系列具体的方法。大学生有必要了解和掌握基本的法律方法。

(3)参与法律实践。法律思维方式是一种在法律实践中训练、培养和应用的思维方式。脱离具体的法律生活和法律实践,不可能养成法律思维方式。只有通过参与各种法律活动,在法律实践中运用法律知识和方法思考、分析、解决法律问题,才能养成一种自觉的法律思维习惯。随着社会主义法治国家建设进程的不断推进,法律对社会生活的调整范围将越来越广泛,人们面临的法律事务必然会越来越多。这既对培养法律思维方式提出了迫切要求,也为培养法律思维方式提供了良好条件。

三、树立和维护社会主义法律权威

法律权威是一个内涵广博而丰富的概念,是指法律所具有的令人信服的力量和威望。树立法律权威有利于司法独立及保护社会主体的权利。然而,随着社会的演进,在现实生活中,法律权威的缺失已成为法治建设的瓶颈,主要表现为:立法未充分体现公意、执法主体法律素养缺失、司法独立举步维艰、公民权利意识淡薄。因此,树立我国法律权威势在必行。

法律权威至少包括以下四个方面的内涵:一是法律至上,即法律在国家社会生活中处于最受敬重的地位,具有至高无上的威严。二是法律至圣,即法律神圣不可侵犯,具有最高的威力。法律一旦被侵犯,不管违法者是谁,无论是个人或机关,都要受到相应的法律制裁。三是法律至贵,即法律至为重要。"国无法而不治,民无法而不立"所讲的正是这个道理。四是法律至信,即对法律的真诚信仰。人们对法律的认同与崇尚是一条沟通法律与社会的金色纽带。"法律必须被信仰,否则它形同虚设"。

法治是不可逆转的时代潮流,是法律现代化唯一正确的方向,而若要实现法治,首先必须树立起法律的权威地位,但这势必是一个光荣而艰巨的过程。在我国,不仅既无法律权威的传统,而且现实中培植法律权威也会遇到重重的障碍,这是一个痛苦的过程,但它孕育着中华民族光明的前途。基于此,法律权威的养成便有了其必要性。法律权威的养成,应从以下几个方面着手:

(1)努力树立法律信仰。一个人只有从内心深处真正认同、信任和信仰法律,才会自觉维护法律的权威。大学生应当通过认真学习法律知识,深入理解法律在现代社会中的重要作用,深刻把握我国社会主义法律的精神,从而树立起对我国社会主义法律的信仰。

(2)积极宣传法律知识。大学生在自己学习和掌握法律知识的同时,还要向其他人宣传法律知识。特别是要宣传社会主义法治观念,帮助人们彻底根除"权大于法""要人治不要法治"等封建残余思想,宣传我国社会主义法律的优越性,使人们了解、熟悉和认同我国社会主义法律,从而推动全社会形成尊重和维护社会主义法律权威的良好风尚。

(3)敢于同违法犯罪行为作斗争。违法犯罪行为既是对社会秩序的破坏,也是对法律权威的蔑视。大学生不仅要有守法意识,自觉遵守国家法律,而且要敢于和善于同违法犯罪行为作斗争,自觉维护法律权威。同违法犯罪行为作斗争的方式是多种多样的,既包括事前采取有效措施预防违法犯罪行为的发生,也包括事中和事后制止、检举、揭发违法犯罪行为。

实践课堂

【实践主题】 普及法律知识,增强法治观念。

法治,人们通常的理解就是法律之治,即通过法律治理国家;同时,法治又是指通过法律使权力和权利得到合理配置的社会状态。法治包含两个部分,即形式意义的法治和实质意义的法治,是两者的统一体。形式意义的法治,强调"依法治国""依法办事"的治国方式、制度及其运行机制。实质意义的法治,强调"法律至上""法律主治""制约权力""保障权利"的价值、原则和精神。

一个现代国家要想建立法治社会,必须人人充分了解法律、信仰法律,树立法律至高无上的权威,即法律必须被普遍遵守。一个社会能否实现法治,一个重要的先决条件就是这个社会必须有尊崇法治的文化和心理,必须培养起追求法治的信念。没有落实到每个人的观念和行动中的尊重法治的法律文化的支持,任何法治社会都不可能横空出世。

　　大学生既要具备良好的思想道德素质,更应具备良好的法律素质,树立"以遵纪守法为荣,以违法乱纪为耻"的观念。在法律实践活动中,既要学习和掌握法律知识,了解法律的原理、原则,还要在深刻领悟法治内涵的基础上,树立法治意识、国家安全意识,加强自身的法律修养,更要把法治意识转化为对法治的信仰,并外化为行动和追求,最终养成一种自觉用法律知识和方法思考、分析、解决法律问题的思维习惯。只有掌握了法律知识并用法律思维解决问题的大学生才能在社会主义法治国家和民主政治建设中做一个知法、懂法、守法的合格公民。

【设计思路】

　　法治教育的价值在于倡导法治精神,它以确认法律的权威性和至上性、确认社会运行主要靠法律制度来规范与调节、培植法律信仰为核心,造就大批具有良好法律素质的公民,来满足法治社会的需要。针对大学生的特点,强化学生主体的法律意识,引导大学生尊敬和崇尚法律,引导他们对有关的法律问题进行思考。在社会走向法治的过程中,每个大学生都有责任、有义务提升自己的法律素质,提高自我维权的能力,这也是提高整个民族法律意识的重要组成部分。

　　本章的实践教学目标是通过社会调查、法治视频播放、法院庭审旁听、模拟法庭等活动,增加学生接触法律知识的机会,将理论学习应用到实践环节中,调动每位大学生学习法律及普及法律知识的积极性,形成浓厚的法治教育氛围。在教学活动中要注意用身边的案例启发并鼓舞学生,在思想上引领他们形成法治观,并用实际行动拥护法律的公平公正,促进大学生法律意识的形成。

　　据此,本章设计了两个课堂实践项目和两个课外实践项目。"正义之路——法治社会建设"和"模拟法庭"作为课堂实践,主要目的是让学生加深对法律历程与法律知识的了解,纠正他们对法律的一些错误及片面认识,进一步扩充大学生的法律常识,提高学生的法律素养,做到知法、懂法,把知识内化为信念;"行人和非机动车违反交通安全法调查"和"法院庭审旁听"作为课外实践,主要目的是在学生对法律知识的了解的基础上,训练学生的法律思维方式,做到守法、护法,把信念外化为行动。四个实践项目的逻辑关系是由内到外、由知到行、由浅入深、层层递进,构成一个具有内在联系的有机整体。

【实践项目】

一、行人和非机动车违反交通安全法调查

◎**实践类型**:调研。

◎**实践形式**:现场调查。

◎**实践目标**:日常生活中的遵纪守法行为是验证我们遵守社会相关法律制度的有效手段。本次课外实践通过了解行人和非机动车主对交通安全知识的掌握情况以及对交通安全法的遵守情况,促使大学生了解并学习我国现行交通法规知识,并在调研的过程中切身感受不遵守交通法规给社会和自身带来的危害。通过调查,启示大学生做好交通法规的普及工作,以提高大家遵守交通法规的自觉性。

◎**实践方案(6课时)**:

1. 前期准备。(1)分组。将学生分成若干小组,5~6人一组为宜,并确定一名组长;(2)学习交通安全法的法律法规。可通过指导教师课堂集中讲授或者小组成员在组长的带领下学习等形式开展。

2. 确定主题。根据调查内容和调查对象可将调查分为以下三类:(1)对交通安全常识的调查;(2)对行人违反交通安全法的调查,如闯红灯、横穿马路、在机动车道行走等行为;(3)对非机动车违反交通安全法的调查,如非机动车逆向行驶、乱停放现象。

3. 制作问卷。每个小组成员根据调查主题及调查方向共同制作一套调查问卷,内容涉及调查目的、调查方式、分工情况、调查内容、调查时间、调查地点、调查结果、调查分析、调查感悟等。通过比较分析,最后由指导老师审核提炼出科学、可行的调查问卷。

4. 调查过程。(1)安全工作。课外实践活动一定要做好各项安全预防措施,强调有组织地开展该项活动,遵守交通规则,注意交通安全;(2)选定调查地点和时间段;(3)做好问卷的发放与回收工作。

5. 数据分析。对有效问卷进行数据统计并对结果进行简单分析。

6. 调查报告。在分析调查数据的基础上完成调查报告,并制作配套的PPT课件。调查报告必须包括调查问卷中各项标题内容,重点对调查结果进行理论分析,体现当前行人和非机动车主对交通法常识的了解程度。同时分析违反交通安全法现象的现状、原因并提出解决问题的具体对策。

◎**实践成果**:完成一篇调查报告,并制作配套PPT课件。

◎**活动评价**：

优秀(90~100分)：能积极参与活动的各个环节,态度认真,顺利达到调研目标,并根据资料进行系统的分析,得出结论,同时可以在结论的基础上提出针对违法现象的改进措施;PPT课件能够充分展示实践活动的过程,内容充实,做工精细,图案搭配和谐、美观。

良好(80~89分)：参与活动比较积极,态度比较端正,能比较出色地完成交办的各事项,有一定的组织能力;调查报告和PPT课件能够比较真实地展示实践活动的过程,内容比较充实,做工比较精细,图案搭配比较和谐、美观。

合格(60~79分)：应付交办的任务,态度不够端正,基本完成调查报告和PPT课件。

不及格(60分以下)：没有参与实践活动或者对交办的任务没有认真去做,未完成调查报告和PPT课件。

二、正义之路——法治社会建设

◎**实践类型**：互动。

◎**实践形式**：观看视频、分组讨论。

◎**实践目标**：运用视频宣传我国的法治思想,同时紧跟形势探讨社会热点问题,充分发挥视频实践资源的最大化运用。视频学习可以调动学生对法律事件的兴趣,加深大学生对法律知识的了解,培养大学生用法律的视角独立思考问题的能力与表达能力。强化大学生的法律意识,以实际行动遵守法律、法规,促进精神文明建设。

◎**实践方案(6课时)**：

1.选取内容。精心选择播放的视频资料,不仅要紧扣本章内容,更要有一定的代表性。选取的案例可以是经媒体报道的,也可以是发生在身边的,内容要具有时效性,要贴近学生的实际生活,这样才能具有感染力,才能引起学生对法律学习的兴趣。如反映中国法治建设历程的视频《正义路——法治社会的建设》和《"民告官"风雨二十年》等。还可以结合社会热点问题选取影响力较大并值得思考的法律案例,如许霆案、宝马撞人案等。

2.提出问题。为了提高教学效果,播放视频前,要结合视频内容提出法律问题,重点关注案例事实和法律规定,让学生带着问题去看视频,边看边思考。

3. 讨论交流。将学生分成若干小组,就给定的主题进行讨论。探讨的内容为案例事实和相关的法律规定,培养学生的参与度,激发学生对法律知识的学习兴趣。

4. 总结点评。指导教师讲授视频中涉及的法律理论并作适当指导,在澄清案例事实的基础上,找出相应的法律规定并解释。进行案例分析时一定要将案例事实和法律规定结合起来,二者缺一不可。

5. 考核要求。在就视频案例进行讨论的基础上,学生各自写出分析报告,提出法律见解,由指导教师作出评判。考核成绩的判定主要以学生提供的书面材料为依据,同时还应考虑学生现场交流时的表现。

◎**实践成果**:完成一篇书面总结。

◎**活动评价**:

优秀(90~100分):积极参与,认真观看视频;在讨论过程中,能踊跃发言,观点清晰;能够理论联系实际,具有很强的发现问题、分析问题、解决问题的能力;书面总结上交及时、态度认真、内容全面、字迹清楚。

良好（80~89分）:参与比较积极,尚能主动参与案例讨论,但准备不够充分,能够按时完成书面总结。

合格(60~79分):勉强参与,讨论时不够积极,发言勉强,能够提交书面总结。

不及格(60分以下):消极或不参与实践活动,未能按时提交书面总结。

三、法院庭审旁听

◎**实践类型**:互动。

◎**实践形式**:庭审旁听。

◎**实践目标**:通过旁听法院庭审的全过程,学生们可以亲身感受法律的神圣与严肃,增强对司法的感性认识,更加直观地理解所学到的法律知识。该活动可以培养学生树立法律意识,让学生了解更多具体的法律知识,养成用法律解决问题的习惯。

◎**实践方案(6 课时)**:

1. 联系法院。事先与当地法院取得联系,并征得他们的同意。指导教师协调并选择恰当的、典型性的案例,与承办法官确定具体的旁听时间。

2. 动员组织。要求所有学生都参加法院庭审旁听,现场感受法律的神圣与庄严;讲解法院在庭审过程中的要求和有关规定,让学生明确在庭审的过程中需要特别注意的地方。特别要对学生进行安全教育,教育学生在路途中注意人身和财产安全,服从指挥,统一行动。

3. 解析案例。将庭审案件的基本情况告知学生,分析案件类型(民事案件、刑事案件、经济案件等),让学生先有初步的认识,提前做好资料搜集,以便做好案件分析。

4. 旁听过程。集中乘车,按时到达法院;携带有效证件,听从法院工作人员指挥,遵守法庭旁听纪律;准备好纸笔,做好记录。

5. 活动总结。法院庭审旁听结束后,要求所有学生根据法院庭审的整个过程进行分析与总结。

◎**实践成果**:完成一篇书面总结。

◎**活动评价**:

优秀(90~100分):积极参与,听从指挥,旁听过程中能够遵守法院旁听纪律,认真记录;结束后能够按时提交活动总结,对庭审过程记录详细,并能理论联系实际对旁听案件进行分析总结。

良好(80~89分):参与比较积极,能够遵守法院旁听纪律,按时提交活动总结。

合格(60~79分):参与积极性不高,未能听从指挥统一行动;庭审过程中未能认真记录,不能遵守庭审现场纪律,未能按时提交书面总结。

不及格(60分以下):消极或不参与实践活动,未提交书面总结。

四、模拟法庭

◎**实践类型**:体验。

◎**实践形式**:互动。

◎**实践目标**:通过对所选择案件的庭审全过程的模拟,学生可以熟悉司法审判的程序;通过"亲身、亲历"参与模拟法庭活动,培养和锻炼学生发现问题、分析问题和解决问题的能力,提高学生对法律的学习兴趣,使其学会运用法律。

◎**实践方案(6课时)**:

1. 选择典型案例。所选案件要适当,既不能简单得难以引起学生兴趣,也不能太复杂,使学生如堕云雾,不知所云。选择有一定代表性和社会影响力并且有一定理论深度或争议的案件,特别是近年司法实践中出现的新型案件。

2. 设定活动小组。根据选定案例的具体情况来设定活动小组,比如民事案件,可设定主审法官、原告、被告、代理人 4 个活动小组;刑事案件,可设定公诉人、辩护人、被告人 3 个活动小组。依据学生目前所从事的具体工作,指定小组的骨干成员,其余学生可根据自己的兴趣选择加入其中一组来参加模拟法庭实践活动。

3. 剖析角色定位。指导教师对每个角色逐一进行剖析,以确保学生在模拟庭审过程中角色真正入位。

4. 明确审判程序。学生可根据案件类型探讨该案件的法庭审判基本程序和要求,指导教师要随时提出问题并启发引导,最终确定庭审流程。

5. 实务模拟法庭。首先,由各个活动小组推选出代表担任模拟法庭中的各种角色。其次,按照法院审判庭的标准来布置模拟法庭,仿制法院的审判席、原告席、被告席、国徽等。最后,按照法院审判案件的普通程序进行模拟审判。

6. 小组活动总结。模拟庭审结束后,要求学生根据自己参与体验的角色以及在整个模拟法庭中的感受,撰写心得体会。

7. 考核要求。指导老师要从以下几个方面对学生进行评议打分,即在整个模拟法庭实践活动中的表现、其小组代表在法庭上的表现、与全体模拟法庭成员整体协调情况、小组法律文书的质量、学生个人的心得体会等,最后确定该学生模拟法庭法律实践的成绩。

◎**实践成果**:演示、实践报告。

◎**活动评价**:

优秀(90～100 分):积极参与、态度认真,能按时、按要求完成分配的任务,在模拟庭审过程中表现突出,给人留下深刻的印象;实践报告内容完整,字迹清楚,有条理,并能进行归纳。

良好 (80～89 分):参与比较积极,能较好地完成任务,实践活动中表现良好。实践报告内容比较完整,字迹比较清楚,有一定的条理,能给人留下较好的印象。

合格(60～79 分):能够顺利完成分配的任务,参与并能完成交办事项。能如期上交实践报告,内容比较完整。

不及格(60 分以下):消极抵制或不参与实践活动,未能按时完成分配的任务,未能按时上交实践报告。

参考案例

遭遇侵权后常自认倒霉，大学生应补上"法律维权"这一课

新闻回放：由于非法中介、山寨求职网猖獗，武汉许多大学生曾在求职中被骗。不久前，湖北成立了首个高校消费维权联盟，专门对付各种骗人的校园"忽悠式消费"。武汉市工商部门联合湖北经济学院、华师传媒学院、湖北美院等 19 所高校建立联席会议制度，以期帮助学生培养消费维权意识。

据统计，超过六成的大学生在兼职中有过被骗经历，面对侵权，大学生往往一开始很气愤，但最后也能自己劝自己："算了，这个社会就是这样的。"有的甚至以吃亏为发愤读书的新动力。类似的雇主涉嫌违反劳动法规的行为，没有唤起学生的维权意识，而是转化成了坦然接受的阿 Q 精神，不免让人有点哭笑不得。

【点评】　目前，我们通过对高校发案情况的调查发现，一些针对高校大学生的违法犯罪呈不断上升的趋势，特别是在大学生兼职过程中的侵权现象日益严重。不法之徒之所以能够有恃无恐，并且屡屡得逞，这与在校大学生自身安全防范的警惕性低和法律维权意识淡薄密切相关。

大学生在提高自己专业知识的同时，也应该注重提高自己的法律修养。只有熟悉法律，懂得运用法律，树立法律意识，才能在遭遇侵权行为时运用法律武器保护自己的合法权益。遇到纠纷时应该用法律思维方式来思考和处理，这就要求大学生应该讲法律、讲证据、讲程序、讲法理。

例如，在兼职之前你是否关注过劳动法规？是否对于合同的基本知识有所了解？你是否了解一旦被侵权你应该向哪个部门投诉以寻求援助？也许轻率和冲动是年轻的烙印，但一个个侵权案例总应该给我们带来一些反思。所谓的成熟不单单只是狭隘的圆滑老练，而更是一种镇定、一种谨慎，一种拿起法律武器维护自己合法权益的勇气。

根据相关法律规定，在校生利用业余时间勤工助学，不视为就业，不属于建立劳动关系，可以不签订劳动合同，因此，在校大学生到用人单位勤工助学的行为，不属于现行劳动法律、法规、规章的适用范围。但是，这不妨碍兼职学生与用人单位签订"劳动合同"，发生纠纷时，兼职学生可以根据合同向有关部门主张合法权益。口头协议虽然也有法律效力，但往往后期取证困难，所以订立口头协议也要保存好相关证据。

兼职学生自身权益受到侵害,首先可以将事实真相报告学校,由学校出面协助解决,如果学校难以解决,还可以通过学校的主管部门出面与有关部门协调解决;当然,兼职学生也可以根据实际情况向工商部门、公安部门、消费者协会等反映情况,有效地维护自己的权利。通常情况下,一个企业要想长期发展还是比较在乎自身形象的,向劳动监察部门投诉或向劳动争议仲裁委员会申请仲裁,无形中会给一些违规操作的企业以压力,增加其违法违规成本。

不过,最重要的还是应当提高大学生自身的法律意识,在和用人单位发生工作关系前多做一些调查和了解,多寻求相关部门的建议,做好充分的准备工作,并注意保留相关工作证据。对待用人单位的严重侵害权益行为,应保持冷静、谨慎,切忌采取过激行为,可以寻求媒体或者律师的帮助,必要时可依据《民事诉讼法》向人民法院提起诉讼。

大学生杀人案件发人深省

药家鑫是西安音乐学院大三学生。2010 年 10 月 20 日深夜,他驾驶红色雪佛兰小轿车从西安长安送完女朋友返回西安。当行驶至西北大学长安校区外西北角的学府大道时,撞上前方骑电动车同向行驶的张妙。药家鑫下车查看,发现张妙倒地呻吟,因怕张妙看到其车牌号,以后找麻烦,便产生杀人灭口之念。他转身从车内取出一把尖刀,上前对倒地的张妙连捅八刀,致张妙当场死亡。杀人后,药家鑫驾车逃离现场。车行至郭杜十字路口,又将一对情侣撞伤,逃逸时被附近群众抓获。2010 年 10 月 23 日,药家鑫在父母陪同下到公安机关投案。经法医鉴定:死者张妙系胸部被锐器刺创致主动脉、上腔静脉破裂大出血而死。2011 年 1 月 11 日,西安市人民检察院以故意杀人罪对药家鑫提起了公诉。同年 4 月 22 日西安市中级人民法院一审宣判药家鑫故意杀人罪,判处死刑,剥夺政治权利终身,并处赔偿被害人家属经济损失 45498.5 元。5 月 20 日,陕西省高级人民法院对药家鑫案二审维持一审死刑判决。

【点评】　近年来,频频发生大学生因法律意识缺失而走上犯罪道路的事件,如马加爵案、周一超刺杀公务员案、付成励砍老师案等。中国犯罪学研究会会长、北京大学法学教授康树花所做的一项调查显示:1965 年青少年犯罪在整个社会刑事犯罪中约占 33%,其中大学生犯罪占 1%;"文革"期间,青少年犯罪增至整个刑事犯罪的 60%,其中大学生犯罪增至 2.5%;而近几年,青少年犯罪占社会刑事犯罪的比例上升到了70%以上,其中大学生犯罪已上升到17%。有关统计资料还表明,我国高等学校大学生违法犯罪占高校总人数的1.26%,大学生犯罪目前有增长趋势。这些令人震惊的数字和事实充分暴露了当代大学生法律意识的淡薄和缺失,引起了社会广泛的关注,因而亟须对大学生进行必要的法律教育,增强其法律意识。

法律知识和意识是现代公民的基本素质之一,与道德修养、文化与艺术修养、劳动与实践技能、体育和心理素质、经济常识等共同组成现代公民的基本知识谱系。对法律的敬仰、对权利的捍卫、对人的尊严的发自内心的认同,这就是所谓的法律意识,其重要表现形式是理性、和平和客观的纠纷解决思维方式。目前,大学生面临的社会压力较大,矛盾增多,而社会阅历和自我排遣能力不足,极易激化矛盾或采取过激的手段。法律意识的养成能有效地疏导矛盾,使之循法治的轨道,和平、理性地解决纷争。这也是思想品德教育的重要组成部分。

当然,要使全体大学生的法律意识有一个大的提高,决非一朝一夕的事,而是一个长期而艰巨的任务,但是,只要我们坚持不懈地在实践中逐渐把"用法"内化为自己的习惯意识,实现法律都由"他律"向"自律"的转化,大学生的法律意识就会得到逐步提高,从而为我国的法制建设奠定广泛而坚实的社会基础。只有大学生的"水"涨,全民法律意识的"船"才会高,从而真正实现依法治国和法制现代化。

延伸阅读

依法治校——建设现代学校制度实施纲要(征求意见稿)

为贯彻落实《国家中长期教育改革和发展规划纲要(2010—2020年)》(以下简称《教育规划纲要》)提出的大力推进依法治校的要求,在各级各类学校深入落实依法治国基本方略,建设现代学校制度,在2003年发布的《教育部关于加强依法治校工作的若干意见》(教政法〔2003〕3号)的基础上,根据《宪法》以及有关的法律、行政法规、部门规章及相关规范性文件制定本实施纲要。

一、依法治校的重要性与紧迫性

依法治校是在学校落实依法治国基本方略的必然要求。实现依法治国,建设社会主义法治国家的目标,要求各个行业、领域都要实现依法治理。学校作为具有公共管理职能的社会组织,需要按照法律至上、保障权利、制约权力的原则,实行依法治校。依法治校是建设现代学校制度、构建新型政校关系的根本保证。建设现代学校制度要求实现政府与学校之间、学校与社会之间以及学校内部的依法治理,使学校真正成为独立的办学主体,实现依法自主发展和自我监督。学校必须通过依法治校,切实转变办学和管理的理念、思路、方式与手段,为建设现代学校制度奠定坚实的基础。依法治校是完善学校内部治理结构、提高管理水平与效益、办人民满意教育的迫切需要。当前,学校管理活动的自主性、复杂性、权利义务关系的多样性显著增强,法律问题、管理漏洞与矛盾纠纷日渐突出,给学校管理带来了许多新的问题与挑战。学校必须通过依法治校,实现管理的制度化、规范化和法治化,在管理中必须遵守自身的法定义务,依法实现与公民、社会其他组织的对话与合作,获得人民群众的认可与支持。依法治校是学校推进人才培养模式改革、实施素质教育的重要保障。加强青少年的公民意识教育,培养青少年树立社会主义法治理念,要求各级各类学校把培养具有现代法治观念和法律意识的社会主义合格公民,作为教育的重要任务和实施素质教育的重要目标。依法治校是构建符合法治理念的育人环境、培养学生学法明理、树立公民意识的重要保障。

二、依法治校的目标与总体要求

1. 依法治校的目标。依法治校是在学校这一特定社会组织内,深入贯彻科学发展观,落实依法治国基本方略,弘扬和践行社会主义核心价值体系,依据法律的原则与要求,建立合法、公正、系统、完善的制度与程序,健全民主管理的体制机制,形成政府依法管理学校,学校依法自主办学,学校、教师、学生合法权益得到有效保护的管理格局;依法保障教育方针得以贯彻、学校的教育活动得以顺利开展、教育目的和理念得以实现;使学校的办学宗旨、教育活动与制度规范,符合民主法治、自由平等、公平正义的社会主义法治理念要求,有利于人才培养和校园和谐。

2. 依法治校的总体要求。依法治校首先要坚持社会主义办学方向,在学校树立法律至上、尊重章程、依法依章办事的理念与要求,实现法律、规则面前的人人平等,实现管理活动、办学活动有法可依、有章可循。依法治校要突出法治原则对学校治理方式与手段的总体要求,重在制约和规范管理权力的行使。要以增强学校领导者依法治校的意识和能力、提高章程及制度建设质量、规范和制约管理权力运行、保证法律和规章的有效执行、完善权利救济机制为着力点,体现法治要求对学校工作全局、管理全程的统摄与指导,对学校具体办学活动、管理行为的系统规范。在管理中要准确把握权利与义务、民主与法治、实体与程序、教育与惩戒的平衡,实现目的与手段的有机统一,避免以苛刻、繁复的行为规则代替管理职责和教育艺术。依法治校要紧紧围绕和服务于学校人才培养、提高教育质量的根本任务,体现学校特色,关注师生需求。要从制度层面贯彻和落实以人为本的原则,切实尊重和保护教师、学生的合法权益,提高服务意识,重视基层民主建设,依法落实师生的知情权、表达权、参与权和监督权。要以有利于学生健康成长、全面发展为根本出发点,改革、完善人才培养和评价制度,健全教学、研究与学习制度,促进学校管理重心与方式的转变。

三、提高制度建设质量,形成以章程为核心、自主管理的制度体系

1. 依法制定具有自身特色的学校章程。依据章程自主管理是学校的法定权利。章程是各级各类学校依法治校的直接依据。要遵循法制统一、坚持社会主义办学方向,坚持以促进改革、增强学校自主权为导向,按照有利于调动教职工的积极性和创造性、激发学校的办学活力和竞争力、规范治理结构和权力运行规则的原则,开展章程建设。章程要充分反映广大教职员工、学生的意愿,凝练共同的理念与价值认同,体现学校的办学特色和发展目标,着力解决学校办学、管理中的重大问题,突出科学性和可操作性,成为学校依法办学、自主管理、履行公共职责的基本规则。高等学校依据《高等学校章程制定暂行办法》制定或者修改章程,由教育部或者省级教育部门核准;普通中小学、中等职业学校章程,由主管教育部门核准。

2. 提高制度建设质量,形成系统而全面的制度体系。学校制定章程或者关系师生权益的重要规范性文件,要遵循公开、民主的程序,在学校内公开征求意见、充分讨论,重大问题要采取听证方式听取意见,并以适当方式反馈意见的采纳情况,保证师生的意见得到充分表达,师生的合理诉求和合法利益得到充分体现。章程及学校的其他规章制度要遵循法律的保留原则,符合理性与常识,不得超越法定权限和教育需要增加义务,不得设定罚款或者其他可能侵犯师生基本权利的处罚事由和惩戒办法。要依据法律和章程的原则与要求,制定并完善教学、人事、财务与资产、学生、后勤、安全、对外合作等方面的管理制度,建立健全各种办事程序、内部组织的组织规则、议事规则等,形成健全、规范、统一的制度体系。对学校的章程和规范性文件,应当加以汇

编,便于师生了解、查阅。有网络的条件下,应当在学校网页上予以公布。涉及师生利益的规范性文件实施前要经过适当的公示程序和期限,未经公示的规范性文件不得施行。

3. 加强对规范性文件的清理,建立依法审查机制。坚持立"新法"与改"旧法"并重。学校要设立或者指定专门机构,按照法制统一和法律保留的原则,对校内制度性文件进行审查。对与上位法或者国家有关规定相抵触、不符合学校章程和改革发展要求、不符合保障师生合法权益需要,或者相互之间不协调的内部规范性文件和管理制度,要及时修改或者废止,保证学校的规章制度体系层次合理、简洁明确。要建立规范性文件定期清理制度,清理结果要向师生公布。新的教育法律法规、规章或者重要性文件发布后,要及时对照其中规定修订校内相应的制度文件。

四、建立健全科学民主决策机制,完善学校治理结构

1. 规范决策和决策执行程序。要加强和改善学校内党的领导,按照有关规定,健全校内重大事项集体决策规则,完善决策程序,推进学校决策的科学化、民主化、法治化。凡是有关学校发展方向、基本建设、重大教育教学改革和师生切身利益的重大决策、重大项目等决策事项,要按照有关规定,进行合法性、合理性、可行性和可控性评估,建立完善职能部门论证、邀请专家咨询、听取教师意见、专业机构或者主管部门测评相结合的风险评估机制。要依法明确学校决策机构的组成、职权和议事规则,避免个人专断。高等学校要依法明确学校党委、校长的职权范围和决策程序,推动内部法人治理结构的完善,充分发挥学校理事会(董事会)等机构在决策中的作用;中小学要健全校长负责制,建立学校校务会议,完善民主决策程序;中等职业学校要完善校长负责制,建立有行业企业人员参加的学校管理理事会或董事会,形成校企合作决策机制;民办学校和中外合作办学机构的学校董事会或者理事会,要有健全的议事规则,依法按期开会履行法定职责。要形成决策、执行与监督权相互制衡,保证学校管理与决策的规范、廉洁、高效。在重大决策执行过程中,学校要跟踪决策的实施情况,通过多种途径了解教职员工及有关方面对决策实施的意见和建议,全面评估决策执行效果,并根据评估结果决定是否对决策予以调整或者停止执行。公办学校因违反决策规定出现重大决策失误或造成重大损失的,要按照谁决策、谁负责的原则追究责任。

2. 科学设置内部职能机构,完善治理结构。要根据学校的特点和需要,以教学、科研为中心,在规定的机构限额内,按照精简、高效的原则自主设置

各种职能部门,按照有利于为教师、学生提供便利服务的要求,明确各个职能部门的职责、权限与分工,健全重要部门、岗位的权力监督与制约机制。要在机构设置和职能上,实现行政权力与学术权力的相对分离,保障学术权力按照学术规则相对独立行使。要实行校企分离,学校不直接参与举办经营性组织;已经举办的,要与学校之间建立清晰的法律关系,形成规范的管理制度。

五、推进信息公开,健全民主监督

1. 大力推进信息公开和办事公开。按照《高等学校信息公开办法》以及中小学信息公开的相关规定,建立健全信息公开的机构、制度,落实公开的具体措施,保证教职工、学生、社会公众对学校重大事项、重要制度的知情权,重点公开经费使用、培养目标与课程设置、教育教学质量、招生就业、收费等社会关注的信息。要创新公开方式、丰富公开内容,建立有效的信息沟通渠道,使学生、家长以及教师对学校的意见、建议能够及时反映给学校领导和管理部门,并得到相应的反馈。面向师生提供管理或者服务的部门、机构,要全面推进办事公开制度,公开办事依据、条件、要求、过程和结果,充分告知办事项目有关信息,并公开岗位职责、负责人信息、工作规范、监督渠道等内容,提供优质、高效、便利的服务。

2. 健全校内民主监督机制。依法健全教职工代表大会制度,保证教职工代表大会的组织和运行符合规定,充分发挥其民主监督和参与学校管理的作用。专业技术职务评聘办法、收入分配方案等与教职工切身利益相关的制度、事务,要经教职工代表大会审议通过;涉及学校发展的重大事项要提交教职工代表大会讨论。扩大教职工对学校领导和管理部门的评议权、考核权。学校特别是高等学校要积极拓展学生参与学校民主管理的渠道,改革完善学生代表大会制度,落实学生的民主选举权、自主决策权;制定学生管理或者涉及学生利益的管理规定,要充分征求学生意见。积极探索师生代表参与学校决策机构的机制。

3. 建立健全中小学家长委员会制度。中小学应当逐步建立健全班级和学校两级家长委员会。家长委员会承担参与教育工作、参与和监督学校管理、促进学校与家庭的沟通和合作等职责,其成员由家长民主选举产生。学校应当提供必要条件,保障家长委员会对学校、教师的教育教学、管理活动实施监督,提出意见建议,应当定期与家长委员会成员进行沟通,听取意见。学校实施采购校服、订购教辅材料、组织活动、代收费用等直接涉及学生个体利益的活动,一般应由学校或者教师提出建议和选择方案,并做出相应说明,提交家长委员会做出决定。有条件的地方,可以设置区域的家长委员会联合会,扩大家长对学校办学活动和管理行为的知情权、参与权和监督权。

六、依法办学,形成平等、自由、公平、公正的育人环境

1. 依法组织和实施办学活动。学校办学活动应当以育人为本,全面贯彻国家教育方针,依法全面执行国家课程方案和课程标准,注重教育教学效果,形成良好的校风、教风和学风。要严格依法招生,建立自我监督机制,保证招生活动规范、透明,招生制度和选拔机制公平、公正。要建立健全教育教学管理制度,在课程设置、教材选择等环节建立评估机制,健全教学质量的评估和反馈机制。依据有关规定,完善管理制度,对学校内设机构、教师开展或者参与培训等活动进行规范和严格限制,保证不影响学校正常的教育教学活动。

2. 建设平等、安全的校园环境。落实人人平等的法治原则,平等对待每个学生,消除以任何形式对学生进行分类、区别对待以及歧视的制度、言行。要切实保障残障人士的平等受教育权利,不得以非法理由拒绝招收残障学生。要为残障学生平等、无障碍地参与学校生活提供条件和便利。大力弘扬平等意识,在体制和制度上落实和体现师生平等、男女平等、管理者与师生平等的理念。各级各类学校及幼儿园要根据学生的身心特点和认知能力,完善校园安全管理制度,落实对学生教育与管理的法定职责,建立健全学校安全风险防控机制和安全事故应急处理机制,切实保障学生、教师的生命健康权。

3. 健全学术自由的保障与监督机制。要依法健全保障师生教学自由、研究自由、学习自由的体制和机制。完善学术评价制度,对涉及学术自由、学术道德的行为,建立科学的认定程序和办法。要明确教师课堂教学的行为规则和基本要求,保障教师根据培养目标、教学计划和法定要求,充分行使教学的专业自主权,科学、自主地安排教学内容和方法。建立灵活的教学管理制度,鼓励和保护学生自主、自由地学习,形成有利于创造性人才成长的制度环境。

4. 建立公平公正的制度环境。学校配置资源以及实施专业技术职务评聘、岗位聘任、学术评价和各种评优、选拔活动,都要按照公平公正的原则,制定具体的实施规则与办法,实现过程的公开透明,接受利益相关方的监督。要保障各种学术评价机构能够独立开展活动,保障学术评价过程和标准的公平公正。要完善教师考核制度,形成公平竞争的制度环境。要保障学生管理、学业评价、资助及奖励活动的公平公正,增加透明度,健全监督机制。

七、规范管理权力，尊重师生主体地位

1. 完善教师管理制度。要依据《教师法》和其他有关法律、规定，建立和完善教师聘任制度，制定权利义务均衡、目标任务明确、具有可执行性的聘任合同，明确学校与教师的权利与义务，并认真履行合同。要依法在教师职务评聘、继续教育、奖惩考核等方面建立完善的制度规范，实现依法聘任教师，依法保障教师享有各项法定权利。要充分尊重教师在教学、科研方面的专业权力，在学校的学术组织中要保证普通教师代表的比例不低于50%。强化师德的建设与监督，落实教师职业道德规范，建立教师共同体对师德的自我监督机制。

2. 尊重和保护学生权利。学生管理制度应当以学生为中心，体现公平公正和育人为本的价值理念，尊重和保护学生的基本权利、人格尊严。对学生进行处分，应当做到事实清楚、定性准确、依据充分、程序正当，重教育效果，做到公平公正。对违反学校纪律的学生，要明确处分的期限与后果，积极教育和挽救，给予悔改机会。要保障学生的人身权、财产权和受教育权不受到非法侵害，杜绝体罚或者变相体罚、限制人身自由、违法乱收费以及由于学校过错而造成的学生伤害等侵权行为。

八、健全校内权利救济制度，形成便捷有效的纠纷解决机制

1. 依法健全纠纷解决机制。要把法律作为解决校内矛盾和冲突的基本依据，建立并综合运用信访、调解、申诉、仲裁等各种争议解决机制，依法妥善、便捷地处理学校内部的各种利益纠纷。要特别注重和发挥基层调解组织、教职工、学生自治组织和法制工作机构在处理纠纷中的作用，建立公平公正的处理程序，将因管理行为、学术评价、教职工待遇、学生处分等引发的纠纷，纳入不同的解决渠道，提高纠纷解决的效率。要尊崇法律、尊重司法。对难以在校内完全解决的纠纷，应当积极按照法定程序，提交教育行政部门、仲裁机构、社会调解组织或者司法机关解决。对师生与学校之间发生的法律争议，应当端正态度，积极应诉，认真落实行政申诉、人事仲裁、行政复议决定或者司法判决等法律文书中要求学校履行的义务。

2. 完善教师学生权利的救济制度。学校要设立教师申诉或者调解委员会，就教师因职责权利、职务评聘、年度考核、岗位职责、待遇及奖惩等，与学校及有关职能部门之间发生的纠纷，或者对学校管理制度、规范性文件提出的意见，及时进行调解处理，做出申诉或者调解意见。教师申诉或者调解委

员会应当有广泛的代表性和权威性,主要成员应当经教职工代表大会认可。完善学生申诉机制。在实施学籍管理行为对学生做出不利处分前,应当给予学生陈述与申辩的机会,对未成年学生应当听取其法定监护人的意见。学校应当建立相对独立的学生申诉处理机构,完善学生处分程序。学生申诉处理机构的组成、申诉申请的受理及处理规则,应当体现公开、公正的原则。

九、深入开展法制宣传教育,形成浓厚的法治文化氛围

1. 加强学校管理者和教师依法治校意识与能力的培养。学校管理者要带头学法、遵法、守法、用法,牢固树立依法办学、依据章程自主管理、公平正义、服务大局、尊重师生合法权益的理念,自觉养成依法办事的习惯,切实提高运用法治思维和法律手段解决学校管理中出现的矛盾与问题的能力。学校新任领导职务的干部,任职前要考察其掌握相关法律知识和依法治校理念的情况。要认真组织教师的法制宣传教育,将法律知识纳入教师继续教育的内容。对专门从事法制教育教学的教师要组织专门培训,提高其对法治理念、法律意识的理解与掌握程度。

2. 切实加强和改善学生法制教育。认真落实教育系统普法规划的要求,开展好法律进课堂活动,做到学生法制教育计划、课时、教材、师资"四落实"。中小学校要将学生的法治意识、法律素养作为素质教育的重要内容,纳入学生的综合素质考核。要深入开展学生法制教育的理论与实践研究,不断丰富法制教育的形式与内容,让学生通过课堂教学、主题活动、社会实践等多种方式,了解法律知识,培养法治理念。要把法治文化作为校园文化建设的重要组成部分,利用各种校园宣传媒体与形式,弘扬社会主义法治理念,宣讲法律原则和知识,将平等自由意识、权利义务观念、规则意识、契约精神等理念,渗透到学生行为规则、日常教学要求当中,凝练到学校校训或者办学传统、教育理念当中,营造体现法治精神的校园文化氛围。

十、转变管理观念,切实提高依法治校的能力与水平

1. 切实转变对学校的行政管理方式。各级教育行政部门要大力推动依法治校工作,按照规划纲要要求依法行政,严格按照法律规定的职责、权限与程序对学校进行管理,落实学校的办学自主权。要切实转变管理学校的方式、手段,从具体的行政管理,转向依法监管,尊重学校办学自主权,切实减少过多、过细的直接管理活动,积极探索建立综合执法机制和依法监督机制,提高行政执法能力,主动为学校解决法律问题,依法维护教育活动的正常秩序。

要引入社会监督机制,落实公办学校、民办学校平等法律地位的规定,及时发现并公平纠正、处罚学校的违法行为。要积极配合有关部门开展校园及周边环境的治理工作,依法保护学校的合法权益和校园安全,为学校教育教学活动创造良好的环境。要推动各级各类学校领导自觉把依法治校作为学校办学和管理的基本准则,作为推进学校内部体制改革的原则与路径,落实校长作为推进依法治校第一责任人的职责,加强对学校依法治校工作的指导,推动和监督学校逐级、按岗位建立健全依法治校的工作要求和目标考核机制,狠抓落实。

2. 建立健全依法治校工作机制。学校要将依法治校纳入学校整体工作规划,要作为年度工作的专门内容,向教职工代表大会进行报告。学校依法治校的工作情况,应当根据要求同时报送主管教育行政部门,并纳入信息公开的范畴,向社会公开。高等学校应当设立法制工作机构或者指定专门的机构综合负责推进依法治校工作,中小学应当指定专人负责;有条件的,可以聘请专业人员作为法律顾问。学校的法制工作机构或人员在学校的决策、管理过程中要发挥参谋和助手作用,学校出台有关管理措施、对外签订的合同、实施改革方案等,要由法制工作机构组织合法性评估和论证。

3. 建立健全依法治校考核评价机制。学校依法治校的能力与情况直接反应学校管理的理念与水平。教育行政部门要把依法治校情况与教育教学质量作为对学校进行综合评估的两个方面,平衡加以考核,同时,将其作为考核学校的领导班子重要指标。要创新对学校依法治校情况的考核评价机制,采取多种途径听取师生意见、公众反映,注重评估依法治校的教育效果、社会效果。各级教育行政部门都要建立由法制工作机构或者其他综合部门牵头负责的依法治校工作机制,加强对学校工作的指导,建立学校领导任前法律考核制度,以依法治校的综合性考核代替相关的专项考评,减少对学校具体办学与管理活动的干扰。要采取有效措施,推动和鼓励学校按照纲要要求,积极开展依法治校、推动校内管理体制改革;奖励在依法治校中做出突出成绩、形成先进经验的学校。

4. 深入开展依法治校示范学校创建活动。推进依法治校要立足学校需求,结合实际、分类指导、示范引领。不同层次、不同类型的学校要根据本纲要,结合自身特点和需要,制定本校依法治校的具体办法。地方各级教育行政部门要及时总结学校在依法治校实践中的经验,完善对不同类型学校依法治校的具体要求,分类实施指导。进一步完善依法治校示范校的标准,将依法治校示范学校创建活动制度化、规范化,在国家和地方层面,逐级开展依法治校示范学校创建活动,积极推广典型经验,推动各级各类学校依法治校水平的整体提高。

名人格言

没有信仰的法律将退化成为僵死的教条,而没有法律的信仰将蜕变成为狂信。

——伯尔曼

法律显示了国家几个世纪以来发展的故事,它不能被视为仅仅是数学课本中的定律及推算方式。

——霍姆斯

失去信仰的法律,就是僵硬的教条。

——伯尔曼

法律总是把全民的安全置于个人的安全之上。

——西塞罗

尽量大可能把关于他们的意志的知识散布在人民中间,这就是立法机关的义务。

——边沁

法律不能使人人平等,但是在法律面前人人是平等的。

——波洛克

推荐书目

1. [法]孟德斯鸠:《论法的精神》,严复译,上海三联书店,2009年。

该书是孟德斯鸠最重要的、影响最大的著作。该书所倡导的法制、政治自由和权力分立是对神学和封建专制的有力抨击,成为此后资产阶级大革命的政治纲领。孟氏所集中讨论的不是具体的法律规范本身,而是法的精神,即法律符合人类理性的必然性和规律性。所以,孟氏把法律置于决定性地位,认为只有法律才能保障人民的自由权利,而专制则是对人性的蔑视和对自由的践踏。他进而深入探讨了自由赖以存在的体制条件,并借此找到恢复自由的基本手段——三权分立,以权力制约权力,防止权力滥用。法律、自由与宪法的结合奠定了宪政理论的基本框架,这也是孟氏对政治理论最杰出的贡献。

2. 苏力:《制度是如何形成的》,北京大学出版社,2007 年。

该书汇集了作者近年发表的部分论文、学术随笔和读书笔记。内容大致分成三编。第一编主要是关注一些社会和法律的热点问题,诸如言论自由和隐私权、婚姻法修改、刑事诉讼法修改、送法下乡、科技与法律以及司法审查和制度形成的问题。当然都只是"攻其一点,不及其余",试图从一个角度切入进行学理的然而可能对社会实践有影响的讨论。第二编是对于法学自身的反思。第三编是读书笔记和读后感。

3. [意]贝卡里亚:《论犯罪与刑罚》,黄风译,中国大百科全书出版社,2005 年。

意大利刑事古黄学派创始人贝卡里亚的这部著作,篇幅不大但影响却极为深远,该书初版于 1764 年,是人类历史上第一部对刑罪原则进行系统阐述的著作。全书洋溢着伟大的人道主义气息,对刑讯逼供和死刑进行了愤怒的谴责,鼓吹刑法改革,力荐罪刑相适应的近代量刑原则。该书问世后即给作者带来了巨大声誉,随后被译为多种语言版本,它对俄国、普鲁士以及奥地利等国的刑法改革具有重大的影响。该书被誉为刑法领域里的最重要的经典著作之一。

4. [英]阿尔弗雷德·汤普森·丹宁:《法律的训诫》,杨百揆,刘庸安,丁健译,法律出版社,2011 年。

该书是丹宁勋爵 1979 年出版的一本重要的法学著作,作者通过自己司法实践中的大量案例介绍了"二战"以后英国在防止行政机关和社会集团滥用权力,保证公民个人自由方面进行的司法改革。内容涉及如何解释法律条款、如何纠正错误的行政判决、如何进行司法审查和如何界定行政机关的过失行为及其赔偿等。

5. [美]波斯纳:《法官如何思考》,苏力译,北京大学出版社,2009 年。

该书的贡献在于展示了活生生的人如何与司法的和社会的制度互动造就了我们称之为"法官"的这些行动者,他们为什么如此行为和思考,从而为"在非常规案件中,法官实际上是如何得出其司法决定的,提出了一个令人信服的、统一的、现实的且适度折衷的解说……一种实证的审判决策理论"。它完全不是当代中国法学研究中普通采取的那种模式:提出并赞美一个概念上完美的法官,然后激励和要求担任法官的人去实践这个概念;这是一种"压抑人性"的道德规范模式,一种不可能实践的模式,或者说只是一种关于法官和司法的意识形态。而波斯纳展示的这种理论,才有可能推动有所改善的改革,才能增加我们的知识和能力,包括分析处理司法问题的能力。

6. [美]约翰·赞恩:《法律的故事》,刘昕,胡凝译,江苏人民出版社,2010年。

该书以令人吃惊的叙事方式介绍的法律进化的历史观也许并不让人赞同,但书中告诉人们的道理——法律的命运和我们的命运竟是如此生死相连,法律中竟演绎了那么多的感人和震撼的故事等——却令人甚感欣慰和终身难忘。

7. 梁治平:《法辩——中国法的过去、现在与未来》,政法大学出版社,2002年。

该书是作者早期的论文集,展示了"用文化解释法律,用法律解释文化"的个案实践和言说。读该书可以"潜移默化"地学到一些如何读书、如何整理自己的心得体会等的方法。

8. 冯象:《政法笔记》(增订版),北京大学出版社,2012年。

文稿来自于冯象先生在《读书》开的专栏文字,以文学的笔意,言说政法领域的大小故事,从孔夫子名誉权、鲁迅肖像权、婚前财产公证、取名用生僻字、性贿赂、人体写真,到版权、美国大选等,涉及方方面面的话题,称得上是汉语法学随笔的巅峰之作。增订版中增加了冯象先生从未单独发表过的译作《圣经·利未记》。

9. 赵国运:《当代大学生最新法律读本》,郑州大学出版社,2007年。

该书既有丰富的法律条文,同时还结合大量翔实的热点案例和实例,展开深入浅出、通俗易懂的剖析。全书共分四个部分:宪法和行政法部分、民事法律部分、经济法部分和刑法部分,基本上涵盖我国的整个法律体系。每部分内容又从三个方面来编写:首先是导读,力争用简洁的语言把该部分的理论内容阐述清楚;其次是精选的法律条文,编者精选了当代大学生常用的20余部法律条文;最后是经典案例及作者的评析。

10. 孔祥俊:《法律方法论》,人民法院出版社,2006年。

该书立足于实践,具有浓厚的实践气息,但并不囿于实践;既注意以理论指导实践,又注意将实践上升为理论,强调理论的可适用性和实践的鲜活性。学习该书有助于培养大学生的法律思维方式,对于提高大学生法律意识大有裨益。

第八章
了解法律制度　自觉遵守法律

本章主要包括宪法、民法、刑法等实体法律制度和三大诉讼法等程序法律制度的基本知识。重点是通过实践活动，引导大学生明确在法律范围内公民所享有的权利和应履行的义务，并学会运用法律武器思考和解决现实生活中遇到的问题，进一步增强法治观念，提高法律意识，自觉遵守和维护宪法和法律的威严。

理论讲堂

【教学目的】

本章的学习内容可以帮助学生了解我国《宪法》和重要的实体法律制度以及程序法律制度的基本精神与主要内容，引导大学生做一名依法行使法律权利，严格履行法律义务，自觉维护法律尊严的合格公民。

【教学重点】

1. 我国《宪法》的基本特征和原则；
2. 人民代表大会制度；
3. 实体法律制度；
4. 程序法律制度。

【要点导读】

导读一 我国《宪法》的基本制度

一、《宪法》是我国的根本大法

（一）《宪法》的特征

《宪法》是我国的根本大法的认识来源于《宪法》的特征。与普通法律相比，我国《宪法》有如下三个特征：

1.《宪法》的内容规定的是国家最根本、最重要的问题。

2.《宪法》的效力高于普通法律，是一切国家机关、社会团体和公民的最高行为准则，这一特征体现在三个方面。

（1）《宪法》是普通法律的立法依据或立法基础。

（2）普通法律与《宪法》不相抵触的原则。如果普通法律的规定、原则、精神同《宪法》的规定、原则、精神相抵触，那么普通法律应该被撤销、改变或宣布无效。

（3）一切《宪法》主体都必须以《宪法》为最根本的活动准则。

3.《宪法》的制定和修改程序比普通法律更加严格，这一特征体现在两个方面。

（1）《宪法》的制定一般要求成立一个专门的机构，我国的《宪法》由全国人民代表大会制定。

（2）《宪法》的修改与普通法律的修改在提起主体和通过程序上不一样。我国《宪法》规定，《宪法》的修改由全国人民代表大会常务委员会或者 1/5 以上的全国人大代表提议，且需经由全国人大以全体代表的 2/3 以上的多数通过。

（二）《宪法》的基本原则

《宪法》的基本原则是指《宪法》在调整社会关系、确认国家制度和社会制度基本原则时所应当产生的思想、理论依据和准绳。《宪法》的基本原则是《宪法》本质特征的集中表现，是建立在一定经济基础之上的民主制度的法律化，反映国家的本质与发展方向。我国《宪法》有以下五个原则。

1. 党的领导原则。关于这一点，《宪法》序言有非常明确的规定："中国新民主主义革命的胜利和社会主义事业的成就，是中国共产党领导中国各族人民，在马克思列宁主义、毛泽东思想的指引下，坚持真理，修正错误，战胜许多艰难险阻而取得的。我国将长期处于社会主义初级阶段。国家的根本任务是,沿着中国特色社会主义道路,集中力量进行社会主义现代化建设。中国各族人民将继续在中国共产党领导下,在马克思列宁主义、毛泽东思想、邓小平理论和'三个代表'重要思想指引下,坚持人民民主专政,坚持社会主义道路,坚持改革开放,不断完善社会主义的各项制度,发展社会主义市场经济,发展社会主义民主,健全社会主义法制,自力更生,艰苦奋斗,逐步实现工业、农业、国防和科学技术的现代化,推动物质文明、政治文明和精神文明协调发展,把我国建设成为富强、民主、文明的社会主义国家。"

2. 人民主权原则。亦称主权在民原则,核心是国家权力来源于人民,属于人民。西方国家采取三权分立制,而我国为民主集中制。人民主权原则主要体现在以下五个方面:

(1)《宪法》明确规定"中华人民共和国的一切权力属于人民",以确认人民主权原则。

(2)《宪法》明确规定人民行使国家权力的机关是全国人民代表大会和地方各级人民代表大会,以保证人民主权原则的实现。

(3)《宪法》通过确认社会主义的经济制度,奠定了人民主权原则实现的经济基础。

(4)《宪法》明确肯定人民可以依照法律规定,通过各种途径和形式,管理国家事务,管理经济和文化事业,管理社会事务,从而将人民主权原则贯穿于社会生活的各个领域。

(5)《宪法》确认了公民广泛的权利及其保障措施,保障和促进人民主权原则的实现。

3. 权利与义务原则。我国现行《宪法》第33条至56条全面、详细地规定了公民的基本权利和义务。在权利方面,规定了公民享有选举权和被选举权、宗教信仰权、人身自由权、财产权、劳动权、休息权、文化教育权等;在义务方面,规定了公民有维护国家统一和民族团结的义务、遵守宪法和法律的义务、依法纳税和依法服兵役的义务等。

4. 法治原则。法治,就是"依法治国",是对于"人治"而言的,它指的是一种治理国家的理论、原则和方法。这一原则在《宪法》中主要体现在以下几方面。首先,"序言"中规定,"发扬社会主义民主,健全社会主义法制"。"总纲"中规定,"国家维护社会主义法制的统一和尊严","任何组织或个人不得有超越宪法和法律的特权"。其次,"公民的基本权利和义务"中规定,"中华人民共和国公民在法律面前一律平等","公民的人身自由不受侵犯","公民的人格尊严不受侵犯"等。最后,在"国家机构"中规定,人民法院、人民检察院依法独立行使审判权、检察权,"不受行政机关、社会团体和个人的干涉"。1999 年《宪法修正案》中正式将"中华人民共和国实行依法治国,建设社会主义法治国家"写入《宪法》。

5. 民主集中制原则。民主集中制的基本含义就是在集中指导下的民主和民主基础上的集中的高度统一。实行民主集中制原则可以使国家权力的各个部分之间相互监督、相互牵制、相互制约,既可以保障公民权利的充分行使,又能保证国家有统一的意志。

《宪法》第 3 条规定:"中华人民共和国的国家机构实行民主集中制的原则。全国人民代表大会和地方各级人民代表大会都由民主选举产生,对人民负责,受人民监督。国家行政机关、审判机关、检察机关都由人民代表大会产生,对它负责,受它监督。中央和地方的国家机构职权的划分,遵循在中央的统一领导下,充分发挥地方的主动性、积极性的原则。"这些规定充分表明,民主集中制原则贯穿于整个国家机构体系,人民代表机关居于最高,其他一切国家机关都从属于人民代表机关,人民代表机关又从属于人民;国家机构内部实行民主集中制的原则,最终都必须对人民负责,从而体现了人民是国家一切权力的源泉,国家的一切权力属于人民。

二、我国的国家制度

(一) 人民民主专政制度

国体,又称国家性质,即国家的阶级本质,反映社会各阶级、阶层在国家中的地位。《宪法》第 1 条规定:"中华人民共和国是工人阶级领导的、以工农联盟为基础的人民民主专政的社会主义国家。"这一规定表明了我国的国体是人民民主专政。人民民主专政是新型的无产阶级专政,是对人民实行民主和对敌人实行专政的有机统一,是新型民主和新型专政的结合。人民内部实行民主是实现对敌人专政的前提和基础,对敌人实行专政是人民民主的有力保障。"专政"包含两层含义:一是说明统治关系,即一个国家谁是统治阶级,谁是被统治阶级;二是指统治手段,即采用暴力镇压的手段。尽管中国的阶级结构和阶级斗争状况已经发生了极其深刻的变化,但是对敌专政的职能并没有消失。可以从以下几方面来全面理解我国的人民民主专政制度。

1. 人民民主专政理论是无产阶级专政理论在中国具体历史条件下的产物

无产阶级专政理论是马克思主义国家理论的精髓。马克思认为,无产阶级的历史使命是消灭一切剥削制度和剥削阶级,进而消灭一切阶级和阶级差别,解放全人类。然而,由于各国的国情不同,无产阶级和其他劳动人民争取解放的具体革命道路也会存在区别,因而实现无产阶级专政的具体形式也就各有特点。旧中国半封建、半殖民地的社会性质,决定了中国革命的发展进程和所建立的革命政权必然具有自己的特点,主要体现在革命的道路和革命队伍的阶级构成两个方面。因此,人民民主专政理论是中国共产党在领导中国革命过程中,将马克思主义关于无产阶级专政理论同中国国情相结合,对无产阶级专政理论的丰富和发展,是无产阶级专政理论在中国具体历史条件下的丰富和发展。

2. 人民民主专政的实质即无产阶级专政

我国的人民民主专政实质上是无产阶级专政。我国现行《宪法》在"序言"中明确规定:"工人阶级领导的、以工农联盟为基础的人民民主专政,实质上即无产阶级专政。"这一规定充分表明,在我国人民民主专政是无产阶级专政的一种具体表现形式,两者在精神实质和核心内容上是根本一致的。它们的一致性主要由以下四个方面来决定:

(1)两者的领导力量相同。无论是无产阶级专政的国家,还是人民民主专政的国家,都是由工人阶级(通过共产党)来领导的。工人阶级掌握国家领导权,是无产阶级专政和人民民主专政共同的根本标志。

(2)两者的阶级基础相同。无论是无产阶级专政的国家,还是人民民主专政的国家,工人阶级要推翻剥削阶级、建设和完善社会主义、实现共产主义的历史任务和使命,都必须与广大的农民阶级结成牢固的联盟。无产阶级专政和人民民主专政的国家政权都以工农联盟为自己的阶级基础。

(3)两者的专政职能相同。无论是无产阶级专政的国家,还是人民民主专政的国家,虽然他们所面临的具体情况和具体任务不尽相同,但都担负着一致的基本职能:① 保障人民当家做主的地位,不断扩大社会主义民主的范围;② 维护社会主义制度,镇压和抵御国内外敌视和破坏社会主义制度的敌对势力和敌对分子;③ 组织社会主义经济建设和精神文明建设;④ 维护世界和平和促进人类进步事业。

(4)两者的历史使命相同。无论是无产阶级专政还是人民民主专政,其最终目的和历史使命都是要消灭阶级,消灭剥削,建设社会主义,实现共产主义。我国采用"人民民主专政"的提法,而未采用"无产阶级专政"的提法,原因在于:① 人民民主专政的提法更符合我国的国情;② 人民民主专政的提法确切地表明了我国的阶级状况和政权的广泛基础;③ 人民民主专政的提法直接体现出对人民实行民主和对敌人实行专政两个方面,准确地体现了民主和专政的职能。

3. 我国人民民主专政的主要特色

在我国，尽管人民民主专政实质上是无产阶级专政，但人民民主专政毕竟只是无产阶级专政的一种模式。因此，人民民主专政具有自己的特点。如果说我们必须建立人民民主专政的国家政权是由中国革命的特点所决定的，那么，人民民主专政的理论和实践则充分证明，共产党领导下的多党合作与爱国统一战线是我国人民民主专政的主要特色。

（1）中国共产党领导下的多党合作制度是由我国《宪法》确立的一项基本政治制度，也是一种符合中国国情、具有中国特色的社会主义政党制度。中国国民党革命委员会、中国民主同盟、中国民主建国会、中国民主促进会、中国农工民主党、中国致公党、九三学社、台湾民主自治同盟这些民主党派，主要是在抗日战争时期形成的，形成时的社会基础主要是民族资产阶级、城市小资产阶级以及与这些阶级相联系的知识分子和其他爱国民主人士。各民主党派从成立时起，就在共产党统一战线政策的推动下，同共产党建立了不同程度的合作关系，并且随着革命的发展，这种联系不断加强。所以说，共产党领导下的多党合作制度是尊重我国革命传统的一种历史性选择。应民主党派的要求，1993 年召开的八届人大一次会议通过的《宪法修正案》第 4 条，明确规定"中国共产党领导的多党合作和政治协商制度将长期存在和发展"。

（2）爱国统一战线是指由中国共产党领导的，有各民主党派参加的，包括全体社会主义劳动者、社会主义事业的建设者、拥护社会主义的爱国者和拥护祖国统一的爱国者的广泛的政治联盟。在中国历史上的不同历史时期，爱国统一战线曾表现为民族革命统一战线、工农民主统一战线、抗日民族统一战线、人民民主统一战线等多种形式。这些统一战线是根据不同的历史条件和中国革命的历史任务而组织的，成为反对主要敌人，由工人阶级领导的、以工农联盟为基础的人民大众的广泛联盟。从 1979 年起，统一战线进入了一个新的发展阶段。爱国统一战线成为社会主义建设新时期我国统一战线的名称。2004 年《宪法修正案》第 2 条对新时期爱国统一战线的范围作出了新的规定，把"社会主义事业的建设者"纳入爱国统一战线的范畴。中国人民政治协商会议是爱国统一战线的组织形式，是实现共产党领导的多党合作和政治协商制度的重要机构。

（二）人民代表大会制度

政体，即政权组织形式，是指统治阶级采取何种原则和方式去组织保护自己、反对敌人、治理社会的政权机关。人民代表大会制度是我国人民民主专政的政权组织形式,是中国的根本政治制度,是人民当家做主的最高形式和重要途径。

《宪法》第2条规定:"中华人民共和国的一切权力属于人民。人民行使国家权力的机关是全国人民代表大会和地方各级人民代表大会。人民依照法律规定,通过各种途径和形式,管理国家事务,管理经济和文化事业,管理社会事务。"

人民代表大会制度是适合我国国情的根本政治制度,它直接体现我国人民民主专政的国家性质,是建立我国其他国家管理制度的基础。人民代表大会制度是中国共产党领导全国各族人民长期奋斗的结果,代表了全国各族人民的共同利益和最高愿望,具有强大的生命力和巨大的优越性。

1. 有利于保证国家权力体现人民的意志

人民不仅有权选择自己的代表,随时向代表反映自己的要求和意见,而且对代表有权监督,有权依法撤换或罢免那些不称职的代表。

2. 有利于保证中央和地方的国家权力的统一

在国家事务中,凡属全国性的、需要在全国范围内做出统一决定的重大问题,都由中央决定;属于地方性问题,则由地方根据中央的方针因地制宜地处理。这既保证了中央集中统一的领导,又发挥了地方的积极性和创造性,使中央和地方形成坚强的统一整体。

3. 有利于保证我国各民族的平等和团结

依照《宪法》和法律规定,在各级人民代表大会中,都有适当名额的少数民族代表;在少数民族聚居地区实行民族区域自治,设立自治机关,使少数民族能管理本地区、本民族的内部事务。

总之,我国人民代表大会制度,能够确保国家权力掌握在人民手中,符合人民当家做主的宗旨,适合我国的国情。

(三) 基本经济制度

所谓经济制度,是指一国通过《宪法》和法律调整以生产资料所有制形式为核心的各种基本经济关系的规则、原则和政策的总称。我国目前处于社会主义初级阶段,这个阶段的基本经济制度就是以生产资料公有制为主体、多种所有制经济共同发展,体现劳动者在生产过程中主人翁地位和他们之间的平等、互助合作关系,并且按照劳动的数量和质量分配社会产品的各项制度的总和。

我国《宪法》第6条规定,中华人民共和国的社会主义经济制度的基础是生产资料的社会主义公有制,即全民所有制和劳动群众集体所有制。社会主义公有制消灭了人剥削人的制度,实行各尽所能、按劳分配的原则。国家在社会主义初级阶段,坚持公有制为主体、多种所有制经济共同发展的基本经济制度,坚持按劳分配为主体、多种分配方式并存的分配制度。

这一规定是符合我国国情的。一方面,社会主义的本质要求我们必须以公有制为主体,以实现最广大人民群众的根本利益和共同富裕。另一方面,总体上发展水平还比较低的生产力状况又要求我们必须在坚持公有制为主体的前提下发展多种所有制经济。

《宪法》规定,我国在社会主义初级阶段有四种经济形式。

1. 全民所有制经济

社会主义全民所有制,又称社会主义国家所有制,是指由代表人民利益的国家占有生产资料的一种所有制形式。我国社会主义全民所有制是通过没收官僚资本为国家所有、取消帝国主义的一切特权、对民族资本主义实行赎买及国家大力投资兴建各种企业等途径建立起来的。

我国现行《宪法》第9条规定:"矿藏、水流、森林、山岭、草原、荒地、滩涂等自然资源,都属于国家所有,即全民所有;由法律规定属于集体所有的森林和山岭、草原、荒地、滩涂除外。"根据《宪法》第10条的规定,城市的土地属于国家所有;农村和城市郊区的土地原则上属于集体所有,但由法律规定属于国家所有的除外。

国有经济是社会主义经济基础的重要组成部分,它控制和掌握着影响国家经济命脉及对国民经济发展具有极其重要意义的资源,在关系国家经济命脉的重要行业和关键领域中占支配地位。因此,我国《宪法修正案》第5条规定:"国有经济,即社会主义全民所有制经济是国民经济中的主导力量。国家保障国有经济的巩固和发展。"

2. 集体所有制经济

劳动群众集体所有制经济是指由集体经济组织内的劳动群众共同占有生产资料的一种所有制经济形式,集体所有制经济是在土地改革的基础上,通过对农业和手工业的个体经济实行社会主义改造而建立起来的。

现行《宪法》第8条规定:"城镇中的手工业、工业、建筑业、运输业、商业、服务业等行业的各种形式的合作经济,都是社会主义劳动群众集体所有制经济。农村集体经济组织实行家庭承包经营为基础、统分结合的双层经营体制。农村中的生产、供销、信用、消费等各种形式的合作经济,是社会主义劳动群众集体所有制经济。参加农村集体经济组织的劳动者,有权在法律规定的范围内经营自留地、自留山、家庭副业和饲养自留畜。"此外,现行《宪法》还规定,法律规定属于集体所有的森林、山岭、草原、荒山和滩涂属于集体所有;农村和城市郊区的土地,除法律规定属于国家所有的以外,属于集体所有;宅基地和自留地、自留山,也属于集体所有。

集体经济是农村的主要经济形式,是农村社会主义经济的重要力量。因此,《宪法》第8条规定:"国家保护城乡集体经济组织合法的权利和利益,鼓励、指导和帮助集体经济的发展。"

3. 劳动者个体经济和私营经济

劳动者个体经济是指城乡劳动者个人占有少量生产资料和产品,从事不剥削他人的个体劳动,收益归己的经济形式。个体经济具有以下特点:(1)生产资料和产品归个体劳动者所有;(2)以个体劳动为基础;(3)劳动所得归个体劳动者支配。因此,它属于私有经济的形式之一。个体经济在法律上具体表现为个体工商户。

私营经济是指以雇工经营为特征,存在雇佣劳动关系的经济形式。30多年改革开放的实践充分证明,在社会主义初级阶段,个体经济与私营经济的存在和发展,不但是必要的而且是有益的,他们对于促进生产发展、搞活市场、扩大就业,更好地满足人民多方面的生活需要,改善财政状况,具有非常积极的作用。近年来的实践也雄辩地说明,个体经济和私营经济对国民经济的贡献率越来越大。

4. 三资企业

现行《宪法》第18条规定:"中华人民共和国允许外国的企业和其他经济组织或者个人依照中华人民共和国法律的规定在中国投资,同中国的企业或者其他经济组织进行各种形式的经济合作。"三资企业是依据《宪法》的规定、在无损于我国主权和经济独立的前提下经过我国政府批准而兴办的。三资企业分为中外合资经营企业、中外合作经营企业和外资企业三种。三资企业在中国境内登记设立,是中国的企业或者法人。因此,它们受我国法律管辖,必须遵守我国的法律、法规,接受我国政府的管理监督,不得损害我国的社会公共利益;同时,其合法权益也受我国法律和我国政府的保护。国家对合资企业和外资企业不实行国有化和征收;在特殊情况下,根据社会公共利益的需要,则可以依照法律程序对其实行征收,并给予相应的补偿。

三、公民的基本权利和义务

权利是法律赋予公民的可以做什么或不做什么的资格,它意味着自由,体现着尊严。公民的基本权利是《宪法》赋予公民的基本的、重要的、不可或缺的权利,在整个权利体系中处于基础和核心的地位。公民的基本权利有以下几类:

1. 平等权。所有公民在法律面前一律平等,不允许任何人有凌驾于法律之上或者超越于法律之外的特权。

2. 政治权利和自由。包括选举权和被选举权以及言论、出版、集会、结社、游行、示威的权利。

3. 宗教信仰自由。公民可以信仰宗教或者不信仰宗教,可以信仰这种宗教也可以信仰那种宗教,不得歧视信仰宗教或者不信仰宗教的公民。

4. 人身自由权。包括人身自由权、住宅不受侵犯权、人格尊严权、通信自由和通信秘密权。

5. 对国家机关和国家工作人员的批评、建议、申诉、控告、检举权和取得赔偿权。

6. 社会经济权,包括财产权、劳动权、劳动者休息权、退休人员生活保障权、获得物质帮助权、受教育权。

7. 教育、科学、文化权利和自由。

8. 妇女的权利,婚姻、家庭、儿童和老人受国家保护。

9. 华侨、归侨和侨眷的合法权益受法律保护。

义务是指公民在政治上、法律上、道义上应尽的责任。公民的基本义务有以下几类:

1. 维护国家统一和民族团结的义务。

2. 遵守法律、保守国家秘密的义务。

3. 维护国家安全、荣誉和利益的义务。

4. 依法服兵役和参加民兵组织的义务。

5. 依法纳税的义务。

6. 其他义务,如计划生育的义务、子女对父母的赡养义务、父母对未成年子女的抚养和教育义务等。

现行《宪法》在第 33 条至第 56 条对公民的基本权利和基本义务做了详尽的规定,但是要把纸面上的权利变成生活中的权利,除了需要增强权利意识外,正确地认识权利和义务的关系事关能否正确行使权利和忠实履行义务。权利和义务是一对孪生姐妹,总是同时出现,既没有无义务的权利,也没有无权利的义务。我们在行使自己的权利与自由的同时,不能无限扩张自己的权利,必须意识到任何权利和自由都是有限的。这种限制主要来源于两个方面:一是公权力的限制,如国家法律和公共利益;二是私权利的限制,我们在行使自己的权利和自由的时候,不得妨碍其他人行使他人的权利与自由。

导读二 我国的实体法律制度

一、民事法律制度

(一)民法的基本原则

民法是调整平等主体的公民之间、法人之间、公民和法人之间的财产关系和人身关系的法律规范的总称。民法的基本原则是民事立法、司法和民事活动具有普遍指导意义和约束功能的基本行为准则,其效力贯穿于整个民事法律制度。

我国《民法通则》第 3 条至第 7 条对我国民法的基本原则做了规定,内容大约可以分为两类:一类是对民法内容有普遍约束力的原则,是指导民事立法、民事审判和民事活动的基本准则;另一类是适用于特定民事法律关系的原则。具体包括以下几个原则:

1. 平等原则。民法中的平等是指主体的身份平等。身份平等是特权的对立物,是指不论其自然条件和社会处境如何,其法律资格,亦即权利能力一律平等。《民法通则》第 3 条规定:当事人在民事活动中地位平等。任何自然人、法人在民事法律关系中平等地享有权利,其权利平等地受到保护,具体包括民事权利能力平等、民事主体地位平等、民事权益平等。

2. 自愿原则。自愿原则的实质就是在民事活动中当事人的意思自治。即当事人可以根据自己的判断,去从事民事活动,国家一般不干预当事人的自由意志,充分尊重当事人的选择。其内容应该包括自己行为和自己责任两个方面。自己行为,即当事人可以根据自己的意愿决定是否参与民事活动,以及参与的内容、行为方式等;自己责任,即民事主体要对自己参与民事活动所导致的结果负责。具体包括民事主体根据自己的意愿自主行使民事权利、民事主体之间自主协商设立、变更或终止民事关系以及当事人自愿优于任意民事法律规范。

3. 公平原则。公平原则是指在民事活动中以利益均衡作为价值判断标准,在民事主体之间发生利益关系摩擦时,以权利和义务是否均衡来平衡双方的利益。因此,公平原则是一条法律适用的原则,即当民法规范缺乏规定时,可以根据公平原则来变动当事人之间的权利义务;公平原则又是一条司法原则,即法官的司法判决要做到公平合理,当法律缺乏规定时,应根据公平原则作出合理的判决。

4. 诚实信用原则。所谓诚实信用,其本意是要求按照市场制度的互惠性行事。在缔约时,诚实并不欺不诈;在缔约后,守信用并自觉履行。如果说任何自由都是受制约的自由,那么诚实信用应是题中之意。然而,市场经济的复杂性和多变性昭示了无论法律多么严谨,也无法限制复杂多变的市场制度暴露出的种种弊端,法律总会表现出某种局限性。民法规定该原则,一方面使法院在审理具体案件中,能主动干预民事活动,调整当事人利益摩擦,使民事法律关系符合正义的要求;另一方面,法院可根据该原则作出司法解释,填补法律的漏洞,由于该原则位阶高、不确定性强,用而不当也可能会成为司法专横的工具,对该原则的运用,必须与其他原则结合起来统筹考虑。

5. 禁止权利滥用原则。禁止权利滥用原则是指民事主体在进行民事活动中必须正确行使民事权利,如果行使权利损害同样受到保护的他人利益和社会公共利益,即构成权利滥用。对于如何判断权利滥用,《民法通则》及相关民事法律规定,民事活动首先必须遵守法律,法律没有规定的,应当遵守国家政策及习惯,行使权利应当尊重社会公德,不得损害社会公共利益、扰乱社会经济秩序。

6. 公序良俗原则。该原则是指民事主体的行为应当遵守公共秩序,符合善良风俗,不得违反国家的公共秩序和社会的一般道德。公序良俗是公共秩序与善良风俗的简称。公共秩序是指国家社会的存在及其发展所必需的一般秩序。善良风俗是指国家社会的存在及其发展所必需的一般道德。《民法通则》第7条规定:"民事活动应当尊重社会公德。不得损害社会公共利益、破坏国家经济计划、扰乱社会经济秩序。"不少学者认为,本条规定应概括为公序良俗原则。

违反公序良俗的类型有:(1) 危害国家公序;(2)危害家庭关系;(3) 违反性道德行为;(4) 射幸(侥幸)行为;(5) 违反人权和人格尊严的行为;(6) 限制经济自由的行为;(7) 违反公平竞争行为;(8) 违反消费者保护的行为;(9) 违反劳动者保护的行为;(10) 暴力行为。

7. 等价有偿原则。该原则是公平原则在财产性质的民事活动中的体现,是指民事主体在实施转移财产等民事活动中要实行等价交换,取得一项权利应当向对方履行相应的义务,不得无偿占有、剥夺他方的财产,不得非法侵害他方的利益;在造成他方损害的时候,应当对价赔偿。现代民法对等价有偿提出了挑战,认为很多民事活动比如赠予、赡养、继承等并不是等价有偿进行的,因而等价有偿原则只是一个相对的原则,不能绝对化。

（二）民事主体制度

民事主体是指民事法律关系中独立享有民事权利和承担民事义务的公民（自然人）、法人和其他组织。

自然人是依据自然规律在自然状态下出生的人。自然人要成为民事主体,必须具备民事权利能力和民事行为能力。民事权利能力是指国家通过法律赋予的民事主体享有权利和承担义务的地位和资格,即享有民事权利能力就可以参加民事活动、享有民事权利、承担民事义务。民事权利能力是公民成为民事主体、参与到具体的民事法律关系中去的资格条件,因此,《民法通则》规定,公民从出生时起到死亡时止都具有民事权利能力。民事行为能力,指民事主体能够以自己的行为参加民事活动、享有民事权利、承担民事义务的地位和资格。《民法通则》依据年龄和智力、精神健康状况把公民的民事行为能力分为三类。一是完全民事行为能力。18周岁以上的公民是成年人,具有完全的民事行为能力,可以独立进行民事活动;16周岁以上不满18周岁的公民,以自己的劳动收入为主要生活来源的,视为完全民事行为能力人。二是限制民事行为能力。10周岁以上的未成年人是限制民事行为能力人,可以进行与他的年龄、智力相适应的民事活动,其他民事活动须由他的法定代理人代理或者征得他的法定代理人同意。《民法通则》还规定:不能完全辨认和控制自己行为的精神病人是限制民事行为能力人,可以进行与他的精神状况相适应的民事活动,其他民事活动须由他的法定代理人代理或者征得他的法定代理人同意。三是无民事行为能力。不满10周岁的未成年人以及不能辨认和控制自己行为的精神病人为无民事行为能力人,由他的法定代理人代理民事活动。无行为能力人的监护人是他的法定代理人。

法人是具有民事权利能力和民事行为能力、依法独立享有民事权利和承担民事义务的组织,是社会组织在法律上的人格化。

法人作为民事法律关系的主体,是与自然人相对称的,两者相比较有不同的特点:第一,法人是社会组织在法律上的人格化,是法律意义上的"人",而不是实实在在的生命体,它依法产生、消亡。自然人是基于自然规律出生、生存的人,具有一国国籍的自然人称为该国的公民。自然人的生老病死依自然规律进行,具有自然属性,而法人不具有这一属性。第二,虽然法人、自然人都是民事主体,但法人是集合的民事主体,即法人是一些自然人的集合体。例如大多数国家（包括中国）的公司法都规定,公司法人必须由两人以上的股东组成。对比之下,自然人则是以个人本身作为民事主体的。第三,法人的民事权利能力、民事行为能力与自然人也有所不同。根据《民法通则》第37条规定,法人必须同时具备以下四个条件,缺一不可。

一是依法成立。即法人必须是经国家认可的社会组织。在中国,成立法人主要有两种方式:一是根据法律法规或行政审批而成立。如机关法人一般都是由法律法规或行政审批而成立的。二是经过核准登记而成立。如工商企业等经工商行政管理部门核准登记后,成为企业法人。

二是有必要的财产和经费。法人必须拥有独立的财产,作为其独立参加民事活动的物质基础。独立的财产是指法人对特定范围内的财产享有所有权或经营管理权,能够按照自己的意志独立支配,同时排斥外界对法人财产的行政干预。

三是有自己的名称、组织机构和场所。法人的名称是其区别于其他社会组织的标志符号。名称应当能够表现出法人活动的对象及隶属关系。经过登记的名称,法人享有专用权。法人的组织机构即办理法人一切事务的组织,被称作法人的机关,由自然人组成。法人的场所是指从事生产经营或社会活动的固定地点。法人的主要办事机构所在地为法人的住所。

四是能独立承担民事责任。这是把法人和法人的分支机构区别开来的重要依据。

另外,设立的法人还需满足法律规定的其他条件。如我国《公司法》第11条规定,设立公司必须依照公司法制定公司章程。再如《社会团体登记管理条例》第11条规定,申请成立社会团体,应当向登记管理机关提交社会团体的章程草案。

（三）民事行为制度

民事行为是民事主体在民事活动中基于其意志而实施的能够产生一定民事法律后果的行为,民事行为具有表意性和目的性,排除了事实行为。《民法通则》规定了各种民事行为的成立条件和法律后果。只有符合法律规定条件的行为,才能产生民事主体所希望的法律后果,才属于民事法律行为。

依《民法通则》的规定,民事法律行为是公民或法人设立、变更、终止民事权利和民事义务的合法行为,它的成立条件包括以下三个方面:

一是行为人具有相应的民事行为能力。只有心智健全的自然人才能预见其行为的后果,并作出维护自己利益的判断和选择。因此,法律要求自然人实施民事法律行为时必须具备与该行为相适应的民事行为能力。具体而言,无民事行为能力的自然人应由其法定代理人代为实施民事法律行为;限制民事行为能力的自然人只能独立实施与其年龄、智力相适应的民事法律行为,其他民事法律行为的实施须经法定代理人的同意或由法定代理人代理。

法人组织的民事行为能力范围与其民事权利能力范围一致。法人组织超越其经工商登记核准的营业范围实施民事行为,即不具备民事行为能力。但为了保护交易安全,我国《合同法》规定,法人组织超越经营范围订立的合同,如相对人为善意,即不知道法人组织的行为超越其经营范围的,该合同有效。但法人组织超越经营范围实施的行为如果属于法律禁止从事或限制从事的经营活动,则其实施的行为无效。

二是意思表示真实。民事法律行为是行为人自愿实施并且能够引起其预期的法律后果的行为。民事法律行为的成立所需要的意思表示可能是单方的(如遗嘱行为),也可能是双方或多方的(如合同行为),但只有真正反映行为人内心真实意愿的意思表示,才能符合行为人的意志和要求,才能产生行为人预期的法律后果。意思表示是民事法律行为的基本要素,因此,意思表示真实,是民事法律行为成立的必备条件。

三是内容不违背法律禁止性规定。民事法律行为的法律效力是由法律赋予的。民事法律行为的法律效力,实际上是行为人通过民事法律行为表现的个人意志与法律所体现的国家意志(社会意志)相一致而导致的结果。因此,民事法律行为的内容不得违反法律的禁止性规定,不得违背社会公共利益。

法律的禁止性规定是法律为保护社会公共利益及他人的合法利益、就行为人不得实施的行为所作的规定。例如,法律禁止当事人买卖走私物品,禁止当事人实施以损害他人合法利益为目的的行为等。法律的禁止性规定所保护的对象主要是社会的公共利益。社会公共利益所包含的范围十分广泛,它不仅包括一定社会制度中所确立的法律秩序及为法律所保障的民主权利和自由,而且还包括一定社会中占统治地位的道德规范。在其他各国的民法中,社会公共利益被称为"公序良俗"。保护社会整体利益,民法不仅要保护社会政治、经济生活所需要的法律秩序,而且要保护进步的伦理道德。因此,在我国,严重违反社会道德的行为不为法律所承认。

(四)民事权利制度

民事权利是指公民、法人和其他组织在民事法律关系中享有的权利,包括财产权和非财产权两大类。根据我国《民法》的规定,民事权利主要有物权(财产所有权)、债权、人身权、知识产权和财产继承权。

1. 财产所有权是指所有人依法对自己的财产享有占有、使用、收益和处分的权利。与其他物权相比,财产所有权具有如下特征:(1) 所有权为自物权;(2) 所有权为独占权;(3) 所有权为原始物权;(4) 所有权为完全物权;(5) 所有权是具有弹性力、回归力的权利。

2. 债是按照合同的约定或者法律的规定,在当事人之间产生的特定的权利和义务关系。根据债的发生依据,债主要有四种:一是合同之债。合同是债发生的最重要最普遍的根据。二是侵权行为之债。侵权行为是指民事主体非法侵害公民或法人的财产所有权、人身权利、知识产权或其他权利的行为。三是不当得利之债。不当得利是指没有法律上或合同上的根据,取得不应获得的利益而使他人受到损失的行为。四是无因管理之债。无因管理是指没有法定的或者约定的义务,为避免他人利益遭受损失,自愿为他人管理事务或财物的行为。

另外还有单方民事法律行为之债,指因一方的意思表示就可以成立的民事法律行为而产生的债。这种单方法律行为能在与该行为有关的当事人之间发生一定的权利义务关系,即债的关系,如赠予。

3. 人身权,是指法律赋予民事主体的与其生命和身份延续不可分离而无直接财产内容的民事权利,包括人格权和身份权两方面的内容。人格权是法律规定的作为民事法律关系主体所应享有的权利,主要包括生命权、健康权、姓名权、荣誉权、名誉权、肖像权、隐私权。身份权是指因民事主体的特定身份而产生的权利,主要包括知识产权中的人身权利,包括监护权、继承权以及公民在婚姻家庭关系中的身份权(如配偶权、亲权)。

《民法通则》第 120 条规定了适用保护人身权的民事责任形式,包括:停止侵害、消除影响、恢复名誉、赔礼道歉、赔偿损失。

4. 知识产权,又称智力成果权,是指智力成果的创造人和工商业生产经营标记的所有人依法所享有的权利的总称。其内容主要包括:著作权、专利权、商标权、商业秘密权、发现权、发明权和其他科技成果权等。这些都由相应的法律法规做具体规定。

5. 财产继承权,是指公民依法承受死者个人所遗留的合法财产的权利。《继承法》规定的继承方式按照继承的先后顺序排列有以下四种:遗赠抚养协议、遗赠、遗嘱继承和法定继承。

(五) 民事责任制度

民事责任是指民事主体因民事义务而应承担的民事法律后果。

1. 民事责任的构成要件

民事责任的构成要件有四个:(1) 损害事实的客观存在性。损害是指因一定的行为或事件使民事主体的权利遭受某种不利的影响。权利主体只有在受损害的情况下才能够请求法律上的救济。（2）行为的违法性，即对法律禁止性或命令性规定的违反。除了法律有特别规定之外，行为人只应对自己的违法行为承担法律责任。（3）违法行为与损害事实之间的因果关系。作为构成民事责任要件的因果关系指行为人的行为与损害事实之间所存在的前因后果的必然联系。（4）行为人主观上的过错。行为人的过错是行为人在实施违法行为时所具备的心理状态，是构成民事责任的主观要件。

2. 民事责任的分类

（1）根据责任发生的根据不同，可将民事责任分为合同责任、侵权责任与其他责任。合同责任是指因违反合同约定的义务、合同附随义务或违反《合同法》规定的其他义务而产生的责任。侵权责任是指因侵犯他人的财产权益与人身权益而产生的责任。其他责任是指合同责任与侵权责任之外的其他民事责任，如不当得利、无因管理等产生的责任。

（2）根据责任的构成是否以当事人的过错为要件，可将民事责任分为过错责任、无过错责任和公平责任。

过错责任，是指行为人违反民事义务并致他人损害时，应以过错作为责任的要件和确定责任范围的依据的责任。可见，若行为人没有过错，如加害行为是因不可抗力而致，则虽有损害发生，行为人也不负责任。此外，在确定责任范围时应当确定受害人是否具有过错，受害人具有过错的事实可能导致加害人责任的减轻或免除。我国一般侵权行为责任即采取过错责任的归责原则。

无过错责任，是指行为人只要给他人造成损失，不管其主观上是否有过错都应承担的责任。一般认为，我国合同法上的违约责任与侵权法上的特别侵权责任的归责原则即是无过错责任原则。如在违约责任中，在违约责任发生后，非违约方只需证明违约方的行为已经构成违约即可，而不必证明其主观上有无故意或过失。对于违约方而言，通过举证自己无过错来免责是徒劳的，但可以通过证明违约行为是发生在不可抗力和存在特别约定的免责条件下而获得免责。同理，特别侵权人也只能通过证明法定的免责事由的存在而获免责。

公平责任，是指双方当事人对损害的发生均无过错，法律又无特别规定适用无过错责任原则时，由人民法院根据公平的原则，在考虑当事人双方的财产状况及其他情况的基础上，由当事人公平合理地分担责任。公平责任以公平观念作价值判断来确定责任的归属，在双方当事人对损害的发生均无过错，法律又无特别规定适用无过错责任原则的情况下，为平衡当事人之间的财产状况和财产损失,由当事人合理分担损失。从这个意义上讲,公平责任是道德观念和法律意识结合的产物,是以法律来维护社会的公共道德,在更高的水准上要求当事人承担互助共济的社会责任。

3. 承担民事责任的方式

根据《民法通则》第134条规定,承担民事责任的方式主要有:停止侵害,排除妨碍,消除危险,返还财产,恢复原状,修理、重作、更换,赔偿损失,支付违约金,消除影响、恢复名誉,赔礼道歉。它们既可以单独适用,也可以合并适用。

二、行政法律制度

(一)《行政法》的基本原则

1. 行政合法性原则

行政合法性原则,又称依法行政原则或行政法治原则,行政合法性原则是行政法治原则的核心内容。就是说所有行政法律关系当事人都必须严格遵守并执行行政法律的规定,一切行政活动都必须以法律为依据,任何行政法律关系主体不得享有法外特权,越权行为是无效行为,违反行政法律规范的行为应导致相应的法律后果,一切行政违法主体必须承担相应的法律责任。

这一原则的具体要求包括:第一,任何行政职权都必须基于法律的授予才能存在。任何行政主体都不得自己设立行政权力,不得超越自己的职权范围行事。第二,任何行政职权的行使都应依据法律、遵守法律,不得与法律相抵触。不仅要遵守实体法规范,而且要遵守程序法规范。第三,任何行政职权的授予和委托及其运用都必须具有法律依据,符合法律宗旨。

根据行政合法性原则的要求,任何违法行政行为都必须予以追究,违法行政主体及其工作人员应承担相应的法律责任。

2. 行政合理性原则

行政合理性原则指的是行政法律关系当事人的行为,特别是行政机关的行为,不仅要合法而且要合理,也就是行政机关的自由裁量行为要做到合情、合理、恰当和适度。

这一原则的具体要求包括以下三方面:第一,行政行为的动因应符合行政目的。凡有悖于法律目的的行为都是不合理的行为。第二,行政行为应建立在正当考虑的基础上,要有正当的动机。行政行为不得违背社会公平观念或法律精神,不得存在法律动机以外的目的或追求。行政机关在实施行政活动时必须出于公心,平等地对待行政相对方。第三,行政行为的内容应合乎情理,即应符合事情的常规或规律。

行政合法性原则和行政合理性原则共同构成行政法治的原则。合法性原则主要解决行政合法与非法问题,合理性原则解决行政行为是否适当的问题。

(二)行政行为

行政行为是指行政主体行使行政职权、做出的能够产生行政法律效果的行为。

1. 行政行为的特征

行政行为具有以下特征:

(1)行政行为是执行法律的行为,任何行政行为均须有法律根据,具有从属于法律的特性,没有法律的明确规定或授权,行政主体不得作出任何行政行为。

(2)行政行为具有一定的自由裁量性,这是由立法技术本身的局限性和行政管理的广泛性、变动性、应变性所决定的。

(3)行政主体在实施行政行为时具有单方意志性,不必与行政相对方协商或征得其同意,即可依法自主做出。即使是在行政合同行为中,在行政合同的缔结、变更、解除与履行等诸环节,行政主体均具有与民事合同主体不同的单方意志性。

(4)行政行为是以国家强制力保障实施的,带有强制性,行政相对方必须服从并配合行政行为。否则,行政主体将予以制裁或强制执行。这种强制性与单方意志性是紧密联系在一起的,没有行政行为的强制性,就无法实现行政行为的单方意志性。

(5)行政行为以无偿为原则,以有偿为例外。行政主体所追求的是国家和社会公共利益,其对公共利益的维护和分配,应当是无偿的。当特定行政相对人承担了特别公共负担或者分享了特殊公共利益时,则应该是有偿的,这就是公平负担和利益负担的问题。

2. 行政行为的分类

根据不同的标准,可以对行政行为进行不同的分类。

(1)根据行政行为的适用范围不同,可以把行政行为分为抽象行政行为和具体行政行为。这是最主要的一种分类方法,因为,我国现行行政诉讼法规定只能对具体行政行为提起行政诉讼。因此,有必要对抽象行政行为和具体行政行为有更清晰的认识。

抽象行政行为,是指国家行政机关针对不特定管理对象实施的制定法规、规章和有普遍约束力的决定、命令等行政规则的行为,其行为形式体现为行政法律文件,其中包括规范性文件和非规范性文件。

具体行政行为,是指国家行政机关和行政机关工作人员、法律法规授权的组织、行政机关委托的组织或者个人在行政管理活动中行使行政职权,针对特定的公民、法人或者其他组织,就特定的具体事项,做出的有关该公民、法人或者其他组织权利义务的单方行为。简而言之,即指行政机关行使行政权力,对特定的公民、法人和其他组织做出的有关其权利义务的单方行为。

具体行政行为有四个要素:一是行政机关实施的行为,这是主体要素。不是行政机关实施的行为,一般不是行政行为。但是,由法律、法规授权的组织或者行政机关委托的组织实施的行为,也可能是行政行为。二是行使行政权力所为的单方行为,这是成立要素。即该行为无需对方同意,仅行政机关单方即可决定,且决定后即发生法律效力,对方负有服从的义务;如果不服从,该行为可以强制执行或者申请人民法院强制执行。如税务机关决定某企业应纳税额,纳税人应当执行;如果不执行,税务机关有权从其银行账户中划拨。如果纳税人不服,也必须首先按决定纳税,然后申诉或起诉。三是对特定的公民、法人或者其他组织做出的,这是对象要素。"特定"是指某公民或某组织。如甲打了乙,并对其造成轻微伤害,行政机关为保护乙的权利而拘留了甲,该行为是对甲、乙做出的,甲、乙即为特定的公民。四是做出有关特定公民、法人或者其他组织的权利义务的行为,这是内容要素。如专利局将某项发明的专利证书授予了甲企业,该企业即获得了该项发明的专利权。

具体行政行为具有如下特征:① 具体行政行为是法律行为;② 具体行政行为是对特定人与特定事项的处理,它包括三个方面:第一是就特定事项对特定人的处理,第二是就特定事项对可以确定的一群人的处理,第三是就特定事项对不特定人的处理;③ 具体行政行为是单方行政职权行为;④ 具体行政行为是外部性处理。

具体行政行为通常通过行政命令、行政征收、行政许可、行政确认、行政监督检查、行政处罚、行政强制、行政给付、行政奖励、行政裁决、行政合同、行政指导、行政赔偿等形式表现出来。

(2)根据行使行政行为主体的行政机关的自由选择度不同,可以把行政行为分为羁束行政行为和自由裁量行政行为。

(3)根据行使行政行为主体的行政机关是否可以主动做出行政行为,可以把行政行为分为依申请的行政行为和依职权的行政行为。

(4)根据行政行为是否必须具备法定形式为标准,可将行政行为分为要式行政行为与非要式行政行为。

（5）根据行政法律关系相对方参与意思表示的作用不同，可以把行政行为分为单方行政行为与双方（或多方）行政行为。

（三）行政责任

行政责任是行政法律责任的简称，指违反有关行政管理的法律、法规的规定，或者不履行行政法律义务但尚未构成犯罪的行为而依法应当承担的法律后果，可分为行政处分和行政处罚。

行政处分，是对国家工作人员及由国家机关委派到企业事业单位任职的人员的行政违法行为给予的一种制裁性处理。行政处分包括警告、记过、降级、降职、撤职、开除等。

行政处罚，是指国家行政机关及其他依法可以实施行政处罚权的组织，对违反行政法律、法规、规章，尚不构成犯罪的公民、法人及其他组织实施的一种制裁行为。行政处罚的方式包括警告、罚款、没收违法所得、没收非法财物、责令停产停业、暂扣或者吊销许可证、暂扣或者吊销营业执照和行政拘留。

三、刑事法律制度

（一）《刑法》的基本原则

《刑法》的基本原则是指刑法本身所具有的，贯穿于刑法始终，必须得到普遍遵循的具有全局性、根本性的准则。

1997 年我国修订的《刑法》规定了三个基本原则：罪刑法定原则、适用刑法平等原则、罪刑相适应原则。

1. 罪刑法定原则

罪刑法定的思想渊源最早可以追溯到 1215 年《英国大宪章》第 39 条的规定："凡是自由民除经贵族依法判决或者遵照国内法律之规定外，不得加以扣留、监禁，没收财产，剥夺其法律保护权，或加以放逐、伤害、搜索或逮捕。"这一规定奠定了"罪刑法定"的思想基础。17—18 世纪，资产阶级启蒙思想家进一步提出了罪刑法定的主张，将罪刑法定的思想系统化为学说。资产阶级革命胜利以后，罪刑法定学说在资产阶级宪法和刑法中得以确认。1789 年法国《人权宣言》第 8 条规定："法律只应规定确实需要和显然必不可少的刑罚，而且除非根据在犯罪前已制定和公布的且系依法施行的法律，不得处罚任何人。"在此指导下，1810 年《法国刑法典》第 4 条首次明确规定罪刑法定原则。而后，大陆法系国家纷纷在宪法和刑法中确立罪刑法定原则。将罪刑法定这一原则确定为我国《刑法》的一条基本原则，在我国法制进程中是一件具有里程碑意义的大事,标志着我国法制建设的一大跨越式发展和进步。

罪刑法定原则的具体要求是:(1)规定犯罪及其法律后果的法律必须是立法机关制定的成文法律,行政规章不得规定刑罚,习惯法不得作为刑法的渊源,判例也不应作为刑法的渊源。(2)禁止不利于行为人的事后法(禁止溯及既往)。(3)禁止不利于行为人的类推解释。(4)禁止绝对的不定刑与绝对的不定期刑。(5)刑法的处罚范围与处罚程度必须具有合理性:只能将值得刑罚科处的行为规定为犯罪,禁止将轻微危害行为当作犯罪处理;处罚程度必须适应现阶段一般人的价值观念。(6)对犯罪及其法律后果的规定必须明确,对犯罪构成的规定必须明确,对法律后果的规定必须明确。(7)禁止不均衡的、残虐的刑罚。

2. 适用刑法平等原则

适用刑法平等原则,即刑法面前人人平等,是指刑法规范在根据其内容应当得到适用的所有场合,都予以严格适用。《刑法》第 4 条也对此作了明文规定。适用刑法平等是维护合法权益的要求,是市场经济的要求,是预防犯罪的要求,是实现价值追求的要求,是作为规范的刑法本身的要求,是法治的要求。适用刑法平等的具体要求是:对刑法所保护的合法权益予以平等的保护;对于事实犯罪的任何人,都必须严格依照法律认定犯罪;对于任何犯罪人,都必须根据其犯罪事实与法律规定量刑;对于被判处刑罚的任何人,都必须严格按照法律的规定执行刑罚。

3. 罪刑相适应原则

罪刑相适应原则的基本含义是刑罚的轻重程度应与犯罪的轻重程度相适应。《刑法》第 5 条明确规定了这一原则。罪刑相适应是适应人民朴素的公平意识的一种法律思想,是由罪与刑的基本关系决定的,是预防犯罪的需要。罪刑相适应原则的具体要求是:以客观行为的侵犯性与主观意识的罪过性相结合的犯罪社会危害程度,以及犯罪主体再次犯罪的危险程度,作为刑罚的尺度;换言之,刑罚既要与犯罪性质相适应,又要与犯罪情节相适应。在立法上实现罪刑相适应原则,要求注重对各种犯罪的社会危害程度的宏观预测和遏制手段的总体涉及,确定合理的刑罚体系、刑罚制度与法定刑;在量刑方面实现罪刑相适应原则,要求将量刑与定罪置于同等重要的地位,强化量刑公正的执法观念,实现刑与罪的均衡协调;在行刑方面实现罪刑法定原则,要求注重犯罪人的人身危险程度的消长变化情况,合理地运用减刑、假释等制度。

(二)犯罪构成

犯罪构成是《刑法》规定的、决定某一行为的社会危害性及其程度而为该行为成立犯罪所必须具备的一切主客观要件的总和,具体包括犯罪客体、犯罪客观方面、犯罪主体、犯罪主观方面四个要件。

1. 犯罪客体

犯罪客体是指我国刑法所保护而被犯罪行为所侵犯的社会关系。社会关系就是人们在共同生产和生活过程中所形成的人与人之间的相互关系。社会关系有物质的社会关系和思想的社会关系之分,它们都有可能受到犯罪行为的侵犯而成为犯罪客体。政治、经济、思想、道德、文化等方面都存在人与人之间的关系。但是,作为犯罪客体的社会关系不是一般的社会关系,如友谊关系、借贷关系等,这些关系只能由道德规范或由民事、行政法律加以调整与保护,而不在刑法保护之列,因此不能成为犯罪客体。而我国刑法所保护的社会关系是指国家主权、领土完整和安全,人民民主专政的政权,社会主义制度,社会秩序和经济秩序,国有财产或者劳动群众集体所有的财产权,公民私人的财产所有权,公民的人身权利、民主权利和其他权利,等等。这些社会关系在我国《刑法》第13条已有明确的表述,它们一旦被犯罪行为所侵犯,就成为犯罪客体。

犯罪客体是犯罪构成的必要要件。没有一个犯罪是没有犯罪客体的。犯罪之所以具有社会危害性,是由其所侵犯的犯罪客体决定的。一个行为不侵犯任何客体、不侵犯任何社会关系,就意味着不具有社会危害性,也就不能构成犯罪。

要把犯罪客体和犯罪对象区别开来,犯罪客体与犯罪对象的区别体现在以下几个方面:

第一,犯罪客体决定犯罪性质,犯罪对象则未必。分析某一案件,单从犯罪对象去看,是分不清犯罪性质的,只有通过犯罪对象所体现的社会关系即犯罪客体,才能确定某种行为构成什么罪。例如,同样是盗窃电线,甲盗窃的是库房里备用的电线,乙盗窃的是输电线路上正在使用的电线,那么前者构成盗窃罪,后者则构成破坏电力设施罪。两者的区别就在于犯罪对象所体现的社会关系不同,一个是侵犯公共财产所有权,另一个是危害公共安全。

第二,犯罪客体是任何犯罪构成的必要要件,犯罪对象则仅仅是某些犯罪的必要要件,不是任何犯罪都不可缺少的。比如《刑法》第152条的走私淫秽物品罪,其犯罪对象只能是具体描绘性行为或者露骨宣扬色情的淫秽性的书刊、影片、录像带、录音带、图片及其他淫秽物品,否则就不可能构成此罪。而偷越国(边)境罪,脱逃罪,违反国境卫生检疫规定罪,非法集会、游行、示威罪等,就很难说有什么犯罪对象。但这些犯罪无疑都侵害了一定的社会关系,具有犯罪客体。

第三,任何犯罪都会使犯罪客体受到危害,而犯罪对象则不一定受到损害。例如,盗窃犯将他人的电视机盗走,侵犯了主人的财产权利,但作为犯罪对象的电视机本身则未必受到损害。而一般情况下,盗窃犯总是把窃来的东西好好保护,以供自用或卖得高价。

第四,犯罪客体是犯罪分类的基础,犯罪对象则不是。由于犯罪客体是每一犯罪的必要要件,它的性质和范围是确定的,所以它可以成为犯罪分类的基础。我国《刑法》分则规定的 10 类犯罪,正是主要以犯罪同类客体为标准进行划分的,而按犯罪对象则无法进行分类。犯罪对象不是每一犯罪的必要要件,它在不同的犯罪中可以是相同的,例如走私淫秽物品罪和制作、贩卖、传播淫秽物品罪的犯罪对象都是淫秽物品;而在同一犯罪中它也可以是不同的,例如盗窃罪的犯罪对象可以是各种各样的公私财物,如货币、衣物、珠宝等。正因为犯罪对象在某些犯罪中具有不确定性质,加之少数犯罪甚至没有犯罪对象,所以它不能成为犯罪分类的基础。

第五,犯罪对象是具体的人或物,因此可以凭借人的感觉器官来感知;犯罪客体则是生命权、财产权、公共安全等凭借人的思维才能认识的观念上的东西,二者具有具体与抽象的差别。

2. 犯罪客观方面

犯罪客观方面是指《刑法》规定的、说明行为的社会危害性而为成立犯罪所必须具备的客观事实特征。它包括危害行为和危害结果,犯罪的时间、地点、方法(手段)也是少数犯罪的必备条件。犯罪客观条件分为两类:一类是必要条件,即任何犯罪都必须具备的条件,如危害行为。另一类是选择条件,即某些犯罪所必须具备的条件或者是对行为构成因素的特别要求,前者指危害结果,后者包括时间、地点、方法(手段)。

3. 犯罪主体

犯罪主体是指实施危害社会的行为依法应当负刑事责任的自然人和单位。

(1)自然人犯罪主体是指达到刑事责任年龄、具有刑事责任能力的自然人。自然人犯罪主体在某些犯罪中必须具有特殊身份。

刑事责任年龄是指法律规定行为人对自己的犯罪行为负刑事责任必须达到的年龄。根据青少年的身心发展状况、文化教育发展水平、智力发展程度,将刑事责任年龄划分为三个阶段:一是已满 16 周岁的人,其犯罪应负刑事责任,为完全负刑事责任年龄。二是已满 14 周岁、不满 16 周岁的人,其犯故意杀人、故意伤害致人重伤或者死亡、强奸、抢劫、贩卖毒品、放火、爆炸、投毒罪的,应当负刑事责任,这是相对负刑事责任年龄。即处于这一年龄段的人只对部分严重犯罪负刑事责任。三是不满14周岁的人,其无论实施何种危害社会的行为,都不负刑事责任,为完全不负刑事责任年龄。已满14周岁、不满18周岁的人犯罪,应当从轻或减轻处罚。不满16周岁,而不予处罚的,责令其家长或监护人加以管教,必要时可由政府收容教养。以上规定体现了对青少年犯罪是以教育为主的精神。

刑事责任能力是指行为人对自己行为的辨认能力与控制能力。辨认能力是指行为人认识自己特定行为的性质、结果与意义的能力;控制能力是指行为人支配自己实施或者不实施特定行为的能力。辨认能力与控制能力密切联系,辨认能力是控制能力的基础和前提,没有辨认能力就谈不上有控制能力。控制能力则反映辨认能力,有控制能力就表明行为人具有辨认能力。但在某些情况下,有辨认能力的人可能由于某种原因而丧失控制能力。所谓具有刑事责任能力是指同时具有辨认能力与控制能力,如果缺少其中任何一种能力,则属于没有刑事责任能力。

达到刑事责任年龄的人通常具有刑事责任能力,故刑事责任能力的判断只是一种消极判断。在判断行为人的刑事责任能力时,需要注意以下问题:

① 对于无责任能力的判断,应同时采用医学标准与心理学标准。即首先判断行为人是否患有精神病,其次判断是否因为患有精神病而不能辨认或者不能控制自己的行为。前者由精神病医学专家鉴定,后者由司法工作人员判断。司法工作人员在判断精神病人有无责任能力时,除了以精神病医学专家的鉴定结论为基础外,还应注意以下几点:第一,要注意审查精神病的种类以及程度轻重,因为精神病的种类与程度轻重对于判断精神病人是否具有责任能力具有极为重要的意义。第二,要在精神病人的左邻右舍中调查其言行与精神状况。第三,要进一步判断精神病人所实施的行为与其精神病之间有无直接联系。

② 间歇性精神病人在精神正常的时候犯罪的,应当负刑事责任。即间歇性精神病人实施行为的时候,如果精神正常、具有辨认能力和控制能力,就应当追究其刑事责任;反之,如果实施行为的时候,精神不正常,不具有辨认能力和控制能力,该行为便不成为犯罪,因而不负刑事责任。由此可见,间歇性精神病人的行为是否成立犯罪,应以其实施行为时是否具有责任能力为标准,而不是以侦查、起诉、审判时是否精神正常为标准。

③ 尚未完全丧失辨认或者控制自己行为能力的精神病人犯罪的,应当负

刑事责任,但是可以从轻或者减轻处罚。

④ 醉酒的人犯罪应当负刑事责任。

⑤ 又聋又哑的人或者盲人犯罪,应当负刑事责任,但可以从轻、减轻或者免除处罚。

(2) 单位犯罪主体,是指实施危害社会行为并依法应负刑事责任的公司、企业、事业单位、机关、团体等。虽然单位一词在以往我国社会生活中曾经被广泛使用,甚至是一个使用率极高的用语,但严格地说它不是一个法律用语。根据《刑法》第30条的规定,单位犯罪这一概念中的单位,是指公司、企业、事业单位、机关、团体,这也就是单位犯罪的主体。

4. 犯罪主观方面

犯罪主观方面是指行为人对自己的危害社会的行为及其危害社会的结果所持的故意或者过失的心理态度,概括起来有故意和过失这两种基本形式。

(1) 犯罪故意。根据《刑法》第14条规定,犯罪故意是指行为人明知自己的行为会发生危害社会的结果,并且希望或者放任这种结果发生的主观心理态度。从罪过内容上看,犯罪故意具有两方面特征:① 在意识因素上,行为人明知自己的行为会发生危害社会的结果。② 在意志因素上,行为人对危害结果的发生抱着希望或放任的态度。

根据意识和意志这两个方面的不同情况,刑法理论将犯罪故意分为直接故意和间接故意。直接故意是指行为人明知自己的行为会发生危害社会的结果,并且希望这种结果发生的心理态度。我国《刑法》规定的大部分犯罪都可以由直接故意构成。间接故意是指行为人明知自己的行为可能发生危害社会的结果,并且放任这种结果发生的心理态度。

(2) 犯罪过失。根据《刑法》第15条规定,犯罪过失是指行为人应当预见自己的行为可能会发生危害社会的结果,因疏忽大意没有预见,或者已经预见而轻信能够避免,以致发生了危害社会的结果的主观心理态度。从罪过内容上看,犯罪过失具有两方面特征:① 在意识因素上,行为人应当预见自己的行为可能发生危害社会的结果,但是因疏忽大意而没有预见,或者已经预见但是轻信能够避免。② 在意志因素上,行为人对危害结果的发生是持根本否定态度的。

根据罪过内容方面的特点,《刑法》理论将犯罪过失分为疏忽大意的过失和过于自信的过失。疏忽大意的过失是指行为人应当预见自己的行为可能发生危害社会的结果,因为疏忽大意而没有预见,以致发生这种结果的主观心理态度;过于自信的过失是指行为人已经预见到自己的行为可能发生危害结果,但是轻信能够避免,以致发生这种结果的主观心理态度。

《刑法》第15条第2款规定:"过失犯罪,法律有规定的才负刑事责任。"我国《刑法》分则规定的过失犯罪,都要求造成严重的危害结果。没有法定的严重危害结果的发生,就谈不上犯罪过失的存在。

犯罪的构成必须同时具备四个要件,缺一不可。

（三）正当防卫

正当防卫是指为了使国家、公共利益、本人或者他人的人身、财产和其他权利免受正在进行的不法侵害,对不法侵害人所实施的制止其不法侵害行为且没有明显超过必要限度的行为。

1. 正当防卫必须具备的条件

（1）侵害现实存在。正当防卫的起因必须是具有客观存在的不法侵害,如果防卫人误以为存在不法侵害,那么就构成假想防卫。假想防卫不属于正当防卫,如果其主观上存在过失,且刑法上对此行为规定了过失罪的,那么就构成犯罪,否则就是意外事件。

（2）侵害正在进行。不法侵害正在进行的时候,对合法利益造成威胁,具有现实紧迫性,因此才可以使防卫行为具有合法性。

（3）具有防卫意识。正当防卫要求防卫人具有防卫认识和防卫意志。前者是指防卫人认识到不法侵害正在进行;后者是指防卫人出于保护合法权益的动机。

（4）针对侵害人防卫。正当防卫只能针对侵害人本人防卫。由于侵害是由侵害人本人造成的,因此只有针对其本身进行防卫,才能保护合法权益。

（5）没有明显超过必要限度。防卫行为必须在必要合理的限度内进行,否则就构成防卫过当。

2. 无限防卫权

我国《刑法》第20条第3款规定:"对正在进行行凶、杀人、抢劫、强奸、绑架以及其他严重危及人身安全的暴力犯罪,采取防卫行为,造成不法侵害人伤亡的,不属于防卫过当,不负刑事责任。"根据这一规定,无限防卫权的行使必须具备三个条件:第一,客观上存在着严重危及人身安全的暴力犯罪,这是行使无限防卫权的前提条件;第二,严重的暴力犯罪是正在进行中的,这是行使无限防卫权的时间条件;第三,防卫行为只能是针对不法侵害人本人实施的,这是行使无限防卫权的对象条件。

在符合上述三个条件的情况下,防卫人因防卫行为致不法侵害人伤亡后果的,即使明显超过了必要的限度造成重大损害的,仍为正当防卫而不属于防卫过当,应受法律的保护而不负刑事责任。这主要是因为行凶、杀人、抢劫、强奸、绑架以及其他严重危及人身安全的暴力犯罪,对社会及公民的危害性非常严重,而且制止这些犯罪的难度非常大,《刑法》如此规定有利于鼓励公民同那些极端犯罪分子作斗争,保护自己的合法权益。

3. 不属于正当防卫的行为

需要特别指出的是,以下10种行为不属于正当防卫:

(1)打架斗殴中,任何一方对他人实施的暴力侵害行为。两人及多人打架斗殴,一方先动手,后动手的一方实施的所谓反击他人侵害行为的行为,不属于正当防卫。

(2)对假想中的不法侵害实施的所谓"正当防卫"行为。不法侵害必须是在客观上确实存在,而不是主观想象的或者推测的。

(3)对尚未开始不法侵害行为的行为人实施的所谓"正当防卫"行为。

(4)对自动停止或者已经实施终了的不法侵害的行为人实施的所谓"正当防卫"行为。

(5)不是针对正在进行的不法侵害者本人,而是无关的第三者的所谓"正当防卫"行为。

(6)不法侵害者已被制伏,或者已经丧失继续侵害能力时的所谓"正当防卫"行为。

(7)防卫挑拨式的所谓"正当防卫"行为。即为了侵害对方,故意挑逗他人向自己进攻,然后借口正当防卫加害对方。

(8)对精神病人或者无刑事责任能力的未成年人的侵害行为实施的所谓"正当防卫"行为。

(9)对合法行为采取的所谓"正当防卫"行为。公安人员依法逮捕、拘留犯罪嫌疑人等合法行为,嫌疑人不得以任何借口实行所谓的"正当防卫"。对紧急避险行为也不能实行正当防卫。

(10)起先是正当防卫,但后来明显超过必要限度造成重大损害的行为。此种行为,法律称为"防卫过当",不属正当防卫的范畴。

(四)紧急避险

为了使国家、公共利益、本人或者他人的人身、财产和其他权利免受正在发生的危险,不得已而采取的紧急避险行为,造成损害的,不负刑事责任。紧急避险超过必要限度造成不应有的伤害的,应当负刑事责任,但是应当减轻或者免除处罚。其中关于避免本人危险的规定,不适用于职务上、业务上负有特定责任的人。

紧急避险的要件包括:(1) 必须针对正在发生的紧急危险。如果人的行为构成紧急危险,必须是违法行为;(2) 所采取的行为应当是避免危险所必需的;(3) 所保全的必须是法律所保护的权利;(4) 不可超过必要的限度,就是说,所损害的利益小于所保全的利益时紧急避险不负法律责任。

(五) 意外事件

我国《刑法》第16条的规定,行为虽然在客观上造成了损害结果,但不是出于行为人的故意或者过失,而是由于不能预见、不能避免、不能克服的原因所引起的,不认为是犯罪。这种情况就是《刑法》中所说的意外事件。

意外事件的构成要件包括:(1) 行为在客观上造成了损害结果;(2) 行为人对于自己行为所造成的损害结果在主观上既无故意也无过失;(3) 损害结果的发生是由于不可抗拒或者不能预见的原因引起的。

由于意外事件缺少主观要件,因此我国《刑法》规定,意外事件不负法律责任。

(六) 故意犯罪形态

故意犯罪形态是指故意犯罪在其发展过程中的不同阶段由于主客观原因而停止下来的各种犯罪形态,包括犯罪预备、犯罪未遂、犯罪中止和犯罪既遂。

犯罪预备是指为了实施犯罪而准备工具、制造条件的行为。有犯罪预备行为,因意志以外的原因而未能着手实行的,是预备犯。对于预备犯,可以比照既遂犯从轻、减轻处罚或者免除处罚。

已经着手实行犯罪,由于犯罪分子意志以外的原因而使犯罪未得逞的,是犯罪未遂。对于未遂犯,可以比照既遂犯从轻或减轻处罚。

在犯罪过程中,自动放弃犯罪或自动有效地防止犯罪结果发生的,是犯罪中止。对于中止犯,没有造成损害的,应当免除处罚;已经造成损害的应当减轻处罚。

犯罪既遂是指犯罪行为人实施的犯罪行为符合刑法分则条文规定的构成某一犯罪必须具备的全部主客观要件,是犯罪的完成形态。需要说明的是,关于犯罪既遂的标准,学界还存在着分歧。

(七) 刑罚体系

刑罚体系是指国家以有利于发挥刑罚的功能、实现刑罚的目的为指导原则,通过《刑法》的规定而形成的、由一定刑罚种类按其轻重程度而组成的序列。根据《刑法》规定,我国的刑罚体系由主刑和附加刑构成,包括管制、拘役、有期徒刑、无期徒刑、死刑五种主刑,以及罚金、剥夺政治权利、没收财产、驱逐出境四种附加刑。

管制是指对犯罪分子不实行关押、交由公安机关管束和人民群众监督、限制其一定自由的刑罚方法。管制作为一种限制人身自由的刑罚,其期限为3个月以上2年以下;数罪并罚时最高不能超过3年。被判处管制的犯罪分子,由公安机关执行。

拘役是剥夺犯罪人短期人身自由、就近实行强制劳动改造的刑罚方法。拘役的期限为1个月以上6个月以下。数罪并罚时,最高不得超过1年。被判处拘役的犯罪分子,由公安机关就近执行。

有期徒刑是剥夺犯罪分子一定期限的人身自由,实行强制劳动改造的刑罚方法。有期徒刑的期限为6个月以上15年以下,数罪并罚时,最高不得超过20年。

无期徒刑是剥夺犯罪分子终身自由并强制劳动改造的刑罚方法。被判无期徒刑的犯罪分子,在监狱或者其他劳动改造场所执行;凡是有劳动能力的,都应当参加劳动,接受教育和改造。

死刑是剥夺犯罪分子生命的刑罚方法。死刑是刑罚体系中最严厉的惩罚手段。死刑只适用于罪行极其严重的犯罪分子。

罚金是人民法院判处犯罪人向国家缴纳一定数额金钱的刑罚方法。罚金主要适用于三种犯罪:经济犯罪、财产犯罪、其他故意犯罪。

剥夺政治权利是指剥夺犯罪人参加国家管理和政治活动权利的刑罚方法。具体包括:(1) 选举权和被选举权;(2) 言论、出版、集会、结社、游行、示威自由的权利;(3) 担任国家机关职务的权利;(4) 担任国有公司、企业、事业单位和人民团体领导职务的权利。

没收财产是将犯罪分子个人所有财产的一部分或者全部强制无偿地收归国有的刑罚方法,主要适用于危害国家安全罪、严重的经济犯罪、严重的财产犯罪以及其他严重的刑事犯罪等。

驱逐出境是强迫犯罪的外国人离开中国国(边)境的刑罚方法。

导读三　我国的程序法律制度

一、三大诉讼法共有的基本原则

纵观我国的《民事诉讼法》《行政诉讼法》《刑事诉讼法》,它们具有如下共同的基本原则:

1. 司法机关依法独立行使职权的原则。

2. 以事实为根据，以法律为准绳的原则。

3. 公民在适用法律上一律平等的原则。

4. 两审终审制的原则。

5. 公开审判的原则。

6. 回避原则。

7. 合议制原则。

8. 以本民族语言文字进行诉讼的原则。

9. 人民检察机关对诉讼活动实行法律监督的原则。

10. 保障诉讼参与人诉讼权利的原则。

二、三大诉讼法诉讼制度的差异

1. 举证责任分配的差异。在民事诉讼中是"谁主张，谁举证"；在行政诉讼中是被告负举证责任；在刑事诉讼中控辩双方也是遵循"谁主张，谁举证"的原则来分配举证责任。

2. 关于第三人的差异。民事诉讼和行政诉讼中都存在第三人，而刑事诉讼中则没有第三人。而且，民事诉讼中的第三人还存在着有独立请求权的第三人和无独立请求权的第三人的区别。

3. 公权力参与的程度不同。在民事诉讼中，只有法院以公权力的身份出现；在行政诉讼中，作为被告的行政机关和法院以公权力的身份出现；在刑事诉讼中，公、检、法都有参与。

4. 诉讼结果的差异。在民事诉讼和行政诉讼中，败诉方承担的主要是经济和行政的不利后果，而在刑事诉讼中，败诉的被告承担的不利后果是接受限制人身自由甚至剥夺生命的极其严厉的惩罚。

实践课堂

【实践主题】 做一名自觉遵守法律的大学生。

法律运行的环节包括法律制定、法律遵守、法律执行和法律适用。不难看出，在这四个环节之中，法律的遵守和公民的关系最为密切，因为法律虽然是依靠国家强制力保证实施的行为规范体系，但国家强制力并不是唯一的甚至不是主要的法律实施渠道，一切政党、武装力量、人民团体、企事业单位、社会组织和公民的自觉遵守才是法律实施的最主要、最根本的途径。

依法治国是我们正在推进的社会主义市场经济体制建设的保证。依法治国是我国的基本国策,是党领导人民治理国家的基本方略。国无法不治,民无法不立。在社会转型时期,面对体制转轨、社会转型、价值多元的新形势,只有全体公民都自觉遵守法律、维护法律尊严,才能维护正常的社会秩序、创造良好的社会氛围,才能更好地化解矛盾纠纷、维护社会稳定,也才能实现公平正义、推进社会和谐、实现中华民族的伟大复兴。

【设计思路】

社会主义法治的基本要求是有法可依、有法必依、执法必严、违法必究。因此,首先应让学生系统、全面地了解我国社会主义法律体系。本章的实践重点是使学生通过实践,较为全面地了解我国社会主义法律体系以及宪法、民法、刑法以及其他相关实体法和程序法的主要内容,进一步增强自己的法律意识,努力用法律维护自己的合法权益,做到"心灵上有感触、思想上有提高、行动上有表现",实现知识传授、素质养成、能力培养的一体化。

本章设计了两个课堂实践项目和两个课外实践项目。"法律在我心中"知识竞赛和"以案说法大讨论"作为课堂实践,其主要目的是让学生加深对法律知识的了解,进一步提高学生的法律素养,纠正对法律的一些错误认识,做到知法、懂法,把知识内化为信念;"法律知识进社区"和"廉政文化我参与"作为课外实践,其主要目的是在学生对法律知识有了一定了解的基础上,训练学生的法律思维方式,做到守法、护法,把信念外化为行动。四个实践项目在逻辑关系上是由内到外、由知到行、由浅入深、层层递进,构成一个内在联系的有机整体。

【实践项目】

一、法律在我心中

◎**实践类型**:互动。

◎**实践形式**:知识竞赛。

◎**实践目标**:知法是守法的前提,通过知识竞赛,提升学生对法律知识的熟悉程度,增强大学生的法律意识和法制观念,提高学习法律的积极性和主动性,帮助学生做到知法、懂法、用法、守法,为更好地用法律维护自己的合法权益,用法律知识和违法犯罪行为作斗争,从而为更自觉地遵守法律打下坚实的知识基础。

◎**实践方案(6 课时)**:

1. 宣传发动。任课教师要向学生讲清楚举办法律知识竞赛的目的,即提高学习法律知识的热情和兴趣,使其更好地掌握和理解法律知识,增强法律意识。

2. 按照之前设定的团队划分成几个活动小组:出题组、竞赛组、考核组。各组要明确任务和要求,由各个团队的队长负责协调。

3. 设计竞赛题目。在确定竞赛范围的基础上让每一个学生都提供一套法律知识竞赛题,然后由出题组据此整理出一套竞赛题,交由教师最后审核。这样既可以提高学生参与的积极性,对于学生来说,也是一个再学习的过程,而且是自觉的学习过程。

4. 竞赛组织。由竞赛组学生负责设计知识问卷,并自行排版印制,注意试卷的保密工作。同时,根据试题设计出参考答案和评分标准。要求学生在课堂上进行闭卷考试,即在规定的时间内完成试卷,不能参考其他资料。

5. 成绩核算。由考核组学生负责试卷的评阅工作,按照竞赛组提供的标准答案进行阅卷和打分。

6. 活动总结。各个小组写出活动总结,对每位同学的分数进行登记。按照之前的设定,评选出一、二、三等奖若干名,并给优秀学生颁发奖状,教师对实践活动进行总体点评。

◎**实践成果**:完成一个简要的 PPT 课件,教师选择有代表性的课件在课堂上进行交流。

◎**活动评价**:

优秀(90~100 分):能积极参与活动的各个环节,态度认真,在自己所负责的环节中,有较强的组织能力,表现突出;PPT 课件能够充分展示实践活动的过程,内容充实,做工精细,图案搭配和谐、美观。

良好 (80~89 分):参与活动比较积极,态度比较端正,能比较出色地完成交办的各项任务,有一定的组织能力;PPT 课件能够比较真实地展示实践活动的过程,内容比较充实,做工比较精细,图案搭配比较和谐、美观。

合格(60~79 分):应付交办的任务,态度不够端正,马虎完成交办事项;PPT 课件制作简单,思路比较混乱。

不及格(60 分以下):没有参与实践活动或对交办的任务没有认真去做;未上交 PPT 课件。

二、以案说法大讨论

◎**实践类型**:互动。

◎**实践形式**:集体讨论。

◎**实践目标**:引导学生加深对法律知识的理解,培养学生的法律思维方式,提高学生运用法律知识分析、解决实际问题的能力。

◎**实践方案(6课时)**:

1. 选取典型案例。鼓励学生选取典型案件,选取的案例可以是经媒体报道的,也可以是发生在现实生活中的,最好是发生在学生身边、校园内的。总之,选择的案例从时间上和空间上来说都是越近越好,要能体现时代性,贴近学生实际。只有这样的案例才有说服力和感染力。结合学生选取的案例和学生的分组情况,教师选择一定数量的典型案例作为讨论的素材。

2. 认真剖析案例。教师和学生一起对所选案例进行剖析,包括人物、案情、法律关系等。

3. 学生课后思考。布置学生课后对案例做进一步的深入的思考,要求形成书面发言稿,确保在实践活动开展的过程中人人有话说。

4. 组织小组讨论。学生按照之前团队分组进行讨论。为了保证气氛活跃,各组要精心组织,要鼓励更多的学生发言,每人每次的发言时间以两三分钟为宜,可以多次发言。讨论过程中教师要注意掌控活动的进度,提醒学生发表自己的看法和主张,不要在一些细微的观点上纠缠,避免人身攻击。安排一名学生拍照。

5. 班级活动总结。每组选派一名代表汇报本组的讨论情况,每个代表的发言时间为5分钟。在每组汇报结束后,留5分钟时间给其他组同学提问。问题的选择要针对案例中的疑点,汇报组的成员都可以回答。教师对案例和整个实践活动情况进行简要的总结和点评,同时强调本次实践活动的意义。会后要收集每个小组的相关资料以及活动过程中的照片并装订汇编。

◎**实践成果**:完成一篇实践报告。

◎**活动评价**:

优秀(90~100分):参与积极,寻找的案例具有一定的典型性;在发言过程中,积极踊跃,观点清晰,有足够的例证进行说明,准备充分,言之有据;能积极提出问题,或者代表本组进行汇报。

良好（80~89分）:参与较积极,对准备的案例理解比较深入,能从容地回答同学们提出的问题,准备比较充分;在其他组汇报后,能积极主动地发言,提出问题,表现比较踊跃。

合格(60～79分):能够参与并发言,但准备不充分,态度不够端正,对自己准备的案例不熟悉,不能很好地回答同学的提问,对其他组的案例也不能提出有针对性的问题,态度不够积极。

不及格(60分以下):消极抵制或不参与实践活动。

三、法律知识进社区

◎**实践类型**:体验。

◎**实践形式**:宣传、宣讲。

◎**实践目标**:普及法律知识,提高公民法律意识;使学生在此活动中进一步提高对法律知识的熟悉程度。

◎**实践方案(6课时)**:

1. 任课教师充分说明本次实践活动的目的和意义,同时对活动提出具体要求,特别强调要有较高的参与率。

2. 安全教育与提示。任课教师专门针对本次实践活动进行安全教育,教育学生在前往社区和返回学校的路途中要注意人身和财产安全,交代和社区居民交流沟通以及宣讲法律知识的注意事项。

3. 选拔法律宣讲人员。每个团队进行法律宣讲人员的选拔,要求选拔出对法律感兴趣、交流沟通能力较强、语言表达能力好、有亲和力的学生担任宣讲员,安排其他工作给其他学生,做到人人都参与,个个有事做。

4. 精心选择宣讲内容。每个团队进行宣讲内容的准备,要求宣讲的内容最好结合重大节日,如3月15日消费者权益保护日、12月4日全国法制宣传日,或者是社区居民日常生活中会经常遇到的现象和问题,或者平时关注比较多的话题,如食品安全、交通安全等,并制订出完整的活动方案。

5. 联系社区。选派几名学生事前和相关的社区负责人员联系,双方完善活动方案,沟通、协商好宣讲的内容、时间、地点,由社区负责参与人员的组织及活动现场的准备工作,营造良好的活动氛围,不至于使实践活动冷场。必要时联系新闻媒体。

6. 社区宣讲。由任课教师亲自带队,去相关社区宣讲。事先和社区联系,准备好宣讲必须的物品,如海报、宣传展板、横幅、法制宣传单、桌椅以及扩音器材等。安排专人拍照,搜集图片资料。

7. 活动总结。每个团队选派一名代表对本次活动进行总结,分享活动过程中的得与失。教师做简要点评,对活动的组织以及每个同学的表现进行总结,特别注意表扬那些在实践活动中表现积极、给居民留下良好印象的学生。实践活动结束后要求学生完成一篇活动总结,主要内容应该包括实践活动过程中的参与情况、实践活动的收获、体会或感想,最好能突出那些做得不够好、以后可以改进的方面。

◎**实践成果**:完成一篇实践报告,选择恰当的时间,在班级进行交流。

◎**活动评价**:

优秀(90~100分):积极参与宣讲活动,事先能够认真准备,能主动为活动的顺利举行献计献策;在活动中表现积极,为社区的人员进行法律知识的宣讲,活跃气氛,受到居民的一致好评;实践报告完整、详细、有条理、图文并茂。

良好(80~89分):参与实践活动比较积极,在实践活动中,认真投入,宣讲认真,受到居民的好评,为整个活动的顺利举行发挥自己的力量;实践报告比较完整,内容比较充实,比较有条理,能写出自己的感悟。

合格(60~79分):参与活动不够积极,显得被动,马虎完成团队分配的工作,在现场不能很好地进行宣传;实践报告内容简单,没有感悟。

不及格(60分以下):消极抵制或不参与实践活动;实践报告内容空洞无物。

四、廉政文化我参与

◎**实践类型**:互动。

◎**实践形式**:各种形式的文化展示。

◎**实践目标**:加强大学生廉政文化建设是贯彻落实中央建立惩治和预防腐败体系的客观要求,也是我们培养社会主义事业合格建设者和可靠接班人的现实需要,同时还是新时期加强党风廉政建设和反腐败工作的必然趋势。通过廉政文化团队会演,把课堂上学习到的廉政知识运用到文化建设中去,在潜移默化中培养学生的廉洁意识和观念,从而更加有效地激发大学生的正义感和社会责任感,增强廉洁自律的意识,提高防腐免疫力,为踏入社会打下良好的思想基础。

◎**实践方案(6课时)**:

1. 宣传发动。任课教师要在课堂上强调:大学生正处在世界观、人生观、价值观的形成、发展、定型的关键时期,这个时期他们在思想上接受什么样的教育、形成什么样的理念,在其一生中都会打下不可磨灭的印记。通过利用各种形式的会演活动,端正大学生的从政观念,在思想上树立反腐倡廉的信念和意志。

2. 按照团队的划分进行任务的分配。由各个团队的队长和队员进行商讨,确定会演的案例,选取的案例要贴近生活、贴近时代、贴近学生。确定后,由任课教师对选取的案例进行把关,正面和反面的案例都要涉及。

3. 表现形式。可以是小品、辩论、主题视频、朗诵、讲课等形式,可根据剧本的要求选定。

4. 各个团队按照审核过的案例选拔参演学生,进行角色分工。要求所有团队成员都要积极参与,从剧本的润色、会演的主要负责人安排、排练时间地点的安排、剧本中人物的特点分析以及现场效果等多方面进行配合。要求每个队员都要有任务,并积极投入进行准备。

5. 组织会演。联系好演出地点,准备好演出的必需物品,包括化妆等。提前选定活动主持人以及现场计分的工作人员等。任课教师到场,邀请纪委、团委或者学工的相关老师、各个团队的队长,以及由随机抽取学生组成的大众评审共同组成评委,进行汇报演出。按照之前设定的评选要求,分别评选出一、二、三等奖,以及最佳表演奖、最佳导演奖、最佳剧本奖等。安排人员拍照或者摄像。

6. 总结表彰。任课教师对整个会演给予总结评价,特别是针对有影响的案例进行点评,对相关的案例角色进行剖析,引导学生正确认识。同时请参与的老师给获奖的学生和集体现场颁发荣誉证书和奖品。

7. 资料汇编。选择主要负责人,就本次会演活动的剧本等文字资料进行编辑,整理成册,同时附上活动的图片、获奖名单等。

◎**实践成果**:完成一篇实践报告或文化成果展示。

◎**活动评价**:

优秀(90~100分):积极参与到所分配的实践环节,投入很多精力进行准备,在会演中表现突出,给人留下深刻的印象;实践报告内容完整,字迹清楚,有条理。

良好(80~89分):参与比较积极,能较好完成布置给自己的任务,投入精力一般,实践活动中表现良好;实践报告内容比较完整,字迹较清楚,有一定的条理,能给人留下较好的印象。

合格(60~79分):能够顺利完成布置给自己的任务,参与并完成交办事项,能如期上交实践报告,内容比较完整。

不及格(60分以下):消极抵制或不参与实践活动,对于布置给自己的任务置若罔闻,没有上交实践报告。

参考案例

山东青岛大学:大一学生代理招工遇"陷阱"①

中介公司在收了48名同学的报名费后却人间蒸发,没有提供一个工作岗位,1680元中介费打了水漂。这是青岛大学学生小李在暑假的遭遇。暑期前,小李做起校园中介代理业务,开始忙着为暑期打工的同学张罗找工作,如今,中介没了踪影,拿着收据和合同的小李却没处维权,只能用自己的生活费退还部分同学的报名费。

信息栏里淘金做起中介代理

6月中旬,小李就开始为放假后找工作忙碌,他在学校宣传栏里看到158社会实践创业中心的吴某招学生中介代理,就加盟了。该中介是把学校中假期需要打工的同学召集到一起,每人收了50元报名费,由吴某负责为其找工作,小李从中赚取一小部分费用。

为了证实158社会实践创业中心的真假,小李曾专门跑到他们在李沧区九水东路的办公地点去查看,后来因为了解到同学小邱之前与这家中介合作过,小李便放松了警惕,与吴某签订了专门的合作合同。

签订合同以后,小李便开始在校园里发布招暑期工的广告,做起了中介代理。没想到原本以为可以赚点外快的小李却赔了钱。

交千余元中介费却没见工作

小李说,6月20日签订协议后,他和小邱两人总共召集了48名同学交了报名费。费用收上来之后,小李和小邱将自己的提成部分留下,其他费用共计1680元钱分三次给了中介。中介出具了三张收据,但都没有加盖公章,仅有收款人的签名。从7月5日开始,部分考完试的同学开始向小李和小邱要工作,可中介却不断推托,甚至拒接电话,缴了中介费的同学得不到工作,小李和小邱在中间左右为难。

家境本来就不好的小李犯了难,一边是索要报名费的同学,一边是人间

---

① 《齐鲁晚报》,2009年7月27日。

蒸发了的中介,而他自己也拿不出足够的钱退还同学们的报名费。

中介人间"蒸发"只得自己赔钱

从 7 月 5 日起,小李每天都打电话联系中介,中介一再推托,后来干脆不接电话了。小李感觉出不对劲后,已经束手无策了,只好把自己的生活费退给同学。12 日下午,小李再次来到位于九水东路的中介办公地点,发现里面已经空空如也,连门口的牌子也拆掉了。

无奈之下,小李只好向派出所报案,希望能讨回 1680 元的中介费。记者发现在小李提供的合同和收据上并没有中介方的公章,只有吴某的个人手印,收据和合同上的单位也不吻合。

针对小李的遭遇,青岛大学法学院的专家说,每年都会有很多类似的大学生暑期打工受骗的案件发生。小李遇到的应该是社会上的个人黑中介,因为各方面的证据不吻合,维权也会有难度。

据介绍,由于学生的特殊身份,在暑期打工或实习期间与用人单位之间是劳务关系而非劳动关系,不受《劳动合同法》的保护,遇到社会上的非法中介,维权更是难上加难。针对大学生暑期打工的需求,建议校企合作,由学校设立专门的实习基地;或者由学校牵头,与社会人才市场、大型用人单位、企业家协会等部门联系,构筑供需信息网络,为学生参加校外勤工助学做好中介服务和跟踪管理。

【点评】 近年来,随着独立意识的增强,利用周末和节假日特别是寒暑假打工的大学生日益增多,但是,遗憾的是像上述的案例也屡屡见诸媒体,而最终受害的是广大的学生。这除了说明在社会转型时期,唯利是图的不良分子无孔不入、法治环境不如人意外,还向我们深刻揭示了一个不容忽视的问题,那就是大学生的法律意识亟待提高,这是摆在每一个大学生面前不能回避的现实问题。

从辛普森案看程序正义

对于美国橄榄球运动员辛普森杀人一案,相信大家一定十分熟悉。从公布的案情看,世人普遍相信是辛普森杀死了自己的妻子和她的情人,检方掌握的确凿证据足以控告他杀人的罪名成立。但是,辛普森花费高达 600 万美元的巨资聘请的强大律师团找到了美国警察违法取证的证据,从而使得辛普森因为警察取证不合法而被宣告无罪。这个案件的启示是:程序正义是实体正义的前提和保证,没有程序正义就没有实体正义。程序方面的任何问题都可能造成实体权利的缺失，因此，办理案件必须坚持程序正义。否则，正义将无法得到维护。

1983年，全国开展了轰轰烈烈的"严打"活动，有关部门提出从重、从快、从严打击刑事犯罪活动，部分地区出现了检察院、法院提前介入，致使出现本应分工合作、互相监督的检察院、法院和公安三机关联合办案的奇特局面。而且律师为犯罪嫌疑人辩护只是徒有其名，根本不可能为犯罪嫌疑人依法进行有效的辩护。当时出现了大量的错案，错杀、错判了很多人。后虽经纠正，但贻害相当大。在全国闹得沸沸扬扬的湖北佘祥林杀妻案就是一起典型的因违反司法程序而造成的错案。

但是，在中国现实侦查条件和司法环境之下，将程序的重要性无限拔高，甚至达到不惜牺牲实体公正的程度，过分追求程序问题而忽视实体问题等行为是否可行还值得商榷。北京律师李庄执着地纠缠诉讼程序上的细节，将司法机关的一点漏洞或者疏忽抓住不放甚至放大，从而使案件审理无法进行，最终只得宣告无罪或者撤案，他所一贯采用的这种辩护策略，最终使自己处于被动的地位，造就了颇受关注的"律师李庄伪造证据妨害作证案"。

【点评】　辛普森案因为过于注重程序出现事实上有罪而法律上无罪的情形，与此相反的是，佘祥林案却因为忽视程序出现事实上无罪而法律上有罪的情形。对照比较两起案件的全部要素，不能不引人深思。在现代法治背景下，司法程序的价值已经逐渐被人们所意识到：公正的司法程序不仅能够保障实体公正，而且越来越显现出其相对于实体法及其公正结果的独立价值，是现代法治发达程度的一个显著标志。在当今中国，人民法院的审判理念已经从单纯地追求司法效果转变为司法效果与社会效果相统一，这是中国法治文明的进步，也是中国法治逐步现代化的坚实步履。在这种情况下，幻想着法治文明在一夜之间就能够达到自己的心理高度无异于痴人说梦。

延伸阅读

我国《宪法》的简要发展历程①

在我国，自光绪三十四年(1908)清政府颁布《钦定宪法大纲》起，至1949

---

① 李曙光：《时事报告》，2003年12月15日。

年国民党政府垮台的 40 多年中,在社会动荡不定、政权更迭频繁的情况下,先后曾颁布过 10 部宪法。

新中国成立前夕,第一次中国人民政治协商会议制定了《中国人民政治协商会议共同纲领》,该纲领在新中国成立初期起到了临时宪法的作用。除此之外,新中国共制定过 4 部宪法。1954 年,在毛泽东主席的亲自主持下起草了中华人民共和国第一部宪法,第一届全国人民代表大会第一次全体会议以无记名投票方式一致通过了此部宪法。这部《宪法》的主要内容是:第一,规定了我国制度的基本原则。它确认了中华人民共和国是工人阶级领导的、以工农联盟为基础的人民民主国家;规定了我国的政权组织形式为实行民主集中制的人民代表大会制度。第二,它规定了我国的基本经济制度,确认了生产资料的全民所有制、合作社所有制、个体劳动者所有制和资本家所有制四种基本形式。第三,确认了公民广泛的民主权利和自由。

"文革"期间,在极"左"思潮下,国家制定了第二部宪法,即 1975 年宪法。这部《宪法》对 1954 年《宪法》的基本精神和许多内容与文字进行全面否定,在指导思想、内容和宪法体系上有严重的缺陷。1978 年,"文革"刚刚结束,国家又制定了第三部宪法,虽然对 1975 年《宪法》做了修正,恢复了 1954 年《宪法》的一些内容,但仍然保留了 1975 年《宪法》极"左"路线的痕迹,是一部过渡性的宪法。

1982 年,随着党的十一届三中全会的召开,中国全面拨乱反正。在继承和发扬 1954 年《宪法》的基础上,根据社会主义建设新时期的实践需要和改革开放的正确路线,制定出 1982 年《宪法》。第五届全国人民代表大会第五次全体会议通过了这部新中国成立后的第四部宪法。这部《宪法》在结构上,除序言外,分为总纲,公民的基本权利和义务,国家机构,以及国旗、国徽、首都四章,共 138 条。1982 年《宪法》是改革的产物,它对我国的经济体制制度进行了重大变革,加强了对公民权利的保障,宪法结构也作了符合世界宪法发展趋势的调整,是迄今为止最好的一部宪法。

此后,在 1988 年、1993 年、1999 年和 2007 年先后对 1982 年《宪法》进行过 4 次修订。

名人格言

为了保障人民民主,必须加强法制。必须使民主制度化、法律化,使这种制度和法律不因领导的改变而改变,不因领导人的看法和注意力的改变而改变。

——邓小平

法治意味着,政府除非实施众所周知的规则,否则不得对个人实施强制。

——哈耶克

法律必须被信仰,否则它将形同虚设。

——伯尔曼

有法而不循法,法虽善与无法等。

——沈家本

法律的生命从来不是逻辑,而是经验。

——霍姆斯

法律就是秩序,有好的法律才有好的秩序。

——亚里士多德

推荐书目

1. [美]博西格诺,等:《法律之门》,邓子滨译,华夏出版社,2007年。

该书信奉的哲学是,法律判决应当经由询问而生成,而一个纠纷的所有方面都应当被检视,以便获取最广博、最特别的观点。不仅如此,《法律之门》的设计是为了达到这样一个效果:某一阅读材料中知识要点的解决都扩展了思想范畴,以便更好地研究其他阅读材料;正如法庭就某一案件的判决都潜在地扩大了未来的论证范围,因为该判决已经成为整体法律讲论的一部分。该书虽然是美国法学专业学生的入门课程,但同时也不失为非法学专业学生拓展法律知识的一本难得的参考书。

2. 马志忠:《高等学校法律纠纷的处理与防范》,石油大学出版社,2006年。

该书从高校管理工作的实际出发,对高校管理工作中客观存在的很多问题进行了法律思考,分析了高校管理工作中常见法律纠纷的基本表现形式和发生的原因,提出了处理纠纷的办法以及防范的措施与建议。

3. 孙霄兵:《受教育权法理学:一种历史哲学的范式》,教育科学出版社,2003年。

该书分为导论和受教育权法理学的哲学论、历史论、实践论三编，从权利本位理论出发，概括了受教育权法理在逻辑与历史两个维度上的矛盾运动、社会冲突及其动力源泉，确立了受教育权主体范式的核心概念，分析了受教育权特权化、宗教化、国家化、社会化、个性化范式的不同特点和演进轨迹，提示了受教育权的实现作为人的自由复归的必由途径和社会进步的价值趋势，并在当前中国受教育权实践总结的基础上提出了未来发展的方向，是多学科研究受教育权问题的创新力作，有益于引发专业人员和广大读者的探索精神和批判思维。

4. 中国法制社编：《〈民法通则〉新解读》（第 3 版），中国法制出版社，2012 年。

相比较而言，民法和普通百姓生活的关系最为密切，而由于历史等众多方面的原因，我国目前的民事立法还相对滞后，也影响到实际的民事司法活动，对于公民的民事权益的保护是不利的。该书结合时代发展特征，从民事法律发展和民事司法实际的独特视角对《民法通则》进行了全新的解读，让人耳目一新。

5. 教育部人事司组编：《高等教育法规概论》，北京师范大学出版社，2000 年。

《高等教育法》的颁布实施，标志着我国高等教育领域的法制建设已经进入一个新的阶段。法律是现代社会的一种高度专门化的社会组织形式，是现代教育发展不可缺少的社会调节要素。因此，每一个进入高等学校的教师都不能不了解高等教育的法律法规。该书力图较全面地介绍高等教育法的基本内容，藉以帮助高等学校教师和学生掌握法律，在工作和学习中遵守法律，并依法维护自己的合法权利。

6. 劳凯声，郑新蓉，等：《规矩方圆——教育管理与法律》，中国铁道出版社，1997 年。

这是一本关于教育法论的专著。内容包括方圆之至、平衡与制约、走向神圣、新的视角等，全面介绍了我国教育的管理规定和法律制度，可作为教师和学生的参考书。

7. 冯建立：《大学生伤害事故预防与处理》，科学出版社，2009 年。

近年来，大学生在校期间的人身伤害事故明显呈上升趋势，引发了大量的法律纠纷，高校学生管理工作面临着巨大压力和严峻挑战，大学校园安全问题已经成为社会、学校和家长们关注的焦点。该书以我国现行有效的法律法规及司法解释为依据，选取发生在大学校园里的真实案例，试图对大学生伤害事故的界定、归责、预防和处理做一些有益的探索。该书不仅是教育行政部门、高等学校在预防与处理大学生伤害事故时的参考资料,也是大学生及其家长在处理学生人身损害赔偿案件时的重要帮手,为迅速解决法律纠纷、依法维护当事人的合法权益助一臂之力。

8. 高世英:《高校法律知识与典型案例分析》,北京理工大学出版社,2009 年。

改革开放 30 多年来,随着教育改革的不断深入,教育领域的各项法律关系(包括学校和教育行政部门的关系、学校和社会的关系、学校和教师的关系、学校和学生的关系等)都已经并正在发生着我们始料未及的巨大变化。由于社会法律意识以及被管理者个体法律意识增强,高校管理中的法律纠纷也呈现出迅速上升趋势。该书从高校管理工作的现实问题出发,以高等学校法律知识和典型案例分析为切入点,采用问题解答与案例分析相结合的方式,比较系统地介绍了高校内存在的主要法律关系以及相关的法律知识、典型案例和常用法律文书。

9. 曹智勇:《律师教您应对:常见劳动纠纷 100 案(附最新劳动法法律政策 400 问)》,中国法制出版社,2012 年。

该书从一个律师的视角,以一个律师的执业实践为基础,采用案例的形式比较全面地介绍了目前常见的各种劳动纠纷,是大学生的工具性参考书。

10. 陈兴良:《刑事法评论》(第 4 卷),中国政法大学出版社,1999 年。

主编陈兴良,北京大学法学院教授、博士生导师,中国当代著名的刑法专家,在刑法哲学、刑法教义学、判例刑法学等领域的研究颇有建树。《刑事法评论》是以刑事法研究为对象的系列丛书。在法治社会的建构中,私法,如民商法等,由于是调整平等主体之间的关系,并且植根于市民社会,因而得以迅速发展。一种以权利保障为主体的公法如何在以市场经济为基础的市民社会中找到自身的生长点,在法治社会应当建立一种什么样的公法文化,成为我们应思考的问题。该书作者主要就公法以及公法文化的转型与建构发表了自己独特的见解。

参 考 文 献

［1］刘颖,崔立霞:《思想政治理论课实践教程》,北京理工大学出版社,2011年。

［2］刘宏伟,廉清:《思想道德修养教学案例》,中国人民大学出版社,2004年。

［3］张立成:《思想道德修养与法律基础教学用书》,北京师范大学出版社,2011年。

［4］丁晓昌,张政文:《军事理论教程》,河海大学出版社,2009年。

［5］《不拘一格育人才——从〈国家中长期教育改革和发展规划纲要(2010—2020年)〉看大学生培养的新要求》,《聚焦:大学生关注的思想理论问题》,〔2010〕京新出报刊曾准字第(390)号。

［6］《构筑精神家园 点亮生命灯塔——从科学信仰看大学生正确人生观的培养》,《聚焦:大学生关注的思想理论问题》,〔2010〕京新出报刊曾准字第(390)号。

［7］罗国杰:《伦理学》,人民出版社,1989年。

［8］范明:《大学文化素质教育:理念与实践创新》,教育科学出版社,2011年。

［9］改革开放以来的教育发展历史性成就和基本经验研究课题组:《改革开放30年中国教育重大理论成果》,教育科学出版社,2008年。

［10］陆士桢,徐莉:《青年职业生涯管理辅导》,中国青年出版社,2007年。

［11］陈国祥:《大学生修身要览》,中国科学技术大学出版社,2004年。

［12］罗炽,简定玉,李太平,陈会林:《中国德育思想史纲》,湖北教育出版社,2003年。

［13］谭顶良:《高等教育心理学》,河海大学出版社,2002年。

［14］顾冠华,沈广斌:《中国传统文化与高等教育》,海洋出版社,1999年。

［15］刘旺洪:《法律意识论》,法律出版社,2002 年。

［16］赵志君:《浅析当代大学生法律意识的培养》,《法制与社会》,2010年第 11 期。

［17］李德顺:《民主法治:解读邓小平的政治文明观》,《学术研究》,2012年第 3 期。

［18］喻中:《社会主义法治理念:中国百年法治文化的第三波》,《法学论坛》,2012 年第 1 期。

［19］刘宪权:《刑法学》,上海人民出版社,2008 年。

［20］张明楷:《刑法学》(第 4 版),法律出版社,2011 年。

后 记

  在新的历史时期,围绕大学生健康成长开展道德与法律实践教育已成为高校思想政治教育工作的重要任务。本书以国家统编的《思想道德修养与法律基础》教材为依据,安排与之相对应的理论讲堂、实践课堂、参考案例、延伸阅读、名人格言、推荐书目等内容,对大学生理解理论、锻炼能力、培养技能、提高素质具有指导意义。

  本书融汇了江苏大学思想政治理论课教师多年教学实践的经验,是思想政治理论课改革创新的一项重要成果。江苏大学党委常委、组织部部长李战军研究员统稿并负责出版等工作。魏志祥在本书体系设计、校对等方面做了大量工作。本书共分为十个部分,按照分工集体编写而成。各章的编著者分别为:前言,李战军;绪论,徐惠红;第一章,朱玲萍;第二章,班小红;第三章,刘正欣;第四章,王征;第五章,魏志祥、李战军、庄蕾;第六章,王祥;第七章,张芬;第八章,李战军、魏志祥。

  本书的出版凝聚了江苏大学马克思主义学院思想政治理论课教师们的辛勤汗水,是集体智慧的结晶,是"两课"改革的成果之一。本书的出版得到了江苏大学马克思主义学院科技处、出版社领导和专家们的大力支持,在此深表谢意!

  在本书的编写过程中,我们力求最大限度地吸收国内外专家、学者的研究成果,使体系和内容具有科学性、针对性和实用性。但囿于水平有限,呈现给读者的与我们所希望的目标还存在一定的差距,不当之处,敬请批评指正。

2012 年 11 月 20 日